New Local Finance

# 새 지방재정론

개정판

윤영진

DY 도서출판 대영문화사

# 개정판 머리말

사회현상은 끊임없이 변화한다. 그에 따라 제도와 정책도 변하고, 이론도 지속적으로 진화하고 발전한다. 지방재정을 둘러싼 상황도 많은 변화가 있었다. 최근 사회변화의 트렌드를 보면 디지털 전환, 불평등 심화, 기후 위기, 저출생 · 고령화의 인구구조 변화 등이 진행되고 있다. 2020년 코로나19 팬데믹 발생과 같은 예측하지 못한 크고 작은 검은 백조(black swan)들이 발생하곤 했다.

지방재정의 제도와 정책은 사회변화의 트렌드를 반영하거나 집권 정부의 정책 방향에 따라 변화되기도 하지만 제도와 정책 자체가 수정 보완되기도 한다. 연구자와 학습자의 입장에서는 이론에 앞서 지방재정제도의 맥락과 내용, 그리고 정책의 변화를 이해해야 한다. 냉철한 현실 파악과 상황 인식이 연구와 학습의 선결조건이다. 현실의 유동성은 사고의 유동성과 한 몸이다. 지방재정의 문제점을 해결하기 위해서는 지방재정이 처해 있는 상황과 맥락을 정확하게 진단하고 처방하는 현실 인식에서부터 출발해야 한다.

지방재정의 문제점으로 그동안 사회복지 등 재정수요는 지속적으로 증가하지만 지방재정 수입이 충분하지 않아 재정압박이 심하다는 것이 지적되었다. 불평등 심화, 저출생 · 고령화, 저성장 등의 사회경제적 요인과 선심성 공약, 지역개발 등의 자치단체장의 정책 의지가 지방재정의 압박 요인이 된 것은 부정할 수 없다. 게다가 중앙정부의 세수 결손, 감세 등이 지방세입의 감소로 이어졌다.

지방재정의 압박 요인을 해소하기 위해서 그동안 재정분권 노력이 진행되었다. 문재인 정부에서 두 차례의 재정분권 TF를 구성하여 지방세 비중을 높이고 지방정부의 자율성을 확대하기 위한 정책대안이 마련되어 부분적이나마 실현된 바 있다. 지방소비세율이 당시 부가가치세액의 11%였는데 25.3%(2023년 기준)까지 확대되었다. 그러나 국세 대 지방세 비율은 77.6 대 22.4(2023년 당초예산 기준)로 큰 변화가 없었다. 이러한 개혁은 정부기능의 중앙-지방 간 배분과 연결되지 못한 채 이루어진 제한적인 것이었다. 중앙정부와 지방정부 간, 지방정부 상호 간의 이해관계를 넘지 못한 관료정치의 결과다.

초판이 출간된 이후 지방재정 관련 법률이 새롭게 제정 및 개정되고 정책의 변화가 있었다. 이들을 꼼꼼히 정리하여 반영했다. 지방소멸대응기금의 설치, 고향사랑 기부금제도의 도입, 국고보조금통합관리시스템(e-나라도움 시스템)의 도입, '지방자치분권 및 지역균형발전에 관한 특별법' 제정 등이 이루어졌다. 기존 제도의 경우에도 수정되거나 보완되었다. 지방소비세, 지역상생발전기금, 지역균형발전특별회계 등이다. 그 외에도 최대한 업데이트된 통계자료와 정책정보를 제공하기 위해 노력했다.

아직 부족한 점이 많지만 중앙과 지방, 수도권과 비수도권이 공생 발전하기를 염원하면서 지방재정 학습에 조금이나마 기여할 수 있기를 소망한다. 아울러 개정판 출판에 독려와 지원을 아끼지 않은 대영문화사의 임춘환 사장님과 임현준 부장님, 임직원분들께 감사의 말씀을 드린다.

2024년 5월

저자

# 초판 머리말

최근 지방재정이 어려움을 겪고 있다. 지방재정의 압박 수준이 시간이 갈수록 심화되고, 일부 자치단체의 경우 재정 압박의 정도가 '재정 절벽' 수준의 위기 단계로 진입할 가능성이 있다. 지방재정 압박 수준이 높아진 현상은 여러 가지 지표에서 드러난다. 1990년대에는 60%대를 유지하던 재정자립도가 지속적으로 하락해 2015년 50.6%(2013년 세입과목 개편 후 45.1%)까지 하락했다. 지방세 비중은 감소하고 지방세 신장률이 국세보다 상대적으로 낮다. 반면에 국고보조금 비중이 지속적으로 증가하고, 그에 따른 지방비 부담이 증가하고 있다. 또한 사회복지 수요가 급증해 지방정부의 사회복지 지출이 크게 증가하고 있다.

지방재정 압박 요인은 세입과 세출 측면에서 찾을 수 있으나 최근 지방재정 압박은 중앙정부의 정책적 요인이 크게 지방정부 세입 감소와 지출 부담으로 작용하고 있다. 세입 측면에서 이명박 정부의 소득세와 법인세의 세율 인하 및 종합부동산세 대폭 완화 등의 세제 개혁은 중앙재정에도 영향을 미쳤지만 지방재정에 더 큰 영향을 미쳤다. 박근혜 정부의 '증세 없는 복지' 정책도 지방정부의 재정 부담을 초래하고 있다. 좀 더 거슬러 올라가면 노무현 정부의 국고보조사업 지방 이양도 지방재정에 불리하게 영향을 미쳤다. 2005년 국고보조사업을 대폭 지방에 이양하면서 도입한 분권교부세제도가 시간이 흐를수록 지방재정에 부담을 가중하는 방향으로 작용한 것이다.

세출 측면에서는 저출산 · 고령화, 불평등 심화 등의 사회경제적 요인에 의한 재정 수요가 늘어난 것과 선심성 공약 등 자치단체장의 정책 의지가 재정지출을 확대하는 요인으로 작용했다. 그러나 무엇보다도 지방재정 압박 요인으로 작용한 것은 중앙정부의 정책이다. 영유아보육사업과 기초연금 등의 중앙정부 정책이 재원을 충분히 마련하지 않은 채 시행됨으로써 지방정부에 추가적 재정 부담을 초래한 것이다. 더욱이 최근 누리과정 도입으로 어린이집 아동 관련 예산이 지방 교육청에 편입되면서 매년 교육청과 지자체의 반발을 사는 등 갈등이 지속되고 있다.

그동안 지방재정제도의 개혁이 중범위 또는 소범위 수준에서 꾸준히 이뤄져 왔다. 제도의 완비성 면에서 상당한 정도 기여한 것은 사실이지만 한국 사회의 문제점을 해결하기에는 아직도 많은 한계를 갖고 있다. 지방재정제도의 개혁 방향과 대안은 논자에 따라 다를 수 있다. 이 책은 지방재정의 이해에 초점을 맞추고 있지만 지방재정제도 개혁에 관한 필자의 의견이 간간이 제시된다.

그러나 이 책은 기본적으로 지방재정의 구조, 이론, 과정, 제도 등에 대한 이해를 돕는 데에 목적이 있다. 오랫동안 지방재정에 관한 강의를 해오면서 정리한 내용들을 책으로 엮은 것이다. 이 책은 지방재정에 관해 학생들의 학습을 위한 것이지만 필자가 나름대로 몇 가지 강조하는 부분이 있다. 이 책에서 강조하는 부분은 다음과 같다.

첫째, 지방재정을 포함한 재정의 궁극적 목표는 국민(주민)의 행복에 있음을 강조하고 있다. 이러한 관점에서 재정은 국민(주민)의 삶의 질을 높이고 행복을 추구하는 고차원의 방법론이라고 정의내린다. 또한 재정의 기능에 대해 기존 3대 경제적 기능 외에 삶의 질 제고라는 사회적 기능을 첨가하고 있다. 행복학의 관점에서 지방재정을 바라보는 것이다.

둘째, 재정 주권이 납세자인 국민에게 있다는 납세자 주권으로서의 재정 민주주의를 토대로 한다. 재정 민주주의는 재정상의 의사 결정 및 재정 운영을 민주화한다는 의미다. 재정 민주주의는 주민 참여를 전제로 한다. 예산 과정에의 주민 참여와 관련해 플랫폼 재정을 제안했다. 플랫폼 재정은 사람들이 모여서 공익적 가치를 창출하는 재정 생태계를 지칭한다. 여기에는 문제 해법과 재미라는 두 가지 요소가 포함된다. 지방재정에서 주민참여예산제도를 주목해야 하는 이유다.

셋째, 최근 지방세제도를 비롯해 지방재정제도의 개혁이 꾸준히 진행되었다. 새로운 제도의 내용과 함의를 정확하게 소개하는 것은 쉽지 않은 일이다. 그럼에도 불구하고 그동안 개편된 지방재정제도의 변화에 대해 최대한 업데이트된 정보를 제공하기 위해 노력했다.

아직 부족한 점이 많지만 지방재정학의 발전에 조금이나마 기여할 수 있기를 바라면서 독자들의 비판과 조언을 기대한다. 책 출판에 노고를 아끼지 않은 대영문화사의 임춘환 사장님과 임직원들에게도 깊은 감사의 마음을 전한다.

2016년 4월

저자

# 차례

# 차례

# 차례

# 차례

# 차례

# 차례

01
PART

# 지방분권과 지방재정

CHAPTER 01

# 지방재정의 구조와 현황



## 제1절 지방재정의 거시적 구조

### 1 재정과 예산의 개념

재정은 정부가 공공 욕구를 충족하기 위해 필요한 재원을 조달하고 관리 및 지출하는 경제 활동을 의미한다. 예산은 매년 공공 욕구 충족을 위해 재원을 조달하고 지출하는 계획의 과정과 결과를 의미한다. 재정과 예산은 개념적 특성에서 본질적으로 차이가 없다. 다만, 예산에는 매년 반복되는 시간적 개념이 포함된다. 최근에는 예산보다 포괄적인 개념의 재정이라는 용어가 더 많이 사용되고 있다.

2007년 국가재정법 시행 이후 예산과 기금을 포괄한 명목적 개념으로 재정의 의미를 사용한다. 지방재정도 2013년부터 지방예산과 기금을 통합한 통합재정 개념으로 재정통계를 발표하고 있다. 따라서 통합재정에는 예산서와 기금운용계획이 포함되어 있다.

그런데 재정은 [정책 · 사업+금액(재정자원)]으로 표현된다. 정책 · 사업은 정부가 추진하고자 하는 정책 목표를 달성하기 위한 정책 수단을 표시한다. 재정자원(금액)은 정부가 정책·사업을 실질적으로 추진할 수 있는 실행력을 표시한다. 재정은 정책·사업과 재정자원의 두 가지 요소 외에 재정을 통해 달성하고자 하는 국가 목적과 의지, 즉 국정철학을 담고 있다. 지방정부의 경우 지방재정은 시정철학, 도정철학, 군정철학을 담고 있다.[1)]

재정의 본질적 모습은 금액보다는 그것으로 추진하고자 하는 정책과 사업이다. 재정의 특성은 방향과 크기를 동시에 나타내는 물리량인 물리학의 벡터(vector) 개념과 유사하다. 정책 목표와 정책 및 사업은 벡터의 방향, 재정자원은 크기를 나타냄으로써 재정을 통해 정책의 우선순위를 판단할 수 있다. "모든 길은 로마로 통하듯이 모든 정책은 재정으로 통한다"(노무현, 2009)는 언명은 이러한 재정의 특성을 보여준다.

재정의 구성 요소를 감안하면 재정은 다음과 같이 표현할 수 있다.

재정은 목표이면서 수단이다.

재정은 비전이면서 제약 조건이다.

재정은 국민의 삶의 질을 높이고 행복을 추구하는 고차원의 방법론이다.

재정은 국민들에게 행복을 나눠주는 것이며, 꿈을 심어주는 것이다.

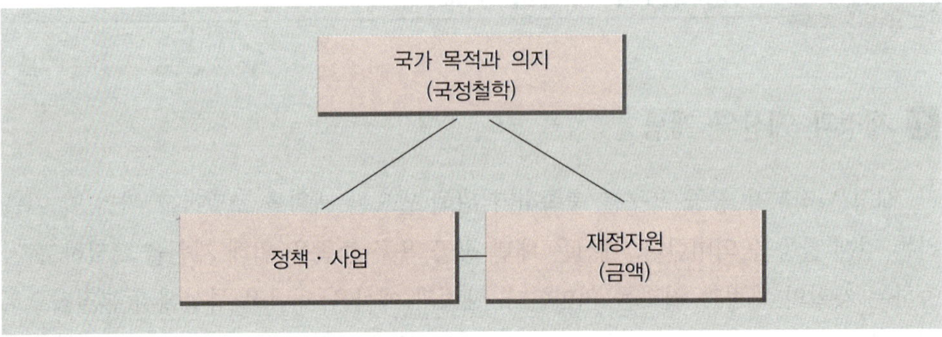


그림 1-1 재정의 구성 요소

1) 이 책에서는 지방자치법에 명시된 '국가-지방자치단체', '국가재정-지방재정'이라는 표현을 '중앙정부-지방정부', '중앙재정-지방재정'이라는 표현을 쓰고자 한다. 다만, 필요한 경우 지방정부 대신 법적 용어인 지방자치단체를 사용할 때도 있다.

## 2 지방재정의 기본 구조

지방재정 현상을 분석하고 처방하기 위해서는 먼저 지방재정의 구조를 이해해야 한다. 지방재정의 구조는 중앙재정 구조와 사실상 동일하지만 지방재정의 특수성을 갖고 있다. 지방재정의 구조는 총량 단위의 거시적 구조와 구체적 사업 단위의 미시적 구조로 구분할 수 있다.

지방재정의 거시적 구조를 보면 예산과 기금으로 구성된다. 예산에는 일반회계와 특별회계가 있으며, 특별회계는 공기업특별회계와 기타 특별회계로 구분한다. 다른 한편 지방재정의 구조는 세입과 세출로 구성되어 있다. 예산과 기금, 세입과 세출의 두 측면을 종합하면 지방재정의 기본 구조는 〈표 1-1〉과 같이 표시된다.

이러한 지방재정과는 별개로 '교육비특별회계'라는 지방교육재정이 있다. 지방교육재정은 재정 운용의 주체가 지방자치단체가 아닌 교육기관(지방교육청)이란 점에서 독립적인 재정으로 이해해야 한다. 최근 재정 규모를 발표할 때 중앙재정, 지방재정, 지방교육재정으로 구분해 발표하는 것은 적절한 분류 방식이다.

표 1-1 지방재정의 기본 구조

| 구분 | | | 세입 | 세출 |
|---|---|---|---|---|
| 지방재정 | 예산 | 일반회계 | | |
| | | 특별회계 | | |
| | | 공기업특별회계 | | |
| | | 기타 특별회계 | | |
| | 기금 | 기금 | | |
| 지방교육재정 | | 교육비특별회계 | | |

### 1) 일반회계 · 특별회계

지방재정은 예산과 기금으로 구성되며, 최근에는 예산과 기금을 포함한 통합재정으로 발표하고 있다.[2] 예산에는 일반회계와 특별회계가 있다. 일반회계예산이란 일반적 지방정부 활동에 관한 총세입 · 총세출을 망라해 편성한 예산을 말한다.

---

2) 정부는 2013년부터 '지방자치단체 통합재정' 통계를 발표하고 있다. 다만, 통합재정은 예산과 기금을 포함하되, 내부거래와 보전거래를 제외한다. 이어지는 글 통합재정과 통합재정수지를 참고할 것.

특별회계는 지방직영기업이나 특정사업을 운영할 때 또는 특정자금이나 특정세입·세출로서 일반세입·세출과 구분해 회계 처리할 필요가 있을 때에만 법률이나 조례로 설치할 수 있다. 다만, 목적세에 따른 세입·세출은 다른 법률에 특별한 규정이 있는 경우를 제외하고는 특별회계를 설치·운용해야 한다(지방재정법 제9조 제2항).

특별회계는 공기업특별회계와 기타 특별회계로 구분한다. 공기업특별회계에는 상수도사업 특별회계, 하수도사업 특별회계 등이 있다. 기타 특별회계에는 의료급여기금 특별회계, 도시철도사업특별회계 등이 있다. 특별회계의 수는 지방자치단체에 따라 다르며, 시기에 따라 증감되기도 한다.

지방자치단체가 특별회계를 설치하려면 5년 이내의 범위에서 특별회계의 존속 기한을 해당 조례에 명시해야 한다. 다만, 법률에 따라 의무적으로 설치·운용되는 특별회계는 예외로 한다. 특별회계를 신설하거나 그 존속 기한을 연장하려면 해당 조례안을 입법예고하기 전에 지방재정계획심의위원회의 심의를 거쳐야 한다. 다만, 법률에 따라 의무적으로 설치·운용되는 특별회계는 예외다.

### 2) 기금

기금은 지방자치단체가 특정한 행정 목적을 달성하기 위해 설치·운용하는 자금을 말한다. 기금은 법률에 의거하여 설치된 기금과 조례에 의해 설치된 기금이 있다.[3) ] 법률에 의한 설치 기금은 개별법에 근거한 재난관리기금, 재해구호기금, 식품진흥기금 등과, 지방자치단체 기금관리기본법에 근거한 통합재정안정화기금, 지역상생발전기금, 지방소멸대응기금 등이 있다. 조례에 의해 자율적으로 설치된 기금에는 지역개발기금, 자활기금 등이 있다.

기금과 예산이 다른 점은, 예산이 회계연도 내의 세입이 그 해에 모두 지출되는 데 반해, 기금은 조성된 자금을 회계연도 내에 운용해 남는 여유자금을 계속 적립해 나간다는 점이다. 따라서 기금은 매년 기금운용계획과 함께 연도 말 기금조성액 규모가 작성된다.

기금이 예산과 다른 또 하나의 특징은 기금 운용의 자율성과 탄력성이 강하다는 점이다. 기금의 경우 기금운용계획의 정책사업 지출 금액의 범위에서 세부 항목 지출 금액을 변경할 수 있다(지방자치단체 기금관리기본법 제11조 제1항).[4)] 그런데 기금운용계

3) 법률에 의거 설치된 기금도 반드시 조례가 제정되어야 한다.
4) 이때 변경할 수 있는 경우는, 예측할 수 없는 소요가 발생한 경우, 긴급한 소요가 발생한 경우, 기

획의 정책사업 지출금액을 변경하려는 경우에는 미리 지방의회의 의결을 받아야 한다. 다만, 정책사업 지출금액의 10분의 2 이하를 변경하려는 경우와 재난관리기금과 재해구호기금의 정책사업 지출금액을 변경하는 경우에는 지방의회의 의결을 받지 않는다. 다만, 기금 결산보고서에 그 내용과 사유를 명시해야 한다.

기금을 신설해 운용하려는 경우에는 기금의 존속 기한을 5년 이내로 정해 해당 조례에 명시해야 한다. 다만, 법률에 따라 의무적으로 설치·운용되는 기금과 지역개발을 위한 기금은 존속 기한을 명시하지 않을 수 있다. 존속 기한을 넘어서까지 기금을 존치할 필요가 있을 때에는 조례를 개정하여 5년의 범위에서 기금의 존속 기한을 연장할 수 있다. 이 경우 지방재정계획심의위원회의 심의를 거쳐야 한다. 그리고 기금의 존속 기한 및 통합·폐지에 관한 사항 등을 포함한 5년 단위의 기금정비계획을 매년 작성하여 이를 중기지방재정계획에 반영해야 한다.

중앙부처가 법률에 의해 지방재정에 부담을 주는 기금을 설치하는 경우 지방정부의 의견을 들어야 한다. 먼저 소관 중앙행정기관의 장은 기금 신설의 타당성을 심사하기 위하여 미리 행정안전부 장관과 협의해야 한다. 행정안전부 장관이 중앙행정기관의 장과 기금 설치에 관한 협의를 하는 경우에는 관련되는 지방자치단체의 의견을 들어야 한다(지방자치단체 기금관리기본법 제3조).

**표 1-2** 대구광역시의 재정 현황(2024년 본예산)

(단위: 억 원)

| 구분 | | | | 금액 |
|---|---|---|---|---|
| 지방재정 (A) | 예산 (B) | 일반회계(1) | | 83,451 |
| | | 특별회계(10) | | 22,421 |
| | | | 공기업특별회계(2) | 6,366 |
| | | | 기타 특별회계(8) | 16,055 |
| | 기금 | 기금(11) | | 7,585 |
| 총 재정 규모 | | [B] 예산(일반회계 + 특별회계) | | 105,872 |
| | | [A*] 예산 + 기금 | | 113,457 |

주*: 여기서의 총 재정 규모는 순계 기준의 통합재정 규모가 아니며, 예산과 기금 운용 금액의 단순 합계 규모임.
주: ( ) 안의 숫자는 개수임.

---

존사업을 보완하는 경우이다. 다만, 기존사업 보완 경우에는 지방의회의 기금운용계획안 심의과정에서 삭감된 부분에 사용할 수 없다.

☞ 학생이 거주하고 있는 지방자치단체의 재정 현황을 홈페이지에서 찾아보고 정리해 보자.

### 3) 예산총계와 예산순계

재정 규모를 합산하는 방식에는 예산총계와 예산순계의 두 가지 방식이 있다. 예산총계는 지방정부 내 회계 간(일반회계-특별회계-기금) 내부거래, 지방정부 간(시·도-시·군·구) 외부거래 중복 계상분을 공제하지 않고 단순 합산한 금액이다. 개별 지방정부 재정 규모를 파악할 때에는 예산총계가 유용하다(〈표 1-3〉 참조).

예산순계는 지방정부 내 회계 간(일반회계-특별회계-기금) 내부거래, 지방정부 간(시·도-시·군·구) 외부거래 중복 계상분을 공제한 금액이다. 내부거래와 외부거래의 세입·세출 예산 편성 대응 과목은 〈표 1-4〉와 같다. 내부거래와 외부거래를 산정할 때 자금을 주는 단체와 받는 단체는 동일한 금액을 항목을 달리하여 기록한다. 예컨대, 동일 금액을 자금을 주는 자치단체는 전출금, 받는 자치단체는 전입금 항목으로 기록하는 방식이다. 예산순계는 중복 계상분을 제외하기 때문에 정확한 전체 재정 규모를 파악하는 데에 유용하다. 전국 지방재정 규모 및 시·도·별(시·군·구 포함) 재정 규모 파악 시 활용한다.[5)]

표 1-3 내부거래와 외부거래

| 관계 | 예산순계 = 예산총계 – (내부거래 + 외부거래) |
|---|---|
| 내부거래 | 지방자치단체 내의 회계(기금) 간 이전거래 |
| | 전출입금, 융자금 수입지출, 융자금 회수 상환, 예탁/예수금, 예탁/예수금 상환 |
| 외부거래 | 지방자치단체 간 이전거래 |
| | 보조금, 시·도보조금 반환, 교부금, 부담금, 융자금 수입지출, 융자금 회수 상환 |

주: 전출금은 회계 또는 기금이 다른 회계 또는 기금에 무상으로 주는 자금(받는 기관은 전입금), 예탁금은 유상으로 빌려주는 자금(받는 기관은 예수금)임.

5) 지방정부 내 회계 간 내부거래는 세입·세출 예산 편성 대응 과목의 금액이 일치하도록 편성한다. 반면에 지방정부 간 외부거래는 주는 단체와 받는 단체가 서로 다르므로 일치하지 않을 수 있다.

**표 1-4 내부거래와 외부거래 세입 · 세출 예산 편성 대응 과목**

| 구분 | 세입 | | 세출 | |
|---|---|---|---|---|
| | 거래 과목 | 해당 지자체 | 거래 과목 | 해당 지자체 |
| 내부거래 | ① 전입금 | 시 · 도, 시 · 군 · 구 | 전출금 | 시 · 도, 시 · 군 · 구 |
| | ② 융자금 수입 | 시 · 도 | 융자금 지출 | 시 · 도 |
| | ③ 융자금 회수 (융자금이자 수입) | 시 · 도 | 융자금 상환 (융자금이자 상환) | 시 · 도 |
| | ④ 예수금 | 시 · 도, 시 · 군 · 구 | 예탁금 | 시 · 도, 시 · 군 · 구 |
| | ⑤ 예탁금 상환 (예탁금이자 수입) | 시 · 도, 시 · 군 · 구 | 예수금 상환 (예수금이자 상환) | 시 · 도, 시 · 군 · 구 |
| 외부거래 | ① 보조금 | 시 · 군 · 구 | 보조금 | 시 · 도 |
| | ② 보조금 반환수입 | 시 · 도 | 보조금 반환 | 시 · 군 · 구 |
| | ③ 융자금 수입 | 시 · 군 · 구 | 융자금 지출 | 시 · 도 |
| | ④ 융자금 회수 (융자금이자 수입) | 시 · 도 | 융자금 상환 (융자금이자 상환) | 시 · 군 · 구 |
| | ⑤ 교부금 | 시 · 군 · 구 | 교부금 | 시 · 도 |
| | ⑥ 부담금 | 시 · 도, 시 · 군 · 구 | 부담금 | 시 · 도, 시 · 군 · 구 |

주: 내부거래 융자금은 지역개발기금에서 시 · 도 일반회계 등에 융자하는 금액을 말하며, 외부거래 융자금은 시 · 도 지역개발기금에서 시 · 군 · 구에 융자하는 금액을 말함.

## 3 통합재정과 통합재정수지

### 1) 통합재정의 의의

중앙정부의 통합재정은 IMF의 권장에 따라 1979년부터 도입했다. 지방정부의 통합재정은 2004년도에 처음 시범 적용한 이후 2005년 통합재정의 제도 도입 및 분석 결과의 공개를 위해 지방재정법을 개정했다. 그러나 본격적인 지방정부의 통합재정 규모 및 통합재정수지가 발표된 것은 2013년도 예산 편성부터다. 2013년도부터 지방 예산과 기금을 통합하고, 통합재정 기준의 통계를 포함한 '지방자치단체 통합재정 개요'를 작성해 발표하고 있다.

통합재정은 재정을 총체적으로 파악하기 위한 개념으로 일반회계와 특별회계, 그리고 기금을 포함한다. 통합재정의 산출 방식으로는 순계 기준이 적용된다. 따라서 지방정부 내 회계(일반회계-특별회계-기금) 간 내부거래와 지방정부(시 · 도-시 · 군 · 구)

간 외부거래의 중복 계상분을 공제한다. 또한 수지차 보전을 위한 보전거래를 제외한다.

지방정부 통합재정의 특징을 정리하면 다음과 같다.

첫째, 지방재정을 총체적으로 파악하기 위한 개념으로 일반회계, 특별회계, 기금 및 세입세출외 자금을 포함해 좀 더 넓게 재정의 범위를 파악한다.

둘째, 세입·세출을 순계 개념으로 파악한다. 통합재정에서는 지방정부 내 회계 간 내부거래와 지방정부 간 외부거래의 중복 계상분을 공제한다. 그리고 지방채 발행이나 채무 상환 등 수지차 보전을 위한 보전거래를 제외한다. 따라서 지방재정의 실질적 총규모를 파악할 수 있다.

셋째, 통합재정수지는 순계 개념의 세입과 세출의 차이를 의미하며, 통합재정수지를 통해 순수 재정 활동의 건전성 판단이 가능하다.

넷째, 통합재정분석을 통해 지역경제에 미치는 효과를 파악할 수 있다. 지방재정의 지역경제적 효과를 분석할 수 있도록 세입과 세출을 경상거래와 자본거래로 구분해 작성하며, 보전재원, 통합재정수지 등의 자료를 제시해 준다.

다섯째, 국제 기준에 근거한 재정 범위를 설정함으로써 재정 활동의 국가 간 비교가 가능하다. 지방재정을 포함한 국가 전체의 통합재정을 산출해 IMF의 재정통계지침(GFS)에 따른 국가 간 재정통계의 비교가 가능하다.

### 2) 통합재정의 포괄 범위

IMF GFS 지침에 의하면, 통합재정의 포괄 범위는 제도 단위(institution unit)로 정한다. 제도 단위에 의한 재정의 범위는 일반정부 부문의 재정을 지칭하며, 공기업 부문의 재정은 제외한다. 일반정부와 공기업 부문을 모두 포함한 부문을 공공부문(public sector)이라고 부른다. [그림 1-2]에서 보듯이 일반정부 재정에는 정부 단위인 지방자치단체의 일반회계, 특별회계, 기금, 교육비특별회계와 비영리공공기관의 재정이 포함된다. 그런데 현재 공표되고 있는 지방의 통합재정 규모에는 교육비특별회계가 제외되어 있으며, 비영리공공기관의 재정도 포함되지 않는다. 교육비특별회계는 지방교육재정으로서 별도 독립적인 단위로 운용된다. 지방정부의 비영리공공기관의 포괄 범위는 아직 대상이 확정되지 않은 상태이기 때문에 제외되고 있다.

통합재정은 개념적으로 일반정부 재정을 지칭하기 때문에 공기업 부문 재정은 포함되지 않는다. 그런데 지방정부 공기업특별회계의 직영공기업은 비금융공기업으로서 공기업 부문에 속하지만 현재 지방정부 통합재정에 포함하고 있다.6) 이 부분은 중앙정부의 기업특별회계 산정 방식과 다른 점이다. 중앙정부는 기업특별회계 중 우정사업 관련 특별회계(우편사업, 우체국예금, 우체국보험)를 일반정부와 구별되는 비금융공기업으로 분류해 일반정부에서 제외하고 있다.

우리나라는 현재 제도 단위가 아닌 회계 단위로 재정 운용을 하고 있는데, 통합재정의 범위는 [그림 1-3]에서 보듯이 지방정부가 직접 관리하는 회계로 일반회계, 기타 특별회계, 공기업특별회계(직영공기업)와 기금을 포함한다. 지방의 경우 비영리공공기관은 현재 통합재정의 범위에서 제외되어 있다.

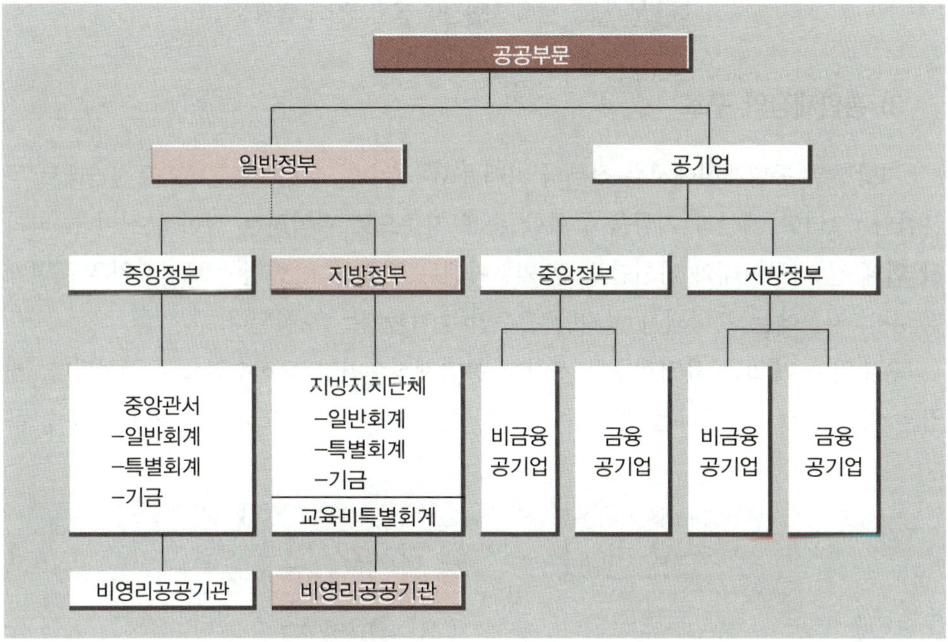


그림 1-2 일반정부 및 공공부문의 범위

6) 다만, 공기업특별회계의 직영공기업은 영업 활동 전체를 반영하지 않고 영업이익 또는 손실분만 계상한다.

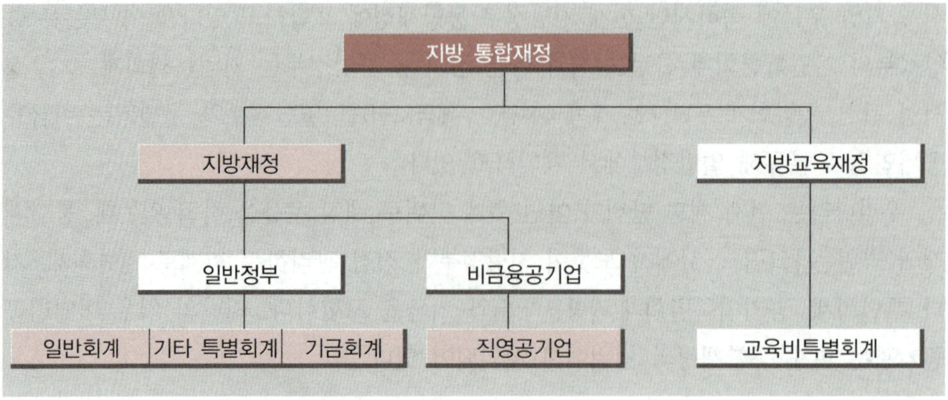


그림 1-3 현행 지방정부 통합재정의 범위

### 3) 통합재정의 구조

지방정부 통합재정에서는 정부의 거래를 ① 총수입, ② 총지출, ③ 보전거래로 구분한다. 그리고 예산과 기금을 통합한 순계 기준으로 파악하는 점이 특징이다. 따라서 회계 간 내부거래와 자치단체 간 외부거래는 제외한다. 반면에 보전재원은 통합재정 수입/지출에는 포함되지 않지만 총수입/총지출에는 포함된다.

총수입은 세입과 융자회수를 포함한 통합재정수입과 보전수입으로 구성된다. 세입은 지방정부로 유입되는 수입 중 비상환성 수입만이 세입으로 기록된다. 유동성 목

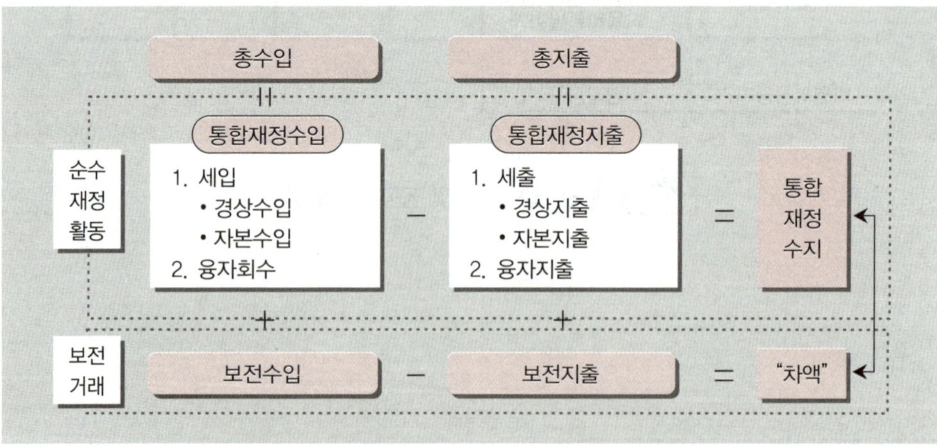


그림 1-4 통합재정의 구조

적의 상환성 수입인 지방채 발행 수입과 차입 등은 세입으로 분류되지 않고 보전수입으로 분류된다. 세입은 다시 경상수입, 이전수입, 융자회수, 자본수입으로 구분한다. 경상수입에는 지방세수입과 수수료 등의 세외수입, 이전수입에는 중앙정부 또는 다른 자치단체로부터의 이전수입, 융자회수는 융자 및 출자금 회수, 자본수입에는 자산 매각으로부터 발생한 수입금 등이 포함된다. 보전수입에는 지방채발행과 차입금, 순세계잉여금, 국·시도비보조금 사용잔액, 예치회수 등이 포함된다.



총지출은 세출과 융자지출을 포함한 통합재정지출과 보전지출을 포함한다. 통합재정지출은 경상지출, 자본지출, 융자지출로 구성된다. 경상지출은 인건비, 물건비, 이자지급, 기타 경상이전지출 등을 말하며, 자본지출은 고정자산 취득, 자본 이전 등을 지칭한다. 융자지출은 융자 및 출자금 지출을 포함한다. 보전지출에는 지방채 원금상환, 예치금, 적립금, 국·시도비보조금 반환금 등이 포함된다.

표 1-5 통합재정 규모 및 수지의 계산 방식

| 구분 | 계산 방식 |
|---|---|
| 통합재정 규모 | 세출 + 순융자 |
| | 세출(경상지출 + 자본지출) + 순융자(융자지출 – 융자회수) |
| 통합재정수지 | △보전재원 |
| | 세입 – (세출 + 순융자) (* 순융자 = 융자지출 – 융자회수) |
| | (세입 + 융자회수) – (세출 + 융자지출) |

주: 통합재정수지와 보전재원은 금액은 일치하며, 부호만 반대임.

통합재정 규모는 '세출+순융자'로 표시한다. 따라서 세출(경상지출+자본지출)+순융자(융자지출 - 융자회수)로 표시할 수 있다. 통합재정 규모 및 수지는 순수 재정활동에 국한해 작성한다.

통합재정수지는 보전재원의 금액과 일치하며, 부호만 반대다. 보전재원은 재정수지차를 보전하기 위한 지방채 발행과 차입 등을 의미한다. 보전재원의 크기는 세입과 세출·순융자의 차이와 같으며, 유동성 목적의 상환성 수입·지출 거래가 포함된다.

**표 1-6 지방정부 통합재정 규모와 수지(2023년도)**

(단위: 억 원)

<table>
<tr><th colspan="4">통합재정수입</th><th colspan="3">통합재정지출</th></tr>
<tr><td colspan="3">합계(A+C)</td><td>2,859,062</td><td colspan="2">합계(B+D)</td><td>3,007,354</td></tr>
<tr><td rowspan="6">세입<br>(A)</td><td colspan="2">계</td><td>2,846,599</td><td rowspan="6">세출<br>(B)</td><td rowspan="2">계</td><td rowspan="2">2,972,956</td></tr>
<tr><td colspan="2">1. 경상수입</td><td>1,425,039</td></tr>
<tr><td rowspan="2"></td><td>지방세</td><td>1,152,644</td><td rowspan="2">1. 경상지출</td><td rowspan="2">2,223,719</td></tr>
<tr><td>세외수입</td><td>272,395</td></tr>
<tr><td colspan="2">2. 이전수입</td><td>1,413,433</td><td rowspan="2">2. 자본지출</td><td rowspan="2">749,237</td></tr>
<tr><td colspan="2">3. 자본수입</td><td>8,127</td></tr>
<tr><td>융자회수<br>(C)</td><td colspan="2">4. 융자회수</td><td>12,463</td><td>융자지출<br>(D)</td><td>3. 융자지출</td><td>34,398</td></tr>
<tr><td colspan="4">통합재정 규모=B+(D−C)</td><td colspan="3">2,994,891</td></tr>
<tr><td colspan="4">통합재정수지 I=(A+C)−(B+D)</td><td colspan="3">△148,292</td></tr>
<tr><td colspan="4">통합재정수지 II=통합재정수지 I+순세계잉여금</td><td colspan="3">△23,611<br>(순세계잉여금 124,681)</td></tr>
</table>

주1: 통합재정 규모는 필자가 포함한 것임.

주2: 순세계잉여금은 세계잉여금에서 이월액을 제외한 금액임.

자료: 행정안전부(2023). 『2023년도 지방자치단체 통합재정 개요』. 수정 게재.

### 4) 통합재정수지

통합재정수지는 당해 회계연도의 통합재정수입에서 통합재정지출을 차감한 금액을 말한다. 통합재정수지의 계산에서 정부의 금융 활동으로 간주되는 보전재원은 제외된다. 재정적자와 흑자를 보여주는 통합재정수지는 보전재원의 크기와 같고 부호만 다를 뿐이다. 통합재정수지는 순수 재정 활동이 건전하게 운영되었는지 여부의 건전성 판단 기준이 된다. 통합재정수지 비율은 통합재정수지 규모를 통합재정 규모로 나눈 값이다.

통합재정수지의 산식은 다음과 같다.

통합재정수지=통합재정수입−통합재정지출
=(세입+융자회수)−(세출+융자지출)
=세입−세출 및 순융자(융자지출−융자회수)
=−보전재원

그런데 통합재정의 포괄 범위는 원칙적으로 예산 및 기금 외에 세입세출외 자금을 포함한다. 따라서 지방재정의 통합재정수지는 세입세출외 자금인 세계잉여금을 포함해 계산하는 것이 합당하다. 현재 지방재정의 경우 예산 기준 통합재정분석은 순세계잉여금을 통합재정수입에 포함하지 않은 경우와 포함한 경우로 구분해서 분류하고 있다. 지방재정의 통합재정수지는 순세계잉여금을 포함하지 않는 계산 방식(통합재정수지Ⅰ)과 포함하는 계산 방식(통합재정수지Ⅱ)을 병행하고 있다. 여기서 순세계잉여금은 세계잉여금에서 이월액을 제외한 금액이다.

순세계잉여금을 포함하는 계산 방식(통합재정수지Ⅱ)은 중앙재정 계산 방식을 따른 것으로 순세계잉여금을 보전재원으로 작성한다. 그런데 예산 기준 통합재정수지 분석은 세입 측면의 순세계잉여금에 대응되는 세출 측면의 집행 잔액이 드러나지 않으므로 재정 흑자와 적자를 표현하는 데는 한계가 있다. 이러한 이유로 현재 지방재정의 통합재정수지는 순세계잉여금을 포함하지 않는 계산 방식(통합재정수지Ⅰ)과 포함하는 계산 방식(통합재정수지Ⅱ)을 병행하고 있다.

## 4 지역통합재정 통계

지방재정 통계 작성과 관련해 2014년부터 지역통합재정 통계의 작성을 의무화했다. 지역재정 통계의 범위를 확대해 지방교육재정과 지방공기업 및 지방정부 출자·출연기관 재정까지 포함한 것이다. 지방재정법(제59조)에 의하면 "지방자치단체의 장은 회계연도마다 예산서와 결산서를 기준으로 다음의 내용을 종합적으로 나타내는 지역통합재정 통계를 작성해야 한다"고 규정하고 있다. 이것은 재정의 범위를 포괄적으로 작성 및 관리하게 하는 세계적 흐름에 부합할 뿐만 아니라 지자체장의 재정적 책임을 강조하는 의미를 담고 있다.

지역통합재정 통계에 포함되는 내용은 다음과 같다.

① 일반회계, 특별회계(교육비특별회계 포함) 및 기금

② 지방공기업의 재정 상황

③ 지방자치단체 출자·출연기관의 재정 상황

지역통합재정 통계의 구성 범위를 보면 지방정부의 통합재정(일반회계, 특별회계, 기금), 지방교육재정(교육비특별회계), 지방공기업 재정, 지방정부 출자·출연기관 재정이 포함된다. 제도 단위를 기준으로 볼 때 일반정부(정부 단위와 비영리공공기관)와 지방공기업을 포함한 지방 공공부문 재정통계를 지칭한 것이라고 볼 수 있다.

그리고 지방자치단체의 장은 지역통합재정 통계를 행정안전부 장관에게 제출해야 하며, 시 · 도지사는 교육부 장관에게도 제출해야 한다.

## 5 중앙재정, 지방재정, 지방교육재정 현황

중앙재정과 지방재정, 그리고 지방교육재정 규모를 파악할 때에는 예산 규모 기준과 총재정 사용액 기준으로 구분해 볼 필요가 있다. 가령 2023년도 본예산을 보면 예산 규모 기준으로 중앙재정, 지방재정, 지방교육재정의 비율이 54.6 대 34.4 대 11.0

**표 1-7 중앙정부, 지방정부, 지방교육청 재정사용액(순계예산 기준, 2023년도)**

(단위: 억 원)

<table>
<tr><th colspan="2">구분</th><th>중앙정부</th><th>지방정부</th><th>지방교육</th></tr>
<tr><td colspan="2">예산서상 규모<br>8,872,053</td><td>4,843,752<br>(54.6%)</td><td>3,054,109<br>(34.4%)</td><td>974,192<br>(11.0%)</td></tr>
<tr><td rowspan="4">이전재원<br>공제 내역</td><td>계<br>(△2,349,680)</td><td>△2,294,462</td><td>△83,905</td><td>28,687</td></tr>
<tr><td>① 중앙정부→<br>지방정부</td><td>△1,487,185<br>–지방교부세 752,883<br>–국고보조금 734,302</td><td>(1,412,878)⊕74,307[1]<br>–지방교부세 634,905<br>–국고보조금 777,973</td><td>–</td></tr>
<tr><td>② 중앙정부→<br>지방교육</td><td>△807,277<br>–교육교부금 801,335[3]<br>–교육보조금 5,942</td><td>–</td><td>(782,424)⊕24,853<br>–교육교부금 744,289<br>–교육보조금 3,435<br>–특별회계전입금 34,700</td></tr>
<tr><td>③ 지방정부→<br>지방교육</td><td>–</td><td>△158,212<br>–전출금(의무) 126,615<br>–보조금(재량) 31,597</td><td>(154,378)⊕3,834[2]<br>–전출금(의무) 140,905<br>–보조금(재량) 13,473</td></tr>
<tr><td colspan="2">재정 사용액<br>6,522,373</td><td>2,549,290<br>(39.1%)</td><td>2,970,204<br>(45.5%)</td><td>1,002,879<br>(15.4%)</td></tr>
</table>

주1: 중앙정부–지방정부 간 이전재원 차이(74,307억 원)는 지방정부에서 지방교부세와 국고보조금 예산 편성 시 적게 반영한 금액임.

주2: 중앙정부–지방교육 간 이전재원 차이(24,853억 원)는 지방교육청에서 이전재원 예측을 보수적으로 함에 따라 적게 반영한 금액임. 지방정부–지방교육 간 이전재원 차이(3,834억 원)도 동일.

주3: 유아교육지원특별회계 34,700억 원, 고교무상교육지원특별회계 9,028억 원 포함.

자료: 행정안전부(2023). 『2023년도 지방자치단체 통합재정 개요(상)』.

인데 반해, 총재정 사용액 기준으로는 39.1 대 45.5 대 15.4다. 이렇게 비율이 차이가 나는 것은 중앙정부, 지방정부, 지방교육청 간 내부거래인 이전재원 때문이다. 구체적 이전재원의 내용은 〈표 1-7〉에 표시되어 있다.

참고로 지방재정 통계를 파악할 때에는 당초예산(본예산)인지 최종예산(추경 포함)인지, 예산액인지 결산액인지, 예산총계인지 예산순계인지, 통합재정 규모인지 명확하게 확인할 필요가 있다. 비교 대상이 일관된 기준에 의해 비교되어야 하기 때문이다.



**표 1-8 중앙재정, 지방재정, 지방교육재정 추이(본예산 기준)**

(단위: 억 원, %)

| 구분 | 2018년 | 2019년 | 2020년 | 2021년 | 2022년 | 2023년 |
|---|---|---|---|---|---|---|
| 중앙정부 | 3,308,414 | 3,617,859 | 3,862,379 | 4,174,201 | 4,558,366 | 4,843,752 |
| (비중) | (54.4) | (54.5) | (54.1) | (55.5) | (55.1) | (54.6) |
| 지방정부 | 2,106,784 | 2,310,152 | 2,532,263 | 2,630,917 | 2,883,083 | 3,054,109 |
| (비중) | (34.7) | (34.8) | (35.5) | (35.0) | (34.9) | (34.4) |
| 지방교육 | 662,216 | 705,960 | 739,013 | 718,605 | 826,902 | 974,192 |
| (비중) | (10.9) | (10.7) | (10.4) | (9.5) | (10.0) | (11.0) |

자료: 행정안전부(2023). 『2023년도 지방자치단체 통합재정 개요』.

**표 1-9 중앙재정, 지방재정, 지방교육재정 추이(총 재정사용액 기준)**

(단위: 억 원, %)

| 구분 | 2018 년 | 2019년 | 2020년 | 2021년 | 2022년 | 2023년 |
|---|---|---|---|---|---|---|
| 중앙정부 | 1,812,512 | 1,913,463 | 2,163,914 | 2,413,619 | 2,508,270 | 2,549,290 |
| (비중) | (39.5) | (38.5) | (40.7) | (42.8) | (40.8) | (39.1) |
| 지방정부 | 2,080,476 | 2,306,449 | 2,396,034 | 2,484,016 | 2,765,951 | 2,970,204 |
| (비중) | (45.4) | (46.4) | (45.0) | (44.0) | (45.0) | (45.5) |
| 지방교육 | 693,822 | 754,402 | 761,310 | 745,751 | 877,002 | 1,002,879 |
| (비중) | (15.1) | (15.1) | (14.3) | (13.2) | (14.3) | (15.4) |

자료: 행정안전부(2023). 『2023년도 지방자치단체 통합재정 개요』.

## 제2절 지방재정의 미시적 구조

지방재정의 세부 내용을 들여다보기 위해서는 미시적 구조를 이해해야 한다. 지방재정의 미시적 구조는 곧 지방정부 예산의 과목 체계를 의미한다. 예산과목이란 예산의 내용을 명백히 보여주기 위해 일정한 기준에 의해 구분해 놓은 항목을 말한다. 예산과목에는 여러 가지 예산 분류 방식이 반영된다. 이렇게 예산과목을 구분하는 목적은 복잡하고 광범위한 예산을 통일적으로 분류해 그 성질과 내용을 명백히 함으로써 지방의회의 의결 대상과 예산 집행의 대상으로 하려는 데 있다. 그리고 예산과목은 예산 자료의 작성 및 검토를 쉽게 하도록 부호화(coding)되어 있다. 이러한 부호 체계는 필요한 예산정보를 산출하는 데에 매우 유용하다.

### 1 지방정부 예산과목 체계

예산과목 체계는 세입예산 과목과 세출예산 과목으로 구분된다. 지방자치단체의 세입예산은 그 내용의 성질과 기능을 고려해 '장 · 관 · 항'으로 구분한다. 지방자치단체의 세출예산은 그 내용의 기능별 · 사업별 또는 성질별로 '주요 항목' 및 '세부 항목'으로 구분한다. 주요 항목은 다시 '분야 · 부문 · 정책사업'으로 구분하고, 세부 항목은 '단위사업 · 세부사업 · 목'으로 구분한다(지방재정법 제41조). 세입예산 및 세출예산의 과목 구분과 설정에 관한 세부 사항은 행정안전부 장관이 정한다.

지방정부 세입예산 과목 체계는 [그림 1-5]와 같이 '장-관-항-목'의 네 단계로 구성되어 있다. 세입예산의 과목은 세입의 원천을 감안해 지방세수입 · 세외수입 · 지방교부세 · 조정교부금 · 보조금 · 지방채 및 예치금 회수 등으로 구분한다.7)

그런데 2014년부터 사업예산제도에 기반한 예산과목 체계에 맞춰 일부 세입과목의 구조 개편이 있었다. 종전에는 세외수입에 포함되었던 내부거래와 잉여금 등에 대해 새로운 예산과목으로 '보전재원 등 및 내부거래'를 신설해 이 과목에 포함시켰다. 여기에 해당하는 항목이 전입금, 예수 및 예탁금, 잉여금, 전년도 이월금, 융자금 원금 회수 등 5개 항목이다. 또한 '지방채 및 예치금 회수' 과목은 순수 지방채와 예치

---

7) 재정보전금 과목은 2014년 11월 지방재정법 개정으로 조정교부금으로 변경되었다.

금 회수를 분리했다. 이에 따라 '지역개발기금 시·도 융자금 수입'과 '예치금 회수' 항목은 지방채가 아닌 '예치금 회수' 과목으로 개편되었다.

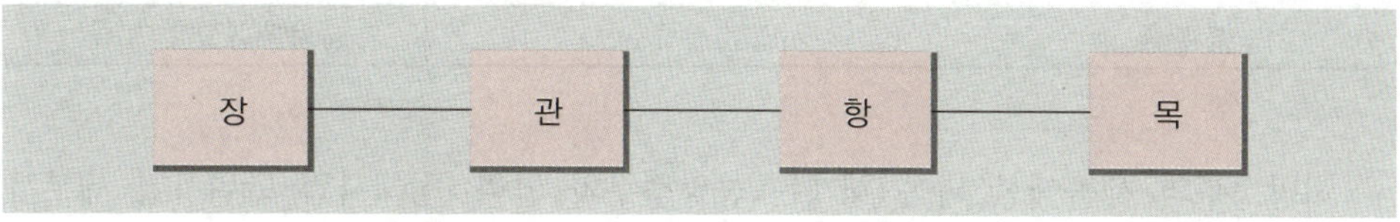


그림 1-5 지방정부 세입예산 과목 체계

표 1-10 세입예산 과목 구조의 예시

| 장 | 관 | 항 | 목 |
|---|---|---|---|
| 100 지방세수입 | 110 지방세 | 111 보통세 | 111-01 취득세 |
| | | | 111-02 등록면허세 |
| | | 112 목적세 | 112-01 지역자원시설세 |
| | ··· | ··· | ··· |
| 200 세외수입 | 210 경상적 세외수입 | 212 사용료수입 | 212-01 도로사용료 |
| | | | 212-02 하천사용료 |
| | | | 212-03 시장사용료 |
| | ··· | ··· | ··· |

세출예산 과목 체계는 2008년 사업예산제도의 도입으로 〈표 1-10〉과 같이 과목 명칭이 '분야-부문-정책사업-단위사업-세부사업-목(편성비목)-세목(통계비목)'으로 정립되었다. '분야-부문'은 기능별 분류이며, 중앙정부의 기능별 분류와 동일한 체계로 되어 있다.

사업예산에서의 사업 구조(program structure)는 '정책사업-단위사업-세부사업'의 3단계 구조로 되어 있다. 이러한 사업별 분류는 기능별 분류인 '분야-부문' 체계와 연결된다. 그리고 목(편성비목)과 세목(통계비목)은 품목별 분류이며, 세부사업의 성질별 항목을 보여준다.

**표 1-11** 사업예산제도에서의 세출예산 과목 체계

| 주요 항목 | | | 세부 항목 | | | |
|---|---|---|---|---|---|---|
| 분야 | 부문 | 정책사업 | 단위사업 | 세부사업 | 편성비목(목) | 통계비목(세목) |
| 기능별 분류 | | 사업별 분류 | | | 품목별(성질별) 분류 | |

지방정부의 세출예산 과목 체계는 중앙정부와 달리 '정책사업-단위사업-세부사업'의 사업 구조 외에 '행정운영경비'와 '재무 활동'을 별개 과목으로 구분한다. 행정운영경비에는 인력운영비와 기본경비 과목이 있으며, 재무 활동에는 내부거래지출과 보전지출 과목이 있다.

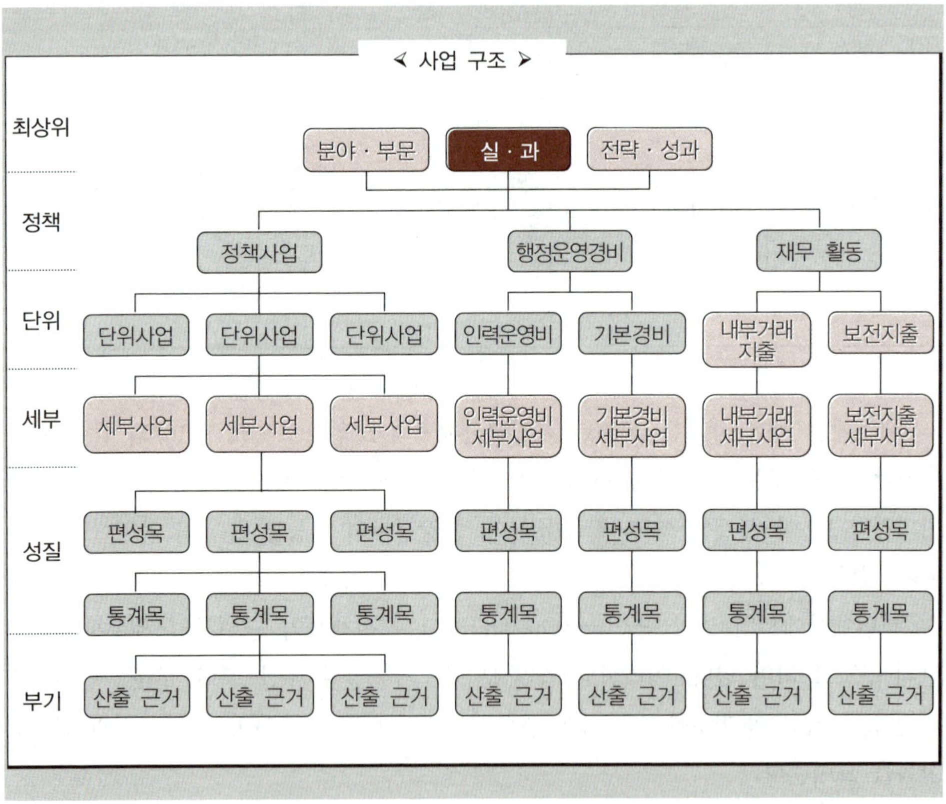


**그림 1-6** 지방정부의 세출예산 과목 구조

## 2 예산 분류의 유형

예산 분류란 세입과 세출의 내용을 일정한 기준에 따라 체계적으로 배열하는 것을 말한다. 예산 분류는 곧 예산정보를 창출하는 것이며, 수요자에게 필요한 예산정보를 제공하는 것이다. 예산정보는 누가, 어떤 목적으로 필요로 하는가에 따라 다양한 형태로 작성될 수 있다.

예산 분류 방식은 세입예산과 세출예산에 따라 다르다. 세입예산의 분류는 단순하지만 세출예산의 분류는 다양하다. 현재 많이 사용되는 세출예산 분류는 기능별 분류, 사업별 분류, 조직별 분류, 품목별 분류, 경제 성질별 분류 등이다. 이러한 분류 방식은 〈표 1-12〉와 같은 내용의 정책정보를 제시해 준다(강신택, 2000: 170).



표 1-12 예산 분류의 초점

| 분류 방식 | 초점 |
|---|---|
| 기능별 분류 | 정부가 무슨 일을 하는 데 얼마를 쓰느냐 |
| 사업별 분류 | 정부가 무슨 사업을 하는 데 얼마를 쓰느냐 |
| 조직별 분류 | 누가 얼마를 쓰느냐 |
| 품목별 분류 | 정부가 무엇을 구입하는 데 얼마를 쓰느냐 |
| 경제 성질별 분류 | 국민 경제(지역경제)에 미치는 총체적인 효과가 어떠한가 |

예산의 기능별 분류(classification by function)는 정부가 수행하는 기능을 중심으로 예산을 분류하는 방식이다. 다시 말해 정부의 활동 영역별 예산 배분 현황을 보여주는 예산정보를 만들어내는 작업이다. 기능별 분류는 정부의 광범위한 목표에 대한 비용을 계산한 것이며, 정책의 우선순위를 보여주는 정보라고 볼 수 있다.

기능별 분류는 사업계획 및 예산정책의 수립을 용이하게 하며, 입법부의 예산 심의에 도움을 주는 예산 분류 방식이다. 특히 일반 국민이 정부재정을 통해 정부활동 및 정책의 우선순위를 파악할 수 있는 유용한 예산정보다. 따라서 이를 '시민을 위한 분류(citizen's classification)'라고 부른다.

**표 1-13 중앙정부와 지방정부 세출예산 기능별 분류 체계**

| 16분야 74부문(지방: 13분야 57부문) |
|---|
| **010. 일반공공행정** |
| 011 입법 및 선거관리 |
| 012 국정 운영 |
| 013 지방행정 · 재정 지원 |
| 014 재정 · 금융 |
| 015 정부자원관리 |
| 016 일반행정 |
| **020. 공공질서 및 안전** |
| 021 법원 및 헌재 |
| 022 법무 및 검찰 |
| 023 경찰 |
| 024 해경 |
| 025 재난방재 · 민방위 |
| 026 소방 |
| **030. 외교 · 통일** |
| 031 통일 |
| 032 외교 · 통상 |
| **040. 국방** |
| 041 병력 운영 |
| 042 전력 유지 |
| 043 방위력 개선 |
| 044 병무행정 |
| **050. 교육** |
| 051 유아 및 초중등교육 |
| 052 고등교육 |
| 053 평생 · 직업교육 |
| 054 교육일반 |
| **060. 문화 및 관광** |
| 061 문화예술 |
| 062 관광 |
| 063 체육 |
| 064 문화재 |
| 065 문화 및 관광 일반 |
| **070. 환경** |
| 071 상하수도 · 수질 |
| 072 폐기물 |
| 073 대기 |
| 074 자연 |
| 075 해양환경 |
| 076 환경보호일반 |
| **080. 사회복지** |
| 081 기초생활 보장 |
| 082 취약계층 지원 |
| 083 공적연금 |
| 084 아동 · 보육 |
| 085 노인 |
| 086 여성 · 가족 · 청소년 |
| 087 고용 |
| 088 노동 |
| 089 보훈 |
| 090 주택 |
| 091 사회복지 일반 |
| 092 고용노동 일반 |
| **090. 보건** |
| 091 보건의료 |
| 092 건강보험 |
| 093 식품의약안전 |
| **100. 농림해양수산** |
| 101 농업 · 농촌 |
| 102 임업 · 산촌 |
| 103 해양수산 · 어촌 |
| 104 식품업 |
| **110. 산업 · 중소기업 및 에너지** |
| 111 산업금융 지원 |
| 112 산업기술 지원 |
| 113 무역 및 투자 유치 |
| 114 산업 진흥 · 고도화 |
| 115 에너지 및 자원 개발 |
| 116 산업 · 중소기업 일반 |
| **120. 교통 및 물류** |
| 121 도로 |
| 122 철도 |
| 123 도시철도 |
| 124 해운 · 항만 |
| 125 항공 · 공항 |
| 126 대중교통 · 물류 등 기타 |
| **130. 통신** |
| 131 방송통신 |
| 132 정보통신 |
| 133 우정 |
| **140. 국토 및 지역 개발** |
| 141 수자원 |
| 142 지역 및 도시 |
| 143 산업단지 |
| **150. 과학기술** |
| 151 과학기술 연구개발 |
| 152 과학기술 연구 지원 |
| 153 과학기술 인력 및 문화 |
| 154 과학기술 일반 |
| **160. 예비비** |
| 161 예비비 |

주: 지방정부의 기능별 분류는 중앙정부의 분류에서 검정 칸을 제외한 부분임.

현재 지방정부 세출예산의 기능별 분류는 '분야-부문' 과목 체계에 반영되어 있다. 중앙정부의 분류와 동일하지만 중앙정부 기능에는 있지만 지방정부에 없는 기능은 제외되어 있다. 따라서 중앙정부의 기능별 분류가 16개 분야 74개 부문인데 반해, 지방정부의 기능별 분류는 13개 분야 57개 부문으로 이뤄져 있다.

사업별 분류(classification by program)는 정부의 각 부처(부서)가 수행하는 사업 또는 프로그램을 중심으로 분류하는 방식이다. 기능의 구체적 업무 내용을 보여주는 예산정보다. 현재 지방정부의 사업별 분류는 '정책사업-단위사업-세부사업'의 3단계 사업 구조로서 예산과목 체계에 반영되어 있다. 이러한 사업 구조는 '분야-부문'의 하위 체계로 연결되며, 지방정부 조직 단위인 과(실)의 업무 영역으로 획정되어 있다. 이렇게 사업 구조를 조직 단위(과)에 귀속시키는 이유는 해당 조직 단위를 책임중심점, 성과중심점, 자율중심점으로 보기 때문이다.

품목별 분류(classification by objects)는 예산을 지출 대상(품목)별로 분류하는 방법이다. 지출 대상(품목)이란 예산과목의 '목'과 '세목'에 해당하는 것으로서 인건비, 업무추진비, 시설비 및 부대비 등의 투입(input) 요소를 지칭한다. 실무에서는 성질별 분류라고 부른다. 품목별 분류는 예산액을 지출 대상별로 한계를 명확히 정해 배정함으로써 관료의 권한과 재량을 제한하고 회계 책임을 명확히 할 수 있는 통제 지향적 분류 방법이다.

**표 1-14 품목별 예산과목(편성비목) 분류 체계**

| 목번호 | 유형 | 목번호 | 목(편성목) | 세목(통계목) |
|---|---|---|---|---|
| 100 | 인건비 | 101 | 인건비 | (101-01) 보수 · (101-02) 기타직 보수 · (101-03) 무기계약근로자 보수 · (101-04) 기간제근로자 등 보수 |
| 200 | 물건비 | 201 | 일반운영비 | (이하 생략) |
| | | 202 | 여비 | |
| | | 203 | 업무추진비 | |
| | | 204 | 직무수행경비 | |
| | | 205 | 의회비 | |
| | | 206 | 재료비 | |
| | | 207 | 연구개발비 | |
| 300 | 경상이전 | 301 | 일반보상금 | |
| | | 303 | 포상금 | |

| | | 304 | 연금부담금 등 | |
|---|---|---|---|---|
| | | 305 | 배당금 등 | |
| | | 306 | 출연금 | |
| | | 307 | 민간 이전 | |
| | | 308 | 자치단체 등 이전 | |
| | | 309 | 공기업 경상 전출금 | |
| | | 310 | 국외 이전 | |
| | | 311 | 차입금 이자 상환 | |
| 400 | 자본지출 | 401 | 시설비 및 부대비 | |
| | | 402 | 민간자본 이전 | |
| | | 403 | 자치단체 등 자본 이전 | |
| | | 404 | 전출금 | |
| | | 405 | 자산취득비 | |
| 500 | 융자 및 출자 | 501 | 융자금 | |
| | | 502 | 출자금 | |
| 600 | 보전재원 | 601 | 차입금 원금 상환 | |
| 700 | 내부거래 | 701 | 기타 회계 전출금 | |
| | | 702 | 기금 전출금 | |
| | | 703 | 교육비특별회계 전출금 | |
| | | 705 | 예수금 원리금 상환 | |
| 800 | 예비비 및 기타 | 801 | 예비비 | |
| | | 802 | 반환금 기타 | |

## 제3절 지방정부 예산의 형식과 종류

### 1 지방정부 예산의 형식적 내용

지방재정의 구조에 대해서는 앞에서 살펴본 바 있다. 여기서는 매년 지방의회에 제출하는 예산의 형식적 내용에 대해 살펴본다. 지방재정법(제40조)에 의하면 "예산은 예산총칙, 세입·세출 예산, 계속비, 채무부담행위 및 명시이월비를 총칭한다"고 예산의 형식적 내용을 규정하고 있다.

예산총칙에는 세입·세출 예산, 계속비, 채무부담행위 및 명시이월비에 관한 총괄적 규정과 지방채 및 일시차입금의 한도액, 그 밖에 예산 집행에 필요한 사항이 포함되어 있다.

계속비는 공사나 제조, 그 밖의 사업으로서 그 완성에 수년을 요하는 것에 대해 필요한 경비의 총액과 연도별 금액에 대해 지방의회의 의결을 얻어 여러 해에 걸쳐 지출할 수 있는 경비를 말한다. 계속비로 지출할 수 있는 연한(年限)은 그 회계연도부터 5년 이내다. 다만, 필요하다고 인정될 때에는 지방의회의 의결을 거쳐 다시 그 연한을 연장할 수 있다. 특히 완성하기까지 여러 해가 걸리는 공사 중 시급하게 추진해야 재난 복구사업과 중단 없이 이행해야 하는 사업의 예산은 특별한 사유가 없으면 계속비로 편성해야 한다.

채무부담행위는 지방자치단체에 채무 부담의 원인이 될 계약의 체결이나 그 밖의 행위를 하는 것을 말한다. 채무부담행위는 미리 예산으로 지방의회의 의결을 얻어야 하며, 지방채 발행 한도액 산정 시 채무에 포함된다. 다만, 지방의회를 소집할 시간적 여유가 없을 때에는 재난 복구를 위해 시급히 추진할 필요가 있는 사업으로서 지방자치단체의 채무 부담의 원인이 될 계약 중 총사업비가 10억 원 이하인 계약을 지방의회의 의결을 거치지 않고 체결할 수 있다. 이 경우 즉시 지방의회에 보고해야 한다. 그리고 채무 부담이 되는 행위를 했을 때에는 늦어도 다음다음 회계연도 세출예산에 반드시 계상해야 하며, 그 밖의 회계연도 세출예산에는 계상할 수 없다. 또한 해당 회계연도와 다음 회계연도에 걸쳐 지출해야 할 지출원인행위를 할 수 있다.

명시이월비는 세출예산 중 경비의 성질상 그 회계연도에 그 지출을 마치지 못할 것으로 예상되는 경비로서 다음 회계연도에 이월해 사용하는 경비를 말한다. 명시이월비는 세입·세출 예산에 그 취지를 분명하게 밝혀 미리 지방의회의 의결을 얻어야 한다.

## 2 예산의 종류

### 1) 본예산·추가경정예산·수정예산

본예산은 전년도 지방의회 정기회에서 의결·확정한 새로운 회계연도 예산을 말한다. 당초예산(當初豫算)이라고도 부른다. 본예산은 당해 연도 개시일부터 지방의회에서 의결해 준 대로 집행하는 예산이다.

추가경정예산은 예산이 성립된 후에 생긴 사유로 인해 이미 성립된 예산에 변경을 가할 필요가 있을 때 편성하는 예산이다. 일반적으로 예기치 못한 사유가 발생해 예산 변경이 필요한 경우 예비비로 충당하거나 이용 또는 전용을 이용하지만 이것으로 감당하기 어려운 재원은 추경예산 편성의 사유가 된다. 추경예산은 지방의회의 심의·의결을 받아야 한다.

다음과 같은 경비는 추가경정예산의 성립 전에 사용할 수 있다. 다만, 같은 회계연도의 차기 추가경정예산에 계상해야 한다. 즉, ① 시·도의 경우 국가로부터, 시·군 및 자치구의 경우 국가 또는 시·도로부터 그 용도가 지정되고 소요 전액이 교부된 경비, ② 시·도의 경우 국가로부터, 시·군 및 자치구의 경우 국가 또는 시·도로부터 재난구호 및 복구와 관련해 복구계획이 확정·통보된 경우 그 소요 경비다.

그런데 예산안을 지방의회에 제출한 후 부득이한 사유로 그 내용의 일부를 수정하려면 수정예산안을 작성해 지방의회에 다시 제출할 수 있다. 이것을 수정예산이라 부른다. 지방의회에서는 수정예산을 대상으로 예산 심의를 한다.

### 2) 준예산

준예산이란 지방의회에서 부득이한 사유로 새로운 회계연도가 시작될 때까지 예산안이 의결되지 못할 때 지방자치단체의 장은 지방의회에서 예산안이 의결될 때까지 전년도 예산에 준해 집행할 수 있는 예산을 말한다.

준예산은 전년도 모든 예산 항목 그대로 집행하는 것이 아니라 다음 세 가지 목적을 위한 경비만 집행할 수 있다.

① 법령이나 조례에 따라 설치된 기관이나 시설의 유지·운영

② 법령상 또는 조례상 지출 의무의 이행

③ 이미 예산으로 승인된 사업의 계속

준예산을 편성해 집행된 예산은 해당 회계연도의 예산이 성립되면 그 성립된 예산에 의해 집행된 것으로 본다.

### 3) 성인지 예산

#### (1) 의의

성인지(性認知) 예산제도(gender budgeting)란 모든 예산 과정에서 성 주류화를 적용하고 성 평등을 위해 세입과 세출을 재구조화하는 것이다. 성인지 예산은 여성과 남성에 대한 예산의 차별적 효과를 분석해 성차별을 개선하도록 재정 운용에 반영하기 위한 제도라고 볼 수 있다. 1995년 베이징(北京) 세계여성대회에서 성 주류화 전략의 주요 의제로 채택되면서 많은 국가에서 다양한 방식으로 도입 운영하고 있다.

우리나라는 중앙정부의 경우 2010년도 예산부터, 지방정부는 2013년도 예산부터 도입되었다. 지방재정법(제36조의2)에는 "지방자치단체의 장은 예산이 여성과 남성에게 미칠 영향을 미리 분석한 보고서(성인지 예산서)를 작성해야 한다"고 규정하고 있으며, 예산안 첨부 서류로 지방의회에 제출된다. 성인지 예산제도는 "지방자치단체는 예산이 여성과 남성에게 미치는 효과를 평가하고, 그 결과를 지방자치단체의 예산에 반영하기 위하여 노력해야 한다"고 천명한 지방재정 운용의 기본 원칙(지방재정법 제3조)에 근거를 두고 있다.

성인지 예산서는 결산이 완료되면 성인지 결산서를 작성해 결산서의 첨부 서류로 지방의회에 제출된다.

그리고 성인지 예산제도는 성별영향평가제도와 연계해 보완적으로 운영된다. 성별영향평가제도는 당시 여성발전기본법에 근거해 정책 및 사업에 대해 성별 영향을 분석 · 평가하는 제도로서 2005년부터 시행되었다.[8] 2011년에는 성별영향분석평가법이 제정되어 2012년부터 시행되었다. 2018년에는 명칭을 성별영향평가법으로 변경하였다.

#### (2) 성인지 예산의 대상 범위

성인지 예산의 대상은 모든 수준의 예산이다. 즉, 예산과 기금, 세입과 세출, 그리고 중기지방재정계획이 포함된다. 또한 지방정부의 일반정부뿐만 아니라 지방공기업 예산도 포함된다. 더 나아가 모든 단계의 예산 과정도 성인지 예산의 대상이 될 수 있다. 모든 재정자원은 성별영향평가와 그 결과의 재정 운용에의 반영이 필요하기 때문이다.

---

8) 여성발전기본법은 양성평등기본법으로 개정(2014년 5월 국회 통과)되었으며, 2015년 7월부터 발효됨.

그런데 현재 지방자치단체의 성인지 예산서 작성은 일반회계와 기타 특별회계, 기금을 대상으로 하고 있다. 지방공기업특별회계는 대상에 포함되지 않는다. 앞으로 대상 사업의 포괄 범위를 더욱 확대해야 할 것이다. 독립적으로 운용되는 지방교육청의 지방교육비특별회계도 성인지 예산서 작성 대상이다.

성인지 예산서의 대상 사업은 사업예산제도의 세부사업을 기준으로 작성한다. 양성평등정책추진사업과 성별영향평가사업은 필수 사업으로서 반드시 포함해야 한다. 성별영향평가법 시행령에 의하면 당해 연도 성별영향평가를 실시한 사업이 재정 집행을 수반할 경우 성인지 예산서를 첨부하도록 의무화되었다. 지방자치단체가 별도로 추진하는 사업은 권장 사업으로 필요한 경우 포함한다. 다만, 행정운영경비, 재무 활동, 예비비 등은 성인지 예산서 대상 사업에서 제외된다.

성인지 예산서 대상 사업의 선정은 예산부서가 총괄한다. 여성정책 담당부서는 사업부서 및 각 지역별 성별영향평가센터 등과 협조해 해당 자치단체의 대상 사업을 예산부서에 제출한다. 성평등 목표와의 연계성, 대상사업 선정기준과의 부합성 등을 고려하고, 종전 성인지 예산서 작성사업에 대한 적절성 등을 검토하여 선정한다.

**표 1-15 성인지 예산서 대상 사업**

| 구분 | 대상 사업 | 비고 |
|---|---|---|
| 필수 | 양성평등정책 기본계획 추진사업 | • 제2차 양성평등정책 기본계획(2018~2022)에 따른 연도별 지방자치단체 시행계획 추진사업<br>• 지자체에서 자체적으로 수립한 양성평등정책 관련 기본계획에 포함된 사업, 그 밖에 여성을 주대상으로 하며, 여성의 사회 참여 확대 및 권익 증진 등을 도모하거나 여성의 돌봄 부담 등 가족 내 성불평등을 개선할 수 있는 사업 |
| | 성별영향평가사업 | • 성별영향평가법에 따른 전년도 성별영향평가 대상 예산사업 |
| 권장 | 지자체가 별도로 추진하는 사업 | • 자치단체장의 공약사업 및 주력 사업으로 성별 수혜분석이 가능하다고 판단되는 사업, 성불평등 혹은 성 격차 개선 가능성이 큰 사업 |

주: 양성평등정책 기본계획은 양성평등기본법(제7조)에 따라 여성가족부 장관이 5년마다 수립한다.
자료: 행정안전부(2023). 『2023년도 지방자치단체 통합재정 개요(상)』.

### (3) 성인지 예산서 양식

지방재정법 시행령(제40조의2)에는 성인지 예산서에 포함되어야 할 내용을 다음과 같이 규정하고 있다. 즉, 성인지 예산의 개요 및 규모, 성인지 예산의 성평등 기대 효과, 성과 목표 및 성별 수혜분석, 그 밖에 행정안전부 장관이 정하는 사항이다. 성인지 예산서의 작성 기준은 행정안전부 장관이 여성가족부 장관과 협의해 정한다.

여기서 한 가지 지적하고 싶은 것은 '성인지 예산의 규모'라는 표현은 정확한 표현이 아니란 점이다. 성인지 예산 대상 사업은 모든 재정사업이 될 수 있다는 점에서 성인지 예산서의 성인지 예산 규모는 당해 연도에 선정된 대상 사업의 예산 규모일 뿐이다. 지방재정법 시행령은 성인지 예산제도의 개념상 혼란을 초래하고 있다.

실제 운용 중인 대구시의 사례를 보자. 2023년도 대구시 성인지 예산서에는 다음과 같은 항목이 포함되어 있다. ① 성인지 예산 개요, ② 사업총괄표, ③ 사업별 총괄표, ④ 기능별 총괄표, ⑤ 조직별 총괄표, ⑥ 2023년 성인지 예산서 등이다. 여기서 총괄표(①~⑤)들은 엄밀한 의미에서 성인지 예산서의 중심 내용은 아니며, 크게 의미를 갖지 못한 정보들이다. 성인지 예산의 핵심 정보는 '⑥ 2023년 성인지 예산서'에 담긴 세부사업 단위의 사업별 설명 자료들이다.

세부사업 단위의 사업별 설명 자료는 ① 사업 개요, ② 대상 사업 유형, ③ 소요재원, ④ 성별 수혜분석, ⑤ 성별 격차 원인분석, ⑥ 성과 목표, ⑦ 성평등 기대 효과로 구성되어 있다. 여기서 제시된 정보들이 성인지 예산서의 핵심 정보다.

그런데 현재 운용 중인 성인지 예산서는 많은 문제점을 내포하고 있다. 성별 영향분석의 핵심 내용을 이루는 각 사업 단위의 성별 수혜분석인 사업 대상자, 사업 수혜자, 예산 배분의 남녀 구성비에 관한 정보가 활용도가 매우 낮다. 우선 남녀 구성비 배분에 관한 자료의 출처가 명확히 제시되지 않아 신뢰도가 낮다. 그뿐만 아니라 사업 대상자, 수혜자, 예산 배분의 단순한 남녀 구성비는 정책적으로 큰 의미를 갖지 않는다. 최소한 2×2, 예컨대 남녀별/연령별 또는 남녀별/소득수준별 교차분류표를 만드는 방식의 보완이 이루어져야 한다. 더욱 문제되는 것은 사업 대상자, 수혜자, 예산 배분의 남녀 구성비 자료가 당해 연도 자료는 없다는 것이다. 이것은 성인지 예산서라고 부르기 어렵다. 마땅히 예산서에는 당해 연도 자료가 들어가야 한다.

## 제4절 지방교육재정

### 1 지방교육재정의 구조

지방교육재정은 지방자치단체 재정과는 별개로 '교육비특별회계'로 운용된다. 지방교육자치에 관한 법률에 의하면 지방자치단체의 교육·학예에 관한 사무는 광역자치단체인 시·도(특별시·광역시 및 도)의 사무로 되어 있으며(제2조), 시·도의 교육·학예에 관한 경비를 따로 경리하기 위해 당해 지방자치단체에 교육비특별회계를 둔다(제38조).[9)]

지방교육재정은 재정 운용의 주체가 지방자치단체가 아닌 지방교육행정기관(교육청)이란 점에서 독립적인 재정이다. 이것은 교육의 자주성 및 전문성과 지방교육의 특수성을 살리기 위해 지방자치단체의 교육·학예에 관한 사무를 관장하는 지방교육행정기관(교육청)을 설치해 운용하는 교육자치와 관련이 있다. 최근 재정 규모를 발표할 때 중앙재정, 지방재정, 지방교육재정으로 구분해 발표하는 것은 이러한 맥락을 반영한 것이다. 그러나 지방교육재정은 당해 지방의회의 예산 심의를 받아야 한다.

지방교육재정의 구조는 세입과 세출로 구성되어 있다. 세입 구조를 보면 지방교육자치법(제36조)에는 교육·학예에 관한 경비의 재원으로 ① 교육에 관한 특별부과금[10)]·수수료 및 사용료, ② 지방교육재정교부금, ③ 해당 지방자치단체의 일반회계로부터의 전입금, ④ 유아교육지원특별회계에 따른 전입금, ⑤ 기타 교육·학예에 속하는 수입으로 충당한다고 규정되어 있다. 또한 시·도의 교육비를 교육부 소관 국고보조금으로 보조한다. 지방교육청은 과세권이 없기 때문에 대부분의 재원을 중앙정부 또는 지방정부에 의존할 수밖에 없다.

그리고 경비 부담 주체를 중앙정부·지방정부 및 학부모 등으로 규정하고 있다. 의무교육 경비는 중앙정부 및 지방정부가 부담하며, 의무교육 외의 교육경비는 중앙정부·지방정부 및 학부모 등이 부담한다(동법 제37조). 의무교육 경비는 교육비특별회계의 재원 중 교부금과 지자체 일반회계로부터의 전입금으로 충당하고, 의무교육

---

9) 교육·학예란 교육·과학·기술·체육 그 밖의 학예를 포함한다.

10) 특별부과금은 특별한 재정수요가 있는 때에 조례로 정하는 바에 따라 부과·징수하며, 특별부과가 필요한 경비의 총액을 초과하여 부과할 수 없다(지방교육자치법 제40조).

외의 경비는 교부금, 지자체 일반회계로부터의 전입금, 수업료 및 입학금 등으로 충당한다.

세출 구조는 지방재정과 마찬가지로 기능-정책사업별, 조직별, 품목별(성질별) 예산 구조로 발표된다.



## 2 지방교육재정의 세입 구조

### 1) 지방교육재정 세입예산 과목 체계

지방교육재정의 세입 구조는 세입예산 과목 체계에 드러나 있다. 세입예산 과목 체계는 '장-관-항-목' 체계로 구성된다. 지방교육재정의 세입은 ① 이전수입, ② 자체수입, ③ 차입, ④ 기타로 구분된다(장).

이전수입(장)은 중앙정부 이전수입과 지방자치단체 이전수입, 기타 이전수입으로 분류된다(관). 중앙정부 이전수입에는 지방교육재정교부금, 국고보조금, 특별회계전입금이 있다(항). 지방자치단체 이전수입에는 법정이전수입(항)으로 지방교육세전입금, 담배소비세전입금, 시도세전입금, 학교용지일반회계부담금, 지방교육재정교부금보전금, 교육급여보조금, 무상교육경비전입금이 있으며(목), 비법정이전수입(항)으로 광역자치단체전입금, 기초자치단체전입금, 국고지원전입금이 있다. 기타 이전수입(관)에는 기부금 등의 민간이전수입과 자치단체 간 이전수입이 있다.

자체수입(장)에는 입학금, 수업료 등의 교수-학습 활동 수입, 사용료와 수수료 수입의 행정 활동 수입, 자산 임대와 매각의 자산 수입, 이자 및 적립금 수입, 그리고 제재금 수입 등의 기타 수입이 있다.

차입(장)에는 지방교육채 발행과 차입금이 있다. 기타(장) 항목에는 전년도 이월금, 금융자산 회수 등이 있다. 자세한 세입예산 과목 체계는 〈표 1-16〉을 참조하기 바란다.

지방교육청은 과세권이 없기 때문에 대부분의 재원을 중앙정부 또는 지방정부에 의존하고 있다. 2019~2023년 예산 자료를 보면 이전수입 비중이 95~96%를 차지한다. 이전수입 중에서는 중앙정부 이전수입이 약 80%를 차지한다. 지방교육재정의 중앙정부 의존도가 매우 높음을 보여준다. 자체수입 비중은 2% 이하 수준이며, 지속적으로 감소하는 추세다. 재정의 관점에서 보면 교육자치가 이루어지고 있다고 볼 수 없다.

**표 1-16** 지방교육재정 세입예산 과목 체계

| 장(코드 번호) | 관 | 항 | 목 |
|---|---|---|---|
| 이전수입 (10000) | 중앙정부 이전수입 | 지방교육재정교부금 | 보통교부금 |
| | | | 특별교부금 |
| | | 국고보조금 | 국고보조금 |
| | | 특별회계 전입금 | 유아교육지원특별회계 전입금 |
| | 지방자치단체 이전수입 | 법정 이전수입 | 지방교육세 전입금 |
| | | | 담배소비세 전입금 |
| | | | 시·도세 전입금 |
| | | | 학교용지 일반회계 부담금 |
| | | | 지방교육재정교부금 보전금 |
| | | | 교육급여 보조금 |
| | | | 무상교육경비전입금 |
| | | 비법정 이전수입 | 광역자치단체전입금 |
| | | | 기초자치단체전입금 |
| | 기타 이전수입 | 민간이전수입 | 기부금 |
| | | | 기타 지원금 |
| | | | 기타 협력사업비 |
| | | 자치단체 간 이전수입 | 전입금 |
| 자체수입 (20000) | 교수-학습 활동 수입 | 기본적 교육수입 | 입학금 |
| | | | 수업료 |
| | | 선택적 교육수입 | 기숙사 및 급식 |
| | | | 평생학습 수입 |
| | 행정활동 수입 | 사용료 및 수수료수입 | 사용료수입 |
| | | | 수수료수입 |
| | 자산수입 | 자산임대수입 | 임대료수입 |
| | | 자산매각대 | 토지 매각 |
| | | | 건물 매각 |
| | | | 기계장치 매각 |
| | | | 기타 유형자산 매각 |
| | | | 무형자산 매각 |
| | 이자수입 | 이자수입 | 이자수입 |
| | 기타 수입 | 제재금수입 | 변상금 |
| | | | 위약금 |
| | | | 연체료 |

| | | | |
|---|---|---|---|
| | | | 과태료 |
| | | | 기타 제재금수입 |
| | | 기타 수입 등 | 생산물매각대 |
| | | | 그 외 수입 |
| | | | 학교회계전출금반납금수입 |
| | | 지난연도수입 | 지난연도수입 |
| 차입<br>(30000) | 지방교육채 | 지방교육채 | 지방교육채 |
| | | | 금융기관 차입금 |
| | | | 공공자금관리기금 차입금 |
| 기타<br>(40000) | 전년도 이월금 | 순세계잉여금 | 순세계잉여금 |
| | | 보조금 사용 잔액 | 국고보조금 사용 잔액 |
| | | | 자치단체보조금 사용 잔액 |
| | | 이월금 | 전년도 이월사업비 |

표 1-17 지방교육재정의 세입 구조

(단위: 백만 원, %)

| 구분 | 2019년 | 2020년 | 2021년 | 2022년 | 2023년 |
|---|---|---|---|---|---|
| 세입예산액 | 82,081,073 | 77,332,619 | 84,919,951 | 107,247,319 | 97,419,185 |
| (비중) | 100. | 100. | 100. | 100. | 100. |
| 이전수입 | 78,439,790 | 74,010,327 | 81,074,138 | 103,698,566 | 94,116,704 |
| (비중) | 95.6 | 95.7 | 95.5 | 96.7 | 96.6 |
| 자체수입 | 1,391,632 | 1,102,302 | 1,420,665 | 1,128,916 | 496,967 |
| (비중) | 1.7 | 1.4 | 1.7 | 1.1 | 0.5 |
| 차입 | 0 | 0 | 0 | 0 | 0 |
| (비중) | 0. | 0. | 0. | 0. | 0. |
| 기타 | 2,249,651 | 2,202,125 | 1,746,476 | 1,809,025 | 2,605,521 |
| (비중) | 2.7 | 2.8 | 2.1 | 1.7 | 2.7 |
| 내부거래 | 0 | 17,863 | 678,671 | 610,811 | 199,992 |
| (비중) | 0. | 0. | 0.8 | 0.6 | 0.2 |

주: 2019~2022년은 최종예산, 2023년은 당초예산 자료임.
자료: 지방교육재정알리미(www.eduinfo.go.kr).

### 2) 지방교육재정의 재원 조달 방법

지방교육재정의 재원 조달 방법은 앞에서 본 수입 구조인 이전수입, 자체수입, 차입, 기타로 구분해 살펴볼 필요가 있다. 여기서는 중앙정부 이전수입, 지방자치단체 이전수입, 자체수입, 차입 및 기타로 구분해 살펴본다.

### (1) 중앙정부 이전수입

중앙정부 이전수입에는 지방교육재정교부금과 국고보조금, 그리고 특별회계 전입금이 있다. 지방교육재정교부금은 무조건부 지원 방식인 일반재원이며, 국고보조금은 조건부이면서 대응 부담 방식인 특정재원이다. 특별회계 전입금은 한시적으로 도입된 유아교육지원특별회계법에 의한 지원금이다.

#### ① 지방교육재정교부금

지방교육재정교부금은 보통교부금과 특별교부금으로 구분된다. 보통교부금의 재원은 교육세분 교부금과 내국세분 교부금으로 구성된다. 교육세분 교부금은 국세인 교육세 세입액 중 유아교육지원특별회계 전출금과 고등·평생교육지원특별회계 전출금을 제외한 금액이다.[11]

내국세분 교부금은 내국세 총액의 20.79%에 해당하는 금액의 97%분이다. 여기서 내국세 총액은 당해 연도 내국세에서 목적세 및 종합부동산세, 담배에 부과하는 개별소비세 총액의 45%, 다른 법률에 따라 특별회계의 재원으로 사용되는 세목의 해당 금액을 제외한 금액이다.

특별교부금의 재원은 내국세 총액의 20.79%에 해당하는 금액의 3%분이다.

국가는 지방교육재정상 부득이한 수요가 있는 경우에는 국가예산으로 정하는 바에 따라 보통교부금과 특별교부금 외에 따로 증액교부할 수 있다. 그리고 의무교육기관 교원의 증감 등 불가피한 사유로 인해 지방교육재정의 인건비 소요에 현저한 변동이 있는 때에는 내국세 증가에 따른 교부금 증가 등을 감안해 교부율을 보정한다.

보통교부금 교부 방법은 기준재정 수입액이 기준재정 수요액에 미달하는 경우 그 미달액을 기준으로 하여 총액으로 교부한다.

기준재정 수요액은 ① 교직원 인건비, ② 학교·교육과정운영비, ③ 교육행정비, ④ 교육복지지원비, ⑤ 교육기관 등 시설비, ⑥ 유아교육비, ⑦ 방과후 학교사업비, ⑧ 고교무상교육 지원, ⑨ 재정 결함 보전 등으로 나눠 산정한다. 그리고 자체 노력

11) 고등·평생교육지원특별회계법은 2023년 1월 1일부터 시행되었으며, 2025년 12월 31일까지 효력을 가진다.

**표 1-18 중앙정부 이전수입의 조달 방법**

| | 유형 | | | 재원 조달 방법 |
|---|---|---|---|---|
| 중앙정부 이전수입 | 지방교육재정교부금 | 보통교부금 | 교육세분 교부금 | 교육세(특정 특별회계전출금* 제외) |
| | | | 내국세분 교부금 | 내국세 총액의 20.79%에 해당하는 금액의 97% |
| | | 특별교부금 | | 내국세 총액의 20.79%에 해당하는 금액의 3% |
| | 국고보조금 | 국고보조금 | | 국고사업(중앙 · 지방 이해관계 사업)에 대한 보조금 |
| | 특별회계 전입금 | 유아교육지원특별회계 전입금 | | |

주*: 유아교육지원특별회계 전출금과 고등 · 평생교육지원특별회계 전출금 제외.

수요인 ① 학교 통폐합 및 신설 대체 이전 지원, ② 학교 신설 민관 협력 확대, ③ 외부로부터의 교육 투자 유치, ④ 재정집행 효율화 지원 등을 반영해 산정한다. 산정 방식은 각 측정 항목별로 측정 단위의 수치를 그 단위 비용에 곱해 얻은 금액을 합산하는 방식으로 산정한다.

기준재정 수입액은 ① 지방세 법정전입금: 지방교육세, 시 · 도세,[12] 담배소비세,[13] 지방교육재정교부금의 보전, 균특회계 시도전환 사업 보전분(2026년까지 전입), 국가사업의 시도이양 전환사업 보전분(2026년까지 전입), ② 학교용지부담금: 시 · 도 일반회계와 학교용지부담금특별회계에서 부담하는 금액, ③ 고교무상교육증액교부금: 고등학교 무상교육 재원 중 국가부담분인 증액교부금 수입(고교 무상교육에 필요한 비용 중 47.5%에 해당하는 금액), ④ 고교무상교육전입금: 고등학교 무상교육 재원 중 지자체부담분 수입(고교 무상교육에 필요한 비용 중 5%에 해당하는 금액)으로 산정한다. 지방세를 재원으로 하는 수입은 전전년도 지방세 세입결산액에 최근 3년 간의 평균 증감률을 적용하여 산출한다. 교육부 장관은 지방세 및 세외수입의 징수실적 또는 징수전망 등을 기초로 한 세수의 변동 요인이 있는 때에는 기준재정 수입액을 보정할 수 있다.

그리고 제주특별자치도 및 세종특별자치시의 보통교부금 교부와 관련 특례 규정을 두고 있다. 제주교육청의 경우 보통교부금 총액의 1.57%를 산정하여 교부한다. 세

12) 시 · 도세 총액의 서울 10%, 광역시 및 경기도 5%, 기타 시 · 도 3.6%.
13) 특별 · 광역시 담배소비세액의 45%.

종교육청은 세종시 보통교부금 총액의 25% 이내에서 보정 가능하다.

교육부 장관은 매년 2월 말까지 시·도에 교부할 보통교부금의 총액을 당해 시·도 교육감에게 통지해야 한다. 한편 매 회계연도 개시 전에 시·도에 교부할 보통교부금의 예정액을 시·도의 교육감에게 미리 통지할 수 있다. 예산 편성의 편의를 위한 것이다. 그리고 교육부 장관은 매년 3월 31일까지 보통교부금의 배분 기준·배분 내역·배분 금액, 그 밖에 보통교부금의 운영에 필요한 주요 사항을 국회 소관 상임위원회에 보고해야 한다.

특별교부금의 교부 기준은 ① 국가시책사업 수요 지원[14] 또는 우수 지자체에 대한 재정 지원(60%), ② 지역 교육 현안 수요 지원(30%), ③ 재해대책 수요 지원(10%)이다. 특별교부금은 그 사용에 관해 조건을 붙이거나 용도를 제한할 수 있다. 교육부 장관은 앞의 어느 하나에 해당하는 사유가 발생해 시·도의 교육행정기관의 장이 특별교부금을 신청하는 경우에 이를 심사해 교부하며, 필요하다고 인정하는 경우에는 신청이 없는 경우에도 일정한 기준을 정해 특별교부금을 교부할 수 있다.

교육부 장관은 특별교부금 교부 대상 국가시책사업의 운영 등에 관한 평가를 실시하고, 평가 결과 사업의 효과가 미미하거나 효율성이 낮다고 판단되는 경우에는 해당 사업을 축소·폐지하거나 그 사업의 개선 방안을 마련해야 한다. 또한 특별교부금 교부 내역을 교육부의 인터넷 홈페이지 등에 공개할 수 있다.

**표 1-19 지방교육재정 특별교부금의 교부 기준**

| 구분 | 비중 | 내용 |
|---|---|---|
| 국가시책사업 수요 | 60% | • 전국에 걸쳐 시행하는 교육 관련 국가시책사업으로 별도의 재정지원 계획을 수립해 지원해야 할 특별한 재정 수요가 있을 때<br>• 지방교육행정 및 지방교육재정의 운용실적이 우수한 지방자치단체에 대한 재정 지원이 필요할 때 |
| 지역 교육 현안 수요 | 30% | • 기준재정 수요액의 산정 방법으로 포착할 수 없는 특별한 지역 현안 수요가 있거나 재정수입의 감소가 있을 때 |
| 재해대책 수요 | 10% | • 보통교부금의 산정 기일 후에 발생한 재해로 인해 특별한 재정 수요가 있거나 재정수입이 감소했을 때<br>• 재해를 예방하기 위한 특별한 재정 수요가 있는 때 |

14) 국가시책에 따른 다음의 정책사업(세부사업 포함)이 교부대상이다. 공교육 혁신 사업, 교육복지 지원 사업, 안전한 학교 지원 사업, 진로·직업교육 지원 사업, 교육행정 지원 사업, 그 밖에 교육부 장관이 필요하다고 인정하는 정책사업.

② 국고보조금

국고보조금은 용도가 지정된 조건부 지원금이다. 지방교육자치법(제39조)에는 "국가는 예산의 범위 안에서 시·도의 교육비를 보조한다. 국가의 교육비 보조에 관한 사무는 교육부 장관이 관장한다"고 규정하고 있다. 국고보조금은 지방재정법(제23조)과 보조금 관리에 관한 법률에 의해 지원되기도 한다. 환경부가 환경체험 프로그램 운영에 지원하는 경우가 그런 예에 속한다.

그런데 국민기초생활보장법 개정(2014.12)에 따라 2015년 7월부터 기초생활보장 부문 교육급여의 소관 부처가 보건복지부에서 교육부로 바뀌고, 보장기관이 지방자치단체에서 시·도 교육청으로 이관됨에 따라 비용 부담 구조가 변했다. 중앙정부는 교육부가 교육급여 사업을 위한 국고보조금을 지원하고 지방자치단체도 교육급여보조금을 지원한다. 국민기초생활보장법(제43조)에 의하면 교육급여보조금은 중앙정부가 총 보장 비용 중 40% 이상 90% 이하, 시·도는 중앙정부 부담분을 뺀 금액 중 30% 이상 70% 이하, 시·군·구는 중앙정부와 시·도가 부담하는 금액을 뺀 금액을 부담한다. 다만, 특별자치시·특별자치도는 시·군·구 보장비용의 총액 중에서 국가가 부담하는 금액을 뺀 금액을 부담한다.

③ 특별회계 전입금

중앙정부 이전수입 중에 유아교육지원특별회계 전입금이 있다. 유아교육지원특별회계는 2017년부터 시행되어 2025년까지 한시적으로 운영된다. 유아교육지원특별회계가 설치된 것은 박근혜 정부 시절의 보육대란의 결과물이다. 당시 어린이집 누리과정 예산을 시·도교육청에 떠넘기면서 심한 사회적 갈등을 겪은 바 있다.

정부는 그동안 영유아 보육과 유아 교육이 이원적 체제로 운영됨으로써 초래된 비효율과 격차를 해소하기 위해 유보 통합을 추진해왔다. 유보 통합은 유치원(교육부)과 어린이집(보건복지부)으로 이원화되어 있는 관리 체계를 일원화하여 0~5세 모든 영유아가 양질의 교육·돌봄 서비스를 받을 수 있게 하는 정책이다.

정부는 2025년 유보 통합 모델 완성을 목표로 단계적 접근을 계획하고 있다. 1단계(2023년)에는 영유아보육·교육 사업과 재정, 인력 등을 보건복지부-교육부에서 교육부로 중앙 단위에서 일원화한다. 2단계(2024년)에는 국고 대응투자는 교육청으로 이관하고, 지방 단위 업무는 시도-교육청에서 교육청으로 일원화한다. 3단계(2025년)에는 어린이집-유치원 통합모델을 적용하여 새로운 관리 및 재정 체계를 구축한다. 이러한 로드맵에 의하면 유아교육지원특별회계 전입금은 2025년 폐지되고 새로운 재정 체계로 전환될 것이다.

### (2) 지방자치단체 이전수입

지방자치단체 이전수입은 법정 이전수입과 비법정 이전수입으로 구분된다. 법정 이전수입에는 ① 지방교육세 전입금, ② 담배소비세 전입금, ③ 시·도세 전입금, ④ 학교용지 일반회계 부담금, ⑤ 지방교육재정교부금 보전금, ⑥ 교육급여 보조금, ⑦ 무상교육경비전입금이 있다. 비법정 이전수입에는 ⑧ 광역자치단체 전입금, ⑨ 기초자치단체 전입금이 있다. 각각의 재원 조달 방법은 〈표 1-20〉과 같다.

표 1-20 지방자치단체 이전수입의 재원 조달 방법

| 법정 이전수입 | |
|---|---|
| ① 지방교육세 전입금 | 지방교육세 전액<br>– 등록면허세·취득세·재산세액의 20%<br>– 주민세 개인분의 10%(인구 50만 명 이상 시 25%)<br>– 자동차세액의 30%<br>– 레저세액의 40%<br>– 담배소비세액의 43.99% |
| ② 담배소비세 전입금 | 특별시·광역시 담배소비세액의 45% |
| ③ 시·도세 전입금 | 시·도세 총액(목적세 제외)의 3.6~10%<br>– 특별시 10%, 광역시·경기도 5%, 기타 시·도 3.6% |
| ④ 학교용지 일반회계 부담금 | 학교용지 확보에 소요되는 경비는 시·도의 일반회계와 교육비특별회계에서 각각 1/2씩 부담 |
| ⑤ 지방교육재정교부금 보전금 | 취득세 인하(2013.12.26)로 인한 지방세 결손액 보전을 위한 지방소비세 증액분(6%)의 지방교육재정교부금 보전분 |
| ⑥ 교육급여 보조금 | 시·도는 중앙정부 부담분을 뺀 금액 중 30% 이상 70% 이하, 시·군·구는 중앙정부와 시·도가 부담하는 금액을 뺀 금액을 부담 |
| ⑦ 무상교육경비전입금 | 지방자치단체가 부담하는 고등학교 등의 무상교육 경비 |
| 비법정 이전수입 | |
| ⑧ 광역자치단체 전입금 | 법정 이전수입 외의 별도 교육경비에 대한 광역자치단체의 지원금 |
| ⑨ 기초자치단체 전입금 | 법정 이전수입 외의 별도 교육경비에 대한 기초자치단체의 지원금 |

### (3) 자체수입

지방교육행정기관은 과세권이 없기 때문에 자체수입은 모두 세외수입이다. 자체

수입 유형을 보면 다음과 같다. ① 교수-학습 활동 수입: 입학금, 수업료 등, ② 행정 활동 수입: 사용료, 수수료 등, ③ 자산수입: 자산 임대, 매각 등, ④ 이자수입, ⑤ 적립금 수입, ⑥ 금융자산 회수, ⑦ 기타 수입: 변상금, 과태료 등이다.

#### (4) 차입 및 기타

지방교육행정기관은 교육부 장관의 승인을 받아 지방교육채를 발행하거나 금융기관 또는 공공자금관리기금 등으로부터 차입할 수 있다. 지방채 발행 대상은 교육환경 개선, 학교 또는 유치원 신설, 교부금 보전 등이다.

기타 수입으로 순세계잉여금, 보조금 사용 잔액 등의 전년도 이월금이 있다.



### 3 지방교육재정의 세출 구조

지방교육재정의 세출 구조는 다양한 분류 방식에 의해 구현될 수 있다. 현재 활용되고 있는 분류는 기능별, 사업별, 조직(부서)별, 성질별 분류 등이다. 지방교육재정의 세출예산은 사업예산제도에서 [분야-부문-정책사업-단위사업-세부사업-목-세목] 형태로 과목 체계가 구성되어 있다. '분야-부문'은 기능별 분류, '정책사업-단위사업-세부사업'은 사업별 분류, '목-세목'은 성질(품목)별 분류다.

〈표 1-21〉은 기능별 · 정책사업별 세출예산 추이를 보여준다. 〈분야〉는 교육이며, 〈부문〉은 유아 및 초 · 중등교육, 평생 · 직업교육, 교육일반이다. 기능별로 볼 때 유아 및 초 · 중등교육 부문이 90% 이상으로 압도적 비중을 차지한다.[15] 정책사업 중에서는 인적 자원 운용(인건비 포함)이 45%를 넘는 수준의 가장 큰 비중을 차지하며, 학교재정 지원관리 등이 그 뒤를 잇고 있다.

지방교육재정 세출예산의 성질별 분류를 보면 인건비 비중이 50% 이상으로 가장 큰 비중을 차지한다. 그 다음으로 전출금 등이 20% 정도의 수준을 보여준다. 가장 큰 비중을 차지한 인건비는 대부분 국 · 공립 학교 교원들의 급여이며, 그들이 국가공무원 신분이란 점에서 교육재정을 지방재정으로 보는 것은 문제가 있다. 더욱이 지방교육재정의 수입 중 중앙정부 이전수입이 80% 내외를 차지하는 가장 큰 수입원이란 점에서 더욱 그렇다.

---

15) 인적자원운용에 속하던 인건비가 2022년부터 별도 항목으로 표시됨.

**표 1-21 지방교육재정의 기능별-정책사업별 세출예산 추이**

(단위: 백만 원, %)

| 구분 | | 2019년 | 2020년 | 2021년 | 2022년 | 2023년 |
|---|---|---|---|---|---|---|
| 세출예산액 | | 82,081,074 | 77,332,620 | 84,919,952 | 107,247,319 | 97,419,185 |
| 유아 및 초·중등교육 | | 71,637,000 | 72,964,456 | 78,215,557 | 42,775,429 | 42,836,080 |
| (비중) | | 87.3 | 94.4 | 92.1 | 39.9 | 44.0 |
| | 인적 자원 운용 | 35,230,175 | 36,646,633 | 40,148,627 | 433,730 | 561,498 |
| | (비중) | 42.9 | 47.4 | 47.3 | 0.4 | 0.6 |
| | 교수학습활동지원 | 5,036,522 | 5,677,830 | 6,500,185 | 7,910,389 | 7,100,368 |
| | 교육복지 | 7,860,607 | 8,726,459 | 7,855,325 | 5,925,102 | 5,658,930 |
| | 보건급식 | 2,898,718 | 2,588,376 | 2,467,511 | 5,086,948 | 4,815,383 |
| | 학교재정 지원관리 | 11,504,362 | 12,530,974 | 12,448,099 | 12,817,325 | 13,061,179 |
| | 학교시설 여건개선 | 9,106,615 | 6,794,184 | 8,795,810 | 10,601,935 | 11,638,721 |
| 평생·직업교육 | | 181,486 | 169,139 | 196,106 | 248,109 | 205,470 |
| (비중) | | 0.2 | 0.2 | 0.2 | 0.2 | 0.2 |
| | 평생교육 | 162,338 | 150,861 | 178,483 | 248,109 | 205,470 |
| | 직업교육 | 19,148 | 18,278 | 17,623 | – | – |
| 교육일반 | | 10,262,587 | 4,199,025 | 5,959,981 | 20,051,044 | 8,262,838 |
| (비중) | | 12.5 | 5.4 | 7.0 | 18.7 | 8.5 |
| | 교육행정일반 | 2,131,535 | 2,022,333 | 3,131,581 | 1,310,856 | 1,365,188 |
| | 기관운영 | 737,883 | 685,691 | 832,915 | 954,288 | 968,830 |
| | 재무활동 | 7,092,847 | 1,102,737 | 1,995,485 | 17,785,900 | 5,928,821 |
| | 예비비 및 기타 | – | – | – | – | – |
| 예비비 | | – | – | 548,307 | 1,523,393 | 1,245,724 |
| | 예비비 및 기타 | 300,323 | – | 548,307 | 1,523,393 | 1,245,724 |
| 인건비 | | – | – | – | 42,649,345 | 44,869,074 |
| (비중) | | 0. | 0. | 0. | 39.8 | 46.1 |
| | 인건비 | – | – | – | 42,649,345 | 44,869,074 |

주1: 2019~2022년은 최종예산, 2023년은 본예산 자료임.

주2: 인적 자원 운용에 속하던 인건비가 2022년부터 별도 항목으로 표시됨.

자료: 지방교육재정알리미(www.eduinfo.go.kr).

**표 1-22 지방교육재정의 성질별 세출예산 추이**

(단위: 백만 원, %)

| 구분 | 2019년 | 2020년 | 2021년 | 2022년 | 2023년 |
|---|---|---|---|---|---|
| 세출예산액 | 82,081,074 | 77,332,620 | 84,919,952 | 107,247,319 | 97,419,185 |
| 인건비 | 43,127,832 | 44,596,706 | 46,615,485 | 49,592,897 | 52,141,872 |
| (비중) | 52.5 | 57.7 | 54.9 | 46.2 | 53.5 |
| 물건비 | 2,742,052 | 3,049,862 | 2,600,322 | 3,407,386 | 3,411,985 |
| (비중) | 3.3 | 3.9 | 3.1 | 3.2 | 3.5 |
| 이전지출 | 3,224,069 | 3,239,234 | 3,634,823 | 3,759,030 | 3,225,999 |
| (비중) | 3.9 | 4.2 | 4.3 | 3.5 | 3.3 |
| 자본지출 | 11,815,623 | 8,597,838 | 10,366,476 | 14,236,993 | 14,728,729 |
| (비중) | 14.4 | 11.1 | 12.2 | 13.3 | 15.1 |
| 상환지출 | 5,993,216 | 300,196 | 1,201,227 | 358,289 | 0 |
| (비중) | 7.3 | 0.4 | 1.4 | 0.3 | – |
| 전출금 등 | 14,804,976 | 15,903,085 | 16,610,929 | 17,668,232 | 17,408,173 |
| (비중) | 18.0 | 20.6 | 19.6 | 16.5 | 17.9 |
| 예비비 및 기타 | 373,306 | 463,639 | 675,103 | 1,562,471 | 1,247,275 |
| (비중) | 0.5 | 0.6 | 0.8 | 1.5 | 1.3 |
| 내부거래 | – | 1,196,810 | 3,215,587 | 16,662,021 | 5,255,151 |
| (비중) | – | 1.5 | 3.8 | 15.5 | 5.4 |

주: 2019~2022년은 최종예산, 2023년은 본예산 자료임.
자료: 지방교육재정알리미(www.eduinfo.go.kr).

CHAPTER 02

# 지방재정의 이론적 논의

## 제1절 지방분권과 재정분권

### 1 지방분권과 정부간 관계론 모형

정부간 관계(Inter-Governmental Relations: IGR)라는 용어는 연방주의를 채택하고 있는 미국에서 사용되기 시작한 개념이다. 라이트(Wright, 1988)에 의하면 정부간 관계란 한 국가의 시스템 내에 존재하는 여러 수준의 정부 단위들 간의 정치적, 행정적, 재정적, 사법적 상호작용의 총체를 지칭한다.

여기서 '정부간' 개념은 중앙정부와 지방정부 간, 지방정부 상호 간으로 구분이 가능하다. 지방정부에도 광역지방정부, 기초지방정부, 그리고 교육지방정부가 존재하기 때문에 정부간 관계는 이들 다양한 유형의 정부간 관계를 포괄한다. 그런데 협의의 정부간 관계는 일반적으로 중앙정부와 지방정부 간 수직적 관계를 대상으로 논의한다.

중앙과 지방의 관계를 '정부간 관계'로 부르는 논거는 다음과 같다(오재일, 2014:

123). 첫째, 정부간 관계론은 대등한 정부간의 협력적인 상호 의존 관계를 상정한다. 중앙정부의 의사가 일방적으로 내려오는 통제형 혹은 관치형이 아니고, 상호 교류하는 자치형 혹은 조정형의 것이어야 한다. 둘째, 정부간 업무의 분담은 '사무' 배분의 문제가 아니고, '권한' 배분의 문제로서 고려되어야 한다. 셋째, 앞으로의 정부간 관계는 정부간 세원 배분과 재정 조달의 존재 양식이 주요 초점으로 변동해 갈 것으로 생각된다.



중앙과 지방 간 '정부간 관계 모델'은 여러 학자가 다양하게 제시하고 있으나 대체로 유사한 견해를 보이고 있다. 이들이 제시한 모델들은 권력 스펙트럼의 양 극단(A 모델 · B 모델)과 제3의 모델로서 중간적 모델(C 모델)을 제시하는 세 가지 모델로 유형화할 수 있다. 여기서는 학자들이 제시한 모델들을 A 모델, B 모델, C 모델로 구분하고자 한다.

표 2-1 정부간 관계의 모델 유형

| 학자 | A 모델 | B 모델 | C 모델 |
|---|---|---|---|
| 라이트 | 포괄 권위 모델 | 대등 권위 모델 | 중첩 권위 모델 |
| 무라미쓰 | 수직석 행정통제 모델 | 수평적 정치경쟁 모델 | 상호의존 모델 |
| 아마카와 | 집권 · 융합 모델 | 분권 · 분리 모델 | 분권 · 융합 모델 |
| 오재일 | 관치 모델 | 자치 모델 | 상호의존 모델 |
| 로즈 | | | 권력-의존 모델 |

라이트(Wright, 1988)는 포괄 권위 모델(A), 대등 권위 모델(B), 중첩 권위 모델(C)을 제시하고 있다. 무라마쓰(村松崎夫, 1988)는 수직적 행정통제 모델(A), 수평적 정치경쟁 모델(B), 상호의존 모델(C)로 구분하고, 아마카와(天川晃, 1983)는 집권 · 융합 모델(A), 분권 · 분리 모델(B), 분권 · 융합 모델(C)로 구분한다. 오재일은 관치 모델(A), 자치 모델(B), 상호의존 모델(C)로 구분한다(오재일, 2014: 128-161 참조).[1)]

그런데 현실의 정부간 관계를 잘 설명할 수 있는 모델은 C 모델인 중첩 권위 모델, 상호의존 모델, 분권 · 융합 모델이다. 로즈(Rhodes, 1983)의 권력-의존 모델(power-dependence model)도 여기에 해당한다. 상호의존 모델이라고 볼 수 있는 C 모델은 집권과 분권의 축을 중심으로 중앙정부와 지방정부가 대등한 관계에서 상호의

1) 각 모델의 괄호 안에 적힌 A, B, C는 〈표 2-1〉의 A, B, C 모델 유형을 지칭함.

존과 협력을 중시하는 관계를 의미한다. 정부간 재정 관계도 이러한 C 모델에 근거하고 있다고 볼 수 있다.

## 2 재정분권 개념도

### 1) 정부간 재정 관계 · 재정분권 · 재정자치

지방분권은 정치적 분권, 행정분권, 재정분권으로 나눠 볼 수 있다. 이 중에서 재정분권은 정치적 분권과 행정분권의 토대 역할을 한다. 재정분권은 지방정부의 항구적 존립을 위한 기능 수행의 물적 토대를 제공하는 지방자치권의 본질적 요소에 속한다.

재정분권과 관련된 용어들은 다양하게 사용된다. 정부간 재정 관계, 재정자치, 재정 자주권 등이 그러한 예다. 이들 용어가 강조하는 초점은 약간씩 다르다. 정부간 재정 관계는 정부간 관계를 재정 측면에서 보는 것이다. 정부간 재정 관계는 어느 일방의 관점이 아닌 제3자적 관점에서 관계를 보는 의미를 갖는다. 그리고 대등한 정부간의 협력적인 상호 의존 관계를 전제한다. 정부간 재정 관계는 재정분권과 재정자치로 재개념화할 수 있다.

재정분권 개념은 집권과 분권의 축을 중심으로 중앙정부와 지방정부의 정부간 재정 관계에서 보는 관점이다. 즉, 재정상의 의사 결정 권한과 책임을 중앙정부와 지방정부가 어떻게 분담하고 있느냐를 보는 개념이다. 재정상의 의사결정권이 집권적인지 분권적인지의 정도를 보여준다. 재정분권 개념은 재정 자율성과 재정 책임성의 문제를 동시에 포함한 개념이다. 재정분권은 세입분권과 세출분권으로 구분된다.

반면에 재정자치는 지방정부의 재정적 자율성을 표시하는 개념이다. 재정자치란 재원 확보와 재정 운영을 지방정부의 책임과 판단에 의해 행하는 것을 의미한다. 즉, 재정자치는 지방정부가 필요한 재정자원을 자주적으로 조달하고, 이를 자기의 자유로운 의사와 판단에 의해 주민이 필요로 하는 서비스에 사용할 수 있는 것을 의미한다. 여기에는 재정상의 자율적 결정권과 자기책임성이 포함된다.

재정분권과 재정자치의 두 개념은 보는 관점이 다를 뿐 일맥상통하는 의미를 갖는다. 재정분권은 재정자치를 실현하는 것이며, 지방정부가 중앙정부로부터 재정상의 자주권을 확보하는 것을 말한다. 재정분권 수준이 높을수록 재정자치의 정도는 더 크다.

## 2) 재정분권의 두 국면

재정분권은 일차적으로 양적 재정분권과 질적 재정분권의 두 국면(dimension)으로 구분할 수 있다. 양적 재정분권은 재정에 관한 지방정부의 자율적 결정 대상의 범위를 말하며, 질적 재정분권은 지방정부의 자율적 결정의 정도를 지칭한다. 양적 재정분권인 자율적 결정 대상의 범위는 주어진 자율적 재정 권한이 미칠 수 있는 재정적 활동량으로서 세입 및 세출의 크기에 의해 좌우된다. 질적 재정분권인 자율적 결정의 정도란 지방정부가 자율적으로 결정할 수 있는 재량의 폭을 의미한다. 주로 세입 및 세출 관련 지방정부 권한의 크기와 그 권한 행사에 대한 중앙정부의 통제 정도에 따라 달라진다(이정만, 2008: 385).

그런데 이러한 중앙-지방 간 재정 관계의 양적·질적 측면은 상호 밀접하게 연관되어 있다. 지방정부에 세입 및 세출과 관련한 재정 권한이 광범위하게 배분되어 있고, 그 자율적 결정 권한을 실제로 행사할 수 있는 재량적 세입 및 세출 규모가 클수록 재정분권 수준이 높아지고, 그 반대의 경우는 재정집권 수준이 높아지는 것으로 해

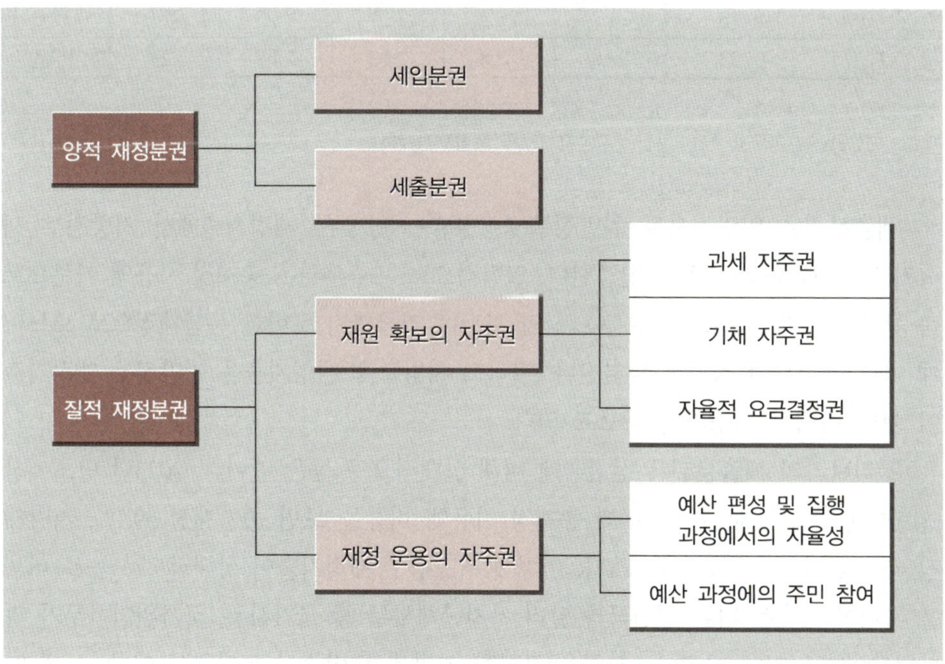


그림 2-1 재정분권의 개념도

석된다.

### (1) 양적 재정분권

양적 재정분권은 재정에 관한 지방정부의 자율적 결정 대상의 범위를 지칭한다. 지방정부의 재정 자주권 수준을 양적으로 측정하는 가장 단순하면서도 일반적인 지표다. 양적 재정분권은 세입분권과 세출분권으로 구분된다. 세입분권은 개념적으로 보면 일반정부(중앙정부+지방정부) 세입에서 지방정부 세입이 차지하는 비중으로 측정된다. 때로는 총조세수입에서 지방세수입이 차지하는 비중을 지표로 사용하며, 일반적으로 국세 대 지방세 비율로 세입분권을 표시한다.

우리나라의 국세 대 지방세 비율은 약 78 대 22로서 세입분권의 수준은 매우 낮은 편이다. 2020년 지방세 비율이 26.3%까지 확대되었으나 이후 다시 감소하고 있다.

표 2-2 국세 대 지방세 비율

(단위: %)

| 구분 | 2017 | 2018 | 2019 | 2020 | 2021 | 2022 | 2023 |
|---|---|---|---|---|---|---|---|
| 국세 | 76.7 | 77.7 | 76.4 | 73.7 | 75.3 | 77.9 | 77.6 |
| 지방세 | 23.3 | 22.3 | 23.6 | 26.3 | 24.7 | 22.1 | 22.4 |

주: 2021년까지는 결산, 2022년은 최종예산, 2023년은 당초예산.
자료: 행정안전부(2023). 『2023년도 지방자치단체 통합재정 개요』.

세출분권은 일반적으로 일반정부(중앙정부+지방정부) 재정지출에서 지방정부 재정지출이 차지하는 비율로 산출한다. 일반적으로 세출분권은 총재정 사용액 기준으로 측정한다. 다만, 재정의 범위를 예산만 보느냐 기금까지 포함한 통합재정으로 보느냐에 따라 세출분권 정도는 달라진다. 그리고 지방교육 재정지출을 지방정부 재정지출이 아닌 독립적 재정지출로 보고 있다.

우리나라의 세출분권은 선진국에 비해 상대적으로 높은 편이다. 2023년 당초예산(일반회계+특별회계; 순계예산)의 총재정 사용액 비중을 보면 중앙재정 39.1%, 지방재정 45.5%, 지방교육재정 15.4%다. 이렇게 지방정부 재정지출이 상대적으로 높은 비율을 차지한 이유는 다른 선진국과 달리 자치단체사무 중 국가사무, 국가위임사무가 과다하고, 이로 인해 국고보조사업을 포함한 지방세출 비중이 높기 때문이다. 이에 따라 지방재정 세입-세출 갭이 큰 편에 속한다.

### (2) 질적 재정분권

질적 재정분권은 지방정부가 자율적으로 결정할 수 있는 재량의 정도를 의미한다. 질적 재정분권은 재원 확보의 자주권과 재정 운용의 자주권으로 구분할 수 있다. 재원 확보의 자주권에는 과세 자주권, 기채 자주권, 자율적 요금결정권이 있다. 재정 운용의 자주권은 예산 편성 및 집행 과정에서의 자율성, 예산 과정에의 주민 참여 등을 들 수 있다.

#### ① 과세 자주권

과세 자주권(taxing power)은 지방정부 스스로 지방세의 세목, 과표, 세율 등을 결정할 수 있는 권한을 말한다.[2] 진정한 지방세는 지방정부가 과세표준과 세율을 자주적으로 설정하고, 스스로 징수하며, 그 세수가 지방정부에 귀속되는 조세를 말한다. 그런데 각국의 예를 보면 중앙정부는 과세 부인(tax denial)과 과세 제한(tax restriction) 등 지방세의 과세에 대한 통제를 가하는 경우가 대부분이다. 과세 부인은 지방세를 설정하는 것을 중앙정부가 부인하는 것이다. 과세 부인은 지방세로서 과세 가능한 조세를 지방세법에 열거하는 동시에 그 이외의 조세를 부과할 경우 중앙정부의 허가를 필요하게 하는 두 단계로 실시한다. 과세 제한은 지방세의 세율에 대해 중앙정부가 제한을 가하는 것을 말한다. 우리나라 탄력세율제도가 여기에 해당한다.

OECD(2018)는 지방세에 대한 지방정부의 과세 권한 여섯 가지 유형을 분류하고 있다(〈표 2-3〉 참조). 지방세 세율과 감면에 대해 지방정부가 전적으로 결정하는 경우(A 유형)에서부터 중앙정부가 전적으로 결정하는 유형(E 유형)까지 다양하다. E 유형에서 A 유형으로 갈수록 지방정부의 과세 자주권은 높다고 볼 수 있다.

표 2-3 OECD의 지방세 과세권 유형

| 유형 | | 과세권 |
|---|---|---|
| A | | 세율 및 감면에 대한 자율적 결정권 |
| | a1 | 지방정부가 상위 정부와 협의 없이 세율과 감면 결정 |
| | a2 | 지방정부가 상위 정부와 협의 후 세율과 감면 결정 |

2) 김태호(2014)는 과세 자주권을 세목·세율·과세표준·감면의 4개 항목으로 확대하고, 이를 다시 신설, 결정과 조정의 2단계로 구분해 8요소로 정리하고, 다시 지방세 비중과 공동세 배분권을 추가해 총 10개의 요소로 구분하고 있다.

| | | |
|---|---|---|
| B | | 세율에 대한 자율적 결정권 |
| | b1 | 지방정부가 세율 결정권 보유 |
| | b2 | 지방정부가 세율 결정권을 보유하나 상위 정부가 세율 상하한선 결정 |
| | b3 | 지방정부가 세율 결정권을 보유하나 상위 정부가 수입 한도액 결정 |
| C | | 지방정부가 세금 감면 결정권 보유 |
| D | | 공동세 제도 |
| | d1 | 지방정부가 공동세 비율 결정 |
| | d2 | 중앙정부가 지방정부 동의를 얻어 공동세 비율 결정 |
| | d3 | 중앙정부가 공동세 비율을 사실상 결정하나 빈도가 1년에 1회 이하 |
| | d4 | 중앙정부가 매년 정기적으로 공동세 비율 결정 |
| E | e | 중앙정부가 지방세 세율 및 감면 결정 |
| F | f | 기타 |

주: A, B, C, D, E, F 유형은 필자가 표시한 것임.

자료: OECD Fiscal Decentralisation Database, Tax autonomy of state and local government(2018) (2023.9.20 검색).

OECD 국가의 지방정부 과세 자주권을 비교하면 다음과 같다.

첫째, 연방제 국가에서는 지방정부가 지방세의 세율 및 감면에 대한 자율적 결정권(A)을 갖고 있는 경우가 많다. 미국, 호주, 스위스, 멕시코 등이 그러한 유형에 속한다. 다만, 미국의 기초지방정부는 다양한 형태의 과세 자주권을 갖고 있어서 F 유형에 속한다. 멕시코의 지방정부는 과세 자주권이 높은 A 유형에 속하지만 지방세의 비중이 매우 낮다.

둘째, 단일형 국가는 지방정부가 B 유형의 권한을 갖는 경우가 많은 편이다. 지방정부가 중앙정부의 개입 없이 세율 결정권을 보유한 국가(b1)로는 스웨덴, 덴마크, 영국, 일본 등이 있다. 영국은 단일형 국가이긴 하지만 지방세 비중이 매우 낮다. 지방정부가 상위 정부와 협의 후 세율과 과표를 결정하는 국가(b2)로는 우리나라, 이탈리아, 스위스 기초지방정부 등을 들 수 있다.

셋째, 공동세 제도(D 유형)를 도입한 대표적인 국가는 독일이다. 독일의 주정부는 연방정부가 지방정부 동의를 얻어 공동세 비율을 결정한다(d2). 이탈리아 지방정부의 경우에도 상당한 정도가 D 유형에 속한다.

넷째, 우리나라는 조세법률주의에 근거해 조례에 의해 새로운 세목을 설정할 수 없다는 것이 다수설이다. 다만, 지방세의 세율에 대해 입법이 허용한 범위 내에서 탄

## 표 2-4 OECD 국가의 과세 자주권 비교

| 국가명 | 지방세/총조세 | A | | B | | | C | D | | | | E | F |
|---|---|---|---|---|---|---|---|---|---|---|---|---|---|
| | | a1 | a2 | b1 | b2 | b3 | | d1 | d2 | d3 | d4 | e | f |
| 미국* | 35.8 | | | | | | | | | | | | |
| (주정부) | 20.6 | 95.3 | | | | | | | | | | | 4.7 |
| (기초지방정부) | 15.2 | | | | | | | | | | | | 100 |
| 호주* | 18.8 | | | | | | | | | | | | |
| (주정부) | 15.5 | 100 | | | | | | | | | | | |
| (기초지방정부) | 3.4 | 100 | | | | | | | | | | | |
| 스위스* | 40.4 | | | | | | | | | | | | |
| (주정부) | 24.9 | 99.2 | | | | | | | | | | | 0.8 |
| (기초지방정부) | 15.5 | 2.4 | | | 97.6 | | | | | | | | |
| 멕시코* | 5.7 | | | | | | | | | | | | |
| (주정부) | 4.0 | 99.9 | | 0.1 | | | | | | | | | |
| (기초지방정부) | 1.6 | 100 | | | | | | | | | | | |
| 뉴질랜드 | 6.6 | | | | | | | | | | | | |
| (지방정부) | 6.6 | 97.1 | | | 2.9 | | | | | | | | |
| 프랑스 | 13.5 | | | | | | | | | | | | |
| (지방정부) | | 42.2 | | 5.6 | 3.3 | | 0.2 | | 2.9 | | 13.3 | 21.2 | 11.3 |
| 스웨덴 | 35.1 | | | | | | | | | | | | |
| (지방정부) | 35.1 | | | 97.6 | | | | | | | | 2.4 | |
| 덴마크 | 27.0 | | | | | | | | | | | | |
| (지방정부) | 27.0 | | | 89.0 | 11.0 | | | | | | | | |
| 일본 | 23.2 | | | | | | | | | | | | |
| (지방정부) | 23.2 | | 0.2 | 55.2 | 26.6 | | | | | | | 18.0 | |
| 영국 | 5.1 | | | | | | | | | | | | |
| (지방정부) | 5.1 | | | 06.8 | 0.0 | | | | | | 2.6 | | |
| 독일* | 32.2 | | | | | | | | | | | | |
| (주정부) | 23.6 | | | 4.7 | | | | | 89.5 | | | | 5.8 |
| (기초지방정부) | 8.6 | | | 12.8 | 42.1 | | | | 43.6 | | | | 1.5 |
| 이탈리아 | 11.7 | | | | | | | | | | | | |
| (지방정부) | 11.7 | 14.3 | | | 52.3 | | | | 32.5 | 0.6 | | | 0.3 |
| 한국 | 16.6 | | | | | | | | | | | | |
| (지방정부) | 16.6 | | | | 85.2 | | | | | | | 14.2 | 0.6 |
| 전체 평균 | 14.8 | | | | | | | | | | | | |
| 주정부 평균 | 18.0 | 65.7 | 0.0 | 5.1 | 8.9 | 0.0 | 0.0 | 0.0 | 9.3 | 0.9 | 0.0 | 5.0 | 5.1 |
| 기초정부 평균 | 10.1 | 12.0 | 0.1 | 18.9 | 40.9 | 3.0 | 0.0 | 0.0 | 2.5 | 6.1 | 5.0 | 7.6 | 3.9 |

주: 2018년 자료(OECD 다른 국가는 생략)이며, 연방제 국가는 * 표시.

자료: OECD(2018).

력세율을 정해 적용할 수 있다. 상위 정부가 세율 상하한선을 결정해 준 상태에서 지방정부가 세율 결정권을 보유하는 B(b2) 유형에 속한다. 그러나 지방세의 기본세율과 감면에 대한 권한이 중앙정부에 집중되어 있다는 점에서 지방정부의 실질적 과세자주권 수준은 높지 않다고 볼 수 있다.

② 기채 자주권

기채 자주권은 지방정부가 스스로 기채할 수 있는 권한의 정도를 말한다. 우리나라는 기채할 때 중앙정부의 승인을 받아야 하는 기채승인제도를 운영하고 있다. 종전에는 개별사업 단위별로 기채 승인을 받았으나 최근에 지방채 발행의 총액한도제를 시행하고 있다. 지방정부별로 승인된 총액 한도 내에서 지방의회의 승인을 받아 기채를 할 수 있다.

③ 자율적 요금결정권

자율적 요금결정권은 공공요금의 결정에 대해서 지방정부에 결정권을 위임한 정도를 말한다. 우리나라는 자율적 요금결정권이 지방정부에 위임되었으나 물가 억제 등의 목적 때문에 사실상 지방정부의 자율적 결정에 제한을 받고 있다.

④ 재정 운용의 자주권

재정 운용의 자주권은 예산 편성 및 집행 과정에서의 자율성과 예산 과정에의 주민 참여 등을 말한다. 우리나라는 행정안전부 예산편성지침의 구속력을 완화하는 등 예산 편성, 집행, 재산관리 및 수입지출의 회계관리 측면에서의 자율성을 높여오고 있다. 대신 재정 운용의 자율성 부여 후 결과에 대한 책임을 지게 하는 방식의 재정 운용 방식으로 전환되었다. 재정분석평가제도, 성과관리제도, 재정위기 사전경보시스템 등이 재정 책임을 확보하는 제도적 장치다. 그런데 재정 운용의 자율성은 지방정부 세입에서 의존재원 비중이 클수록 제약을 받으며, 의존재원의 특성에 따라 제약의 정도가 다르다. 일반재원인 지방교부세보다 특정재원인 국고보조금이 재정 운용의 자율성을 더 크게 제약한다. 우리나라의 경우 국고보조금 비중이 지속적으로 증가하고 있다. 국고보조금은 용도가 지정되어 있고, 매칭 방식의 지방비 부담이 있다는 점에서 재정 운용의 자율성을 크게 제약하고 있다.

또 하나의 재정 운용 자주권은 예산 과정에 지역주민이 재정 운용의 주체로서 참여하는 것이다. 우리나라는 아직 제한적이지만 주민참여예산제도, 주민소송제도 등 예산 과정에서의 주민 참여를 확대해 나가고 있다.

## 3 재정분권 이론



일반적으로 집권과 분권을 논의할 때에는 분권이 규범적으로 더 우월하다는 생각을 전제한다. 그런데 집권과 분권은 각각 장·단점을 갖고 있다. 다만, 집권의 단점은 분권의 장점이 되고, 분권의 단점은 집권의 장점이 된다.

분권의 장점은 네 가지 측면에서 볼 수 있다. 첫째, 정부기관 간 분권은 견제와 균형을 이뤄 권한 남용을 방지할 수 있다. 둘째, 정부기관 간 기능의 배분은 효율적인 공공재의 생산 및 지방 선호에 맞는 지방공공재의 공급이 가능해진다. 셋째, 하부기관에의 권한위임은 정책 결정에의 시민 참여와 공공재의 양과 질에 대한 시민의 '목소리(voice)' 반영이 용이하다. 넷째, 지역적 분권은 정책 불만이 발생할 때 시민의 '퇴출(exit)' 역할, 소위 '발에 의한 투표'가 가능해진다. 반면에 분권의 단점은 분권이 중앙정부의 정책 집행에 장애 요인으로 작용한다는 것이다. 또한 지방공공재 공급에서 재정상의 외부 효과가 발생한 경우 정책의 효과성을 제약하게 된다.

여기서는 재정분권 관련 두 가지 이론을 살펴보기로 한다.

### 1) 오츠의 분권화 정리

분권에 관한 대표적 이론이 오츠(Wallace E. Oates)의 분권화 정리(decentralization theorem)다. 정리(theorem)란 학자들이 이미 증명해 놓아서 더 이상 증명이 필요 없는 명제를 말한다. 오츠의 분권화 정리는 다음과 같이 요약된다(Oates, 1972: 33-35).

① 특정 공공재의 소비가 지리적으로 전체 인구 중의 일부 주민에만 한정되고,

② 각 구역에서 소비될 공공재의 공급 비용이 중앙정부와 해당 지방정부에서 동일하다는 두 조건 하에서

③ 중앙정부가 모든 구역에 걸쳐서 일률적으로 정해진 수준의 공공재를 공급하는 것보다 지방정부가 그 해당 지역에서 파레토 효율적인 수준의 산출물을 공급하는 것이 언제나 효율적이거나 최소한 중앙정부만큼 효율적이다.

오츠에 의하면 지방정부가 중앙정부보다 더 효율적으로 공공재를 공급할 수 있는 경우는 ①과 ②의 두 조건 하에서 가능하다. 먼저 특정 공공재 소비의 수혜 범위가

지리적으로 한정된 경우로서, 만약 공공재의 외부 효과(external effect)가 발생한다면 지방정부의 공급이 바람직하지 않을 수 있다. 다음에 공공재의 공급 비용이 중앙정부와 해당 지방정부에서 동일하다는 조건인데, 만약 중앙정부의 공공재 공급이 규모의 경제(economies of scale)가 발생해 비용 효율적이라면 지방정부의 공급이 바람직하지 않을 수 있다. 그러나 공공재의 외부 효과가 발생하지 않고 공급 비용이 중앙정부와 지방정부가 동일하다면 지방정부가 공공재를 공급하는 것이 사회 전체의 후생을 극대화하게 된다.

오츠의 분권화 정리는 중앙정부와 지방정부 간 사무 배분 및 기능 배분의 원칙인 '보충성의 원칙(principle of subsidiarity)'과 맥을 같이한다. 보충성의 원칙은 1992년 유럽연합의 마스트리히트 조약에서 EU 법률 체계의 기본 원칙으로 채택되었다.[3] 보충성의 원칙은 주민 생활과 밀접한 기능은 주민에 가까운 정부에 배분하고, 지방정부가 수행할 수 없는 기능은 중앙정부가 담당하자는 것이다. 보충성의 원칙은 기능 및 사무를 배분할 때 기초자치단체→광역자치단체→중앙정부의 순으로 우선권을 부여하는 방식이다. 그런데 보충성 원칙과 오츠의 분권화 정리가 다른 점은 오츠 이론이 효율성 기준을 적용하는 점이다. 오츠의 ①과 ②의 조건이 충족되지 않은 경우 상위 정부가 담당하는 것이 효율적일 수 있다는 것이다. 즉, 특정 공공재 소비의 수혜 범위가 지리적으로 한정되지 않고 외부 효과가 발생하거나, 상위 정부의 공공재 공급이 규모의 경제로 인해 비용 효율적이라면 상위 정부의 공급이 바람직할 수 있다.

오츠의 분권화 정리는 그가 새롭게 정립한 재정연방주의(fiscal federalism)에 근거하고 있다. 재정연방주의는 공공부문에서 상이한 계층의 정부들이 갖는 역할을 탐구하고, 상이한 계층의 정부들이 정부간 이전재원과 같은 수단을 통해 어떻게 상호 관계를 맺게 되는가를 연구하는 것이다(전상경, 2009a: 33). 그런데 오츠는 특히 세입의 자율성을 강조한다. 자체세입이 재정분권을 결정짓는 중요한 요인임을 강조한다. 이에 대한 중요한 논거는 한계수입의 증가로 한계적인 서비스를 충당할 때 효율적인 수준의 서비스 공급이 가능하기 때문이다. 따라서 지방정부의 한계적 지출은 세입의 자율성이 보장된 자체세입에 의해 충당되어야 한다. 이것은 지방정부의 효율적 공공재 공급뿐만 아니라 재정 책임성을 강조하는 의미를 갖는다. '중분권-고의존' 국가인 우리에게 시사하는 바가 크다.

3) 그런데 EU의 보충성 원칙은 유럽연합과 개별 회원국 간의 권한 배분 기준으로 국가 내 상하위 정부간 업무 배분 기준이라고 보기 어렵다.

### 2) 티부 모형: '발로 하는 투표'

티부(C. M. Tiebout)는 1956년 "지방 공공지출에 관한 순수이론(A Pure Theory of Local Public Expenditure)"이라는 논문에서 '발로 하는 투표(voting with one's feet)' 개념을 제시해 학계에 많은 영향을 미쳤다. 그는 개개의 시민들이 거주지를 선택할 때 고려하는 결정적 요소는 그 지역의 조세와 공공 서비스로 구성되는 재정 패키지라고 믿었다. 서로 다른 재정 패키지를 공급하는 여러 지방정부가 있으면, 각 개인은 자신의 선호를 가장 잘 충족시켜주는 지방정부를 선택하게 된다. 각 개인은 거주지 이동을 통해 자신의 진정한 선호를 표명하게 되며, 이를 '발로 하는 투표'라고 부른다(전상경, 2009b: 49).

이동성이 높은 주민들이 자신의 선호에 가장 잘 부합되는 재정 패키지를 공급하는 지역으로 이주지를 옮긴다는 티부 모형은 다음의 조건이 충족되는 것을 전제로 한다. 즉, 시민의 이동성, 완전 정보, 다수의 지방정부, 배당수입(dividend)에 의한 소득(고용 기회 배제), 외부 효과의 배제, 고정적 생산 요소의 존재, 최적 규모의 추구라는 전제 조건이다. 이러한 전제가 충족될 경우 소비자·유권자들은 자신의 선호를 가장 잘 만족시켜주는 지방정부로 이동한다.

티부 모형은 토지 이용 규제 등 몇 가지 사례에 적용되는 등 확장적 연구가 이뤄진 바 있다. 그러나 현실 적용에서는 티부 모형의 안정성 문제가 제기된다. 현실적으로 사람들의 이동성이 높지 않고 각 개인의 선호를 완벽하게 충족시킬 만큼 다양한 재정 패키지를 제공하는 지방정부의 수도 많지 않다. 티부 모형의 전제 조건들은 미국에서조차도 완벽하게 충족되지 않는다. 또한 티부 모형에서의 재원 조달 방식은 암묵적으로 응익세나 인두세를 염두에 두고 있지만 미국에서는 재산세가 지방정부의 주요 재원이기 때문에 미국에서도 적용 가능성이 높지 않다고 본다(전상경, 2009b: 57). 더욱이 한국에서는 지방정부의 과세 자주권이 극히 미약하고 지방정부 간 재정 패키지의 차별이 없는 상태에서 '발로 하는 투표'인 티부 모형의 적용 가능성은 거의 없다고 볼 수 있다. 주민들이 자기의 선호를 충족하기 위해 이동보다 오히려 '목소리(voice)'를 내고 참여를 선택할 가능성이 높다.

## 4 재정분권 시스템 유형

정부간 재정 관계 또는 재정분권 시스템의 유형은 지표를 무엇으로 책정하느냐에 따라 다양한 유형으로 구분할 수 있다. 정부간 재정 관계를 측정하는 지표로는 일반적으로 양적 재정분권 개념인 세입분권과 세출분권의 지수를 활용한다. 물론 질적 재정분권도 측정할 수는 있지만 주로 양적 재정분권 지표가 이용된다.

세입분권은 일반정부(중앙정부+지방정부) 세입에서 지방정부 세입이 차지하는 비중으로 측정하거나 총조세수입에서 지방세수입이 차지하는 비중을 지표로 사용하기도 한다. 세출분권은 총재정 사용액 기준으로 일반정부(중앙정부+지방정부) 재정지출에서 지방정부 재정지출이 차지하는 비율을 주로 이용한다. 그러나 재정분권을 측정하는 데에는 다양한 지표가 사용될 수 있다.

### 1) 류의 재정분권 시스템 유형

류(Liu, 2011)는 양적 및 질적 재정분권 지표 8개를 선정해 군집분석(cluster analysis)을 통해 54개 국가의 재정분권 시스템(fiscal decentralisation systems: FDS)을 유형화했다. 이때 사용된 지표는 〈표 2-5〉와 같이 정치 구조, 이전수입, 조세수입, 수입 할당,

**표 2-5 재정분권 시스템의 구성 요소**

| 구성 요소 | 변수 | 측정 방법 |
|---|---|---|
| 정치 구조 | 연방국가/단일국가 | 연방국가 1, 단일국가 0 |
| | 지방정부 계층 수 | 계층 수가 많을수록 분권화 큼 |
| 이전수입 | 지방정부 이전수입/지방정부 총수입 | 비율이 클수록 분권화 큼 |
| 조세수입 | 지방정부 조세수입/지방정부 총수입 | 비율이 클수록 분권화 큼 |
| 수입 할당 | 지방정부 수입/정부 총수입 | 비율이 클수록 분권화 큼 |
| 지출 할당 | 지방정부 지출/정부 총지출 | 비율이 클수록 분권화 큼 |
| 과세 자주권 | 과세 능력 | 과세표준 및 세율 3, 세율 2, 결정권 없음 1 |
| 기채 자주권 | 기채 능력 | 시장규율 5, 협동규제 4, 행정규제 3, 규칙 기반 규제 2, 기채 금지 1 |
| 정치적 분권 | 기초정부 선거 | 민선 1, 관선 0 |
| | 주정부 선거 | 민선 1, 관선 0 |
| | 민주주의 | 민주화 지수 0(최소)~1(최대) |

자료: Liu(2011: 366).

지출 할당, 과세 자주권, 기채 자주권, 정치적 분권이다.

류(Liu, 2011)는 군집분석을 통해 여섯 가지 재정분권 시스템 유형을 범주화했다. 즉, ① 지출/수입 고할당 시스템, ② 지출/수입 저할당 시스템, ③ 수입 이전 시스템, ④ 가장 완전한 시스템, ⑤ 정치적 집권 시스템, ⑥ 단일 국가 시스템이다. 각 유형에 해당하는 국가는 〈표 2-6〉과 같다.



표 2-6 재정분권 시스템 유형

| 재정분권 시스템 유형 | 해당 국가 |
|---|---|
| 지출/수입 고할당 시스템 | 스웨덴, 덴마크, 핀란드, 캐나다, 뉴질랜드, 체코, 러시아, 인도, 타이완 |
| 지출/수입 저할당 시스템 | 한국, 프랑스, 이탈리아, 스페인, 포르투갈, 벨기에, 헝가리, 볼리비아, 코스타리카, 몽골 |
| 수입 이전 시스템 | 영국, 네덜란드, 남아공, 페루, 과테말라, 알바니아, 인도네시아 |
| 가장 완전한 시스템 | 미국, 일본, 독일, 스위스, 오스트리아, 노르웨이, 호주, 브라질, 아르헨티나 |
| 정치적 집권 시스템 | 중국, 카자흐스탄, 키르기스스탄, 타지키스탄, 아제르바이잔, 벨라루스 |
| 단일 국가 시스템 | 멕시코, 폴란드, 불가리아, 루마니아, 크로아티아, 콜롬비아, 니카라과, 우크라이나, 에스토니아, 그루지아, 라트비아, 리투아니아, 태국 |

자료: Liu(2011: 371).

지출/수입 고할당 시스템(high expenditure/revenue assignment FDS)은 지출 및 수입의 할당이 매우 큰 경우로서 전통적인 재정분권 지표로 보면 가장 분권화된 시스템이다. 그러나 과세권 및 조세수입 등의 질적 재정분권 지표가 미흡한 경우다. 스웨덴, 덴마크, 핀란드, 캐나다, 뉴질랜드 등이 여기에 해당한다.

지출/수입 저할당 시스템(low expenditure/revenue assignment FDS)은 지출 및 수입 할당 변수의 점수가 가장 낮은 경우다. 이 경우 질적 분권지표인 과세권과 기채권이 상대적으로 관대한 편이다. 우리나라를 비롯해 프랑스, 이탈리아, 스페인 등이 이 유형에 해당한다.

수입 이전 시스템(revenue transfer FDS)은 조세수입이 현저하게 낮은 수준을 보여주는 유형이다. 지금까지 조세수입과 이전수입의 관계는 역의 관계에 있는 것으로 보기 때문에 조세수입 수준이 낮다는 것은 중앙정부로부터의 이전수입이 높은 수준이라는 것을 의미한다. 이 유형은 조세수입 비율이 현저히 낮은 수준을 보여줄 뿐만 아니라 과세권과 기채권도 상대적으로 빈약하다. 영국, 네덜란드, 남아공, 페루 등이 이

유형에 속한다.

가장 완전한 시스템(most complete FDS)은 기채권을 제외한 거의 모든 변수에서 높은 점수를 보여준 유형이다. 지방정부들은 높은 수준의 조세수입, 과세권, 지출/수입 할당, 지방사무의 독립성을 갖고 있다. 발과 마르티네즈 바즈케즈(Bahl & Martinez-Vazquez, 2005)가 제안한 바람직한 재정분권 틀과 일치하는 유형이다. 미국, 일본, 독일, 스위스, 오스트리아 등이 이 유형에 속한다. 그런데 군집분석에 경성예산 제약 변수가 포함되지 않았기 때문에 재정 위기를 겪은 아르헨티나가 포함되었으며, 아르헨티나의 재정 위기는 재정규율이 허술한 지출 행태에서 비롯된 것으로 볼 수 있다.

정치적 집권 시스템(politically centralised FDS)은 높은 수준의 조세수입 및 지출/수입 할당을 보여주지만 과세권과 기채권은 실제 매우 제한되어 있다. 지방정부들은 지방사무를 처리하는 데 자율적인 재량권을 갖는게 아니라 중앙정부의 대리인 역할을 수행하는 경향이 있다. 이 유형의 국가들은 민주주의 점수가 가장 낮으며, 극히 제한된 정치적 분권을 이루고 있다. 중국, 카자흐스탄, 키르기스스탄 등이 여기에 속한다.

단일 국가 시스템(unitary state FDS)은 정치적 집권 시스템과 유사한 특징을 보여준다. 높은 수준의 조세수입 비율을 보여주지만 지방정부의 과세권과 기채권은 거의 없으며, 지출/수입 할당뿐만 아니라 지방의 자주성은 제한되어 있다. 그러나 상대적으로 높은 수준의 정치적 분권화를 이룬 점이 정치적 집권 시스템과 다른 부분이다. 멕시코, 폴란드, 불가리아, 루마니아 등이 이 유형에 속한다.

류(Louis Chih-Hung)의 회귀분석에 의하면 정치적 집권 시스템 국가들이 높은 경제 성장을 기록하고, 재정분권이 잘된 국가들은 다양한 경제적 성과를 보여주고 있다. 가장 완전한 시스템 국가들은 경제성장률 면에서는 가장 좋은 성과를 거두지 못했지만 소득 수준에서는 가장 좋은 성과를 거둔 것으로 밝히고 있다. 결론적으로 재정분권은 경제적 의미에서 우등재(superior good)로서의 역할을 한다. 다만, 개발도상국의 경우 재정권을 분권화하되, 경제 발전 전략을 수립할 때 중앙정부의 조정과 감독이 필요하다고 주장한다.

### 2) 구균철의 정부간 재정 관계 모형

구균철(2012)은 재정분권 및 정부간 재정 관계 모형과 관련해 종합적이고 체계적인 틀을 제시하고 있다. 그는 정부간 재정 관계 지표를 재정분권 지표와 수직적 재정 불균형 지표로 구분한다. 수직적 재정 불균형(vertical fiscal imbalance)[4]이란 세출 측면에서의 분권과 세입 측면에서의 분권의 격차를 의미한다. 우리나라는 세입분권과 세출분권의 갭이 크다는 점에서 수직적 재정 불균형 지표의 유용성은 높다고 볼 수 있다. 그리고 정부간 재정 관계 지표를 단순지수와 복합지수로 구분한다. 단순지수는 세입분권과 세출분권의 개별 지수를 말하며, 복합지수는 세입분권지수와 세출분권지수를 동시에 포함한 지수를 말한다. 재정분권 수준을 좀 더 정확하게 보여주는 지수는 복합지수라고 볼 수 있을 것이다. 학자들이 제시한 재정분권 관련 지표들을 단순지수와 복합지수로 구분해 정리하면 〈표 2-7〉과 같다.



우리나라의 정부간 재정 관계 지표의 실상을 알기 위해 다른 나라와 비교해 보는 것은 의미 있는 일이다. 구균철(2012)은 2000년~2010년에 걸친 데이터를 이용해 OECD 주요국과 우리나라의 정부간 재정 관계 지표를 비교하고 있다. 그가 분석한 연구 결과를 정리하면 〈표 2-7〉과 같다.

**표 2-7 정부간 재정 관계 지표**

<table>
<tr><th colspan="3">재정분권 지표</th><th colspan="3">수직적 재정불균형 지표</th></tr>
<tr><th colspan="2">지표</th><th>정의</th><th colspan="2">지표</th><th>정의</th></tr>
<tr><td rowspan="3">단순지수</td><td>세입분권지수(A)</td><td>$\frac{\text{지방정부 자체세입}}{\text{일반정부 세입}}$</td><td rowspan="4">단순지수</td><td>불균형지수 Ⅰ</td><td>$\frac{\text{이전재원}}{\text{일반정부 세입}}$</td></tr>
<tr><td>세출분권지수(B)</td><td>$\frac{\text{지방정부 세출}}{\text{일반정부 세출}}$</td><td>불균형지수 Ⅱ</td><td>$\frac{\text{이전재원}}{\text{일반정부 세출}}$</td></tr>
<tr><td>재정자립도 Ⅰ</td><td>$\frac{\text{지방정부 자체세입}}{\text{지방정부 세입}}$</td><td>불균형지수 Ⅲ</td><td>$\frac{\text{이전재원}}{\text{중앙정부 세입}}$</td></tr>
<tr><td rowspan="4">복합지수</td><td>재정자립도 Ⅱ</td><td>$\frac{\text{지방정부 자체세입}}{\text{지방정부 세출}}$</td><td>불균형지수 Ⅳ</td><td>$\frac{\text{이전재원}}{\text{지방정부 세입}}$</td></tr>
<tr><td>산술평균분권지수</td><td>$\frac{A+B}{2}$</td><td rowspan="2">복합지수</td><td>불균형지수 Ⅴ</td><td>$\frac{\text{이전재원}}{\text{지방정부 세출}}$</td></tr>
<tr><td>기하평균분권지수</td><td>$\sqrt{\text{재정자립도 II} \times B}$</td><td>불균형지수 Ⅵ</td><td>$\frac{(\text{지방정부세출} - \text{자체세입})}{\text{일반정부 세입}}$</td></tr>
<tr><td>혼합비율분권지수</td><td>$\frac{A}{1-B}$</td><td colspan="3"></td></tr>
</table>

자료: 구균철(2012: 11)에서 발췌 정리.

4) 수직적 재정 불균형은 수직적 재정격차(vertical fiscal gap)나 이전재원 의존도(transfer dependency) 또는 수직적 재정 비대칭(vertical fiscal asymmetry)이라는 용어와 혼용되고 있다.

첫째, 과거 10년 간 우리나라의 세입분권과 세출분권, 그리고 이 둘을 포함한 재정분권 수준이 모두 OECD 평균에 비해 크게 후퇴했다. 구체적으로 보면, 평균적으로 OECD 국가들의 세입분권지수는 지속적으로 증가했지만 우리나라는 이와 반대로 감소했다. OECD 국가들의 세출분권지수는 증가하다 감소해 결과적으로는 거의 변동이 없었지만, 우리나라는 그 감소폭이 매우 컸다. 또한 평균적으로 OECD 국가들의 재정자립도는 소폭 감소한데 반해, 비교적 낮은 수준의 우리나라 재정자립도는 더욱 급격히 악화되었다. OECD 국가들의 재정분권 복합지수들은 평균적으로 재정분권 수준이 높아지고 있지만, 우리나라는 예외적이었다.

둘째, 우리나라의 지방정부 세출 규모는 꾸준히 증가했지만 이를 뒷받침할 지방정부 자체세입과 이전재원의 규모가 이에 상응해 늘어나지 않아 지방정부의 재정 건전성이 크게 위협받고 있다. 평균적으로 OECD 국가들에서는 지방정부 세출의 증가에 맞춰 이전재원의 규모도 커지는 데 비해, 우리나라의 경우에는 재정 자립도가 악화되고 있는 상황에서 이전재원의 규모도 지방정부 세출의 증가에 크게 미치지 못하고 있다. 그 결과 지방정부의 재정 건전성이 크게 위협받고 있는 것이다.

요약컨대, 우리나라의 세입분권 및 세출분권 지수와 두 지수를 포함한 재정분권 수준은 OECD 국가에 비해 크게 후퇴하고, 지방정부의 재정 건전성이 크게 위협받고 있는 상태다.

한편 구균철(2012)은 재정분권과 수직적 재정 불균형을 두 축으로 하여 〈표 2-8〉과 같은 3×3 표를 만들어 OECD 국가의 정부간 재정 관계를 유형화하고 있다. 각 국

**표 2-8** OECD 국가의 정부간 재정 관계 유형 비교

| | | 재정분권 | | |
|---|---|---|---|---|
| | | 저분권 | 중분권 | 고분권 |
| 수직적 재정 불균형 | 고의존 | 영국, 헝가리, 아일랜드 | 한국, 벨기에, 멕시코, 네덜란드 | – |
| | 중의존 | 룩셈부르크, 포르투갈, 슬로베니아, 슬로바키아 | 오스트리아, 체코, 에스토니아, 이탈리아, 노르웨이, 폴란드 | 덴마크, 스페인, 일본 |
| | 저의존 | 프랑스, 이스라엘 | 아이슬란드 | 캐나다, 스위스, 독일, 핀란드, 스웨덴, 미국 |

주: 수직적 재정 불균형은 이전재원 의존도를 의미.
자료: 구균철(2012: 51).

가의 정부간 재정 관계의 특징을 잘 보여주는 분류다.

우리나라는 벨기에, 멕시코, 네덜란드와 함께 중분권/고의존 국가 유형에 속한다. 이 유형은 중간 수준의 재정분권과 높은 수준의 이전재원 의존도를 보여주는 유형으로서 비교적 높은 수준의 세출분권에도 불구하고 세입분권의 수준은 매우 낮아 이전재원에 크게 의존하고 있는 특징을 보여준다.

그런데 고분권/저의존 국가군(캐나다, 스위스, 독일, 핀란드, 스웨덴, 미국)은 OECD 국가들 중 재정분권의 수준이 가장 높고 중앙재정에 대한 의존도가 가장 낮은 그룹으로서 대부분이 재정 건전성과 경제위기 극복에서 모범이 되고 있다고 평가한다. 이 유형에 속하는 국가들은 캐나다, 미국, 스위스, 독일처럼 연방제 국가도 있지만 핀란드와 스웨덴 같은 단일국가도 있다. 이렇게 볼 때 재정분권과 재정 불균형의 수준이 국가의 행정조직 형태와 밀접한 상관 관계를 갖는 것은 아님을 알 수 있다. 다만, 재정분권 수준을 높이고 이전재원에 대한 의존도를 낮추는 것이 재정 건전성에 중요한 요인임을 시사한다.

결론적으로 세출분권을 통한 재정분권 수준을 높이되, 세입분권 수준도 높이는 것이 재정분권의 방향이 되어야 한다. 세입분권 없이는 세출분권도 실현할 수 없기 때문이다. 세출자치를 확보하기 위해서는 세입자치를 확보할 필요가 있다는 것이 정책적 시사점이다.



## 제2절 지방재정의 기능과 지방재정 운용 규범

### 1 지방재정의 기능과 평가 기준

재정의 기능과 역할은 곧 정부의 기능과 역할이다. 지방재정의 기능은 지방정부의 기능을 반영한다. 중앙정부와 지방정부의 기능이 다르듯이 중앙재정과 지방재정의 기능도 다르다. 그러나 재정의 본질적 기능은 중앙정부이든 지방정부이든 동일하다.

먼저 재정의 기능에 대해 살펴보자. 머스그레이브(R. A. Musgrave)는 재정의 3대 기능으로 자원 배분, 소득 재분배, 경제 안정화를 들고 있다. 이것은 재정의 기능이면서 동시에 재정이 추구하는 목표이기도 하다. 그런데 머스그레이브 재정의 기능은 경제적 기능을 말한다.

하지만 재정은 경제적 기능에 그치지 않는다. 최근 사회적 기능이 매우 중요해지고 있다. 경제지표와 사회지표 간 괴리가 커지고, 경제 성장 및 소득 수준과 행복이 비례하지 않는다는 이스털린(Richard Easterlin)의 역설이 적용되는 시기에는 재정의 경제적 기능만으로는 한계가 있다.[5] 재정을 통한 삶의 질 제고라는 사회적 기능이 새롭게 강조되고 있다.

재정의 삶의 질 제고 기능이 자원 배분 기능에 포함된다고 보는 견해가 있을 수 있다. 그러나 공공재(공공 서비스) 제공이라는 자원 배분 기능과 삶의 질 제고 기능은 정책의 초점(focus)과 소재지(locus)가 다르다. 재정은 경제적 기능 외에 삶의 질 제고라는 사회적 기능을 적극 수행해야 한다.

### 1) 자원 배분 기능: 효율성[6]

자원 배분(resource allocation)이란 어떠한 재화와 용역 또는 생산 요소(노동과 자본)가 사회적으로 바람직한 생산과 소비 수준을 유지하고 있는가의 정도를 보여 주는 것이다. 자본주의 시장경제 체제에서는 가격 기능을 중심으로 소비자와 생산자 간의 자발적인 교환과 경쟁을 통해 자원 배분이 이뤄진다. 그러나 비용 체감 산업과 같은 독점적 요인이나 외부 효과로 인해 시장실패(market failure) 현상이 발생하는 경우에는 효율적인 자원 배분이 이뤄지기 어렵다. 가령 외부 경제가 발생하는 재화의 경우 시장 기능에 맡길 때에는 과소 공급되며, 외부 불경제가 발생하는 재화(예: 공해)는 과잉 공급된다. 따라서 시장실패 현상을 교정하기 위해 정부 개입이 필요하다. 대표적인 정부 개입 방법이 곧 재정이다.[7]

재정의 자원 배분 기능이란 재정을 통해 시장실패를 교정하고 사회적 최적 생산과 소비 수준이 이뤄지도록 하는 것을 말한다. 대표적인 예가 공공재의 공급이다. 공공재는 외부 효과가 크고 소비의 비경합성과 비배제성이라는 특성을 갖고 있기 때문에 정부가 재정을 통해 공급하지 않으면 안 된다. 국방, 치안, 사회간접자본시설과 같이 전국적 범위에 걸치고 모든 국민에 영향을 미치는 국가공공재는 중앙재정을 통해

---

5) 이스털린은 1974년 논문에서 한 나라의 소득이 주택, 식량, 물, 에너지에 대한 수요를 충족시킬 수 있는 기본 수준을 넘어서면 경제가 성장한다 해도 국민의 평균적인 행복감이 더 이상 증가하지 않는다는 명제를 논증한 바 있다.

6) 재정의 기능에 관해서는 윤영진(2014: 37-42)을 참조함.

7) 시장에 대한 정부 개입 방법은 재정 외에도 직접 규제, 직접 생산 등이 있다.

공급한다. 공원, 지방도로, 소방, 상하수도 등과 같은 지방공공재는 지방재정을 통해 공급한다.

재정의 자원 배분 기능은 효율성(efficiency)이라는 규범을 추구한다. 가장 효율적인 자원 배분 상태란 파레토 최적 상태(Pareto optimality)라고 부른다. 파레토 최적 상태란 다른 사람의 후생을 감소시키지 않고서는 어느 한 사람의 후생을 증가시키는 것이 불가능하도록 자원이 배분되어 있는 상태다.



### 2) 소득 재분배 기능: 형평성

재정은 재화와 용역이 누구에게 어떻게 분배되는가의 소득 분배에 대해서도 영향을 미친다. 효율적인 자원 배분이 이뤄졌다고 해도 공정한 소득 분배가 이뤄진다는 보장은 없다. 순수한 시장경제 하에서의 소득분포는 대개 두 가지 요인에 의해 결정된다. 하나는 개인이 소유하고 있는 자원(생산 요소)의 양이며, 다른 하나는 그러한 자원(생산 요소)에 대한 시장의 평가, 즉 자원의 한계생산력이다. 그런데 각 개인이 소유하고 있는 자원의 양이나 시장의 평가는 차이가 많으며, 그러한 격차는 시장경제 하에서는 더욱 커지는 경향이 있다.

따라서 정부는 재정을 통해 소득 분배 상태를 '더 좋은' 방향으로 재분배하기 위한 여러 가지 조치를 취하게 된다. 세입에서는 소득세·상속세·증여세 등에 누진세율을 적용하고, 중소기업·농어민 등의 특정 계층에게 조세 감면을 해 주기도 하며, 간접세는 재화의 종류에 따라 차별 과세를 한다. 세출에서는 소득 보장을 위한 이전 지출, 의무교육에 대한 지원, 저소득 계층 주택 지원 등의 사회보장적 지출을 통해 사회적 소외계층을 지원한다. 재정 규모가 크다는 것도 소득 재분배 효과가 큰 것으로 밝혀지고 있다.

지방정부는 재산세와 지방소득세 등이 일부 누진율 구조로 되어 있고 복지 지출이 재정의 많은 비중을 차지한다는 점에서 소득 재분배 기능이 상당한 정도 작동한다. 그러나 중앙재정의 소득 재분배 기능보다는 미흡한 수준이다. 특히 지방정부의 복지 지출은 기초연금, 영유아보육사업 등과 같이 중앙정부의 정책을 집행하는 것에 불과한 실정이다.

재정이 소득 재분배 기능을 수행할 때의 규범은 형평성(equity)이다. 형평성 개념은 일반적으로 공정성 혹은 사회 정의의 개념과 거의 같은 의미로 쓰인다. 형평성이란 동등한 자에게 동등한 것을, 동등하지 않은 자에게 동등하지 않게 처방하는 것을 의미한다. 전자를 수평적 형평성(horizontal equity), 후자를 수직적 형평성(vertical equity)이라고 한다. 조세와 관련시킨다면 소득 수준이 같으면 동일한 금액의 세금을 내야 하며, 소득 수준이 다를 때에는 상이한 세금을 내야 함을 의미한다.

적정 분배 상태에 대한 기준으로는 공적주의, 공리주의, 평등주의, 롤스 기준 등을 들 수 있다. 이들 적정 분배의 기준 중에서 어떤 것을 선택할 것인가는 가치 판단의 문제이며, 현실적으로는 정치 과정을 통해 결정된다.

### 3) 경제 안정화 기능: 안정과 성장

재정의 총규모와 내용은 고용, 산출량, 물가 등의 거시경제 지표에 중요한 영향을 미친다. 높은 고용과 생산 수준을 유지하면서 물가를 안정시킨다는 것은 정부의 중요한 책임이며, 재정이 갖고 있는 중요한 기능이다.

재정의 경제 안정화(economic stabilization) 기능이란 거시경제의 운영에서 총수요를 조절함으로써 경기 조절적 기능을 수행하는 것을 말한다. 정부는 총수요의 부족으로 경기 침체와 실업이 우려되는 경우 세수를 줄여 민간 수요를 증대하거나 직접 정부 지출을 늘려 부족한 총수요를 보전할 수 있다. 반대로 총수요가 과다해 인플레이션이 우려되는 경우에는 세수를 늘리거나 정부 지출을 줄여 총수요를 억제하게 된다. 이를 재량적 재정정책(discretionary fiscal policy)이라고 한다. 반면에 정부가 재량적으로 정책 수단을 변경하지 않아도 경기가 상승하면 자동적으로 과열을 막아 주고, 경기가 하강하면 지나치게 하강하지 않도록 자동적으로 막아 주는 제도적 장치가 있다. 이를 자동안정 장치(built-in stabilizer)라고 한다. 대표적인 예가 누진세율 구조와 실업 급여 등이다.

재정의 경제 안정화 기능은 케인스 이론이 그 이론적 토대가 되며, 1930년대 세계 대공황을 성공적으로 극복한 것이 각광을 받게 한 계기가 되었다. 반면에 하이에크(Friedrich A. von Hayek)를 추종하는 신자유주의자들은 재정정책의 한계를 지적하고 통화정책을 선호하기도 한다. 그러나 정부의 거시경제 정책 수단은 재정, 금융, 외환 등의 정책 혼합(policy mix)으로 구성될 필요가 있다.

그런데 완전고용과 물가 안정 등 재정의 경제 안정화 기능을 지방정부가 수행하는 데에는 한계가 있다. 지방재정을 통한 정책 효과의 공간적 범위가 제한되기 때문이다.

#### 4) 삶의 질 제고 기능: 삶의 질과 행복

최근 정부와 재정의 기능으로 삶의 질 제고를 강조한다. 삶의 질 제고 기능은 재정의 기능 및 목표가 3대 경제적 기능이면 충분한가에 대한 회의에서 비롯된다. 또한 최근 행복학이 발전하면서 기존 경제학적 명제를 수정하거나 보완하는 흐름도 그러한 관심의 배경이 되고 있다. 실제로 경제 성장 지표인 GDP 개념을 대체 또는 보완하는 지표들이 등장하고 있다. 부탄의 국민총행복(Gross National Happiness), UN 세계행복보고서(World Happiness Report), OECD의 더 나은 삶의 지수(Better Life Initiative: BLI) 등이 그러한 예다.

삶의 질(quality of life)이란 만족감, 안정감, 행복감 등의 주관적 평가 의식을 규정하는 복합적인 요인을 말한다. 삶의 질을 측정하는 OECD의 BLI를 보면 생활 조건과 삶의 질을 평가하고 있다. 생활 조건은 국민들의 소비 가능성과 소유 재원의 크기를 결정하는 반면, 삶의 질은 국민들의 금전 이외의 속성의 집합으로 삶의 기회를 형성한다. 생활 조건에는 소득과 부, 직업 및 주거가 포함되며, 삶의 질에는 건강, 일과 개인 생활 간 균형, 교육, 커뮤니티, 정부의 운영 방식, 환경, 치안 및 전반적 삶의 만족도(life satisfaction)가 포함된다. 삶의 질에는 객관적 지표와 주관적 지표가 포함되어 있다.

지방재정이 삶의 질 제고 기능을 수행해야 한다고 할 때 자원 배분과 같은 경제적 기능과는 정책의 초점과 소재가 분명 다르다. 지방재정은 빈곤과 질병을 극복하는 데에 기여해야 하지만 인간 관계의 고립과 스트레스 또는 우울증을 해소하는 데에도 기여해야 한다.

행복은 재정의 궁극적 목표다. 정부의 재정은 얼마나 국민의 행복을 증가시키고 고통을 감소시키는지에 따라 판단되어야 한다. 앞에서 재정의 정의를 내릴 때 "재정은 국민의 삶의 질을 높이고 행복을 추구하는 고차원의 방법론이다"라고 언명한 바 있다. 지방정부는 주민 친화적 성격이 강하기 때문에 이러한 정의에 더 부합한다. 최근 많은 지방정부가 주민(시민) 행복을 도정(시정) 목표로 삼고 있는 것을 볼 수 있다. 지방재정은 주민의 행복과 삶의 질을 높일 수 있는 정책과 사업을 추진하고 거기에 재정자원을 배분해야 한다.

그런데 정책은 행복을 증가시키는 것보다 고통을 없애는 것이 더 쉽다. 고통의 원인이 행복의 원인보다 더 명확하기 때문이다. 따라서 정책의 초점을 고통을 없애는

쪽에 맞추는 것이 정책의 실효성을 높일 수 있다. 또한 고통을 없애는 것이 도덕적으로도 옳은 일이다. 사회 안전망과 사회보장제도의 존립 논거이기도 하다(윤영진, 2012b: 85). 지방재정의 삶의 질 제고 기능은 행복이 정책의 최우선 목표이 고 정부의 의무라는 것을 의미하는 것이다.

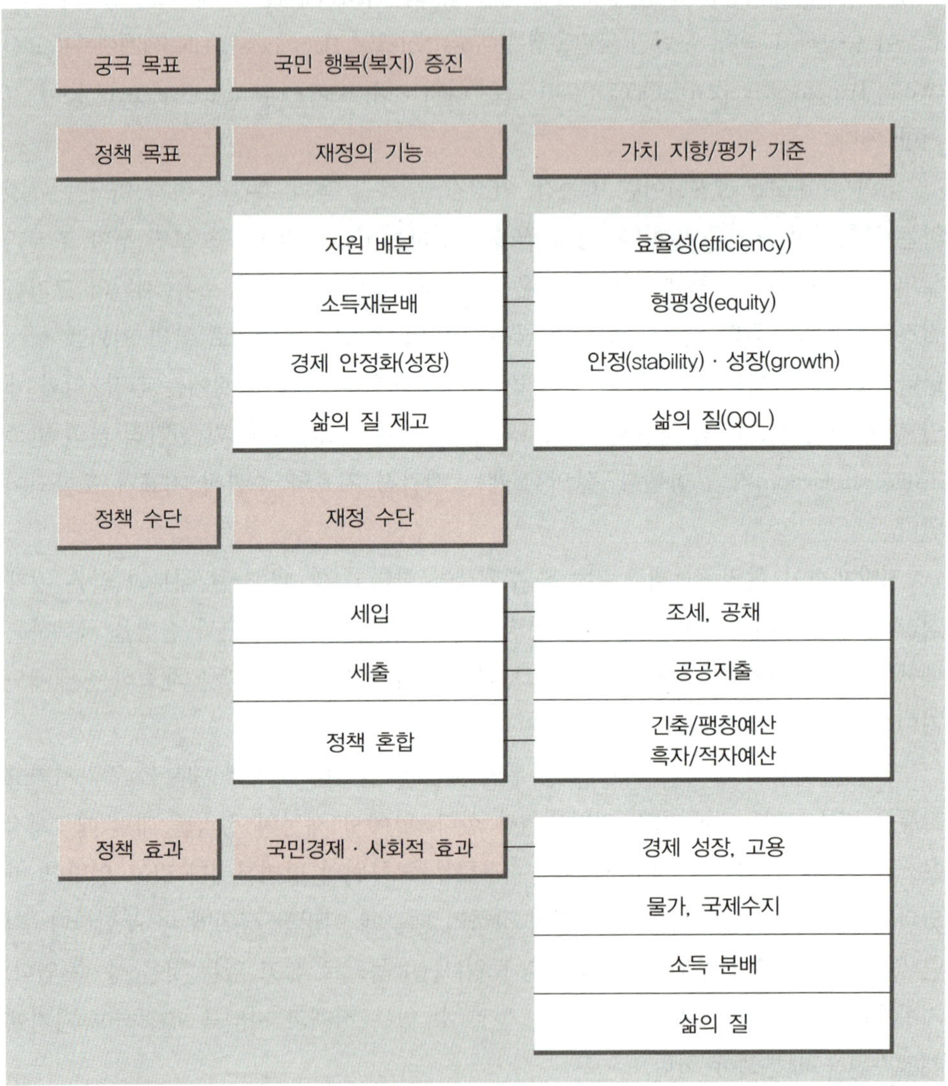


그림 2-2 재정의 기능

## 2 지방재정 운용의 원칙

### 1) 건전재정 운용의 원칙

건전재정 운용이란 재정을 수지 균형의 원칙에 따라 운용해 재정 건전성을 확보하는 것을 말한다. 지방자치법(제122조)에는 "지방자치단체는 그 재정을 수지 균형의 원칙에 따라 건전하게 운영해야 한다. 국가는 지방재정의 자주성과 건전한 운영을 조장해야 하며, 국가의 부담을 지방자치단체에 넘겨서는 안 된다"고 규정하고 있다. 지방재정법(제3조)에도 지방재정 운용의 기본 원칙으로서 건전성과 효율성을 천명하고 있다. 건전재정 운용의 원칙은 지방재정의 위기 상황을 미리 방지하기 위한 목적으로 운용하는 원칙이다.

### 2) 성과 중심 재정 운용의 원칙

성과 중심 재정 운용이란 과거 투입 중심에서 성과 중심으로의 패러다임 전환을 의미한다. 종전에는 '투입-통제' 패러다임의 재정 운용이었으나, '성과-평가' 패러다임의 재정 운용으로 전환된 것이다. 지방재정의 경우 2016년 예산부터 재정 활동의 성과관리 체계를 구축하고, 예산의 성과계획서 및 성과보고서를 작성하게 하고 있다. 그리고 지방자치단체의 장은 주요 재정사업을 평가하고 그 결과를 재정 운용에 반영할 수 있다.

### 3) 예산총계주의 원칙

예산총계주의 원칙은 한 회계연도의 모든 수입을 세입으로 하고, 모든 지출을 세출로 하며, 세입과 세출은 모두 예산에 편입해야 한다는 것을 의미한다. 다만, 지방자치단체가 현물로 출자하는 경우, 기금 운용 경우, 그 밖에 대통령령으로 정하는 사유로 보관할 의무가 있는 현금이나 유가증권이 있는 경우에는 세입·세출 예산 외로 처리할 수 있다.

### 4) 회계연도 독립의 원칙

지방자치단체의 회계연도는 매년 1월 1일에 시작해 12월 31일에 끝난다. 회계연도 독립의 원칙이란 각 회계연도의 경비는 해당 연도의 세입으로 충당해야 한다는 것을 의미한다. 그런데 지방자치단체의 출납은 회계연도가 끝나는 날 폐쇄하지만 출납원이 수납한 세입금은 회계연도가 끝나는 날부터 20일까지 지방자치단체 금고에 납입할 수 있으며, 일상경비는 회계연도가 끝나는 날부터 15일까지 반납할 수 있다. 회계연도에 속하는 세입·세출의 출납에 관한 사무는 다음 해 2월 10일까지 마친다.

### 5) 예산 한정성의 원칙

예산 한정성의 원칙은 예산 집행 과정에서 통제 기능을 발휘하기 위해 적용하는 원칙이다. 그 내용은 ① 예산의 목적 외 사용 금지, ② 초과 지출의 금지, ③ 연도 경과의 금지를 포함한다.

첫째, 지방재정법(제47조)에는 세출예산에서 정한 목적 외의 용도로 경비를 사용하거나 세출예산에서 정한 각 정책사업 간에 서로 이용할 수 없다고 규정하고 있다. 다만, 예산 집행에 필요하여 미리 예산으로서 지방의회의 의결을 얻었을 때에는 이용할 수 있으며, 대통령령으로 정하는 바에 따라 각 정책사업 내의 예산액 범위에서 각 단위사업 또는 목의 금액을 전용할 수 있다.

둘째, 예산에 계상된 금액 이상의 지출은 허용되지 않는다. 그러나 초과 지출의 필요성이 발생할 경우 예비비 또는 추가경정예산 편성을 통해 해결할 수 있다.

셋째, 각 회계연도의 경비는 해당 연도의 세입으로 충당해야 한다는 회계연도 독립의 원칙이 적용된다. 그러나 여기에도 이월, 계속비, 과년도 수입 및 지출 등의 예외적인 제도가 운영되고 있다.

### 6) 예산 공개의 원칙

예산 운영의 전반적인 내용이 국민에게 공개되어야 한다는 원칙이다. 예산의 공개는 예산 운영의 투명성을 확보할 뿐만 아니라 주민의 정당한 요구와 비판을 받도록 하는 의미가 있다. 예산 공개의 원칙은 납세자인 주민이 '알 권리'를 갖고 있다는 사고 방식에서 출발하며, 재정 민주주의에 근거한다. 지방재정법에는 지방재정 운용 상황의 공시제도를 명기하고 있으며, 투자 심사 사업 등 주요 사업의 공개를 의무화하고 있다. 최근에는 재정 집행의 실시간 공개를 유도하고 있다.

### 7) 회계 간 자금 융통의 원칙

지방재정의 운용 및 회계 처리 방식에는 지방재정의 특수한 상황을 배려한 제도가 있다. 지방자치단체는 회계 처리를 할 때 세계현금(歲計現金)이 부족한 경우 같은 회계연도에서만 다른 회계로부터 자금을 전용할 수 있다(지방재정법 제78조). 지방재정의 불안정성을 반영한 제도로서 특정 시점의 세입과 세출의 갭으로 인해 지출을 위한 현금이 부족한 경우 다른 회계의 자금을 전용해 사용할 수 있는 것이다. 이때 전용한 자금은 그 회계연도의 수입으로 변제해야 하며, 전용자금에 대해서는 이자를 붙이지 않을 수 있다.



## 3 예산의 성과관리

### 1) 지방재정 성과관리제도의 의의

새로운 재정환경의 변화는 재정 운용의 새로운 규범을 필요로 한다. 선진국의 재정제도 및 운용은 일찍이 '투입-통제' 패러다임에서 '성과-평가' 패러다임으로 전환되었다. 이것은 재정지출의 가치(value for money)를 극대화하기 위해 산출(output) 또는 결과(outcome)라는 성과(performance)를 중심으로 재정을 운용하는 것이다. 성과 중심의 재정 운용 체계는 조직의 자율성과 책임성을 강화해 주며, 사전적 통제보다는 성과평가에 근거한 사후적 평가에 초점을 맞추게 된다.

중앙정부는 2003년 재정성과관리제도를 도입해 시행하고 있다. 지방정부는 2008년 사업예산제도를 도입한 이후 성과와 예산을 연계한 사업예산 성과관리 체계 구축을 위한 시범 작성을 2010~2013년 간 실시한 바 있다. 지방정부의 재정성과관리 체계도 중앙정부와 마찬가지로 성과계획서-성과보고서 체계로 설계되었다.

2014년 지방재정법 개정으로 2016 회계연도부터 예산의 성과계획서와 성과보고서를 지방의회에 제출토록 의무화했다. 성과계획서는 예산안의 첨부 서류로, 성과보고서는 재무제표 등과 함께 결산서의 하나로 지방의회에 제출된다. 지방재정의 성과관리를 위해 행정안전부 예규로 '지방자치단체 예산의 성과계획서 작성 기준'을 마련했다. 그리고 주요 재정사업을 평가하고 그 결과를 재정 운용에 반영할 수 있는 재정사업 평가제를 도입했다.

### 2) 예산의 성과계획서와 성과보고서

지방재정 성과관리 체계는 사업예산제도와 성과관리제도를 연계하는 방식으로 구축되었다. 성과계획서의 작성 대상기관은 본청, 의회, 직속기관, 사업소이며, 대상 범위는 일반회계와 기타 특별회계다. 성과관리 대상은 사업예산 체계에서의 정책사업-단위사업-세부사업 중 정책사업이 대상이다. 행정운영경비 · 재무 활동 · 예비비 등 정책사업 과목이 아닌 예산은 제외되며, 징수교부금 등 사업경비가 아니면서 분야 · 부문이 독립되어 불가피하게 정책사업으로 구조화된 정책사업도 제외 가능하다.

성과계획서 체계는 조직의 임무와 비전, 실 · 국 단위 전략 목표, 정책사업 목표, 성과지표, 단위사업으로 구성된다. 성과지표가 정책사업 목표를 측정할 수 있게 설정되는 점이 특징이다. 시범사업에서는 정책사업과 성과 목표, 단위사업과 성과지표를

| 구분 | 내용 |
|---|---|
| 비전 | 비전은 조직의 바람직한 미래상을 표현한 것으로 기관이 갖춰야 할 자기 역할과 기본 방향을 구체화시킨 것 |
| ↓ | |
| 시정방침(목표) | 비전을 달성하기 위한 수단으로서의 방향 또는 계획 |
| ↓ | |
| 시정(운영) 방향 | 20xx년도 자치단체의 시정(운영) 방향 |
| ↓ | |
| 전략 목표 | • 해당 실 · 국 단위에서 중점을 두고 지향하거나 추진해야 할 정책 방향으로서 실 · 국별로 1개 정도로 작성<br>• 추상적 표현이 아닌 구체적인 내용으로 작성하며, 정책이 주민의 이해관계에 부합할 수 있도록 표어 형태로 작성<br>• 관련 중 · 장기계획의 내용을 포함 |
| ↓ | |
| 정책사업 목표 | • 전략 목표 달성 수단으로 실제 행동으로 옮겨지는 목표임<br>• 업무의 최종적인 효과가 파악되도록 결과 지향적으로 설정<br>• 1개의 정책사업 목표는 예산 체계상 정책사업 1개와 대응되게 설정 |
| 성과지표 | • 정책사업 목표 수준에서 의도한 성과를 통합적 시각에서 파악할 수 있도록 작성하되, 지표 수는 원칙적으로 3개 이내로 함<br>• 측정 가능하고, 결과 중심적인 지표로 설정하되, 가중치 부여<br>• 성과지표의 목표치 수준 설정 |
| ↓ | |
| 단위사업 | • 정책사업 목표 달성을 위한 수단으로서 업무 추진 및 향후 성과 측정의 대상이 됨<br>• 예산 체계상 단위사업과 일치 |

그림 2-3 성과계획서 체계

각각 연계토록 했으나, 1개의 성과지표에 수개의 단위사업이 연계되거나, 개별적인 단위사업의 성과지표가 정책사업을 대표할 수 없는 문제점이 제기되었다. 이에 따라 정책사업 목표의 성과지표로 설계되었다.

'지방자치단체 예산의 성과계획서 작성 기준'을 참고해 만든 성과계획서 체계는 [그림 2-3]과 같다.

성과보고서는 성과계획서에서 정한 성과 목표와 실적을 대비해서 작성한다. 성과보고서는 결산 개요, 세입 · 세출 결산, 재무제표와 함께 결산서의 구성 자료로 지방의회에 제출된다.

02
PART

# 지방 세입론

CHAPTER 03

# 지방세



## 제1절 지방세 체계

### 1 이원적 지방세 체계

조세는 과세 주체에 따라 국세와 지방세로 구분한다. 우리나라의 국세는 14개의 세목이 있으며, 그 내용은 다음과 같다. 즉, 부가가치세, 소득세, 법인세, 상속세, 증여세, 개별소비세, 주세, 증권거래세, 인지세, 관세, 교통 · 에너지 · 환경세, 종합부동산세, 교육세, 농어촌특별세다.

지방세는 11개 세목이 있는데 이원적 지방세 체계로 구성되어 있다. ① 특별 · 광역시세-자치구세, ② 도세-시 · 군세의 이원적 체계를 형성하고 있다. 이것은 광역자치단체와 기초자치단체 간 행정구역 및 업무 관계의 특성을 반영한 것이다. 특별 · 광역시세와 자치구세는 세목이 9대 2로 배분되어 있으며, 도세와 시 · 군세는 6대 5로 배분되어 있다.

그런데 지방세 체계에는 몇 가지 유의할 내용이 포함되어 있다.

첫째, 지방교육세는 교육청 수입으로 전입되어 지방교육재정에 포함되며, 사실상 광역자치단체(특별·광역시, 도)의 수입에 포함되지 않는다.[1)]

둘째, 자동차세 주행분도 대부분 유가보조금으로 민간부문에 지원되기 때문에 사실상의 지방자치단체 수입으로 볼 수 없다.

셋째, 광역시의 군 지역은 도세와 시·군세의 세목 구분이 적용된다.

넷째, 광역시의 경우 주민세 사업소분과 종업원분은 자치구세다. 과거 자치구세였던 사업소세 수입분을 원래대로 자치구 수입으로 귀속시킨 것이다. 다만, 서울특별시는 이를 조정교부금에 반영하고 있다.

다섯째, 서울시의 경우 재산세를 특별시분(50%)과 자치구분(50%)으로 구분하고, 특별시분은 시세로 보며 자치구에 균등 배분하고 있다. 자치구에 교부된 금액은 자치구의 재산세로 본다.

표 3-1 특별·광역시와 자치구의 지방세 체계

| 구분 | 분류 방법 | 세목 | 비고 |
|---|---|---|---|
| 시세 (9개) | 보통세 (7개) | 취득세 | |
| | | 레저세 | |
| | | 담배소비세 | |
| | | 지방소비세 | |
| | | 주민세 | 개인분·사업소분*·종업원분* |
| | | 지방소득세 | 개인지방소득분·법인지방소득분 |
| | | 자동차세 | 자동차세분·주행분(⇨ 유가보조금) |
| | 목적세 (2개) | 지역자원시설세 | |
| | | 지방교육세 | ⇨ 교육자치단체에 전입 |
| 자치구세 (2개) | 보통세 (2개) | 등록면허세 | 등록분·면허분 |
| | | 재산세 | |

주*: 광역시의 주민세 사업소분과 종업원분은 자치구세로 귀속된다.

1) 그 밖에도 특별·광역시 담배소비세의 45%(도 제외)와, 서울특별시세의 10%, 광역시 및 경기도는 광역시세 또는 도세(목적세 제외)의 5%, 그 밖의 도 및 특별자치도는 도세 또는 특별자치도세의 3.6%에 해당하는 금액을 교육비특별회계로 전출한다.

**표 3-2 도와 시·군의 지방세 체계**

| 구분 | 분류 방법 | 세목 |
|---|---|---|
| 도세 (6개) | 보통세 (4개) | 취득세 |
| | | 등록면허세 |
| | | 레저세 |
| | | 지방소비세 |
| | 목적세 (2개) | 지역자원시설세 |
| | | 지방교육세 |
| 시·군세 (5개) | 보통세 (5개) | 지방소득세 |
| | | 담배소비세 |
| | | 주민세 |
| | | 재산세 |
| | | 자동차세 |

**표 3-3 지방세 세목별 징수 실적**

(단위: 백만 원, %)

| 구분 | 2019년 | | 2020년 | | 2021년 | |
|---|---|---|---|---|---|---|
| | 금액 | 비중(%) | 금액 | 비중(%) | 금액 | 비중(%) |
| 합계 | 90,460,408 | 100.0 | 102,048,782 | 100.0 | 112,798,430 | 100.0 |
| 취득세 | 23,914,677 | 26.4 | 29,536,271 | 28.9 | 33,716,587 | 29.9 |
| 지방소득세 | 17,425,909 | 19.3 | 16,941,135 | 16.6 | 19,957,325 | 17.7 |
| 지방소비세 | 11,345,472 | 12.5 | 16,569,227 | 16.2 | 17,816,646 | 15.8 |
| 재산세 | 12,677,115 | 14.0 | 13,773,078 | 13.5 | 14,974,323 | 13.3 |
| 자동차세 | 7,725,108 | 8.5 | 8,134,168 | 8.0 | 8,354,610 | 7.4 |
| 지방교육세 | 6,676,986 | 7.4 | 7,135,758 | 7.0 | 7,598,582 | 6.7 |
| 담배소비세 | 3,357,713 | 3.7 | 3,577,744 | 3.5 | 3,557,943 | 3.2 |
| 주민세 | 2,129,574 | 2.4 | 2,123,899 | 2.1 | 2,282,900 | 2.0 |
| 등록면허세 | 1,837,440 | 2.0 | 2,052,871 | 2.0 | 2,155,003 | 1.9 |
| 지역자원시설세 | 1,680,564 | 1.9 | 1,777,278 | 1.7 | 1,841,144 | 1.6 |
| 레저세 | 970,470 | 1.1 | 168,640 | 0.2 | 105,999 | 0.1 |
| 과년도수입 | 719,384 | 0.8 | 258,716 | 0.3 | 437,367 | 0.4 |

자료: 행정안전부. 『2022 지방세 통계연감』.

## 2 지방세의 분류

### 1) 보통세와 목적세

보통세는 조세수입의 사용이 특정한 지출에 연계되지 않은 조세를 말한다. 목적세(earmarked tax)는 조세수입의 사용이 특정한 지출 목적에 연계되어 있는 조세를 말한다. 국세의 목적세에는 교육세, 교통·에너지·환경세, 농어촌특별세의 3개 세목이 있고, 지방세에는 지역자원시설세와 지방교육세의 2개 세목이 있다.

목적세는 특정 사업을 수행하기 위한 재원 마련에는 효과적이지만 용도가 지정됨으로써 칸막이 재정 운용을 하게 되어 배분적 효율성을 제약하는 문제가 있다. 목적세 신설은 가급적 지양하고 도입하더라도 한시적으로 도입하는 것이 바람직하다.

### 2) 종가세와 종량세

종가세(ad valorem tax)는 과세 표준이 화폐 단위의 가격으로 설정되어 있는 조세를 말한다. 취득세, 재산세 등은 종가세다. 종량세(unit tax)는 과세물건의 수량·용적 등의 단위로 표시한 조세다. 담배소비세, 자동차세 등이 종량세에 해당한다.

조세를 종가세와 종량세 중 어느 방식으로 설계하느냐에 따라 정책 효과는 달라진다. 종가세는 과세의 공평을 기할 수 있으나 가격 측정이 어려운 경우가 많고, 가격 변화가 심한 경우 세수 변동이 심해지는 문제점이 있다. 종량세의 경우 과세는 간단하지만 그 부담이 불공평하게 될 우려가 있다. 배기량 단위로 과세되는 자동차세의 경우 새 차와 중고차의 세 부담 차이가 나는 사례가 이를 보여준다.

### 3) 재산과세, 소득과세, 소비과세

과세 대상이 재산인가 소득인가 소비인가에 따라 지방세를 분류하는 유형이다. 소득과세에는 지방소득세, 소비과세에는 지방소비세, 레저세, 담배소비세가 있다. 재산과세는 보유과세와 거래과세로 구분할 수 있다. 보유과세에는 재산세와 자동차세(소유분), 지역자원시설세(부동산), 거래과세에는 취득세와 등록면허세가 있다. 나머지 세목은 기타 과세로 분류된다.

우리나라는 재산과세 비중이 매우 큰 편이며, 그 중에서도 보유과세보다 거래과세 비중이 더 크다. 외국의 경우 소득과세 비중이 큰 편이며, 재산과세의 경우에도 우리나라와 달리 거래과세보다 보유과세 비중이 더 크다. 최근 지방세제도 개혁의 흐름을 보면 재산과세 중심에서 소득, 소비, 재산과세의 비중이 균형을 이루는 방향으로 전환하고 있다.

### 4) 독립세와 부가세

독립세는 독자적인 과세 대상과 과세 표준에 과세하는 조세를 말하며, 다른 세목의 과세 표준에 대해 과세하는 조세를 부가세(附加稅)라 한다. 한국의 지방세는 독립세 중심으로 되어 있으나, 지방교육세와 같은 부가세도 있다.

지방교육세는 취득세, 등록면허세, 레저세, 담배소비세, 주민세(개인분 · 사업소분), 재산세, 자동차세에 부가해 과세한다. 또한 국세인 농어촌특별세는 지방세인 취득세, 등록면허세(감면세액), 레저세에 부가해 과세하고 있다. 2010년 도입한 지방소득세는 원래 소득세에 부가해 과세했으나 2014년부터 소득세와 세원을 공유하는 독립세로 전환되었다.

부가세제도는 세수 조달이 용이하고 세무행정의 간소화라는 장점이 있다. 그러나 지방세가 부가세 방식을 많이 따르게 되면 다른 세목의 변동에 의해 영향을 받는 문제가 있다. 특히 국세에의 부가세 방식인 경우 국가에 의한 일방적인 국세 제도의 개정에 따라 지방세가 영향을 받게 되어 지방자치제를 제약할 수 있다.

## 3 국세와 지방세 간 조세 배분

### 1) 정부간 조세 배분 유형

앞에서 14개 세목의 국세와 11개 세목의 지방세가 있음을 보았다. 지방세의 경우에도 특별 · 광역시세와 자치구세, 도세와 시 · 군세의 이원적 체제로 구성되어 있다. 그렇다면 정부간 관계에서 조세 배분은 어떤 원칙에 의해 이뤄지는가?

정부간 조세 배분에 대해서는 세원배분론(tax assignment)에서 많은 논의가 있어왔다. 그런데 '세원 배분'은 적절한 용어로 보이지 않는다. 정부간 관계에서 세원(tax base)뿐만 아니라 세수(tax revenue) 배분 형태도 이뤄지고 있기 때문이다. 정부간 관계에서의 조세 배분 또는 세목 배분이 더 적절한 용어라고 생각되며, 여기서는 '조세 배분' 또는 '조세 조정'이라는 용어를 사용하고자 한다.

정부간 조세 배분 유형은 국가에 따라 다양한 형태를 띠고 있다. 이론적으로는 세원 배분 방식과 세수 배분 방식으로 구분할 수 있다. 그러나 실제 제도에 반영될 때에는 세원 배분과 세수 배분 방식이 서로 혼합되는 방식으로 설계되며, 그 내용은 좀 더 다양해진다.

학자들은 세원의 분리/공유 방식으로 분류(이영희, 2012; 송상훈 외, 2011 등)하거나, 세수의 분리/공유 방식으로 분류(이재은, 2002)하고 있다. 용어를 세원으로 사용하든 세수로 사용하든 세원의 분리/공유 방식을 유형 분류의 토대로 삼고 있는 것은 공통된 것으로 보인다.

세원 분리(tax base separation) 방식은 하나의 정부만이 과세권과 세수입을 배타적으로 보유하는 방식을 말한다. 다시 말해 과세 대상 및 과세 표준의 결정권을 해당 정부가 독립적으로 갖고 있으며, 세수입이 세원을 갖고 있는 정부에 귀속되는 방식이다. 따라서 세원 분리 방식은 곧 세수 분리 방식이 되며, 세수 분배 방식은 존재하지 않는다. 국세와 지방세를 분리시켜 과세하는 독립세 방식이 여기에 해당한다.

반면에 세원 공유(tax base sharing) 방식은 동일한 세원에 대해 중앙정부와 지방정부가 공유하는 방식이다. 동일한 세원에 대해 중앙정부와 지방정부가 중복 과세하거나, 하나의 정부가 동일한 세원에 대해 과세권을 행사하고 징수한 세입을 일정한 기준에 따라 나누는 방식을 말한다. 중복세, 공동세, 양여세 방식 등이 여기에 속한다.

여기서는 일차적으로 세원 분리와 공유 방식으로 구분하고, 이차적으로 세수 분리와 배분 방식을 혼합하는 〈표 3-4〉와 같은 유형으로 분류하고자 한다.

표 3-4 정부간 조세 배분 유형

| 구분 | | 세원 | |
|---|---|---|---|
| | | 분리 | 공유 |
| 세수 | 분리 | 독립세 | 중복세 |
| | 배분 | – | 양여세/공동세 |

### (1) 독립세 방식: 세원 및 세수 분리 방식

정부간 조세 배분의 독립 방식은 중앙정부와 지방정부가 세원 및 세수를 독자적으로 보유하는 방식이다. 국세와 지방세를 분리시켜 과세하는 방식으로서 하나의 정부만이 과세권과 세수입을 배타적으로 보유한다.

전통적인 조세배분론은 이러한 독립 방식을 따랐다. '국세와 지방세의 조정 등에 관한 법률'에 의하면, 국가(중앙정부)와 지방자치단체가 과세하는 국세와 지방세를 명기하고, 과세물건이 중복되는 어떠한 명목의 세법도 제정해서는 안 된다는 중복 과세 금지 규정(동법 제4조)을 두고 있다. 지방세로서 적합한 세목은 국세와 세원이 중복되지 않은 독립적 세목으로 정하는 방식이 바람직하다는 논리에 근거하고 있다.

그런데 지방정부가 독립적 세원을 갖고 과세한다고 해서 지방정부의 과세 자주권이 더 크다고 볼 수 없다. 독립세라 해도 과세 표준이나 세율을 중앙정부가 결정하는 과세 부인과 과세 제한이 존재한다면 지방정부에 자기결정권이 있다고 할 수 없다. 과세 부인(tax denial)이란 지방정부의 과세 표준 설정 권한을 부인하는 것이고, 과세 제한(tax restrict)은 지방정부의 세율 설정 권한을 제한하는 것이다. 우리나라는 조세법률주의에 의해 지방세에 대해 과세 부인과 과세 제한을 가하고 있다. 그만큼 지방정부의 과세 자주권이 제한을 받고 있는 것이다.

### (2) 중복세 방식: 세원 공유와 세수 분리

조세 배분의 중복(tax overlapping) 방식은 동일한 세원에 대해 중앙정부와 지방정부가 중복해 과세하며, 세수입은 과세한 정부에 귀속되는 방식이다. 이 경우에도 지방세가 국세와 동일한 과세 표준을 사용하거나, 국세의 세액을 과세 표준으로 하는 방식이 있다.

전자는 독립세 성격을 갖는다. 지방세와 국세가 동일한 세원을 공유하지만 세수입은 과세한 정부에 배타적으로 귀속되기 때문이다. 이 경우 지방정부가 지방세의 세율을 독자적으로 결정할 수 있으며, 과세 제한이 있다면 그 범위 내에서 세율 결정권을 갖는다. 후자의 경우는 부가세(piggy backing) 방식을 취한다. 중앙정부가 부과하는 세액을 과표로 하여 일정 세율을 부가해 징수하는 방식이다. 중복 방식에서 과세 표준은 중앙정부가 결정한다.

2014년 독립세화한 지방소득세는 중복 방식의 전형을 보여준다. 종전의 지방소득세(2010년 이전에는 주민세 소득할)는 국세인 소득세액의 10%를 과세하는 부가세 방식이었으나 2014년 동일한 세원(소득)을 과표로 하는 독립세 형태로 전환되었다. 부가세 방식 중에는 농어촌특별세처럼 특정 지방세의 세액을 과표로 과세하는 국세도 있다.

### (3) 양여세 방식: 세원 공유와 세수 배분(Ⅰ)

조세 배분의 양여세(tax transfer) 방식은 중앙정부와 지방정부가 세원을 공유하고 세수입을 일정 비율로 배분하는 방식을 말한다. 그런데 양여세 방식은 중앙정부와 지방정부의 어느 한쪽이 과세권을 갖고 세수를 배분하는 방식을 취한다. 이 경우에도 중앙정부가 과세권을 갖고 세수의 일부 또는 전부를 지방정부에 이양하는 방식과 지방정부가 과세권을 갖고 세수의 일부 또는 전부를 중앙정부에 이양하는 방식이 있다. 그러나 전자의 방식이 일반적인 양여세 방식이라고 볼 수 있다.

2010년 도입된 지방소비세는 양여세 방식을 취하고 있다. 국세인 부가가치세와 세원을 공유하고 부가가치세액의 일정 비율을 지방에 이양하는 방식이다. 세원인 부가가치세의 과표와 세율은 중앙정부가 결정한다. 지방소비세의 세액은 2022년부터 부가가치세 과세표준에 25.3%를 적용하여 계산한 금액으로 한다.

### (4) 공동세 방식: 세원 공유와 세수 배분(Ⅱ)

조세 배분의 공동세(tax sharing) 방식도 양여세와 마찬가지로 중앙정부와 지방정부가 세원을 공유하고 세수입을 일정 비율로 배분하는 방식이다. 공동세 방식은 중앙정부와 지방정부가 공동으로 과세권을 설정하고 그 세수를 서로 배분하는 방식이다. 공동세와 양여세가 다른 점은, 양여세 방식이 중앙정부와 지방정부의 어느 한쪽이 과세권을 갖고 세수를 배분하는 방식인데 반해, 공동세 방식은 중앙정부와 지방정부가 공동으로 과세권을 설정하고 세수를 배분하는 방식이란 점이다. 중앙정부와 지방정부가 공동 과세권을 가진다는 점에서 지방정부의 과세 자주권이 더 크다고 볼 수 있다. 다만, 공동세 방식에서는 중앙정부와 지방정부가 과세에 관한 공동 의지를 결정하는 기관이 필요하다.

공동세 방식의 대표적인 예는 독일의 공동세제도다. 독일은 부가가치세, 소득세, 법인세를 연방정부, 주정부, 기초지방정부 간에 배분하는 공동세제도를 운용하고 있다. 공동세 배분 비율은 〈표 3-5〉와 같이 헌법에 정해져 있다. 다만, 부가가치세의 배분 비율은 연도별 경제 상황에 맞는 미세 조정을 위해 헌법에서 정하지 않고 연도별로 재정조정법에 의하도록 하고 있다(김유찬·이유향, 2009: 42).

표 3-5 독일의 공동세 배분 비율(2018)

(단위: %)

| 세목 | 연방정부 | 주정부 | 기초지방정부 | EU |
|---|---|---|---|---|
| 부가가치세 | 49.6 | 47.2 | 3.2 | 11.5 |
| 소득세(개인소득) | 42.5 | 42.5 | 15.0 | |
| 소득세(금융소득*) | 44.0 | 44.0 | 12.0 | |
| 법인세 | 50.0 | 50.0 | | |

주*: 이자소득세 및 자본이득세의 원천징수분.
자료: Bundesministerium der Finanzen(2018a, 2019a); 주만수(2019)에서 재인용.



### 2) 전통적 정부간 조세배분론

전통적 조세배분론은 전통적인 재정연방제(fiscal federalism) 이론에 기초하고 있다. 어떤 세목이 지방세로서 적합한가에 초점을 맞추고 있다. 지방정부가 경계를 관리할 능력이 없는 개방 체제임을 전제로 한 이론이다. 정부간 관계에서의 조세 배분 기준은 세원 이동성과 정부 기능이 핵심 내용을 이룬다. 머스그레이브(Musgrave, 1959; 1983)는 조세 배분의 일반적 원칙으로 하위 정부는 상대적으로 이동성이 적은 세원에 부과되는 조세, 중앙정부는 분배를 목적으로 하는 누진세와 자동안정화 장치를 포함하는 조세를 배분하는 것이 바람직하다고 주장한다. 정부의 기능 배분과 관련해서는 자원 배분, 소득 재분배, 경제 안정화의 세 가지 재정 기능과 연계한 조세 배분을 주장한다. 즉, 정부의 소득 재분배 및 경제 안정화 기능과 관련된 조세는 중앙정부에 배분하는 것이 바람직하다고 본다. 자원 배분 기능은 중앙정부와 지방정부가 수행하는데, 국가공공재 공급 기능과 관련된 조세는 중앙정부에, 지방공공재 공급 기능과 관련된 조세는 지방정부에 배분하는 것이 바람직하다는 원칙이다.

요컨대, 전통적 조세배분론에 의하면 세원 이동성과 관련해 조세 수출이나 조세 경쟁이 초래되지 않고 이동성이 크지 않은 안정적인 조세가 지방세로서 적합하다. 덧붙여 지역 간에 세원이 편재되지 않은 보편성을 갖는 조세가 지방세로서 바람직하다고 말한다. 이러한 논거로 전통적 조세배분론에서는 소득 탄력성이 높은 누진적 소득세나 법인세, 부가가치세를 국세로 배분하고, 세원 이동성과 편재성이 낮은 재산세 등을 지방세로 배분해야 한다고 주장한다. 이러한 주장에 근거하면 과세 기반이 넓고 대규모 세수 조달이 가능한 기간세(key tax)가 국세로 배분되기 때문에 중앙정부에 세수가 집중되는 현상이 발생하게 된다(이정만, 2009: 69). 상대적으로 지방정부에 불리한 조세 배분이 되는 것이다.

전통적 조세배분론은 지방세로서 적합한 특성을 정리해 지방세 원칙을 제시하고 있다. 학자마다 제시한 원칙들이 약간씩 다르지만 대표적인 지방세 원칙을 보면 다음과 같다. 즉, 세수 안정성의 원칙, 세원 보편성의 원칙, 지역성의 원칙, 편익성의 원칙, 신장성의 원칙 등이다. 이러한 원칙들은 기본적으로 세원 분리(tax base separation) 방식에 근거하고 있다. 독립세로서 국세와 지방세를 분리시켜 과세하는 방식을 따르고 있는 것이다.

우리나라는 1962년에 제정된 '국세와 지방세의 조정 등에 관한 법률'에 의해 독립적 세원 분리 방식을 따라 조세 배분 구조를 설계해 왔다. 동법은 국가(중앙정부)와 지방자치단체가 과세하는 국세와 지방세를 명기하고, 과세물건이 중복되는 어떠한 명목의 세법도 제정해서는 안 된다는 중복 과세 금지 규정(동법 제4조)을 두고 있다. 그러나 이러한 규정은 국세와 지방세를 독립세로 인정하는 법형식일 뿐이고 독립적 세원 분리 방식을 준수하라는 것으로 해석할 수는 없다. 지방소비세의 도입에서 보듯이 세원 공유 방식을 택할 수 있는 것이다.

### 3) 새로운 정부간 조세배분론

전통적 조세배분론은 세원 이동성과 정부 기능을 기준으로 정부간 조세 배분 구조를 설계한다. 그 결과 지방세로서 적합한 특성으로서 안정성, 보편성, 지역성, 편익성, 신장성 등을 들고 있다. 세원 분리 원칙에 근거해 지방세로서 적합한 조세는 지방세로 설계해야 한다는 주장이다.

그러나 이러한 전통적 조세배분론의 주장은 점점 설득력을 잃고 새로운 정부간 조세배분론이 확산되고 있다. 현실에서도 스웨덴의 경우 대부분의 나라가 지방세로 운영하는 재산세를 국세로 하고, 소득세는 지방세로 운영하고 있다.[2] 독일은 소득세, 법인세, 부가가치세를 연방정부와 주 및 지방정부가 공동 배분하는 조세 구조를 갖고 있다.

전통적 조세배분론을 대체하는 새로운 조세배분론은 어떤 특징을 갖고 있는가? 우선 등장 배경과 관련해서 세계화에 따른 세계 경제 질서의 변화 및 사회경제적 변

2) 스웨덴의 소득세는 단일 비례세인 지방세로 되어 있는데 일정 소득 수준 이상의 소득세에 대해서는 누진세인 국세로 되어 있다.

화와 밀접한 관련이 있다고 보는 견해가 있다. 진노(神野直彦, 2002)는 20세기 후반 시장경제의 세계화에 따른 국민국가의 퇴조와 사회경제 구조의 변화에 따른 보편적 서비스에 대한 재정 수요의 증가 현상이 지방분권 및 재정분권 변화의 동인 역할을 하고 있다고 주장한다. 전통적 조세배분론은 중앙정부는 국민국가의 국경관리 능력을 갖고 있는데 반해, 지방정부는 경계를 관리하기 어려운 개방 체제라는 점을 전제하고 있다. 그런데 세계화에 따른 '국민국가 황혼' 현상이 중앙정부와 지방정부 간 재정 기능 분담론에 수정을 필요로 한다는 것이다. 더욱이 새로운 사회적 위험에 대응한 사회서비스 수요의 증가는 선별적 서비스가 아닌 보편적 서비스에 대한 재정 수요를 증가시킴으로써 지방정부의 역할이 확대되고 있다는 것이다. 지방정부는 지방공공재 공급뿐만 아니라 보육, 양로, 의료, 교육 등 준(準)사적 서비스라는 대인 사회 서비스의 공급을 통한 소득 재분배 기능을 확대하고 있다.

따라서 전통적 조세배분론에서 주장하는 재산세 중심의 지방세로는 세수 확보도 곤란할 뿐만 아니라 과세의 근거도 약해지고 있다는 주장이다(이정만, 2009: 70). 진노는 특히 새로운 조세배분론에 근거해 비례적 소득세를 지방세의 근간으로 설정하자고 주장하며, 일본 지방세 개혁의 주도적 역할을 한 바 있다. 일본에서는 삼위일체 개혁의 일환으로 2007년부터 기존 개인 주민세 소득할의 5%, 10%, 13%의 누진세율제도를 10%의 비례세율제도로 변경하는 지방세 개혁이 이뤄졌다.

이영희(2012: 366)는 전통적 조세 배분에 대한 문제를 보완하는 '2세대 모형(second generation model)'을 소개하고 있다. '2세대 모형'은 버드(Bird, 2008), 오츠(Oates, 2008), 와인가스트(Weingast, 2006) 등이 전통적 조세 배분에 대한 문제를 보완하는 차원에서 제시한 모형이다. 이 모형의 핵심은 지방정부의 과세 자주권 강화, 재원 조달 책임과 지출 책임의 연계 강화를 통한 재정 책임성 강화다. 지방정부는 스스로 재정지출에 대한 책임을 조세수입을 통해 조달해야 한다는 세입분권을 주장한다. 그리고 이전재원의 증가는 예산 제약의 연성화(soft budget constraint)를 초래해 재정 책임성이 약화되므로 바람직하지 않다고 본다. 이 경우 지방정부는 중앙정부로부터 더 많은 이전재원을 지속적으로 요구하는 경향이 나타나게 된다. 따라서 지방정부의 역할 확대에 따른 재정지출 증가는 지방세 수입이 증가할 수 있도록 조세 배분 체계를 재설계할 필요가 있다는 것이다. 세입분권이 뒷받침된 세출분권을 주장하는 것으로 볼 수 있다.

앞에서 살펴본 정부간 조세 배분 유형의 관점에서 본다면 국세와 지방세의 조세배분을 설계할 때 세원 및 세수 분리라는 독립세 형태를 고집할 필요가 없다. 기존 독립세 방식의 경직적 사고로부터 탈피해 다양한 조세 배분 및 조정 방식을 시도하는 것이 바람직하다. 기본 방향은 세원 분리 방식이 아닌 세원 공유 방식의 방향으로 나가야 한다. 다만, 중복세 방식, 양여세 방식, 공동세 방식 중 선택하는 것은 조세의 특성 및 제도설계의 취지를 고려해 결정해야 할 것이다. 다만, 지방정부의 과세 자주권이 확대되도록 조세제도의 설계가 이뤄져야 한다.

## 제2절 지방세 과세 방법

### 1 지방세 관계 법규 체계

지방세법은 2011년 지방세기본법, 지방세법, 지방세특례제한법의 3개 법률로 나눠 제정되었다. 이것은 국세 체계를 모방한 것이다. 이후 2017년 지방세징수법이 제정되었다.

지방세기본법은 지방세에 관한 기본적 사항과 부과·징수에 필요한 사항 및 위법 또는 부당한 처분에 대한 불복절차와 지방세 범칙행위에 대한 처벌에 관한 사항 등을 규정한 법이다. 지방세에 관한 법률 관계를 확실하게 하고, 공정한 과세를 추구하며, 지방자치단체 주민의 납세 의무의 원활한 이행에 기여함을 목적으로 한다.

지방세법은 지방자치단체가 과세하는 지방세 각 세목의 과세 요건 및 부과·징수, 그 밖에 필요한 사항을 규정한 법이다. 지방세법에는 각 세목별로 과세 대상, 납세 의무자, 납세지, 과세 표준과 세율, 부과·징수 방법 등을 규정하고 있다.

지방세특례제한법은 지방세 감면 및 특례에 관한 사항과 이의 제한에 관한 사항을 규정한 법이다. 지방세 정책을 효율적으로 수행함으로써 건전한 지방재정 운영 및 공평 과세 실현에 이바지함을 목적으로 한다. 지방세 특례의 원칙으로 공익성, 국가의 경제·사회 정책, 조세의 형평성, 지방세 특례 적용 대상자의 조세 부담 능력 및 지방자치단체의 재정 여건 등을 종합적으로 고려할 것을 규정하고 있다. 그리고 지방세지출보고서를 작성해 지방의회에 제출하도록 규정하고 있다.[3)]

3) 지방세 관련 법률은 지방세기본법, 지방세법, 지방세특례제한법, 지방세징수법 외에도 조세특례제한법과 제주특별자치도 설치 및 국제자유도시 조성을 위한 특별법이 있다.

지방세징수법은 지방세 징수에 필요한 사항을 규정함으로써 지방세 수입을 확보함을 목적으로 제정된 법이다. 지방세의 징수절차, 압류처분 등을 상세하게 규정하고 있다.

그리고 지방자치단체는 지방세의 세목, 과세 대상, 과세 표준, 세율, 그 밖에 부과 · 징수에 필요한 사항을 정할 때에는 지방세기본법 또는 지방세관계법에서 정하는 범위에서 조례로 정해야 한다.



## 2 지방세 과세 주체와 납세 의무자

지방자치단체는 해당 지방세의 과세권을 가지며(지방세기본법 제4조), 해당 지방세를 부과 · 징수하는 지방자치단체는 지방세의 과세 주체가 된다(지방세법 제3조). 지방자치단체의 장은 지방세 과세 권한의 일부를 소속 공무원에게 위임하거나 다른 지방자치단체의 장에게 위임 또는 위탁할 수 있다. 시장 · 군수는 그 시 · 군 내의 도세를 징수하고, 자치구청장은 해당 특별시 · 광역시세를 징수하고 징수교부금을 수령한다.

납세 의무자란 지방세법에 따라 지방세를 납부할 의무가 있는 자를 말한다. 납세자란 납세 의무자와 지방세법에 따라 지방세를 특별 징수해 납부할 의무를 지는 자를 말한다. 납세 의무자와 납세자의 차이는 지방세를 특별 징수해 납부할 의무가 있는 자의 포함 여부다.[4]

지방세 부과란 지방자치단체장이 납세 의무자에게 지방세를 부담하게 하는 것을 말한다. 지방세 징수란 지방자치단체장이 납세자로부터 지방자치단체의 징수금을 거둬들이는 것을 말한다. 따라서 지방세 과세 주체인 지방자치단체장이 납세 의무자에게 지방세를 부담하게 하고, 납세자로부터 지방세를 징수한다.

## 3 지방세 세액 산정 방법

지방세 세액을 산정하는 방법은 과세 대상의 과세 표준에 세율을 곱해 산정한다. 과세 대상은 지방세가 부과되는 대상을 말한다. 예컨대, 재산세의 과세 대상은 건축

4) 보통징수는 세무공무원이 납세고지서를 해당 납세자에게 발급하여 지방세를 징수하는 것을 말하며, 특별징수는 지방세를 징수할 때 편의상 징수할 여건이 좋은 자로 하여금 징수하게 하고 그 징수한 세금을 납부하게 하는 것을 말한다(지방세기본법 제2조 제1항).

물, 주택, 토지 등이며, 주민세(개인분)는 개인, 담배소비세는 담배, 등록면허세는 부동산 등기, 차량 등록 등이다. 부가세인 지방교육세는 취득세액, 재산세액, 자동차세액과 같은 부과된 다른 세목의 금액이 과세 대상이다.

과세 표준이란 지방세법에 따라 직접적으로 세액 산출의 기초가 되는 과세 대상의 가액(價額) 또는 수량 · 면적 등을 말한다. 과세 대상을 소득 금액, 재산가액 등의 일정 금액으로 과세한 경우 종가세라고 부르며, 면적 · 건수 · 배기량 등으로 과세한 경우 종량세라고 부른다.

세율은 세액을 산출하기 위해 과세 표준에 곱하는 비율 또는 일정액이다. 과세 표준에 곱하는 비율의 경우 정률세, 일정액으로 산정한 경우 정액세라고 한다.

## 4 탄력세율제도

헌법 제59조는 "조세의 종목과 세율은 법률로 정한다"는 조세법률주의를 규정하고 있다. 조세법률주의란 국민들의 사유 재산권을 보장하기 위해 조세는 국민의 대표기관인 의회에서 제정한 법률을 근거로 해서 부과 · 징수할 수 있다는 것을 말한다.

조세법률주의에 의하면 지방세는 법률이 정하거나 위임하는 범위 내에서만 지방자치단체가 조례로써 지방세를 부과 · 징수할 수 있다. 과세 자주권은 그만큼 제약을 받게 된다. 자치입법은 법령의 범위 안에서 할 수 있도록 제한을 하고 있는 헌법 제117조 지방자치에 관한 규정에 근거를 두고 있다.

기본적으로 지방세의 세목, 과세 대상, 세율, 과세 표준 등을 법률로 정하면서 세율에 대해 일정한 범위 내에서 지방자치단체가 자율적으로 결정할 수 있도록 탄력세율제도를 운영하고 있다. 탄력세율제도는 지방정부 과세 자주권을 부분적으로 제고하는 제도라고 볼 수 있다.

현재 지방세 중에서 9개의 세목에 탄력세율이 적용되고 있다. 지방소비세, 레저세, 등록면허세(면허분)는 탄력세율이 적용되지 않는다. 탄력세율 운용 방식을 보면 조례로 표준세율의 50%를 가감하는 방식이 가장 많이 활용되고 있다. 그러나 자동차세처럼 표준세율의 50%까지 초과하는 방식도 있으며, 일정 세율이나 금액 이하로 정하는 방식도 있다.

대부분의 세목은 조례로 탄력세율을 적용해 지방정부의 과세 자주권을 높이고 있지만, 담배소비세와 자동차세 주행분은 대통령령으로 적용할 수 있다. 대통령령으로

표 3-6 지방세법상 탄력세율

<table>
<tr><th colspan="3">세목</th><th>법적 근거</th><th>세율의 탄력 범위</th></tr>
<tr><td colspan="3">취득세</td><td>조례</td><td>표준세율 ± $\frac{50}{100}$</td></tr>
<tr><td>등록면허세</td><td colspan="2">등록분(부동산등기)</td><td>조례</td><td>표준세율 ± $\frac{50}{100}$</td></tr>
<tr><td rowspan="2">재산세</td><td colspan="2">주택, 토지 등</td><td rowspan="2">조례</td><td>표준세율 ± $\frac{50}{100}$<br>(가감한 세율은 당해 연도에만 적용)</td></tr>
<tr><td colspan="2">도시지역분</td><td>표준세율 + $\frac{0.23}{100}$</td></tr>
<tr><td rowspan="2">자동차세</td><td colspan="2">소유분</td><td>조례</td><td>표준세율 + $\frac{50}{100}$</td></tr>
<tr><td colspan="2">주행분</td><td>대통령령</td><td>일정세율 ± $\frac{30}{100}$</td></tr>
<tr><td colspan="3">담배소비세</td><td>대통령령</td><td>일정세율 ± $\frac{30}{100}$</td></tr>
<tr><td rowspan="4">주민세</td><td>개인분</td><td>개인</td><td>조례</td><td>1만 원을 초과하지 아니하는 범위</td></tr>
<tr><td rowspan="2">사업소분</td><td>사업자</td><td>조례</td><td rowspan="2">표준세율 ± $\frac{50}{100}$</td></tr>
<tr><td>법인</td><td>조례</td></tr>
<tr><td colspan="2">종업원분</td><td>조례</td><td>표준세율 ± $\frac{50}{100}$</td></tr>
<tr><td>지방소득세</td><td colspan="2">소득분</td><td>조례</td><td>표준세율 ± $\frac{50}{100}$</td></tr>
<tr><td>지역자원시설세</td><td colspan="2">특정 부동산분<br>특정 자원분</td><td>조례</td><td>표준세율 ± $\frac{50}{100}$</td></tr>
<tr><td colspan="3">지방교육세(레저세분 제외)</td><td>조례</td><td>표준세율 ± $\frac{50}{100}$</td></tr>
</table>

탄력세율을 정하는 경우 사실상 중앙정부가 세율을 결정한다고 볼 수 있다.

그런데 현재 지방세의 탄력세율제도가 거의 활용되지 않고 있는 실정이다. 주민세 개인분과 특정 자원분 지역자원시설세 등에 한정되어 적용되고 있다.[5] 탄력세율제도의 활용도가 낮은 이유는 지방세입 증대 효과가 크지 않기 때문이다. 탄력세율을 적용하여 지방세 수입을 늘리게 되면 기준재정 수입이 증가하여 보통교부세 교부액

5) 특정 세목에 편중되어 적용되고 있는 이유는 이들 세목에 대한 탄력세율 적용에 보통교부세 배분에서 인센티브를 부여하고 있기 때문이다.

이 감소함으로써 전체 지방세입은 탄력세율 적용으로 인한 세수 증가분보다 오히려 적게 증가한다. 지방자치단체장은 지역주민의 부담을 높여 선거에 불리한 상황을 원하지 않고, 일부 지자체장은 중앙으로부터 지원받는 이전재원의 규모가 큰 것을 자신의 능력과 치적으로 홍보하기도 한다(유태현, 2018).

## 제3절 지방세 과세 개요와 지방소비세 및 지방소득세

### 1 지방세 세목별 과세 개요

지방세법에는 11개 세목에 대한 납세의무자, 과세 대상, 과세 표준, 세율, 부과징수 방법 등이 규정되어 있다. 지방세 세목별 과세 대상, 과세 표준, 세율을 요약 정리하면 〈표 3-7〉과 같다. 자세한 내용은 지방세법을 참조하기 바란다.

표 3-7 지방세 세목별 과세 개요

<table>
<tr><th>세목</th><th colspan="3">과세 대상/과세 표준</th><th colspan="2">세율</th></tr>
<tr><td>취득세</td><td colspan="3">부동산, 차량 등 취득/취득 가액</td><td colspan="2">일반세율: 2.8%, 3.5%, 4.0% 등<br>유상취득(주택) : 1.0~3.0%, 8%, 12.0% 등<br>중과세율: 4.4%, 6.8%, 8.0%, 8.4%, 12.0% 등</td></tr>
<tr><td>지방소비세</td><td colspan="3">부가가치세/부가가치세 납부세액</td><td colspan="2">부가가치세액의 23.7%(2022년 기준)</td></tr>
<tr><td rowspan="4">지방소득세</td><td colspan="3">종합소득, 퇴직소득</td><td colspan="2">0.6~4.5%</td></tr>
<tr><td colspan="3">양도소득</td><td colspan="2">0.6~7.0%</td></tr>
<tr><td colspan="3">법인소득</td><td colspan="2">1.0~2.5%</td></tr>
<tr><td colspan="3">특별징수</td><td colspan="2">소득세액의 10.0%</td></tr>
<tr><td rowspan="3">주민세</td><td>개인분</td><td colspan="2">개인</td><td colspan="2">개인(1만 원 이하)</td></tr>
<tr><td>사업소분</td><td colspan="2">법인, 사업소 연면적</td><td colspan="2">(기본세율) 5~20만 원+(연면적)$1m^2$당 250원</td></tr>
<tr><td>종업원분</td><td colspan="2">급여액</td><td colspan="2">급여 총액의 0.5%(1억 5천만 원 초과 시)</td></tr>
<tr><td rowspan="3">자동차세</td><td rowspan="2">소유분</td><td colspan="2">승용자동차</td><td colspan="2">비영업용: 1cc당 80~200원; 영업용: 18~24원</td></tr>
<tr><td>승합자동차</td><td>화물자동차</td><td>6만 5천 원~11만 5천 원</td><td>6,600원~15만 7,500원</td></tr>
<tr><td>주행분</td><td colspan="2">교통・에너지・환경세</td><td colspan="2">교통세액의 36%(탄력세율 26%)</td></tr>
<tr><td>담배소비세</td><td colspan="3">담배 제조 및 수입업자</td><td colspan="2">20개비(1갑)당 1,007원(종류별 다름)</td></tr>
<tr><td>레저세</td><td colspan="3">승마(승자)투표권 등 발매액</td><td colspan="2">발매액의 10%</td></tr>
<tr><td>지역자원</td><td>소방분</td><td colspan="2">건축물, 선박</td><td colspan="2">재산가액의 0.04~0.12%</td></tr>
</table>

| 시설세 | 특정시설분 | 컨테이너/원자력발전/화력발전 | 컨테이너 TEU당 15,000원/발전량 kwh당 1원/발전량 kwh당 0.3원 |
|---|---|---|---|
| | 특정자원분 | 발전용수/지하수/지하자원 | $10m^3$당 2원/$1m^3$당 20~200원/채광된 광물가액의 0.5% |
| 지방교육세 | 취득세/등록면허세(등록분)/레저세/개인분 주민세/재산세/자동차세/담배소비세 | | 20%(취득분 20% 제외)/20%/40%/10~25%/20%/30%(비영업용)/43.99% |
| 재산세 | 재산세 | 건축물, 주택, 토지, 선박, 항공기 | 주택: 0.1, 0.15, 0.25, 0.4%, 건축물 0.25~4%,<br>토지: 종합 0.2, 0.3, 0.5%, 별도 0.2, 0.3, 0.4%, 분리 0.07~4%,<br>선박: 0.3~5%, 항공기: 0.3% |
| | 도시지역분 | 토지, 건축물, 주택 | §110조에 따른 토지 등의 과세 표준 0.14% |
| 등록면허세 | 등록/등록가액 | 부동산 등기 | 보존(0.8%), 이전(1.5, 2.0%), 설정(0.2%) |
| | | 선박 등기 | 보존(0.02%), 기타(건당 1만 5천 원) |
| | | 차량의 등록 | 소유권 등록(비영업용 5%, 경차 2%) |
| | | 기계장비 | 소유권 등록(1%), 설정(0.2%), 기타(1만 원) |
| | | 법인등기 | 영리법인: 설립(0.4%), 자본 증가(0.4%)<br>비영리법인: 설립(0.2%), 출자 증가(0.2%) |
| | 면허/면허종별 | 각종 인허가 등 면허 | 4,500원~6만 7천 5백 원 |
| 종합부동산세* | 주택, 토지(종합 합산 및 별도 합산) | | 주택(2채 이하): 0.5, 0.7, 1.0, 1.3, 1.5, 2.0, 2.7%;<br>(3채 이상): 0.5, 0.7, 1.0, 2.0, 3.0, 4.0, 5.0%<br>종합토지: 1.0, 2.0, 3.0%; 별도토지: 0.5, 0.6, 0.7% |

주*: 종합부동산세는 국세이지만 부동산교부세로 전액 지방으로 이양됨.
자료: 행정안전부, 『2022 지방세 통계연감』 참조.

## 2 지방자치단체 유형별 세수입 구조

지방세 세목을 징수 금액 순으로 보면 '취득세-지방소비세-지방소득세-재산세-지방교육세-자동차세-담배소비세-주민세-등록면허세-지역자원시설세-레저세'(2023년 기준) 순이다. 이 중 앞의 6개 세목이 90% 정도를 차지한다.

과세 대상을 재산, 소득, 소비의 유형별로 분류하면 재산과세 비중이 가장 크다. 그 중에서도 보유과세보다 거래과세 비중이 더 크다. 2023년도 본예산을 보면 재산과세 47.1%, 소비과세 25.6%, 소득과세 18.1%이다. 재산과세의 경우 거래과세 24.6%, 보유과세 22.5%를 보여주며, 거래과세인 취득세가 가장 큰 세목이다.

외국의 경우 소득과세 비중이 큰 편이며, 재산과세의 경우에도 우리나라와 달리 거래과세보다 보유과세 비중이 더 크다. 최근 지방세제도 개혁의 흐름을 보면 재산과세 중심에서 소득, 소비, 재산과세의 비중이 균형을 이루는 방향으로 전환하고 있다.

표 3-8 과세 대상 유형별 지방세 세수 규모 비교

(단위: 억 원, %)

| 구분 | 세목 | 2023년도 예산액(비중) | |
|---|---|---|---|
| 계 | 11개 세목 | 1,152,644 | 100.0 |
| 소득과세(1) | 지방소득세 | 208,131 | 18.1 |
| 소비과세(3) | 지방소비세, 레저세, 담배소비세 | 295,185 | 25.6 |
| 재산과세(5) | | 543,004 | 47.1 |
| • 보유과세(3) | 재산세, 자동차세*, 지역자원시설세(부동산) | 259,299 | 22.5 |
| • 거래과세(2) | 취득세, 등록면허세(등록분) | 283,705 | 24.6 |
| 기타(2) | 주민세, 지방교육세 | 98,721 | 8.6 |
| 지난연도 수입 | | 7,602 | 0.7 |

주*: 자동차세를 행정안전부 통계에는 소비과세에 포함시켰지만 여기서는 재산 보유과세에 포함.
자료: 행정안전부(2023). 『2023년도 지방자치단체 통합재정 개요(상)』. 수정.

우리의 지방세 개혁도 이러한 방향으로 나아가야 할 것이다.

그런데 지방자치단체 유형별로 지방세 수입 구조를 보면 다양하다. 광역자치단체에서도 특별·광역시와 도가 다르고, 기초자치단체도 시·군·구가 각각 다르다. 이원적 지방세 체계로 인해 세원 배분 구조가 다를 뿐만 아니라 지역별 과세기반이 다르기 때문이다.

여기서는 각 지방자치단체 유형별로 지방세 수입 중 10% 이상을 차지하는 세목을 살펴보기로 한다. 다만, 지방교육세는 지방교육청 수입으로 이전되기 때문에 고려대상에서 제외한다. 이들 주요 세목들이 각 자치단체의 기간세 성격을 갖는다. 기간세란 학술용어는 아니지만 지방세 수입의 안정성과 충분성을 보여주어 지방재정의 자율성과 책임성을 확보할 수 있는 세목을 말한다.

특별·광역시는 취득세(26.6%), 지방소비세(18.6%), 지방소득세(26.8%)이며, 3개 세목이 72%를 차지한다. 도는 취득세(41.6%), 지방소비세(39.0%)이며, 2개 세목이 80.6%를 차지한다. 시의 경우 지방소득세(35.9%), 재산세(28.0%), 자동차세(16.1%)이며, 3개 세목이 80%를 차지한다. 군의 경우 지방소비세(23.0%), 지방소득세(23.9%), 재산세(20.5%), 자동차세(18.5%)이며, 4개 세목이 85.9%를 차지한다. 자치구는 재산세가 77%를 차지한다(2023년 본예산 기준).

광역자치단체 세목으로서 취득세와 지방소비세가 큰 비중을 차지하고 있고, 기초자치단체 세목으로 재산세, 지방소득세, 자동차세가 큰 비중을 차지하고 있다. 그런데

표 3-9 지방세 세목별 · 단체별 규모(2023년 본예산)

(단위: 억 원, %)

| 구분 | 계 | 특별 · 광역시세 | 자치구세 | 도세 | 시세 | 군세 |
|---|---|---|---|---|---|---|
| 계 | 1,152,644 | 425,736 | 89,316 | 343,725 | 227,347 | 39,074 |
| (비중) | 100.0 | 100.0 | 100.0 | 100.0 | 100.0 | 100.0 |
| 취득세 | 263,316 | 113,168 | – | 143,012 | – | – |
| (비중) | 22.8 | 26.6 | | 41.6 | | |
| 지방소비세 | 251,276 | 79,070 | 7,529 | 134,006 | 13,961 | 8,993 |
| (비중) | 21.8 | 18.6 | 8.4 | 39.0 | 6.1 | 23.0 |
| 지방소득세 | 208,131 | 114,294 | – | – | 81,535 | 9,326 |
| (비중) | 18.1 | 26.8 | | | 35.9 | 23.9 |
| 재산세 | 165,869 | 22,162 | 68,761 | | 63,597 | 7,993 |
| (비중) | 14.4 | 5.2 | 77.0 | | 28.0 | 20.5 |
| 자동차세 | 74,085 | 28,645 | – | – | 36,547 | 7,226 |
| (비중) | 6.4 | 6.7 | | | 16.1 | 18.5 |
| 담배소비세 | 35,274 | 13,716 | – | – | 17,232 | 3,547 |
| (비중) | 3.1 | 3.2 | | | 7.6 | 9.1 |
| 주민세 | 23,875 | 7,134 | 4,025 | – | 10,905 | 1,522 |
| (비중) | 2.1 | 1.7 | 4.5 | | 4.8 | 3.9 |
| 등록면허세 | 20,390 | 287 | 8,417 | 11,222 | – | – |
| (비중) | 1.8 | 0.1 | 9.4 | 3.3 | | |
| 지역자원시설세 | 19,345 | 8,038 | – | 10,653 | 286 | – |
| (비중) | 1.7 | 1.9 | | 3.1 | 0.1 | |
| 레저세 | 8,635 | 2,318 | – | 5,752 | – | – |
| (비중) | 0.7 | 0.5 | | | | |
| 지방교육세 | 74,846 | 34,039 | – | 38,820 | – | – |
| (비중) | 6.5 | 8.0 | | 11.3 | | |
| 지난연도 수입 | 7,602 | 2,864 | 584 | 261 | 3,285 | 467 |
| (비중) | 0.7 | 0.7 | | 0.1 | 1.4 | 1.2 |

주1: 특별자치시와 특별자치도의 통계는 생략함

주2: 색깔 칠해진 부분은 세수입 중 15% 이상 차지하는 주요 세목임

자료: 행정안전부(2023). 『2023년도 지방자치단체 통합재정 개요(상)』, 참조 작성.

취득세는 부동산 경기변동과 정책에 많은 영향을 받는 점에서 안정성이 떨어지고 소득 분배 측면에서도 문제가 있다. 지방정부의 기간세 구조를 정착시키기 위해서는 소

득과세, 소비과세, 재산과세의 균형을 갖추는 방향으로 추진할 필요가 있다. 지방소득세는 국세인 소득세와 세원을 공유하되, 지방정부의 독립세로 전환해놓았기 때문에 비례세율 또는 차등세율의 과세가 가능하다. 지방소득세 비중을 높여 소득세의 일부를 고향에 먼저 납부하는 고향세 성격을 갖게 할 필요가 있다. 지방소비세는 세원 이양 방식이 아닌 세수 이양 방식으로 도입되었기 때문에 이양 비율을 쉽게 인상할 수 있는 장점이 있다. 지방세 수입을 확대하기 위한 수단으로 활용할 수 있다. 재산과세는 거래과세를 줄이고 보유과세를 강화하는 방향으로 추진되어야 할 것이다.

여기서는 기간세 성격의 지방소비세와 지방소득세에 대해 간단히 살펴보기로 한다.

## 3 지방소비세

### 1) 지방소비세제도 도입 배경

2010년 지방소비세를 도입한 배경은 2009년 종합부동산세의 대폭적 완화로 부동산교부세가 감소함에 따른 지방재정의 어려움 때문이다. 다른 한편 오래전부터 학계와 지방자치단체에서는 지방소비세 도입을 주장해 왔으며 이를 수용한 의미가 있다. 그리고 노무현 정부 시기 조세개혁특별위원회에서 지방세 개혁과제로 지방소비세 도입을 준비한 결과 이명박 정부 출범과 동시에 추진할 수 있었다. 결국 지방소비세는 2010년 부가가치세의 5%를 재원으로 하여 지방정부에 배분하는 광역자치단체세(특별·광역시세, 도세)로 도입되었다.

지방소비세는 몇 가지 측면에서 장점을 갖고 있다. 첫째, 지방소비세는 신장성 및 안정성이 우수해 자치단체의 재정자립도를 높이는 데 기여함으로써 재정분권의 기틀을 확립하는 데 주요 역할을 한다. 둘째, 지방소비세는 지역 소비와 연계가 되어 있어 재정 책임성을 강화하는 수단이 된다. 셋째, 지방소비세는 세액 이양 방식을 택함으로써 추후 지방세 세수 확대 수단으로 쉽게 활용할 수 있다.

### 2) 지방소비세 개요

#### (1) 의의

지방소비세는 현재(2023년) 국세인 부가가치세액의 25.3%를 재원으로 하여 지방정부에 배분하는 광역자치단체세이다. 과세표준인 부가가치세액은 부가가치세 납부세액에서 감면·공제 세액을 빼고 가산세를 더한 금액이다.

지방소비세는 2010년 도입 이후 2014년, 2019년, 2020년, 2022년 등 네 번의 세율 인상을 단행했다. 도입 당시의 세율 5%와 2019년 4%의 인상은 순증 형태의 재정확충을 목적으로 한 조치다. 반면에 2014년 6%, 2020년 6% 인상은 재정보전을 목적으로 한 인상이다. 2022년 4.3% 인상도 전환사업 비용 보전을 목적으로 한 조치다.



### (2) 배분 방법

지방소비세는 원칙적으로 지역별 민간 최종 소비지출을 기준으로 광역자치단체에 배분한다. 배분 방식은 민간 최종 소비지출을 백분율로 환산한 각 시·도별 지수인 '소비지수'에 지역별 가중치를 적용하여 안분하는 방식이다. 가중치는 지역 간 재정격차를 해소하기 위해 비수도권을 우대하는 방식으로 설정되었다. 수도권 100%, 수도권 외의 광역시 200%, 수도권 외의 도(특별자치도·특별자치시 포함) 300%를 적용한다.

해당 자치단체의 지방소비세액 =

$$\text{지방소비세 총액} \times \frac{\text{해당 단체의 소비지수} \times \text{해당 단체의 가중치}}{\text{각 단체별 소비지수와 가중치를 곱한 값의 전국 합계액}}$$

※소비지수 = 민간 최종 소비지출을 백분율로 환산한 지수

그런데 소비지수와 가중치를 적용하는 방식은 세율 25.3% 모두에 적용되는 것은 아니다. 처음 세율 5%에서 25.3%에 이르는 순차적인 도입과정에서 취득세 인하, 국세인 부가가치세의 일부 지방이양으로 인한 지방교육세·지방교부세·지방교육재정교부금 감소분을 보전하는 방식이 병행되었다. 그리고 국가균형발전특별회계 사업 등의 국가에서 지방으로 전환되는 비용의 보전, 그로 인한 시·군 조정교부금, 자치구 조정교부금, 시·도 교육비특별회계 전출금 감소분의 보전을 위한 세율 인상이 이루어졌다. 결국 보전 방식의 지방소비세 세율 인상분은 지방세 수입의 순증가라기보다 감소분의 보전이란 점에서 실질적 지방재정 수입으로 연결된 것은 아니다.

지방교부세·지방교육재정교부금·시군구 조정교부금 등의 감소분에 대한 보전 방식은 2026년 12월 31일까지 유효하다고 지방세법 부칙(제2조)에 규정하고 있다. 이

### 표 3-10 지방소비세 세율 확대 과정

| 연도 | 세율 | 내용 | 배분기준 | 수령기관 |
|---|---|---|---|---|
| 2010 | 5% | 지방소비세 도입(부가가치세액의 지방이양) | 소비지수 | 광역자치단체 |
| 2014 | 6% | 취득세 · 지방교육세 · 지방교부세 · 지방교육재정교부금 감소분 등 보전 | 보전비율 | 지방자치단체<br>교육청 |
| 2019<br>2020 | 4%<br>6%* | 균특회계 지방 전환사업 등의 비용 보전(A)** | 보전비율 | 지방자치단체 |
| | | 전환사업 보전에 따른 시 · 군 · 자치구 조정교부금, 시 · 도 교육비특별회계 전출금 보전(B)** | 보전비율 | 지방자치단체<br>교육청 |
| | | (A+B) 제외한 잔액을 광역자치단체에 배분 | 소비지수 | 광역자치단체 |
| 2022 | 4.3% | 균특회계 지방 전환사업 등의 비용 보전(A)** | 보전비율 | 지방자치단체 |
| | | 전환사업 보전에 따른 시 · 군 · 자치구 조정교부금, 시 · 도 교육비특별회계 전출금 보전(B)** | 보전비율 | 지방자치단체<br>교육청 |
| | | (A+B) 제외 잔액의 60%: 광역자치단체에 배분 | 소비지수 | 광역자치단체<br>(특별자치시 · 특별자치도 포함) |
| | | (A+B) 제외 잔액의 40%: 기초자치단체 등에 배분 | 소비지수 · 인구 | 기초자치단체<br>특별자치시<br>특별자치도 |

주: 균특회계는 2023년부터 지특회계(지역균형발전특별회계)로 명칭이 변경됨.
주*: 2019년 4% 세율 확대 시에는 순증 형태의 재원 확보 목적(소비지수 배분)이었으나 2020년부터 10% 세율이 세 가지 방식으로 배분됨.
주**: A, B 방식의 배분은 2026년 12월 31일까지 유효함.

후 소비지수와 가중치의 배분 방식으로 일원화되고, 지방교부세, 조정교부금 등의 재정조정 방식 개편으로 보완될 것으로 보인다.

#### (3) 배분 기준에 대한 비판

지방소비세의 배분 기준인 민간 최종 소비지출이 지역 소비와의 연계가 강하지 않다는 비판이 있다. 국민계정의 최종 소비지출은 기본적으로 거주지 과세원칙에 입각한 지표이지 소비지 과세원칙에 입각한 지표가 아니라는 것이다.[6] 최종 소비지출에서 가장 큰 부분을 차지하는 가계 최종 소비지출은 지역 내에 거주하는 가계의 소

6) 국민계정의 최종 소비지출은 민간과 정부 최종 소비지출로 구분되며, 민간 소비지출은 다시 가계 소비지출과 가계에 봉사하는 비영리단체의 최종 소비지출로 구분된다.

비를 의미하므로 거주자의 지역외 소비는 포함하지만 비거주자의 지역 내 소비는 포함시키지 않는다. 이런 시각에서 주만수(2009)는 민간 최종 소비지출 지표 대신 소비지 원칙(destination principle) 지표를 사용하는 것이 바람직하다고 제안한다. 소비지 원칙에 의할 때 지역 소비를 증대하기 위해 지역경제 활성화와 관광 활성화에 노력할 것이라고 본다. 그는 소비 지표로 지역 토착적 매출액(소매업, 숙박업, 음식업, 국지적 서비스업)을 사용하는 것이 더 적절하다고 제안한다. 지방소비세가 지역 소비와 연계되기 위해서는 소비지 원칙에 부합하는 토착산업 매출 지표를 사용하는 것이 바람직하다. 하지만 자치단체 간 지방소비세 배분 규모는 두 지표 간에 큰 차이가 없다는 연구 결과도 있다. 민간 최종 소비지출이 지역 소비의 대지표로 사용할 수 있다는 것이다.

지방소비세 배분 방식에 대한 또 하나의 비판은 가중치를 적용하는 것이다. 지방소비세의 신설은 상대적으로 소비 지출이 많은 수도권의 재정력을 더욱 강화해 수도권과 비수도권 간 재정 격차를 확대시키는 부작용을 초래할 것이라는 우려가 많았다. 이에 대한 보완책으로 지역 간 재정 격차를 완화하기 위해, 수도권·광역시·도 등 권역별로 가중치를 적용한다. 소비 지표에 적용되는 가중치는 수도권 100%, 비수도권 광역시 200%, 비수도권 도·특별자치시·특별자치도 300%다.

가중치에 대한 비판은 지방교부세 등의 재정조정제도가 있는데 지방소비세에 형평화를 위한 재정조정을 할 필요가 있느냐와, 왜 가중치가 100 : 200 : 300이냐에 대한 논란이다. 그러나 가중치에 논란이 있기는 하지만 우리나라 수도권 집중에 따른 재정력 격차를 감안하면 가중치 적용은 의미 있는 제도 설계라고 생각한다. 2010년 예산 자료에 의하면 가중치를 적용하지 않고 지방소비세를 도입할 경우 수도권과 비

**표 3-11 지방소비세 가중치 적용 전후 비교(2010년 예산)**

(단위: 억 원, %)

| 지역 | | 민간 최종 소비 지출 | 가중치 미적용 시 | | 가중치 적용 시 | | 차액(B – A) |
|---|---|---|---|---|---|---|---|
| | | | 배분 비율 | 배분액(A) | 배분 비율 | 배분액(B) | |
| 전국 | | 5,309,877 | 100.0 | 24,710 | 100.0 | 24,710 | 0 |
| 수도권 | | 2,952,131 | 55.6 | 13,738 | 32.8 | 8,114 | –5,624 |
| 비수도권 | | 2,357,746 | 44.4 | 10,972 | 67.2 | 16,596 | 5,624 |
| | 광역시 | 1,035,356 | 19.5 | 4,818 | 23.0 | 5,691 | 873 |
| | 도 | 1,322,390 | 24.9 | 4,732 | 44.2 | 10,904 | 4,751 |

자료: 양영철(2010)에서 발췌 인용.

수도권의 세액 배분 비율은 55.6 : 44.4이지만 가중치를 적용할 경우 32.8 : 67.2로 역전된다. 특히 비수도권 도의 배분 비율이 두 배 가까이 높아진 것을 볼 수 있다.

### 3) 지방소비세의 개편 방안

지방재정 압박 수준을 덜어주고 재정분권을 강화하기 위한 지방소비세 개편 방안은 간단하다. 현행 부가가치세 세수를 배분하는 비율을 높이는 것이다. 이러한 개편 방안은 현행 지방소비세가 세액 이양 방식이기 때문에 용이하게 추진할 수 있는 정책 대안이다.

지방소비세 도입 전 국세의 지방세 이양 방안과 관련해 학계에서는 세원 이양과 세액 이양의 두 가지 방식이 제안되었다. 세원 이양 방식은 부가가치세의 일부 세원을 지방정부로 이양하는 방식이다. 부가가치세 대상 업종 중 지방세에 적합한 소매업, 숙박업, 음식업 등을 지방에 이양하는 방식이다. 지방소비세는 세액 이양 방식으로서 추가 세수 확보 규모를 결정할 때 탄력적 조정이 가능하다는 장점이 있다. 이러한 장점을 잘 활용해 재정분권의 정책대안으로 삼아야 할 것이다.

세액 이양 방식과 세원 이양 방식의 장·단점을 비교하면 〈표 3-12〉와 같다.

앞으로 부가가치세의 배분 비율을 얼마 정도 높일 것인가의 과제는 지방의 복지지출 부담 등의 재정수요를 판단해 결정해야 할 것이다. 그리고 단순히 지방소비세 세율을 높이는 방식이 아닌 지방교부세, 국고보조금 등 다른 정책대안과 동시에 고려하는 포괄적 시스템 개혁을 해야 한다.

기본 방향은 지방소비세의 배분 방식을 소비지수 방식으로 일원화하고, 취득세와

표 3-12 세액 이양 방식과 세원 이양 방식의 장·단점 비교

| 이양 방식 | 장점 | 단점 |
|---|---|---|
| 세액 이양 | • 부가가치세원 전체를 대상으로 세원 공동 활용 가능<br>• 추가 세수 확보 규모 탄력적 조정 가능 | • 소비지 과세 원칙 실현 제약<br>• 지방소비세와 일반보조금 간 차별화 곤란<br>• 자치단체 간 청산 등 세무행정상의 복잡성 증대 |
| 세원 이양 | • 징세지 원칙 충실한 구현 가능<br>• 지방세원으로서의 적합성이 높은 세원 이양을 통해 지역경제와의 연계성 확보 유리<br>• 자치단체 간 청산 절차 불필요 | • 세원 공동 이용 방식을 통한 세수 확보 규모 제한<br>• 지방세로 이양되는 세원의 범위가 협소해 응익 원칙 구현 제약 |

지방교육세 · 지방교부세 · 지방교육재정교부금 감소분, 전환사업의 보전 등은 지방재정조정 체계를 조정함으로써 해결해야 할 것이다. 그리고 현행 광역자치단체에만 할당되는 지방소비세의 귀속 범위를 기초자치단체까지 확대할 필요가 있다. 기초자치단체에 배분할 경우 자치단체 간 형평성을 확보할 수 있는 기준을 설계해야 할 것이다.



## 4 지방소득세

### 1) 지방소득세 개요

지방소득세는 2010년 주민세 소득할과 사업소세 종업원할을 합쳐 지방소득세 소득분과 종업원분으로 도입했다. 새로운 세목의 신설이라기보다 기존 세목의 명칭 변경에 불과한 내용이다. 2014년에는 지방소득세의 독립세화를 이뤘다. 지방소득세는 특별 · 광역시세와 시 · 군세다. 기간세로서 중요한 부분을 차지한다.

지방소득세는 기존 소득세 및 법인세의 부가세(sur-tax) 형태로 부과 · 징수하던 방식에서 지방정부의 독자적 과세 체계로 개편한 것이다. 과세 표준은 국세와 동일한 종합소득을 공유하지만 그 밖의 세율, 공제 · 감면 등 과세 체계에 관한 사항은 독립적으로 운영한다. 2014년 지방소득세 종업원분은 다시 주민세 종업원분으로 이관되었다.

지방소득세는 과세 대상에 의해 개인지방소득세와 법인지방소득세로 구분한다. 개인지방소득세(거주자)의 과세 대상은 종합소득, 퇴직소득, 양도소득으로 구분한다.[7] 종합소득에는 근로소득, 사업소득, 이자소득, 배당소득, 연금소득, 기타 소득이 포함된다. 법인지방소득은 각 사업 연도의 소득, 청산소득, 양도소득, 미환류소득으로 구분한다.

지방소득세는 기본적으로 거주지 원칙에 따르고 있다. 하지만 근로소득과 퇴직소득은 특별징수에 의한 근무지 원칙이 적용된다. 또한 이자 및 배당소득은 원천징수분에 대해 소득의 지급지 원칙이 적용된다. 특별징수세액의 일부는 거주지 원칙을 적용받지 않으며 신고 납부하는 세액 중에서도 거주지 원칙이 아닐 경우가 있다.

---

7) 2025년 1월 1일부터 금융투자소득이 포함된다. 금융투자소득 3억 원 이하는 2%, 3억 원 초과하는 경우 2.5%의 세율을 적용한다.

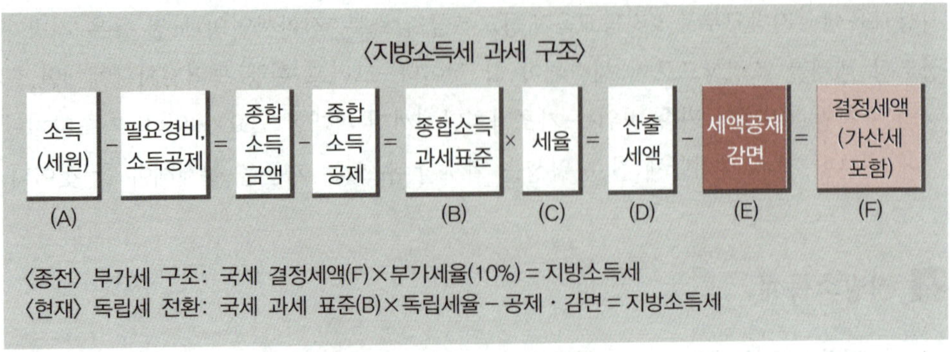


그림 3-1 지방소득세 과세 구조

### 2) 지방소득세의 과세표준과 세율 구조

지방소득세의 부과 방식이 종전에는 국세인 소득세와 법인세 세액의 10%를 부과하는 부가세 방식이었으나, 2014년 독립세로 전환되면서 소득세와 법인세의 세율 구조와 같은 독립세율이 적용된다. 개인지방소득세는 0.6~4.5%의 8단계, 법인지방소득세는 0.9~2.4%의 4단계로 적용된다.

지방소득세의 세율 구조를 보면 종합소득에 대한 개인지방소득세는 0.6, 1.5, 2.4, 3.5, 3.8, 4.0, 4.2, 4.5%의 8단계 세율로 되어 있다. 소득세 세율의 10%에 해당하는 세

표 3-13 지방소득세 소득별 세율 구조

| 개인지방소득 | | | 법인지방소득 | | |
|---|---|---|---|---|---|
| 과세 구간 | 소득세 세율 | 지방소득세 세율 | 과세 구간 | 소득세 세율 | 지방소득세 세율 |
| 1천 400만 원 이하 | 6 | 0.6 | 2억 원 이하 | 9 | 0.9 |
| 1천 400만 원~5천만 원 | 15 | 1.5 | 2억 원~200억 원 | 19 | 1.9 |
| 5천만 원~8천 800만 원 | 24 | 2.4 | 200억 원~3천억 원 | 21 | 2.1 |
| 8천 800만 원~1억 5,000만 원 | 35 | 3.5 | 3천억 원 초과 | 24 | 2.4 |
| 1억 5,000만 원~3억 원 | 38 | 3.8 | | | |
| 3억 원~5억 원 | 40 | 4.0 | | | |
| 5억 원~10억 원 | 42 | 4.2 | | | |
| 10억 원 초과 | 45 | 4.5 | | | |

주: 상기 세율 구조는 정확하게는 거주자의 종합소득에 대한 개인지방소득세의 표준세율과 내국법인의 각 사업 연도의 소득에 대한 법인지방소득세의 표준세율이다.

율이다. 각 사업 연도의 소득에 대한 법인지방소득세의 세율은 0.9, 1.9, 2.1, 2.4%의 4단계 세율로 되어 있다. 역시 법인세 세율의 10%에 해당하는 세율이다.

### 3) 지방소득세 개편 방안

재정분권 차원에서 지방정부의 세입에 대한 자율성과 책임성을 높일 수 있는 주요 세목으로 지방소득세를 꼽을 수 있다. 지방소득세가 독립세화된 것은 기간세로서 자리잡는 데에 유리한 여건을 마련해주고 있다. 지방정부 기간세 성격의 지방소비세, 지방소득세, 재산세 중에서 지방소득세의 비중이 상대적으로 작은 편이다. 세 가지 세목의 균형을 이루는 차원에서 지방소득세 비중을 더 높일 필요가 있다.

지방소득세의 세율 체계는 국세인 소득세와 법인세의 누진세율 체계와 동일하게 누진 구조로 되어 있다. 세율 체계가 누진 구조로 되어 있다는 것은 소득 수준이 높은 지역일수록 지방소득세 수입이 상대적으로 많다는 것을 의미한다. 소득 수준이 높은 서울, 경기도 등의 수도권 지역이 지방소득세 징수액의 절반 이상을 차지해 지역별 편차가 크다. 지역 간 형평성을 높이기 위해 일본과 같은 단일 비례 세율을 도입하자는 주장이 제기되고, 더 나아가 차등 세율을 도입하자는 주장도 제기된다.

소득세 누진 구조에 의한 소득 재분배 기능은 국세의 기능에 적합하고 지방소득세의 소득 재분배 기능은 한계가 있다. 지방소득세는 오히려 지방공공재의 공급에 대한 대가로서 편익 원칙과 연계하는 것이 바람직할 수 있다. 지방소득세가 독립세화되었기 때문에 지역경제 효과를 고려하여 지방소득세제를 설계할 수도 있다. 그러나 현실적으로 지자체 독자적으로 소득에 대한 과세정책을 운영하기는 쉽지 않다. 표준세율의 50% 범위 내에서 가감할 수 있는 탄력세율 조차도 운영하지 못하고 있는 실정이다.

# CHAPTER 04 세외수입

## 제1절 세외수입의 의의

### 1 세외수입의 개념

세외수입은 지방정부 자체수입 중 지방세 이외의 수입을 말한다. 세외수입은 지방정부가 사업을 운영해 얻은 수입, 특정한 서비스를 제공하는 대가로 징수하는 수입, 지방세입의 운영과 회계 처리 과정에서 발생하는 부수적인 수입, 그리고 재산 관련 수입 등 다양한 수입원을 갖고 있다.

상수도사업, 공영개발사업 등 공기업특별회계의 수입은 대부분 사업 운영으로 얻은 세외수입이며, 수수료와 사용료 수입 등은 서비스 제공 대가로 징수하는 수입이다. 징수교부금과 이자수입은 지방세입의 운영과 회계 처리 과정에서 발생하는 수입이며, 재산 관련 수입으로는 재산임대수입과 재산매각수입 등이 있다.

지방세가 강제적으로 부과 및 징수하는 비교환적 수입인데 반해, 세외수입은 수익자 부담 원리에 근거한 교환적 수입의 성격을 갖는다. 이러한 특성 때문에 세외수입은 지방세에 대응하는 개념이라고 볼 수 있다.

## 2 세외수입의 특징



지방정부의 세외수입은 다음과 같은 특징을 갖고 있다.

첫째, 세외수입은 지방자치단체의 독자적인 노력 여하에 따라 수입 증대가 가능하고, 창의성과 다양성을 발휘해 지속적으로 수입원을 개발할 수 있는 잠재 수입원이다. 세외수입은 법령에 저촉되지 않는 한 비교적 자유롭게 주민을 위한 서비스를 개발해 주민 편의를 도모하고 수입을 올릴 수 있는 수입원이다.

둘째, 세외수입은 응익적 요소를 갖고 있어 수익자 부담(user's charge) 원리가 적용되는 경우가 많다. 수익자 부담은 비용 구조를 반영하는 것으로 이용자 입장에서는 수요를 표출하고 자원을 절약하는 계기가 되며, 공급자 입장에서는 공급에 대한 인센티브를 제공함으로써 자원 배분의 효율성을 달성할 수 있다. 또한 교환의 원리에 입각해 있기 때문에 지역 갈등 문제 등 다양하게 제기되는 행정 문제를 해결하는 수단으로 활용될 수 있다.

셋째, 세외수입은 종류가 많고 징수 근거, 성격 및 형태가 다양하다. 이러한 다양한 특성 때문에 세외수입의 부과 및 징수는 여러 가지 개별 법률, 대통령령, 부령, 조례 또는 사법상의 계약 등에 의해 이뤄지고 있다. 그리고 세외수입의 징수 형태는 현금 징수 외에 수입증지나 금권(金券) 등이 혼용되고 있다.

넷째, 세외수입은 법적 근거에 따라 용도가 지정된 경우가 많다. 예컨대, 하천 점유 및 사용료 수입은 하천관리에 사용하며(하천법), 공원 사용료 수입은 공원의 개발 및 관리에 충당하도록(자연공원법) 규정하고 있다. 그러나 이와 같이 특정 세외수입은 특정 세출예산과 직결되는 경우도 있지만 엄격히 제한되는 것은 아니다.

## 제2절 세외수입의 분류와 사용자 부담

### 1 예산과목 체계상의 세외수입 분류

세외수입은 세입예산 과목 체계에 유형 분류가 드러나 있다(〈표 4-1〉 참조). 세입예산과목 체계는 '장-관-항-목'의 4단계로 구분된다. 세외수입은 '장'에 해당하며, 경상적 세외수입, 임시적 세외수입, 지방행정제재·부과금의 3개의 '관'으로 분류된다.[1] 경상적 세외수입은 계속성과 안정성이 확보되고 매 회계연도마다 계속적으로 반복해서 조달되는 예측 가능한 수입을 말한다. 임시적 세외수입은 불규칙적으로 발생하는 수입으로 일회적이거나 반복적이지 않아 세입 규모를 예측하기 곤란한 수입이다. 지방행정제재·부과금은 과징금, 이행강제금, 부담금 등 법령위반 및 외부불경제 행위에 대하여 제재적 성격으로 부과·징수하는 조세 외 금전수입을 말한다. 지방행정제재·부과금은 다른 세외수입보다 징수율이 낮았던 행정제재적 성격을 가진 세외수입금을 별도로 관리하여 통계 및 체납업무 등에 체계적으로 활용하고 징수율을 제고할 수 있도록 2021년 새로 신설한 과목 체계다.

경상적 세외수입에는 '항' 과목으로 재산임대수입, 사용료수입, 수수료수입, 사업수입, 징수교부금수입, 이자수입이 있다. 임시적 세외수입에는 재산매각수입, 자치단체간부담금, 보조금반환수입, 기타수입, 지난연도 수입이 있다. 지방행정제재·부과금에는 과징금, 이행강제금, 변상금, 과태료, 환수금, 부담금, 범칙금이 있다.

과거 세외수입으로 분류되었던 전입금·예수금 및 예탁금·잉여금·이월금·융자금 원금 회수는 2014년 예산과목 체계의 변경으로 '세외수입' 과목에서 '보전재원 등 및 내부거래' 항목으로 변경되었다. 전입금과 예수금 및 예탁금은 내부거래, 잉여금·이월금·융자금 원금 회수 등은 보전수입 등으로 분류된다.

그리고 특별회계 중 공기업특별회계는 사업수입과 사업외 수입으로 분류한다. 사업수입은 일반회계의 경상적 세외수입과 유사한 개념으로, 상수도사업의 급수수익, 하수도사업의 사용료수익, 공영개발사업의 용지매출수익, 지역개발기금의 융자금이자

---

1) 2021년 세외수입의 효율적 부과·징수 및 관리를 위해 「지방자치단체 예산편성 운영 기준」의 개정을 통해 경상적 세외수입, 임시적 세외수입, 지방행정제재·부과금의 3관 체제로 세외수입 과목을 전면 개편하였다.

표 4-1 예산과목 체계상의 세외수입 분류

| 관 | 항 | 목 |
|---|---|---|
| 일반회계 · 특별회계 | | |
| 경상적 세외수입 | 재산임대수입 | 국유재산임대료/공유재산임대료 |
| | 사용료수입 | 도로사용료/하천사용료/하수도사용료/상수도사용료/공유수면사용료/시장사용료/입장료수입/주차요금수입/기타 사용료 |
| | 수수료수입 | 증지수입/생활폐기물처리수수료/재활용품수거판매수입/보건의료수수료/기타 수수료 |
| | 사업수입 | 사업장생산수입/청산금수입/매각사업수입/배당금수입/기타 사업수입 |
| | 징수교부금수입 | 징수교부금수입 |
| | 이자수입 | 공공예금이자수입/융자금회수이자수입/기타 이자수입 |
| 임시적 세외수입 | 재산매각수입 | 국유재산매각 귀속수입금/시 · 도유재산매각 귀속수입금/공유재산매각수입금/불용품매각대금 |
| | 자치단체 간 부담금 | 자치단체 간 부담금 |
| | 보조금반환수입 | 시 · 도비보조금반환수입/자체보조금반환수입/위탁비반환수입 |
| | 기타 수입 | 체납처분수입/보상금수납금/기부금수입/지적재조사조정금/지방교부세감소분보전수입/위약금/그 외 수입 |
| | 지난연도 수입 | 지난연도 수입 |
| 지방행정체제 · 부과금 | 과징금 | 과징금 |
| | 이행강제금 | 이행강제금 |
| | 변상금 | 변상금 |
| | 과태료 | 차량 관련 과태료/기타 과태료 |
| | 환수금 | 부정이익환수금 |
| | 부담금 | 부담금 |
| | 범칙금 | 범칙금 |

표 4-2 보전수입 등 및 내부거래의 과목 체계

| 보전수입 등 및 내부거래 | | |
|---|---|---|
| 관 | 항 | 목 |
| 보전수입 등 | 잉여금 | 순세계잉여금/법정잉여금 |
| | 전년도 이월금 | 국고보조금 사용잔액/시 · 도비 보조금 사용 잔액/전년도 이월사업비 |
| | 융자금 원금 수입 | 민간융자금 회수수입/통화금융기관융자금 회수수입/공사공단융자금 회수수입 |
| | 예치금 회수 | 예치금 회수 |

| 내부거래 | 전입금 | 공기업특별회계 전입금/공사·공단 전입금/기타 회계 전입금/기금전입금/교육비특별회계전입금 |
|---|---|---|
| | 예탁금 및 예수금 | 예수금 수입/시·도 지역개발기금 예수금 수입/예탁금 원금 회수수입/예탁금 이자수입 |

## 표 4-3 회계별·항목별 징수 실적

(단위: 백만 원)

| 구분 | | 징수액 | 구성비 | 구분 | 징수액 | 구성비 |
|---|---|---|---|---|---|---|
| 총계 | | 33,224,514 | 100.0 | 특별회계 | 16,119,579 | 100.0 |
| 일반회계 | | 17,104,935 | 100.0 | 기타 특별회계 | 5,671,901 | 35.2 |
| 경상적 수입 | 소계 | 7,601,819 | 44.4 | 소계 | 2,375,381 | 14.7 |
| | 재산임대수입 | 375,522 | 2.2 | 재산임대수입 | 604,834 | 3.8 |
| | 사용료수입 | 1,575,229 | 9.2 | 사용료수입 | 752,831 | 4.7 |
| | 수수료수입 | 1,956,117 | 11.4 | 수수료수입 | 24,138 | 0.1 |
| | 사업수입 | 713,473 | 4.2 | 사업수입 | 872,789 | 5.4 |
| | 징수교부금수입 | 1,970,828 | 11.5 | 징수교부금수입 | 19,755 | 0.1 |
| | 이자수입 | 1,010,650 | 5.9 | 이자수입 | 101,034 | 0.6 |
| 임시적 수입 | 소계 | 8,362,293 | 48.9 | 소계 | 1,483,578 | 9.2 |
| | 재산매각수입 | 1,730,579 | 10.1 | 재산매각수입 | 217,530 | 1.3 |
| | 자치단체간부담금 | 683,815 | 4.0 | 자치단체간부담금 | 450,474 | 2.8 |
| | 보조금반환수입 | 2,059,516 | 12.0 | 보조금반환수입 | 106,012 | 0.7 |
| | 기타수입 | 3,352,265 | 19.6 | 기타수입 | 339,466 | 2.1 |
| | 지난연도 수입 | 536,118 | 3.1 | 지난연도 수입 | 370,096 | 2.3 |
| 지방행정 제재·부과금 등 | 소계 | 1,140,823 | 6.7 | 소계 | 1,812,942 | 11.2 |
| | 과징금 | 69,908 | 0.4 | 과징금 | 10,972 | 0.1 |
| | 이행강제금 | 115,612 | 0.7 | 이행강제금 | 11,132 | 0.1 |
| | 변상금 | 43,015 | 0.3 | 변상금 | 2,629 | 0.0 |
| | 과태료 | 232,181 | 1.4 | 과태료 | 371,287 | 2.3 |
| | 환수금 | 21,702 | 0.1 | 환수금 | 1,482 | 0.0 |
| | 부담금 | 658,405 | 3.8 | 부담금 | 1,415,440 | 8.8 |
| | | | | 공기업특별회계 | 10,447,678 | 64.8 |
| | | | | 사업수입 | 8,712,756 | 54.1 |
| | | | | 사업외수입 | 562,102 | 3.5 |
| | | | | 지방행정제재·부과금 등 | 1,172,820 | 7.3 |

주1: 2022년 결산 자료임.

주2: 구성비는 별도로 계산함.

자료: 행정안전부. 『2023 지방세외수입 통계연감』.

수입 등이 해당된다. 사업외 수입은 고정자산 매각수입, 투자자산수입, 지난연도 수입 등이 해당된다.

회계별 · 항목별 세외수입 징수 실적은 〈표 4-3〉과 같다. 전국 단위로 볼 때 2022년 결산 기준 일반회계 세외수입 비중이 51.5%, 특별회계 비중이 48.5%를 차지하며, 그 중 공기업특별회계가 31.4%를 차지한다. 일반회계의 경우 경상적 세외수입 44.4%, 임시적 세외수입 48.9%, 지방행정제재 · 부과금 6.7%를 차지한다. 경상적 세외수입 중에서는 징수교부금(11.5%), 수수료수입(11.4%), 사용료수입(9.2%) 순이다.



## 2 세외수입과 사용자 부담

세외수입은 사용자 부담 원리가 적용되는 영역이다. 특히 경상적 세외수입과 공기업특별회계의 사업수입은 사용자 부담 원리에 근거해 부과된다. 사용자 부담(user charge)은 공공시설의 사용으로 인해 얻는 편익에 대한 보상 또는 공공 서비스를 이용하는 대가로 일정한 요금을 지불하는 것을 의미한다. 수익자 부담이라고도 한다. 사용료와 수수료는 수익자 부담금의 전형적인 예에 속한다.

사용자의 범위를 수익자 외에 부성적 사용자까지 포함할 경우 원인자 부담 및 손괴자 부담도 넓은 의미의 사용자 부담이라고 부를 수 있다. 교통유발 부담금과 배출부과금 등은 원인자 부담금의 예이며, 농어촌도로 손괴자 부담금은 손괴자 부담금의 예다.

사용자 부담금을 부과하는 목적은 다음의 세 가지를 들 수 있다. 즉, ① 공적 목적을 위한 재정수입의 확충, ② 바람직한 행위의 유도, ③ 의무 이행의 확보다. 공적 목적을 위한 재정수입의 확충의 예로는 학교용지 부담금, 공공시설 수익자 부담금 등을 들 수 있다. 상수도 요금은 수돗물의 절약을 유도해 효율적 자원 배분의 바람직한 효과를 얻을 수 있다. 배출 부과금은 공해 물질의 배출을 방지하는 의무 이행의 효과를 얻을 수 있다.

사용자 부담을 적용하기 위해서는 두 가지 조건이 필요하다. 첫째, 서비스에 대한 편익의 귀착이 식별 가능하고, 사용자와 비사용자 간 구분이 명확해야 한다. 편익의 귀착이 식별 가능할 때 그 편익에 상응한 비용 부담이 가능하다. 편익의 일부 또는 전부가 타인에게 전가되는 경우에는 가격 형태의 비용 부담이 어렵게 된다. 둘째, 부담금을 효과적으로 징수할 수 있어야 한다. 부담금 납부 의무자, 부과 대상, 요금 책정 등이 명확하게 규정될 수 있어야 한다.

사용자 부담금은 소비되는 재화나 서비스의 양에 비례적으로 부과하거나 아니면 단순히 소비 수준과 관계없이 사용자들에게 정액으로 부과되기도 한다. 부담금이 사용량에 따라 비례적으로 부과되면 사용자 부담금은 서비스에 대한 가격의 역할을 수행한다. 사용자 부담 원리가 가격 체계로 작동하면 서비스 공급 및 소비의 효율성을 증진시킨다. 그 결과 효율적인 자원 배분을 이룰 수 있다. 그러나 지나친 사용자 부담 원리의 확대는 경제적 약자에 대한 서비스 제공의 기회를 박탈할 가능성이 있기 때문에 소득 분배를 악화시킬 수 있다. 이를 보완하기 위해 주민 편의시설 및 서비스에 대해서는 요금을 받지 않거나 저렴하게 공급하기도 한다. 정액으로 부과되는 사용자 부담금은 수혜자별로 서비스의 사용량을 측정하는 데 비용이 많이 들거나 어려울 때 이용된다. 정액 부과 방식 사용자 부담금은 행정 비용을 줄일 수 있는 부과 방식이다.

그런데 수익자 부담 원리가 적용되는 세외수입의 징수율(징수액/징수결정액)이 낮은 항목이 많다. 2022년 결산 자료를 보면 일반회계 사용료 97.8%, 수수료 99.4%인데, 재산임대수입은 91.6%로 낮은 수준이다. 특히 지방행정제재・부과금은 62.1%로 낮은 수준이며, 세부적으로 보면 이행강제금(47.9%), 환수금(52.0%), 과징금(58.5%), 과태료(62.6%) 등이 더 낮다.

이렇게 세외수입 징수율이 낮은 이유는 세외수입 담당 공무원의 인력 부족, 업무 담당자의 잦은 변동으로 인한 전문성 결여, 관련 규정의 미흡, 시스템 간 정보 공유 미흡과 이를 체계적으로 관리할 전담 조직의 부재 등을 들 수 있다. 정부는 그동안 지방세외수입 정보시스템을 개발(2002년)하고 지방세외수입징수금의 징수 등에 관한 법률(2013년)을 제정하는 등 세외수입 관리 체계를 개선하기 위한 노력을 기울여 왔다. 그 결과 세외수입 징수율이 높아지고 있으나 특별히 징수율이 낮은 지방행정제재・부과금 징수방법의 개선 등을 도모하는 노력을 기울여야 할 것이다.

## 제3절 고향사랑 기부금제도

### 1 도입 배경

고향사랑 기부금제도는 지방자치단체에 기부하면 지방자치단체는 기부자에게 지역특산품 등을 답례품으로 제공하고 동시에 세액 공제 혜택을 주는 제도이다. 기부금은 지역의 주민복리 증진과 지역에 활력을 불어넣는 데에 사용된다. 고향에 대한 건전한 기부문화를 조성하고 지역경제를 활성화함으로써 지역균형발전에 이바지함을 목적으로 하고 있다.

고향사랑 기부금제도는 2000년대 후반부터 도입논의가 진행되었는데 2021년 10월 19일 '고향사랑 기부금에 관한 법률'을 제정하고, 2023년 1월 1일부터 시행되었다. 지방자치단체 및 지방의회와 학계에서 오래전부터 제도 도입을 건의하여 온 결실이었다. 지역 인구 유출이 가속화되어 지역사회의 활력이 저하되고 있는 상황에서 고향을 떠나 외지에 살고 있는 사람들의 애향심을 통해 침체된 지역에 활력을 불어넣기 위한 목적을 갖고 있다. 기부 행위를 통해 고향에 거주하는 이웃들의 형편과 미래 계획을 이해할 수 있고, 연대와 협력을 통해 우리 사회의 상생 공동체 문화를 형성하는 데에 기여하기 위한 제도이다.

일본은 2008년에 고향납세제도를 도입하여 고향에 기부할 경우 답례품과 세액 감면 등의 혜택을 제공하고 있다. 재난 상황 발생 등과 같이 고향이 어려움을 겪고 있을 때 큰 호응을 얻어 지방정부의 세수를 증대시키는 데 상당한 도움을 주고 있다고 한다.

### 2 고향사랑 기부금제도의 내용

#### 1) 기부금 모금 주체 및 대상

지방자치단체는 해당 지방자치단체의 주민이 아닌 사람에 대해서만 고향사랑 기부금을 모금 · 접수할 수 있다(고향사랑기부금법 제4조 제1항). 달리 말하면 기부금을 모금하는 지방자치단체에 살고 있는 사람은 해당 지방자치단체에 기부금을 낼 수 없다. 그러나 기부자는 주소지 외의 전국 모든 지방자치단체에 기부가 가능하다. 그리고 기부 주체는 개인이고 법인은 기부가 금지된다. 일본은 2016년부터 법인 기부가 가능해지면서 세입 액수가 급증한 것으로 밝혀졌다.

개인별 고향사랑 기부금의 연간 상한액은 2025년부터 2천만 원이다.[2] 그러나 모금 주체인 지방자치단체의 모금 한도액은 없다. 기부자의 숫자가 많을수록 더 많이 모금할 수 있게 된다. 지방자치단체는 특정 목적을 달성하기 위한 사업에 필요한 경비 충당을 위해 고향사랑 기부금을 모금할 수 있다. 기부자는 특정 목적을 지정하여 기부할 수 있다. 이때 특정 목적이란 사회적 취약계층의 지원 등 네 가지 경우에 한정된다(고향사랑기부금법 제11조 제2항).

고향사랑 기부금은 지방자치단체의 장이 지정한 금융기관에 납부하게 하거나, 정보시스템을 통한 전자결제・신용카드・전자자금이체 또는 지방자치단체의 청사, 그 밖의 공개된 장소에서 접수해야 한다.[3] 호별 방문과 개별적인 전화 또는 서신에 의한 방법 등을 통해 모금해서는 안 된다. 그리고 기부금의 모금을 하는 경우 해당 지방자치단체의 명의로만 해야 한다.

행정안전부 장관은 지방자치단체 또는 소속 공무원이 모금을 강요하거나 규정을 위반한 경우 다음 회계연도 1년 이내의 기간 동안 해당 지방자치단체의 고향사랑 기부금 모금・접수를 제한할 수 있다. 즉, 업무・고용 그 밖의 관계를 이용하여 기부금을 낼 것을 강요하거나 적극적으로 권유・독려한 경우, 모금 방법을 위반한 방법으로 모금한 경우에는 모금・접수를 제한할 수 있다.

### 2) 기부자의 혜택

고향사랑 기부금 기부자에 대한 혜택은 답례품 제공과 세액 공제이다. 먼저 지방자치단체는 기부자에게 매회 기부되는 고향사랑 기부금액의 30% 이내에서 답례품을 제공할 수 있다. 제공하는 답례품은 지역특산품 등 해당 지자체의 관할구역에서 생산・제조된 물품, 지방자치단체가 해당 지방자치단체의 관할구역에서만 통용될 수 있도록 발행한 상품권 등 유가증권, 그 밖에 해당 지역의 경제 활성화 등에 기여할 수 있는 것으로서 조례로 정하는 것이다. 제공해서는 안 되는 답례품은 현금, 고가의 귀금속 및 보석류, 전자화폐, 고가의 스포츠용품・전자제품 등이다. 지방자치단체는 답례품 및 공급업체가 선정된 경우 선정 결과와 선정에 관한 중요 사항을 해당 지방

---

2) 2025년 이전까지는 개인별 연간 상한액은 500만 원이다.

3) 정보시스템의 구축・운영 업무는 한국지역정보개발원에 위탁한다.

자치단체의 인터넷 홈페이지에 공고해야 한다.

기부자에 대한 또 다른 혜택은 기부금에 대한 세액 공제다. 세제 혜택은 국세와 지방세의 세액공제 방식을 채택하였다. 10만 원까지는 전액 공제되고 10만 원 초과 500만 원(상한)까지는 기부금의 16.5%(국세 15%, 지방세 1.5%)가 공제된다.[4)]



### 3) 기부금 운용과 고향사랑기금

지방자치단체는 모금·접수한 고향사랑 기부금의 효율적인 관리·운용을 위하여 고향사랑기금을 설치해야 한다. 이 기금은 고향사랑 기부금을 재원으로 하고, 모집·운용 비용 및 답례품 제공에 필요한 비용에 충당하는 경우 외에는 다음의 목적으로만 사용되어야 한다. 다만, 지정 기부의 경우 해당 사업 또는 목적으로만 사용되어야 한다.

고향사랑기금의 사용 목적은 다음과 같다. ① 사회적 취약계층의 지원 및 청소년의 육성·보호, ② 지역주민의 문화·예술·보건 등의 증진, ③ 시민참여, 자원봉사 등 지역공동체 활성화 지원, ④ 그 밖에 주민의 복리 증진에 필요한 사업의 추진이다.

### 4) 제도의 홍보 및 정보 공개

행정안전부 장관 및 지방자치단체의 장은 고향사랑 기부금제도에 대한 홍보, 주기적인 조사·분석 및 연구 등을 통하여 기부가 활성화되도록 노력해야 한다(고향사랑기부금법 제12조). 아직 고향사랑 기부금제도에 대한 국민들의 인식이 낮지만 각 지자체들이 다양한 아이디어를 통해 홍보하고 있기 때문에 제도의 활성화가 이루어질 것으로 기대된다. 정부에서도 매년 9월 4일을 '고향사랑의 날'로 제정하여 고향의 가치와 소중함을 널리 알리는 노력을 기울이고 있다.

정보공개의 제도화도 이루어져 있다. 지방자치단체는 매년 2월 말일까지 전년도 고향사랑 기부금의 접수 현황과 고향사랑기금의 운용 결과 등을 해당 지방자치단체의 인터넷 홈페이지에 공개해야 한다. 그리고 일반인의 열람 요청이 있는 경우 불가피한 사유가 있는 경우를 제외하고는 해당 자료를 열람하게 할 수 있다. 또한 기부금 모금의 위반, 강요, 제한받은 경우 해당 사실이 있음을 공표해야 한다.

---

4) 개인별 기부금 연간 상한액이 2025년부터 2천만 원으로 확대되었지만 세액 공제 상한액은 500만 원이다.

CHAPTER 05

# 지방채

## 제1절 지방채의 의의와 종류

### 1 지방채의 개념

지방채란 지방자치단체가 투자재원의 조달을 위해 지방세 과세권을 실질적인 담보로 자금을 조달하는 채무로서 그 채무의 이행이 1회계연도를 넘어서 이뤄지며, 증서 차입 또는 증권 발행의 형식을 취하는 것을 말한다. 지방자치단체의 세출은 지방채 외의 세입을 그 재원으로 하는 것이 원칙이지만 부득이한 경우 지방채로 충당할 수 있다(지방재정법 제35조).

지방채 개념의 속성 개념을 중심으로 설명하면 다음과 같다.

첫째, 지방채의 발행 주체는 지방자치단체의 장이다. 제도 단위 기준으로 구분할 때 지방공기업 부채는 지방채 범위에 포함되지 않는다. 다만, 지방직영기업은 현재 행정기관에 해당되어 지방자치단체의 장이 지방채 발행 주체다. 그런데 지방자치단체조합은 지방채를 발행할 수 있다. 지방자치단체조합의 장은 그 조합의 투자사업과 긴급한 재난복구 등을 위한 경비를 조달할 필요가 있을 때 또는 투자사업이나 재난복구 사업을 지원할 목적으로 지방자치단체에 대부할 필요가 있을 때에는 지방채를 발행할 수 있다(지방재정법 제11조 제4항).

그리고 지방교육행정기관의 교육감은 지방교육재정교부금 차액의 보전과 명예퇴직 비용의 충당을 위해 지방교육채를 발행할 수 있다.



둘째, 지방채는 채무 이행 기간이 2회계연도 이상에 걸쳐 이뤄진다. 따라서 해당 회계연도의 수입으로 상환해야 하는 일시차입금은 지방채 개념에 포함되지 않는다. 채무의 성격으로 보면 일시차입금이 지방채라고 볼 수 있지만 해당 회계연도 말에는 상환되어 소멸되므로 지방채 개념에 포함되지 않는다.[1)]

셋째, 지방채 발행 형식은 증서 차입(차입금: 외국 차관 포함) 또는 증권 발행(지방채증권: 외채 포함) 형식을 취한다. 두 가지 형식에 국한함으로써 지방채는 지방 채무의 지방 부채 개념과 구분되는 협의의 개념에 해당한다. 지방 채무는 협의의 지방채(지방채증권 또는 차입금) 외에 채무부담행위, 보증채무부담행위액 중 이행책임액을 포함한 좀 더 넓은 개념이다.

넷째, 지방채 발행 목적은 다음의 여섯 가지 경우에 한정된다(지방재정법 제11조 제1항). 즉, ① 공유재산의 조성 등 소관 재정투자사업과 그에 직접적으로 수반되는 경비의 충당, ② 재해 예방 및 복구사업, ③ 천재지변으로 발생한 예측할 수 없었던 세입 결함의 보전, ④ 지방채의 차환[2)]이며, 지방교육청은 ⑤ 지방교육재정교부금 차액의 보전, ⑥ 명예퇴직 신청자가 직전 3개 연도 평균 명예퇴직자의 100분의 120을 초과하는 경우 추가로 발생하는 명예퇴직 비용의 충당을 위해 지방교육채를 발행할 수 있게 하고 있다.

## 2 지방 채무와 지방 부채의 구분

### 1) 지방채와 지방 채무의 구분

채무와 부채를 구분하기 전에 먼저 지방채와 지방 채무의 개념을 살펴보자. 지방

---

1) 일시차입금은 그 한도액에 대해 회계연도마다 회계별로 미리 지방의회의 의결을 얻게 하여 통제하고 있다.

2) 지방채의 차환이란 지방채를 상환하기 위해 지방채를 발행하는 것을 말한다.

재정법(제2조)에 의하면 '채무'란 금전의 지급을 목적으로 하는 지방자치단체의 의무를 말한다. 이 개념 정의에 의하면 지방채와 지방 채무는 동일한 의미를 갖는다. 그런데 실제 운용되는 명목적 개념에서는 채무의 범위가 서로 다르다.

지방재정법(제11조 제1항)의 '지방채 발행' 규정과 이에 대한 시행령(제7조)에서의 지방채 종류에서는 지방채를 지방채증권과 차입금에 한정하고 있다. 반면에 지방채 발행 한도액의 산정 시 지방채의 범위에는 지방재정법(제11조 제1항)에 따라 발행한 지방채의 발행액 외에 채무부담행위액, 보증채무부담행위액 중 지방자치단체가 채무 이행의 책임을 지게 된 금액 등을 포함하고 있다.

법령에서는 지방채와 지방 채무를 명확히 구분하고 있지 않지만 실제 운용 과정을 보면 지방 채무가 지방채보다 넓은 개념으로 운용되고 있다. 지방채는 지방채증권과 차입금에 한정하고 있으며, 지방 채무는 지방채 외에 채무부담행위액과 확정된 보증채무부담행위액을 포함하고 있다. 행정안전부에서 매년 발간하는 지방 채무 보고서도 두 개념을 구분해 통계를 내고 있다.

### 2) 채무와 부채의 구분

여기서는 채무(debt)와 부채(liabilities)의 구분에 대해 살펴보자. 두 개념에 대해서는 관련 법령에서 명목적 정의를 분명히 내리고 있다. 지방재정법(제2조 제5호)에는 채무를 "금전의 지급을 목적으로 하는 지방자치단체의 의무"라고 정의내리고 있다. 지방자치단체 회계기준에 관한 규칙(제11조 제2항)에는 부채를 "과거 사건의 결과로 회계실체가 부담하는 의무로서 그 이행을 위하여 미래에 자원의 유출이 예상되는 현재 시점의 의무"라고 규정하고 있다.

일반적으로 채무는 현금주의, 부채는 발생주의 기준을 적용한 것으로 이분법적으로 본다. 지방재정법에 '금전의 지급'이라는 표현에서 보듯이 채무는 현금주의 회계의 용어이며, 부채는 그보다 넓은 의미의 발생주의 회계 용어인 것은 맞다. 그러나 채무도 발생주의 기준을 적용해 산출할 수 있다. 발생주의 기준의 재정상태표에서 채무에 관한 회계정보를 산출할 수 있는 것이다. 다만, 채무에 포함되는 계정 과목이 부채와 다를 뿐이다.

채무와 부채를 구분하는 매개적 용어는 금융부채(financial liabilities)다. OECD에서는 회원국의 '일반정부 총금융부채' 통계를 발표하고 있다. 이때 금융부채가 채무에 해당한다. 부채는 금융부채 외에 미지급금, 선수금, 충당부채 등 비금융부채까지 포함한다는 점에서 채무의 범위보다 넓다.

기업회계의 국제 회계기준에서는 금융부채를 다음과 같이 정의하고 있다. 즉, ① 거래 상대방에게 현금 등 금융자산을 지급할 계약상 의무, ② 잠재적으로 불리한 조건으로 거래 상대방과 금융자산이나 금융부채를 교환하기로 한 계약상 의무 중 하나에 해당하는 계약상 의무를 말한다. 여기서 알 수 있는 것은 금융부채의 특징이 현금 등 금융자산을 지급할 계약상 의무란 점이다. 금융부채는 채권 발행과 금융기관 차입 등으로 재원을 조달하는 것으로 이자비용이 발생한다.

반면에 비금융부채는 영업상 불가피하게 발생되는 부채를 말하며, 미지급금, 선수금, 임대보증금, 매입채무, 퇴직급여충당금 등이 여기에 해당한다. 예컨대, 선수금은 미래에 현금 등 금융자산이 아닌 재화나 용역을 제공하기 때문에 금융부채에 해당하지 않는다. 아파트 분양 시 선금을 받을 경우 선수금으로 부채에 해당하지만 추후 아파트라는 물량으로 갚기 때문에 비금융부채에 해당하는 것이다.



## 3 지방 채무와 부채의 범위

### 1) 부채의 유형과 부채 관리에 대한 새로운 인식

앞에서 부채는 채무보다 넓은 범위의 개념임을 밝혔다. 채무 또는 부채 개념의 속성 요소는 항목 요소와 기관 요소다. 항목 요소는 채무 또는 부채의 범위에 포함되는 항목(계정 과목)을 지칭한다. 어떤 항목이 포함되며, 평가는 어떻게 이뤄지는지가 핵심 주제다. 기관 요소는 채무 또는 부채 범위에 포함되는 제도 단위를 지칭한다. 제도 단위는 일반정부와 공기업으로 구분되며, 지방 채무 또는 부채는 일반정부 개념의 지방정부 채무 또는 부채를 지칭한다. 지방공기업까지 포함할 경우 지방 공공부문 부채를 의미한다.

최근에는 부채 관리의 정책 방향으로 통합부채관리 접근법을 강조한다. 항목 요소와 기관 요소의 두 측면에서 가능한 포괄적 범위를 부채관리 접근법으로 사용한다. 여기서는 항목 요소를 중심으로 한 부채 유형 및 범위를 살펴보기로 한다.

부채는 우발 부채인지 비우발(확정) 부채인지 여부와 명시적 부채인지 암묵적 부채인지 여부에 따라 네 가지 유형으로 분류할 수 있다(Giammarioli et al., 2007; Lojsch et al., 2011: 11; 윤영진, 2012 재인용). 우발(contingent)과 비우발(incontingent)의 구분은 특정 사건의 실현 여부를 기준으로 구분하며, 명시적(explicit)과 암묵적(implicit)의 구분은 법령에 규정되어 있는가 여부를 기준으로 구분한다. 두 가지 기준을 교차 분류하면 〈표 5-1〉과 같은 네 개의 부채 유형이 나온다.

표 5-1 부채의 유형

| | 확정 부채<br>(비우발 부채) | 우발 부채 |
|---|---|---|
| 명시적 부채 | Ⅰ | Ⅱ |
| 암묵적 부채 | Ⅲ | Ⅳ |

Ⅰ유형은 정부 재정상태표에 기록되는 부채이며, 법령 또는 계약에 명시되고 어떤 상황이 발생하더라도 정부가 직접 부담하는 부채를 말한다. Ⅱ유형과 Ⅲ유형은 재정상태표에 기록되지 않은(off-balance sheet) 잠재적 부채를 지칭한다. Ⅱ유형은 주석에 표시되는 우발 부채, Ⅲ유형은 충당부채가 해당한다.[3] 재정상태표에 기록되지 않지만 정부 재정의 지속 가능성에 추가적 위험을 초래할 가능성이 있다는 점에서 숨겨진 채무(hidden debt)라고 부른다. Ⅳ유형은 정부의 법적 의무가 없는 가설적 사건과 관련되며, 재난구제, 환경오염, 은행의 파산 등과 관련된 부채다.

최근 여러 나라가 금융 및 재정위기를 겪으면서 부채의 포괄적 관리의 필요성이 증대했다. 그동안 부채에 대한 관리를 직접적이고 명시적인 Ⅰ유형의 부채만을 대상으로 했으나 잠재적 부채인 Ⅱ유형과 Ⅲ유형의 부채에 대한 관리의 필요성이 증대하고 있다. 더 나아가 Ⅳ 유형의 부채도 관리 대상으로 삼아야 한다는 것이 최근 경향이다. 재정 위험을 관리하기 위해서는 정부 재정상태표에 기록되지 않은 부채 항목도 중요한 정책 관리 대상으로 삼아야 한다는 것이다. IMF에서도 이러한 접근법을 제안하면서 특별히 우발 부채와 암묵적 부채의 중요성을 강조하고 있다.

### 2) 법규상 지방 채무와 부채의 범위

지방정부의 채무와 부채의 범위는 현금주의 회계인 예산회계상의 채무와 발생주의 회계인 재무회계상의 부채로 구분된다. 지방재정법(시행령)에 규정된 예산회계 채

3) Ⅲ유형 부채 중에는 재정상태표에 인식된 부채 항목(우리나라 공무원연금과 군인연금 충당부채)도 있다. 다만, 연금충당부채와 정부보증부채는 추정이 불확실하기 때문에 잠재적 부채로 분류한다.

무의 대상 범위는 ① 지방채증권(증권발행채), ② 차입금(증서차입채), ③ 채무부담행위, ④ (확정된) 보증채무부담행위다.

반면에 지방자치단체 회계기준에 의한 재무제표(재정상태표)상의 부채 항목에는 지방채증권과 차입금 외에 발생주의 기준의 금융부채 및 비금융부채 항목이 포함된다. 미지급금, 미지급비용, 예수금, 선수금, 선수수익 등의 발생주의 부채 항목과 퇴직급여충당부채 등이 포함된다.

채무부담행위는 예산회계 채무에는 포함되지만 재무회계 부채에는 포함되지 않는다. 채무부담행위 금액은 현년도에 지급할 금액이 없으며, 다음해 채무부담액도 예산에 반영되므로 금전채무가 아니어서 일반적으로 부채에서 제외된다. 다만, 재무회계상 당해 연도 내에 납품이 이뤄져 추후에 지급할 금액과 의무가 확정되면 부채로 인식된다.

그리고 임대형 민간투자사업(BTL) 부채와 같은 장기미지급금은 부채에는 포함되지만 채무에는 포함되지 않는다. 그러나 BTL 임차료는 금융자산 지급의 계약상 의무란 점에서 채무 범위에 포함되는 것이 적합한 것으로 판단된다. 행정안전부가 제시한 관리채무 개념에서는 BTL 임차료를 채무 범위에 포함하고 있다. 즉, '관리채무＝일반채무＋BTL임차료 총액'이다.

표 5-2 예산회계(현금주의)의 채무와 재무회계(발생주의)의 부채의 차이

| | 예산회계 채무 | 재무회계 부채 |
|---|---|---|
| 공통 포함 항목 | 지방채증권<br>차입금(단기/장기) | 지방채증권<br>차입금(단기/장기) |
| 채무부담행위 | 포함 | 불포함* |
| 발생주의 부채 항목<br>(기타 유동부채) | 미지급금, 미지급비용, 선수금,<br>선수수익 등 불포함 | 미지급금, 미지급비용, 선수금,<br>선수수익 등 포함 |
| 퇴직급여충당부채<br>(기타 비유동부채) | 불포함 | 포함 |

주*: 채무부담행위 중 당해 연도 내에 납품이 이뤄져 채무가 확정된 부분은 부채로 처리.

### 3) 통합 부채관리의 범위

지방정부의 부채관리에 관해 2014년 지방재정법에 새로운 규정을 두었다. 지방재정법(제87조의2 제1항)에 "지방자치단체의 장은 대통령령으로 정하는 바에 따라 그 소

관의 채무, 그 밖의 부채를 관리하되, 소속 공무원에게 위임하여 관리하게 할 수 있다"고 규정하고 있다. 부채관리를 위임받은 공무원은 부채관리관이라 한다.

여기서 부채관리 대상의 범위를 지방자치단체의 채무와 그 밖의 부채로 규정하고 있다. 구체적인 부채관리 대상의 범위에 대해 지방재정법 시행령(제108조)은 다음과 같이 명기하고 있다. 즉, ① 지방채증권, ② 차입금, ③ 채무부담행위, ④ 보증채무부담행위, ⑤ 퇴직급여충당부채, ⑥ 장기예수보증금, ⑦ 장기선수수익, ⑧ 그 밖에 행정안전부 장관이 정하는 채무 또는 부채다. 예산회계 채무와 일부 재무회계 부채 항목을 포함하고 있다. 그리고 매년 재정 건전성 관리계획을 수립해 시행해야 할 대상으로 통합 부채와 우발 부채를 포함하고 있다(지방재정법 제87조의3).

부채관리의 범위를 제도 단위로서 공기업 부문까지 포함할 경우 지방 공공부문 부채로 범위가 확대된다. 정부는 통합 부채관리의 대상으로 지방자치단체, 지방공기업, 지방자치단체 출자·출연기관의 부채를 통합해 산정한 부채를 통합 부채로 부르고 있다.

#### 4) 관리채무

행정안전부의 지방채발행계획 수립 기준에 의하면 부채관리 대상으로 '관리채무' 개념을 소개한다. 관리채무란 일반채무에 BTL 임차료를 합한 채무를 말한다. 일반채무란 통상적인 지방채무를 말하며, BTL 임차료란 임대형 민자사업(BTL)에 대해 자치단체가 순지방비로 민간사업자에게 임차료 명목(운영비, 이자 제외)으로 지급해야 할 총액을 말한다. 관리채무 개념에서는 BTL 임차료를 사실상 채무로 인정하고 있는 셈이다. 우발 채무는 지방채 한도액 산정 시 총액의 50%를 반영하되, 관리채무에는 포함하지 않는다. 관리채무 개념에 근거해 관리채무 부담도와 관리채무 상환비 비율 등의 지표를 재정분석지표로 활용하고 있다.

### 4 지방채의 종류

#### 1) 발행 방법에 의한 분류

지방채는 발행 방법에 의해 지방채증권과 차입금으로 구분한다. 지방채증권은 증권발행채, 차입금은 증서차입채라고 부른다.

#### (1) 지방채증권(증권발행채)

지방채증권(증권발행채)은 지방자치단체가 증권 발행의 방법에 의해 차입하는 지방채를 말하며, 외국에서 발행하는 경우(외채)를 포함한다.

지방채증권에는 모집공채와 매출공채가 있다. 모집공채는 불특정 대중을 대상으로 투자자를 모집해 발행하는 증권이다. 증권회사와 같은 자본시장에서 소화되는 공채를 말한다. 매출공채는 지방자치단체로부터 특정 서비스를 제공받는 주민 또는 법인을 대상으로 원인행위에 첨가해 소화하는 증권이다. 자동차 구매 시 지하철증권을 의무적으로 구매하는 방식과 같은 강제소화 방식의 공채를 말한다.

이와는 별도로 토지 보상 또는 공사대금 보상금 지급에 갈음해 교부하는 증권인 교부공채도 있다. 지방자치단체의 채무 이행에 갈음해 지방채증권을 교부하는 방법이다.

#### (2) 차입금(증서차입채)

차입금(증서차입채)은 지방자치단체가 증서에 의해 차입하는 지방채를 말하며, 외국정부·국제기구 등으로부터 차관(현물차관 포함)을 도입하는 경우를 포함한다. 증서차입채는 지방자치단체가 정부, 공공기관 및 금융기관 등과 기채 계약을 맺고 차입증서를 제출해 기채하는 방식이다. 우리나라는 중앙정부의 기금 등 주로 공공기관으로부터 차입하는 비중이 높은 편이다.

### 2) 사업 성격에 의한 분류

#### (1) 일반회계채

일반회계채는 일반회계의 재원으로 조달하는 채무를 말한다. 일반회계 사업으로서 도로·교량 건설, 청사 정비, 재해복구 등 사업을 위해 발행한다.

#### (2) 기타 특별회계채

기타 특별회계의 재원으로 조달하는 채무를 말한다. 주택 택지 개발, 농공단지·공단 조성, 상하수도 사업, 지하철 건설, 주차장 설치, 관광휴양단지 조성 등의 사업을 특별회계를 설치해 발행하는 방식이다.

#### (3) 지방공기업채

지방공기업특별회계(지방직영기업)의 재원으로 조달하는 채무를 말한다. 상하수도

사업, 공영개발사업, 지하철 건설, 지역개발기금 조성사업 등을 목적으로 발행한다.

### 3) 자금 종류에 의한 분류

#### (1) 정부자금채

중앙정부에서 관리하는 특별회계 및 기금 또는 공공기관 자금에서 차입하는 지방채를 말한다. 증서차입채의 대부분은 정부자금채가 차지한다.

#### (2) 지방공공자금채

시 · 도에서 조성 관리하는 지역개발기금 또는 청사정비기금 및 재해복구기금 등에서 차입하는 지방채를 말한다.

#### (3) 민간자금채

민간금융기관에서 차입하거나 주민 등을 대상으로 증권 발행 방법으로 차입하는 지방채를 말하다.

#### (4) 차관

중앙정부가 외국 자본을 도입해 지방자치단체에 전대하는 방법의 공공차관과 외국 민간기관으로부터 직접 도입하는 상업차관이 있다.

### 4) 기타 분류

#### (1) 응모 성격에 의한 분류: 강제 공채, 임의 공채

강제 공채(强制公債)는 증권발행채 중 매출공채와 같이 강제 소화하는 방식의 지방채이며, 임의 공채(任意公債)는 모집공채처럼 자본시장에서 모집하는 방식의 지방채를 말한다.

#### (2) 채무 순증 여부에 의한 분류: 신규채, 차환채

신규채는 기존 채무 외에 새로운 사업 투자를 위해 발행하는 지방채이며, 차환채는 기존 지방채를 상환하기 위해 발행하는 지방채를 말한다. 따라서 차환채는 채무 규모가 증가하지 않는 지방채다.

## 5 지방채 발행 가능 단체와 사업

### 1) 지방채 발행 가능 단체

지방채를 발행할 수 있는 지방자치단체는 지방채 발행 한도를 부여받은 모든 지자체를 말한다. 다만, 총액 한도는 지자체 유형별로 차등 결정된다.

지방채 발행 한도액을 초과해 발행하는 경우에도 모든 지자체가 원칙적으로 발행 가능하다. 다만, 몇 가지 승인 기준에 의해 지방채 발행 사업에 대해 제약을 받는다. 단체 유형별 승인 기준을 보면 관리채무 부담도가 60% 미만인 지자체는 지방재정 투자 승인을 받은 사업, 관계 중앙부처의 의견이 적정인 사업에 대해 승인함을 원칙으로 한다. 관리채무 부담도가 60% 이상인 지자체의 경우 채무 규모가 많이 증가되지 않도록 발행 연도 지방채 상환 금액을 감안해 승인함을 원칙으로 한다. 이 경우 채무관리계획을 의회에 보고하고, 순세계잉여금을 원리금 상환에 활용하거나 별도 회계 또는 기금 등에 적립해야 한다.

재정지표 등에 의한 승인 기준을 적용해 제약을 가하기도 한다. 즉, 지방채 원리금 상환의 연체가 없어야 하고, 최근 5년 간 사실과 다른 신청으로 지방채 발행의 승인을 얻었거나, 승인을 얻지 아니하고 지방채를 발행한 사실이 없어야 한다. 다만, 이 경우에도 여러 정황을 종합적으로 판단해 지방채 발행 초과 승인을 할 수 있다. 즉, 재해 등으로 사업시행이 긴급한 사업, 상환재원의 대부분이 국비 또는 특정재원으로 충당되는 사업, 계속사업 중 사업 추진을 중단하는 것이 심히 공익에 반해, 지방채 발행이 불가피할 경우, 지역 간 협력사업으로 혐오시설, 비선호시설 등을 유치하는 경우 등이다.

### 2) 지방채 발행 가능 사업

지방채를 발행할 수 있는 사업은 다음의 네 가지 경우로 한정된다(지방재정법 제11조). 즉, ① 공유재산의 조성 등 소관 재정투자사업과 그에 직접적으로 수반되는 경비의 충당, ② 재해 예방 및 복구사업, ③ 천재지변으로 발생한 예측할 수 없었던 세입결함의 보전, ④ 지방채의 차환이다. 그리고 지방교육청은 ⑤ 지방교육재정교부금 차액의 보전, ⑥ 명예퇴직 신청자가 직전 3개 연도 평균 명예퇴직자의 100분의 120을 초과하는 경우 추가로 발생하는 명예퇴직 비용의 충당을 위해 지방교육채를 발행할 수 있다.

지방채 발행은 자본적 지출사업에 대해 발행한다. 경상적 유지보수비 및 일반적 조사·연구비, 소모성 기자재비 등 소모성 경상적 지출과 사업, 인건비는 지방채 발행이 불가능하다. 중앙정부의 국채 발행이 재정적자 보전을 목적으로 하는 것과 대비된다.

지방채는 총사업비가 투자심사 대상이 되는 일정 기준 미만일 때에는 발행할 수 없다. 지방재정법 시행령(제10조)의 기준을 적용할 경우 시·도의 경우 총사업비 40억 원 미만의 신규 투자사업, 시·군 및 자치구의 경우 총사업비 20억 원 미만의 신규 투자사업에 대해서는 지방채를 발행할 수 없다. 다만, 청사정비기금을 차입하는 경우에는 지방채 발행이 가능하다.

지방채는 또한 지방재정법과 지방재정법(제11조의2)에 규정된 법률에 의하지 않고는 발행할 수 없다. 후자의 법률의 예를 보면 도시철도법, 지방공기업법, 지방자치단체 기금관리기본법 등의 일반법과, 도청 이전을 위한 도시 건설 및 지원에 관한 특별법, 제주특별자치도 설치 및 국제자유도시 조성을 위한 특별법 등의 특별법들이 있다.

지방자치단체조합은 그 조합의 투자사업과 긴급한 재난복구 등을 위한 경비를 조달할 필요가 있을 때 또는 투자사업이나 재난복구사업을 지원할 목적으로 지방자치단체에 대부할 필요가 있을 때에는 지방채를 발행할 수 있다. 이 경우 행정안전부 장관의 승인을 받은 범위에서 조합의 구성원인 각 지방자치단체 지방의회의 의결을 얻어야 한다.

## 제2절 지방 채무 현황

### 1 지방 채무 규모

지방 채무 규모는 [지방채+채무부담행위액+보증채무이행책임액]으로 구성되며, 대부분 지방채 규모가 주를 이룬다. 지방 채무 총규모는 2022년 말 기준 38조 원 수준을 기록하고 있다. 채무부담행위액은 19억 원, 보증채무이행책임액은 1,000억 원

**표 5-3** 지방 채무 현황

(단위: 억 원)

| 구분 | 2018 | 2019 | 2020 | 2021 | 2022 |
|---|---|---|---|---|---|
| 지방채 | 244,800 | 251,042 | 298,183 | 359,481 | 381,672 |
| 채무부담행위액 | 252 | 149 | 1,117 | 39 | 19 |
| 보증채무이행책임액 | 370 | 0 | 994 | 1,085 | 1,055 |
| 지방 채무 총규모 | 245,422 | 251,191 | 300,294 | 360,605 | 382,746 |

자료: 행정안전부, 각 연도 지방 채무 현황(지방재정 365).



수준을 기록하고 있다.

지방자치단체 유형별로 보면 2022년 말 기준 광역자치단체가 35조 원 정도로서 지방 채무 총규모의 90.1% 수준을 차지한다. 사회기반시설 투자를 많이 하는 광역자치단체와 시 시역의 지방 채무 규모가 큰 것을 알 수 있다.

**표 5-4** 지방자치단체 유형별 채무 규모

(단위: 억 원)

| 구분 | 2018 | 2019 | 2020 | 2021 | 2022 |
|---|---|---|---|---|---|
| 지방 채무 총규모 | 245,422 | 251,191 | 300,294 | 360,605 | 382,746 |
| 시·도 | 225,051 | 232,340 | 273,969 | 325,744 | 347,865 |
| 시·군·구 | 20,371 | 18,851 | 26,325 | 34,861 | 34,881 |
| 시 | 17,551 | 16,831 | – | – | – |
| 군 | 1,897 | 1,459 | – | – | – |
| 자치구 | 923 | 561 | | – | – |

주: 시·군·구 빈칸은 행안부 통계에 제시되지 않아 생략함.
자료: 행정안전부, 각 연도 지방 채무 현황(지방재정 365).

## 2 지방채의 종류별 규모

지방 채무 중에서 지방채 규모를 종류별로 보면 2022년 말 기준 증서차입채(28.8%)보다 증권발행채(71.2%) 비중이 매우 높다. 2014년 이후 증서차입채보다 증권발행채 규모가 더 많아졌는데, 이것은 지역개발기금에서 차입하던 방식을 지역개발채권 발행으로 전환한 것에서 연유한다. 순수한 공모 방식의 모집채권 비중이 점차 커지고 있

**표 5-5 지방채 발행 방법 및 자금별 지방채 규모**

(단위: 억 원, %)

| 구분 | | 2018 | 2019 | 2020 | 2021 | 2022 |
|---|---|---|---|---|---|---|
| 지방채 규모 | | 244,800 | 251,042 | 298,183 | 359,481 | 381,672 |
| 증서차입채(차입금) | | 52,303 | 51,445 | 70,432 | 98,906 | 109,739 |
| (비중, %) | | 21.4 | 20.5 | 23.6 | 27.5 | 28.8 |
| | 공공자금관리기금 | 1,676 | 2,079 | 17,492 | 37,091 | 35,279 |
| | 기타 정부자금 | 1,104 | 9,272 | 8,791 | 8,288 | 8,295 |
| | 지역개발기금 | 12,189 | 12,407 | 15,297 | 17,711 | 16,445 |
| | 청사정비기금 | 636 | 666 | 589 | 439 | 732 |
| | 지역개발지원금 | 2,950 | 3,477 | 15,297 | 5,402 | 5,766 |
| | 지역상생발전기금 | 5,854 | 7,565 | 8,089 | 12,547 | 14,622 |
| | 민간금융기관 | 18,894 | 15,970 | 15,473 | 17,428 | 28,599 |
| 증권발행채(지방채증권) | | 192,497 | 199,597 | 227,751 | 260,575 | 271,933 |
| (비중, %) | | 78.6 | 79.5 | 76.4 | 72.5 | 71.2 |
| | 도시철도채권 | 58,975 | 59,787 | 46,759 | 62,944 | 63,290 |
| | 모집채권 | 29,048 | 40,076 | 86,454 | 90,676 | 86,866 |
| | 지역개발채권 | 104,474 | 99,734 | 94,538 | 106,955 | 121,777 |

자료: 행정안전부, 각 연도 지방 채무 현황(지방재정 365).

는 것은 지방채 발행의 바람직한 모습이라고 볼 수 있다.

지방채의 이자율에 의한 지방채 규모를 보면 2018년에는 2~3% 미만 이자율이 50% 정도이고, 3% 미만을 합하면 80%를 차지한다. 2022년에는 1~2% 미만이 61.74%로 가장 큰 비중을 차지하고, 3% 미만을 합하면 94% 정도 차지해 저금리 추세를 반영하고 있다. 지방자치단체 입장에서는 그만큼 지방채 발행의 부담을 줄일 수 있다. 그러나 이후 고금리 추세로 전환되면서 지방채 이자율 부담 구조는 달라졌을 것으로 예측된다.

**표 5-6 지방채 이율별 규모**

(단위: 억 원, %)

| 구분 | 2018 | 2019 | 2020 | 2021 | 2022 |
|---|---|---|---|---|---|
| 1% 미만 | 625 | 356 | 7,463 | 8,512 | 8,056 |
| (비중) | 0.26 | 0.14 | 2.50 | 2.37 | 2.11 |

| 1~2% 미만 | 73,442 | 134,242 | 239,105 | 282,650 | 235,638 |
|---|---|---|---|---|---|
| (비중) | 30.00 | 53.47 | 80.19 | 78.63 | 61.74 |
| 2~3% 미만 | 121,683 | 90,539 | 40,880 | 59,756 | 113,634 |
| (비중) | 49.71 | 36.07 | 13.71 | 16.62 | 29.77 |
| 3~4% 미만 | 47,790 | 25,002 | 10,338 | 8,237 | 8,632 |
| (비중) | 19.52 | 9.96 | 3.47 | 2.29 | 2.26 |
| 4~5% 미만 | 1,259 | 903 | 397 | 325 | 13,618 |
| (비중) | 3.40 | 0.36 | 0.13 | 0.09 | 3.57 |
| 5% 이상 | 1 | 0 | 0 | 0 | 2,094 |
| (비중) | 0.01 | 0.00 | 0.00 | 0.00 | 0.55 |

자료: 행정안전부, 각 연도 지방 채무 현황(지방재정 365).

지방채 사업별 규모를 보면 지하철과 도로 건설 비중이 가장 크다. 도로 건설, 지하철, 택지 개발 및 공단 조성, 상하수도 및 하수 처리 등 환경시설, 문화체육시설 등의 사회간접시설(SOC) 영역이 대부분을 차지하고 있다. 이들 사업은 대규모 자본이 필요하다는 점과 세대 간 형평성 측면에서 지방채 발행의 타당성이 인정되는 영역이다.

표 5-7 지방채 사업별 규모

(단위: 억 원, %)

| 구분 | 2020 | 2021 | 2022 |
|---|---|---|---|
| 지하철 | 71,482 | 85,156 | 86,217 |
| 도로 건설 | 41,259 | 47,604 | 41,500 |
| 택지 개발 | 17,477 | 14,359 | 13,764 |
| 국민주택 | 14,806 | 18,044 | 18,261 |
| 문화체육시설 | 9,977 | 12,148 | 11,479 |
| 공단 조성 | 2,622 | 5,233 | 4,349 |
| 중소기업육성 | 3,518 | 3,968 | 2,900 |
| 재난재해 | 17,713 | 37,913 | 34,939 |
| 쓰레기처리시설 | 1,659 | 1,887 | 1,816 |
| 청사 정비 | 3,289 | 4,301 | 3,411 |
| 공원녹지조성 | 28,794 | 39,183 | 42,772 |
| 주거환경개선 | 2,272 | 3,092 | 2,228 |

| 상하수도 및 하수 처리시설 | 3,780 | 3,939 | 3,113 |
|---|---|---|---|
| 농공단지 | 115 | 210 | 75 |
| 관광단지 | 587 | 731 | 1,545 |
| 지역개발채권 | 31,321 | 33,214 | 64,502 |
| 기타 | 47,512 | 48,499 | 48,803 |

자료: 행정안전부, 각 연도 지방 채무 현황(지방재정 365).

## 제3절 지방채 발행의 총액한도제

### 1 기채 승인제도의 변화

지방정부가 지방채를 발행하기 위해서는 중앙정부와 지방의회의 승인을 받아야 한다. 이를 기채 승인제도라고 부른다. 우리나라는 1949년 8월 지방자치법 제정 당시부터 지방채 발행 승인제도를 도입했다. 지방자치법 제정 당시에는 지방의회의 의결을 거쳐 지방채를 발행할 수 있게 했으나 동년 12월 지방자치법 개정을 통해 지방의회 의결 후 내무부 장관의 승인을 받게 했다. 1988년 4월에는 다시 지방채 발행 절차를 변경해 내무부 장관 승인 후 지방의회 의결을 거쳐 발행할 수 있게 변경되었다.

지방채를 발행하기 위해서 순서가 바뀌긴 했지만 중앙정부와 지방의회의 승인을 거치게 한 기채 승인제도는 이후 계속 시행되고 있다. 지방의회의 승인을 받게 한 것은 재정 민주주의를 제도화한 의미를 갖는다. 지방자치제가 부활하면서 오늘날의 민선 지방의회가 구성된 것은 1991년이므로 실질적인 지방의회의 기채 승인제도 도입은 이 시기 이후부터라고 볼 수 있다. 지방의회의 승인 외에 중앙정부의 승인을 받게 한 것은 지방정부가 처할 재정 위험을 미연에 방지하기 위해 중앙정부가 사전 재정통제를 하는 의미를 갖는다. 중앙정부의 기채 승인제도는 협의의 기채 승인제도라고 볼 수 있다.

그런데 이 시기 기채 승인제도는 개별 사업에 대한 승인 방식이었다. 개별 사업별로 사업의 타당성, 차입자금의 성격, 지방정부의 재무적 건전성을 토대로 단위 기채 사업별로 승인하는 방식이다. 개별 사업별로 중앙정부의 승인을 받는다는 것은 그만큼 재정자치가 제약을 받는다는 것을 의미한다.

개별 사업에 대한 기채 승인제도는 노무현 정부 시기인 2006년부터 지방채 발행 총액한도제 방식으로 변경되었다. 각 지방정부별로 기채할 수 있는 지방채 발행 한도액을 정해 줌으로써 한도액 범위 내에서는 지방정부의 자율적 기채가 가능하게 된 것이다. 이것은 질적 재정분권의 향상을 의미한다.

2008년 6월에는 지방채 발행 한도액 설정 등에 관한 규정(행정안전부 예규)이 폐지되고 지방채 발행계획 수립 기준(지침)이 통보된다. 2014년에는 지방채 발행대상을 법률로 일원화하여 발행대상을 확대하고, 지방채는 투자사업에 한하여 발행하도록 명확하게 규정했다.

2020년에는 지방채 발행의 자율성이 소폭 확대되었다. 지방채 발행 한도액 범위를 초과하여 지방채를 발행하는 경우 승인 사항을 협의로 변경하고, 지방채 발행 한도액을 기준 범위 내에서 지방자치단체가 결정하도록 했다.

## 2 지방채 발행 총액한도제의 의의

지방채 발행 총액한도제란 지방자치단체가 1년 간 발행할 수 있는 지방채 발행 한도액 범위 내에서 지방의회의 의결을 거쳐 지방채 발행 등 채무를 발생시키는 행위를 할 수 있는 제도를 말한다. 지방채 발행 한도액은 지자체의 재정 상황, 채무 규모 등을 고려해 행정안전부 장관이 정하는 지방채 발행 한도액 산정 기준에 따라 지방자치단체의 장이 해당 지방자치단체의 전전연도 예산액의 100분의 10의 범위에서 정하는 금액으로 한다. 종전에는 지방채 발행 한도액을 행안부 장관이 정해 각 지자체에 통보했는데 이제 먼저 지자체가 정해 행안부에 통보한다. 행안부 장관은 지방자치단체의 장이 통보한 지방채 발행 한도액에 대한 타당성을 검토하고 필요한 경우 보완을 요구할 수 있다. 고의 또는 중과실에 의한 한도액 과대 통보 시 공공자금 차입 제한 등의 조치를 취할 수 있다. 한도액을 초과해 지방채를 발행하고자 하는 경우에는 사전에 행정안전부 장관과 협의 또는 승인을 얻은 후, 다시 지방의회의 의결을 받아야 한다.

외채의 경우는 한도액 범위 안이라도 지방의회의 의결을 받기 전에 행정안전부 장관의 승인을 얻어야 한다. 이것은 환위험 관리 차원에서 중앙정부가 재정통제를 하는 것이다.

'제주특별자치도 설치 및 국제자유도시 조성을 위한 특별법'에 따라 제주특별자치도지사는 제주특별자치도의 발전과 관계가 있는 사업을 위해 필요한 경우에는 도의회의 의결을 거쳐 외채 발행 및 지방채 발행 한도액 범위를 초과한 지방채 발행을 할 수 있다. 다만, 지방채 발행 계획안을 행정안전부 장관에게 제출하고 협의 후 결과에 따라 특별법에서 정한 바에 의거 지방채를 발행한다.

광역자치단체장(특별자치시장 포함)은 경제자유구역청의 원활한 사업추진을 위하여 필요한 경우에는 지방채 발행 한도액을 추가로 정할 수 있다. 이 경우 추가로 정하는 지방채 발행 한도액과 기존에 정한 지방채 발행 한도액을 더한 금액은 해당 시·도의 전전년도 예산액의 100분의 10을 넘을 수 없다.

기존 개별 사업에 대한 승인 방식에서 총액한도제로 기채 승인제도가 변경된 것은 지자체의 자율적 결정권이 높아졌음을 의미한다. 질적 재정분권의 정도가 높아졌다고 할 수 있다.

## 3 지방채 발행 한도액 산정

### 1) 지방채 발행 한도액 산정 기준

지방채 발행의 총한도액은 ① 기본 한도액과 ② 별도 한도액의 합으로 구성된다. 기본 한도액은 자치단체별 경상일반재원[4]을 기초로 채무잔액, BTL 임차료, 우발채무를 고려하여 해당 자치단체의 채무수준 및 재정여건에 따라 산정한다. '관리채무상환비 비율'이 20%를 초과하는 경우 '0'으로 처리한다. 관리채무상환비 비율은 미래 4년 경상일반재원의 평균수입액 중 미래 4년 순지방비로 상환할 평균관리채무액의 백분율(%)을 지칭한다.

별도 한도액은 의무매입공채 및 차환, 지역일자리 사업, 장기미집행 도시계획시설 사업 관련 채무의 경우에 적용한다.

지방채 발행 한도액 산정 기준은 〈표 5-8〉과 같다. 기본 한도액은 경상일반재원에서 일반채무, BTL 임차료, 우발채무 50%를 합한 금액을 뺀 값의 10%를 곱한 금액이다. 여기서 일반채무는 지방채, 채무부담행위, 보증채무이행책임 확정액의 잔액 기준이며, 이자는 제외한다. BTL 임차료는 순지방비로 지급 의무가 확정된 총액이다.

4) 경상일반재원=지방세(지방교육세 제외)+경상적 세외수입+지방교부세+조정교부금.

우발 채무는 아직 확정되지 않았지만 채무로 전환될 개연성을 감안해 50%를 산입하고 있다. 우발 채무를 지방채 발행 한도액 범위에 포함시킨 것은 자치단체의 무분별한 채무 보증으로 인해 재정 위험이 발생할 우려가 있어 보증채무 등에 대한 관리를 강화하기 위함이다. 대도시 특례의 경우 기본 한도액의 10%를 추가한다.



별도 한도액은 지역개발채권 · 도시철도채권 발행액, 당해 연도 차환채 발행액, 지역일자리사업(투자사업), 장기미집행 도시계획시설의 경우 적용한다. 여기서 차환채란 신규 발생 채권에 의한 기 발행 채권의 상환을 차환이라 하며, 차환을 목적으로 발행되는 채권을 차환채라 한다.

차환채의 유형별 별도 한도는 다음과 같이 정한다. 한도액 범위 내의 차환채를 발행하는 경우 기채 조건의 악화 여부와 무관하게 발행 가능하며, 행정안전부와의 협의 · 승인이 필요 없다. 한도액을 초과하여 발행한 경우 기채 조건을 유리하게 발행할 때에는 별도 한도를 인정하며, 협의 · 승인이 필요 없다. 상환기한 변경 없이 저금리, 상환기한 단축 및 저금리, 상환기한 단축 및 동일 금리 차환 등이 이런 사례에 속한다. 기채 조건을 불리하게 한도액을 초과하여 발행하는 경우 당해 연도 지방채 상환 총액의 25% 범위 내 별도 한도를 인정한다.

표 5-8 지방채 발행 한도액 산정 기준

| 구분 | | 시 · 도, 인구 100만 명 이상의 대도시 | 시 · 군 · 구 |
|---|---|---|---|
| 총한도액<br>(A+B) | 기본 한도액(A) | [경상일반재원 − (일반채무 + BTL임차료 + 우발채무 50%)] × 10% | |
| | 대도시 특례 | 기본한도액의 10% 추가 | |
| | 별도 한도액(B) | 지역개발채권 · 도시철도채권 발행액 + '23년 차환채 발행액 + 지역일자리사업(투자사업) + 장기미집행 도시계획시설 | |

자료: 행정안전부(2023). 2023년도 지방채 발행계획 수립 기준.

여기서 산정되는 채무의 회계상 포괄 범위는 일반회계, 특별회계, 기금이 모두 포함되는 통합재정 범위다. 채무를 합산할 때에는 순계 기준으로 계산한다. 자치단체의 일반회계 · 특별회계 · 기금이 지역개발기금 등 타회계 또는 기금 간 거래(차입 · 상환)는 내부거래로서 제외된다. 지방채 발행 한도액의 충당 순서는 채무부담행위액, 보증채무부담행위액 중 보증채무이행책임액, 지방채 발행 순으로 충당해야 한다.

### 2) 한도액 범위 내의 지방채 발행

지방채를 발행할 수 있는 단체는 지방채 발행 한도를 부여받은 모든 자치단체다. 지방채를 발행할 수 있는 사업은 ① 공유재산의 조성 등 소관 재정투자사업과 그에 직접적으로 수반되는 경비의 충당, ② 재해 예방 및 복구사업, ③ 천재지변으로 발생한 예측할 수 없었던 세입 결함의 보전, ④ 지방채의 차환이다.

그러나 지방채 발행이 허용되는 경우라도, 지방재정투자사업심사 제도와 연계하여 소규모 사업은 불가하다. 투자심사 대상 규모인 광역 시 · 도 40억 원 미만, 시 · 군 · 구 20억 원 미만의 사업은 지방채 발행을 할 수 없다. 다만, 청사정비기금에서 차입하는 소규모 지방청사 관련 사업은 가능하다. 그리고 지방채 발행은 자본적 지출 사업에 대하여 발행한다. 소모성 경상적 지출[5]과 인건비는 지방채 발행이 불가하다. 소규모 사업의 지방채 발행 불가와 자본적 지출에의 발행 원칙은 한도액 범위 내 및 초과 등 모든 경우에 적용된다.

외채 발행의 경우 한도액의 범위 내라도 지방의회의 의결을 얻기 전에 행정안전부 장관의 승인을 얻어야 한다. 그리고 외환전문기관의 컨설팅 등에 따라 환위험 관리계획을 수립한 사업에 대하여 승인한다.

제주특별자치도의 경우 제주특별자치도의 발전과 관계가 있는 사업을 위하여 필요한 경우에는 도의회의 의결을 거쳐 외채발행 및 지방채발행 한도액 범위를 초과한 지방채발행을 할 수 있다. 다만, 다음 연도에 중앙정부의 특별회계 및 기금, 청사정비기금 등으로부터 차입하고자 하는 경우에는 지방채발행 계획안을 행정안전부 장관에게 제출하고 협의 후 결과에 따라 특별법에서 정한 바에 의거 지방채를 발행할 수 있다.

### 3) 한도액을 초과하는 지방채 발행

원칙적으로 모든 지방자치단체는 지방채 발행 한도액을 초과하는 지방채를 발행할 수 있다. 그런데 자치단체 유형별로 승인 기준이 다르다. 관리채무부담도가 60% 미만인 자치단체는 지방재정 투자심사 승인을 받은 사업, 관계 중앙부처의 의견이 적정인 사업에 대하여 협의 또는 승인하는 것을 원칙으로 한다. 여기서 관리채무부담도는 [관리채무 현재액(BTL 지급액 포함)/경상일반재원]×100(%)으로 계산한다. 관리채

5) 경상적 유지보수비 및 일반적 조사 · 연구비, 소모성 기자재비 등의 경상사업 등이 이런 예에 속한다.

무부담도가 60% 이상인 자치단체는 지방채 발행 시 채무 규모가 급격히 증가되지 않도록 당해 연도의 지방채 상환금액을 감안하여 협의 또는 승인 원칙이 적용된다. 채무관리계획을 지방의회에 보고하고, 순세계잉여금을 원리금 상환에 활용하거나 별도 회계 또는 기금 등에 적립해야 한다.

재정지표 등에 의한 승인 기준이 적용되기도 한다. 즉, 지방채 원리금 상환의 연체가 없어야 하고, 최근 5년 간 사실과 다른 신청으로 지방채 발행 협의를 거치거나 승인을 얻은 경우, 협의 또는 승인 절차를 거치지 아니하고 지방채를 발행한 사실이 없어야 한다. 다만, 지방채 발행 한도액 초과 신청 시 재정지표 등에 의한 협의 또는 승인 기준에 부합되지 아니하는 경우에도 다음의 어느 하나에 해당하는 경우에는 여러 정황을 종합적으로 판단하여 지방채를 발행할 수 있다. 즉, 재해 등으로 사업 시행이 긴급한 사업, 상환재원의 대부분이 국비 또는 특정재원으로 충당되는 사업, 계속사업 중 사업추진을 중난하는 것이 심히 공익에 반하여 지방채 발행이 불가피할 경우, 지역 간 협력 사업으로 혐오시설, 비선호 시설 등을 유치하는 경우 등이다.



#### 4) 지방공기업 사업의 지방채 발행

지방자치단체는 다음의 경우 해낭 지방직영기업의 특별회계의 부담으로 지방채를 발행할 수 있다. 즉, ① 경상적인 운전자금에 충당하기 위하여 필요한 경우, ② 회전기금의 재원에 충당하기 위하여 필요한 경우, ③ 건설비 또는 개량비에 충당하거나 유사 사업의 매수 자금으로 필요한 경우이다.

그리고 광역자치단체와 인구 100만 명 이상의 대도시는  수도사업, 궤도사업, 하수도사업, 주택사업, 토지개발사업 등(지방공기업법 제2조에 따른 사업)을 위한 투자재원을 확보하거나 지역개발을 위한 기금을 조성하기 위하여 지방의회의 승인을 받아 지역개발채권을 발행할 수 있다. 지역개발채권은 특정 서비스를 제공받는 주민 또는 법인을 대상으로 원인행위에 첨가해 소화하는 매출공채다. 지역개발채권의 매입은 ① 지방자치단체로부터 면허·허가·인가를 받는 자 또는 등록을 신청하거나 신고하는 자, ② 지방자치단체 또는 지방자치단체가 자본금 전액을 출자·출연한 법인과 건설공사 도급계약을 체결하는 자, ③ 지방자치단체 또는 지방자치단체가 자본금 전액을 출자·출연한 법인과 용역 계약 또는 물품 구매·수리·제조 계약을 체결하는 자가 대상이다.

지방공기업의 사업에 대하여는 대상사업의 특성 등을 고려하여 별도의 지방채 발행 기준을 조례로 정해 적용하고 있다.

## 4 지방채 발행 추진 절차

### 1) 지방채 발행계획 수립 기준 시달과 지방채 발행계획 작성 및 제출

행정안전부 장관은 매년 7월 1일 각 지방자치단체에 지방채 발행계획 수립 기준을 통보한다. 각 지방자치단체는 행안부가 통보한 지방채 발행계획 수립 기준에 의거 지방채 발행계획을 수립한다. 시·군·구는 지방채 발행계획안을 8월 16일까지 해당 시·도에 제출하며, 시·도는 이를 취합·조정하고, 필요한 경우 현지 지도점검을 실시한다. 시·도는 본청 지방채 발행계획안을 수립해 시·군·구 지방채 발행계획안과 함께 8월 31일까지 행안부에 제출한다. 지방자치단체조합의 장도 지방채를 발행하고자 할 경우 동일한 절차를 따른다.

### 2) 지방채 발행 한도액 산정 후 제출

각 지방자치단체는 지방채 발행 한도액을 산정한 후 7월 15일까지 행정안전부에 제출한다. 2020년부터 행정안전부 장관이 정하는 지방채 발행 한도액 산정 기준에 따라 지방자치단체의 장이 한도액을 산정한 후 행안부에 제출한다. 행안부의 실무 검토, 협의, 심의 등을 하는 기간을 충분히 갖기 위해 미리 지방채 발행 한도액을 산정하여 제출하는 것이다.

### 3) 지방채 발행계획 확정 시달

행정안전부는 지방자치단체의 장이 제출한 지방채 발행계획안에 대한 타당성을 검토하고, 관계 중앙행정기관과 협의하며, 심의를 거친 후 10월 31일 확정한 지방채 발행계획을 각 자치단체에 시달한다. 여기에 지방채 발행 한도액이 포함된다.

### 4) 지방채 발행

지방자치단체는 행정안전부 장관으로부터 확정된 지방채 발행계획을 통보받는 대로 지방의회의 의결을 얻어 지방채를 발행할 수 있다. 지방자치단체의 장 또는 지방자치단체조합의 장은 지방채 발행 한도액을 초과해 지방채를 발행하고자 하는 때에는 따로 행정안전부 장관의 승인을 얻어야 한다.

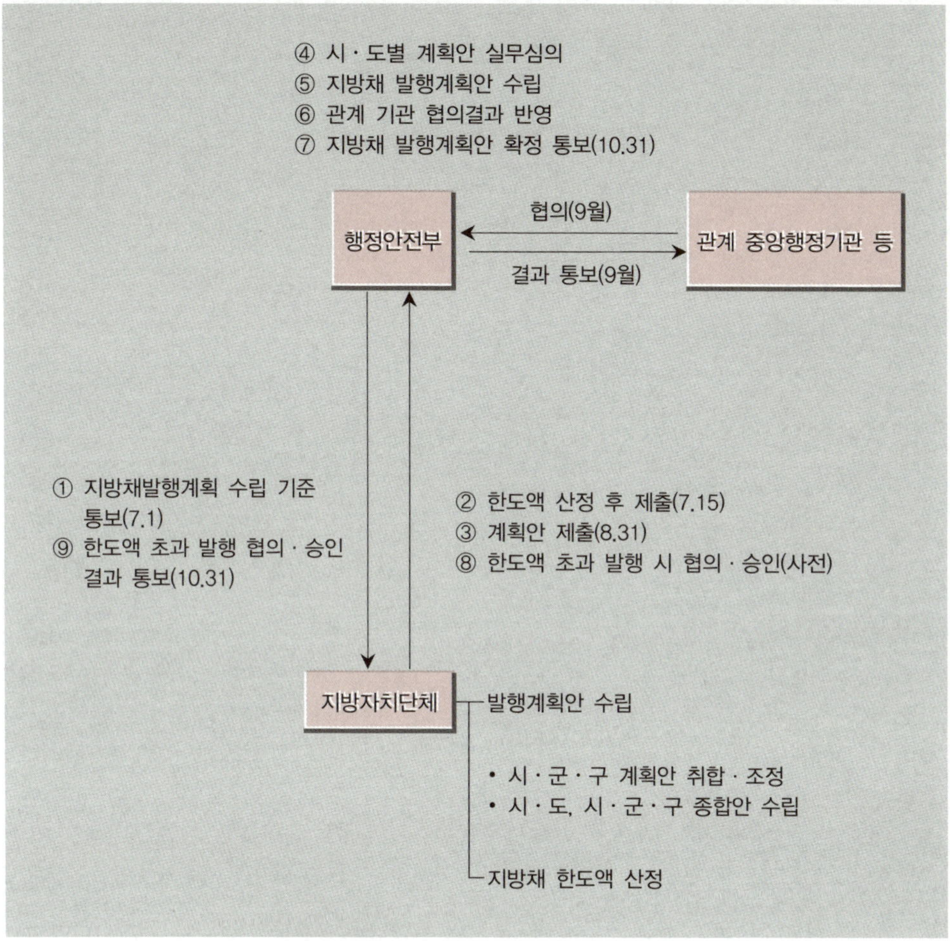


그림 5-1 지방채 발행의 추진 체계

03

PART

# 정부간 재정조정제도

CHAPTER 06

# 정부간 재정 관계와 재정 조정



## 제1절 정부간 재정 조정의 의의와 필요성

### 1 정부간 재정 조정의 의의

정부간 재정 관계는 중앙정부와 지방정부 간, 그리고 광역지방정부와 기초지방정부 간 재정 배분 시스템을 말한다. 여기서 사용되는 재정 도구는 조세와 이전재원(transfers)이다. 조세의 경우 국세와 지방세, 특별·광역시세와 자치구세, 도세와 시·군세로 배분되어 있다. 이전재원의 이전 경로는 수직적 관계와 수평적 관계로 구분할 수 있다. 수직적 관계는 중앙정부로부터 지방정부로의 이전, 광역지방정부로부터 기초지방정부로의 이전이며, 수평적 관계는 동일한 계층의 지방정부 간의 이전이다.

여기서는 정부간 조세와 이전재원의 배분을 모두 포함한 재정 조정을 광의의 정부간 재정 조정, 이전재원만을 대상으로 한 재정 조정을 협의의 재정 조정이라고 부르고자 한다. 우리나라에서는 협의의 재정 조정을 지방재정 조정이라고 부르는 경향이 있다. 실제로 정부간 재정 관계는 협의의 재정 조정이 중심을 이루고 있으며, 여기서의 논의도 협의의 재정 조정이 대상이다.

우리나라 정부간 재정 관계의 틀을 광의의 재정 조정 관점에서 보면 〈표 6-1〉과 같다. 재정 관계의 주체는 중앙정부, 지방자치단체, 교육자치단체로 구분되며, 다시 지방자치단체는 광역자치단체와 기초자치단체로 구성되어 있다. 정부간 재정 관계의 도구로는 크게 조세와 정부간 이전재원이 활용된다.

먼저 정부간 재정 관계는 수직적 재정 관계와 수평적 재정 관계로 구분된다. 수직적 재정 관계는 중앙정부와 지방자치단체, 광역자치단체와 기초자치단체, 중앙정부와 교육자치단체 간 재정 관계로 형성된다. 중앙정부와 지방자치단체 간에는 국세와 지방세라는 조세의 배분과 지방교부세 및 국고보조금의 이전재원이 있다. 광역자치단체와 기초자치단체 간의 조세 배분은 이원화되어 있다. 특별·광역시와 자치구 간에는 9개와 2개의 세목으로 나뉘어 있으며, 도와 시·군 간에는 6개와 5개의 세목으로 나뉘어 있다. 광역자치단체의 기초자치단체에 대한 이전재원은 조정교부금과 시비 및 도비 보조금이 있다.[1] 중앙정부가 교육자치단체에 지원하는 이전재원은 교육세와 지방교육재정교부금 및 국고보조금이 있다.

**표 6-1** 정부간 재정 관계의 틀

| 주체 | | 도구 | 내용 |
|---|---|---|---|
| 수직적 재정 관계 | 중앙정부 ↔ 지방자치단체 | 조세 | 국세 – 지방세 |
| | | 이전재원 | 지방교부세, 국고보조금 |
| | 광역자치단체 ↔ 기초자치단체 | 조세 | 특별·광역시세 – 자치구세<br>도세 – 시·군세 |
| | | 이전재원 | 특별·광역시 → 자치구: 자치구 조정교부금, 시비보조금<br>도 → 시·군: 시·군 조정교부금, 도비보조금 |
| | 중앙정부 ↔ 교육자치단체 | 조세·이전재원 | 지방교육재정교부금(교육세 포함), 국고보조금 |
| 수평적 재정 관계 | 동일 계층 자치단체 | 조세·이전재원 | 지역상생발전기금, 서울시 재산세 공동세 |
| | 광역자치단체 ↔ 교육자치단체 | 조세·이전재원 | 지방교육세, 담배소비세 및 시도세 전입금 등 |

1) 도에서 시·군에 지원하는 재정보전금은 2015년부터 시·군 조정교부금으로 명칭이 변경되었다.

수평적 재정 관계는 동일한 지방자치단체 수준에서 조세 배분 및 재정 지원이 이뤄지는 관계를 말한다. 2010년 지방소비세를 도입하면서 지방소비세 수입이 수도권에 집중되는 부작용을 완화하기 위해 지역상생발전기금을 만들었는데 이것은 수평적 재정 조정에 해당한다. 그리고 서울시 재산세 공동세는 형식적으로는 시세와 자치구세라는 수직적 재정 관계로 보이지만 기존 자치구세인 재산세의 절반을 서울시가 징수해 자치구에 균분한다는 점에서 실질적인 수평적 재정 조정이라고 할 수 있다. 광역 수준에서의 광역자치단체가 교육자치단체에 지원하는 이전재원은 지방교육세전입금, 담배소비세 전입금, 시도세 전입금이 있다. 교육자치단체에 지원하는 광역자치단체의 이전재원도 수평적 재정 조정에 해당한다.



## 2 정부간 재정 조정의 필요성

이전재원 중심의 협의의 재정 조정이 필요한 이유에 대해 학자들이 다양하게 논의하고 있지만 대체로 일치한다. 재정 이전 시스템의 설계 방식은 달성하고자 하는 목표를 무엇에 두느냐에 따라 달라진다. 여기서는 발(Bahl, 2000: 1-4)과 마(Ma, 1997: 1-2)의 견해를 중심으로 살펴보기로 한다.

### 1) 수직적 균형

대부분의 국가에서 중앙정부는 주요 세원을 갖고 있는 반면에, 지방정부는 불충분한 재정 자원을 갖고 있다. 지방정부의 재정지출 책임과 조세 징수 능력의 불균형을 완화하기 위해 이전재정이 필요하다. 경제 성장 및 도시화가 진행됨에 따라 시방공공재와 사회 서비스 등의 공급에 대한 지방정부의 역할은 확대되고 있다. 이에 반해 지방정부의 조세 징수 능력은 제한되어 있기 때문에 충분한 수준의 공공 서비스를 제공하지 못한다. 이러한 갭을 해소하기 위해서는 조세 징수권을 확대해 주거나 이전재정을 통한 재정 조정이 필요하다. 조세 징수권 확대와 이전재정 간에는 상쇄 관계가 있다. 조세 징수 능력을 확대해 준다면 이전재정이 감소하게 된다. 그런데 중앙정부는 지방정부에의 조세 징수권 이양보다는 이전재정을 통한 조정을 선호한다.

수직적 균형(vertical balance)을 위한 재정 이전 시스템의 설계에는 두 가지 이슈가 등장한다. 하나는 수직적 재정 균형을 위한 이전재정 규모를 어떻게 측정하느냐다. 일반적으로 이전재정 규모는 공공 서비스의 최소 필요 수준(minimum requirements) 접근법보다는 중앙정부 예산 제약 조건에 의해 결정되는 경향이 있다. 다른 하나의 이슈는 수직적 균형을 위한 의존성과 효율성 간의 불일치 문제다. 이전재정은 특정 공공 서비스를 과다 공급하게 할 수 있다.

### 2) 수평적 균등화

지역 간의 재정 격차를 완화하기 위해 이전재정이 활용된다. 어떤 지역은 다른 지역에 비해 소득 수준이 높거나 산업 구조가 고도화되어 재정자원 확보가 더 용이하다. 또한 어떤 지역은 빈곤층이나 노인 인구가 유별나게 많거나 공항이나 항만이 있어서 재정 수요가 다른 지역에 비해 더 큰 경우가 있다. 그 결과 조세 징수 능력이 큰 지방정부와 그렇지 못한 지방정부 간에는 재정 격차가 심할 수밖에 없다.

그런데 재정이 열악한 지방정부가 재정수입을 확대하기 위해서 세율을 인상한다면 개인이나 기업은 세율이 낮은 다른 지역으로 이주할 가능성이 있다. 티부의 '발로 하는 투표' 현상이 발생하는 것이다. 또한 중앙정부는 모든 지역의 공공 서비스 최소 수준을 유지해야 할 책임이 있다. 따라서 주민들 서비스 수혜의 지역 간 수평적 공평성을 이루기 위해 이전재정의 정당성이 인정된다.

이전재정을 통한 재정 균등화(equalization)를 위해서는 다음 세 가지 문제를 고려해야 한다. 첫째, 이전재정의 재원을 어떻게 마련하느냐, 둘째, 지방정부가 어떤 서비스를 공급하느냐, 셋째, 이전재정의 배분 공식을 어떻게 설계하느냐다.

### 3) 외부성

외부성(externalities)이란 어느 특정 개인이나 집단이 시장 기구를 통하지 않고 다른 사람이나 집단의 후생 수준에 영향을 미치는 것을 말한다. 지방정부에서의 외부성은 공공 서비스의 편익이나 비용이 관할 지역을 벗어나 다른 지역으로 유출되는 현상을 뜻한다. 지역 간 유출 현상이 발생하는 것은 기존 행정구역과 서비스의 수혜지역 및 비용 부담지역이 서로 일치하지 않기 때문이다.

외부 효과는 다른 지역에 편익을 끼치는 외부경제와 비용을 부담하게 하는 외부 불경제로 구분할 수 있다. 외부적 편익이 발생하는 서비스의 경우 지방정부가 과소 공급하고 외부 불경제가 발생하는 서비스는 과다 공급해 자원 배분의 비효율성을 초래하게 된다. 이 경우 그 서비스에 대한 조건부 이전재원을 제공해 최적의 서비스 공급을 유인할 필요가 있다.

외부성을 해결하기 위한 재정 이전 시스템을 설계할 때에는 두 가지 이슈가 대두한다. 하나는 필요한 이전재원 규모를 어떻게 결정하느냐의 문제다. 또 하나의 문제는 지방정부가 중층 구조로 되어 있을 때 이전재원이 정작 과소 공급되고 있는 계층의 지방정부에 지원되지 않을 수 있다는 것이다. 다시 말해 광역지방정부가 기초지방정부에 재원을 어떻게 배분하느냐의 문제다.



#### 4) 행정적 정당성

정부간 이전재정이 정당화되는 또 하나의 이유는 재정 시스템에서의 행정 능력과 관련된 것이다. 이 논거는 중앙정부가 지방정부보다 과세 및 징세 능력이 더 뛰어나다는 것이다. 따라서 중앙정부가 과세해 그 수입을 이전재원 형태로 지방정부에 배분해 주는 것이 비용이 덜 든다는 것이다.

그러나 이러한 정당화 논리에는 문제가 있다. 중앙정부의 과세가 더 효율적이라는 사실이 모든 조세에 해당되지 않는다는 것이다. 재산세, 면허세, 자동차세 등의 경우 지방정부의 징세 비용이 중앙정부보다 훨씬 낮은 것으로 밝혀지고 있다. 행정적 정당성(administrative justifications)으로 이전재정을 정당화하기에는 논리가 약하다.

## 3 정부간 재정 이전 시스템의 설계 방향

효과적인 정부간 재정 이전 시스템을 구축하기 위해서는 몇 가지 기준이 충족되어야 한다. 여기서는 마(Ma, 1997: 2-3)가 제시한 몇 가지 기준을 살펴본다.

첫째, 충분한 수입(revenue adequacy)이다. 지방정부는 이전재정을 통해 정해진 새정 책임을 감당할 수 있는 충분한 자원을 가져야 한다.

둘째, 징세 노력과 지출 통제(local tax effort and expenditure control)다. 지방정부의 충분한 징세 노력을 확보해야 하고 배분 방식이 재정 적자를 부추겨서는 안 된다.

셋째, 형평성(equity)이다. 이전재정은 지방의 재정 수요에 직접적으로 부응해야 하고, 재정 능력과는 반대로 배분되어야 한다.

넷째, 투명성과 안정성(transparency and stability)이다. 배분 방식은 공표되어야 하고, 지방정부는 예산 편성을 위해 이전재정을 포함한 전체 세입을 예측할 수 있어야 한다. 또한 배분 방식은 지방정부 차원에서 장기적 기획을 수립할 수 있게 최소 몇 년 간(3~5년)은 안정적 성격을 가져야 한다.

## 제2절 정부간 재정조정제도의 유형

### 1 정부간 재정조정제도의 분류 기준과 유형

협의의 정부간 재정조정제도는 정부간 이전재정의 특성에 의해 유형이 구분된다. 이때 적용되는 유형의 분류 기준은 다음의 세 가지 기준이다. 즉, ① 조건 유무, ② 대응 여부, ③ 한도 여부다(King, 1984: 87-88).

#### 1) 조건 유무: 조건부 지원금과 무조건부 지원금

조건 유무 기준에 의해 조건부 지원금과 무조건부 지원금으로 구분한다.[2] 조건부 지원금(conditional grant)은 지원금의 용도 및 기타 조건이 특정화된 특정 지원금(specific grant)을 말한다. 선택적 지원금(selective grant) 또는 범주적 지원금(categorical grants)이라고도 한다. 무조건부 지원금(unconditional grant)은 지원금의 사용에 어떠한 제약도 가하지 않은 일반재원을 지칭한다. 지원금을 받는 정부는 자유재량으로 지출할 수 있는 지원금이다. 일반 지원금(general grant) 또는 비선택적 지원금이라고도 부른다.

#### 2) 대응 여부: 대응 지원금과 비대응 지원금

대응 여부 기준에 의해 대응 지원금과 비대응 지원금으로 구분한다. 대응 지원금(matching grant)은 지방정부가 특정 공공 서비스에 지출한 금액의 일정 비율을 중앙정부 또는 상위 정부가 지원하고 나머지 금액은 지방정부가 부담하는 종가(ad valorem) 지원금을 말한다. 비대응 지원금(non-matching grant)은 지방정부에 일괄(lump sum)로 지급해 지방정부의 대응 부담이 없는 지원금을 말한다.

#### 3) 한도 여부: 유한 지원금과 무한 지원금

한도 여부 기준에 의해 유한 지원금과 무한 지원금으로 구분한다. 유한 지원금(closed-ended grant)은 상위 정부가 이전하는 지원금의 총액에 최고 한도를 정하는 것

2) 이전재정의 grant에 대해 우리나라에서는 교부금과 보조금을 모두 포함한 의미로 사용되기 때문에 여기서는 '지원금'이라고 번역하기로 한다.

을 말한다. 무한 지원금(open-ended grant)은 지원금 총액에 제한을 가하지 않는 것이다.

### 4) 정부간 재정조정제도 유형

이상 세 가지 기준을 적용할 경우 정부간 재정조정제도로서의 지원금 유형은 이론적으로는 '무조건부 비대응 무한 지원금'으로부터 '조건부 대응 유한 지원금'까지 여덟 가지 유형이 존재한다. 그러나 가장 전형적인 정부간 지원금 유형은 '무조건부 비대응 지원금'과 '조건부 대응 지원금'이라고 할 수 있다.

무조건부 비대응 지원금은 특정 용도가 정해지지 않고 지방정부에 아무런 조건도 요구하지 않은 지원금으로서 지방정부가 자율적으로 사용할 수 있는 일반재원이다. 우리나라의 지방교부세가 여기에 해당한다. 지방정부의 부족 재원을 보전해주고 지방정부 간 수평적 재정 불균등을 시정하는 데 유효한 수단이다. 일정한 공식을 통해 배분하는 방식을 택한다. 배분 공식은 다양하지만 일반적으로 지방정부의 재정 수요와 세입 조달 능력, 그리고 세입 노력 등을 반영한다.

조건부 대응 지원금은 특정 용도가 정해져 있고 지방정부가 일정 부분 대응적으로 재정 부담을 하는 특정 지원금이다. 우리나라의 국고보조금이 여기에 해당한다. 조건부 대응 지원금에는 정률지원금과 정액지원금이 있다. 정률지원금은 중앙정부 또는 상위 지방정부가 사업 비용의 일정 비율을 지원하고, 지원받는 지방정부는 나머지 비용을 부담하는 지원금을 말한다. 해당 사업이 국가사무로서의 성격이 높아질수록, 지방정부의 재정력이 약할수록 보조율은 높아지게 된다. 정액지원금은 중앙정부 또는 상위 지방정부가 특정 사업에 대해 고정된 금액을 지원하는 지원금이다.

조건부 대응 지원금에도 유한지원금과 무한지원금이 있다. 유한지원금은 중앙정부가 지원 한도액을 정한 경우로서 예산통제 목적으로 채택하는 경향이 있다. 무한지원금은 지방정부가 특정 사업에 지출한 것에 비례해 중앙정부가 지원하는 한도액이 정해지지 않은 지원금이다. 이 경우 지방정부가 특정 사업에 대한 지출을 늘릴수록 중앙정부의 지원이 커지기 때문에 중앙정부의 부담은 지방정부의 행태에 영향을 받게 된다.

조건부 대응 지원금은 지역 간 누출 효과가 발생하는 사업처럼 중앙정부에 중요하고 지방정부에는 덜 중요한 사업에 지원할 때 사용되는 경향이 있다. 중앙정부나 상위 지방정부가 특정한 사업의 추진을 지방정부에 위임하고, 그 재원의 일부를 보조하거나 또는 지방정부로 하여금 그 사업을 수행하도록 유도하기 위해 사용하는 제도다.

그런데 조건부 지원금은 특정 용도의 지정 범위(category)를 확대한 포괄보조금(block grant) 형태로 운용할 수 있다. 포괄보조금은 지방정부의 지출에 대한 재량을 높여주는 제도다. 가령 노인치매 요양소 건설사업과 같은 개별사업 보조금을 노인복지 사업으로 확대한 포괄보조금 형태로 운용한다면 지방정부는 더 효율적인 재정 운용이 가능해진다.

## 2 정부간 이전재정 현황 개요

정부간 이전재정은 수직적 관계와 수평적 관계에서 살펴볼 수 있다. 수직적 관계에서의 이전재정은 중앙정부와 지방정부 간, 광역자치단체와 기초자치단체 간, 중앙정부와 교육자치단체 간 이전재정을 말한다. 여기서 사용되는 재정이전 수단은 무조건부 지원금으로서의 교부금과 조건부 대응지원금으로서의 보조금이다.

중앙정부와 지방정부 간 이전재정은 지방교부세와 국고보조금이다. 지방교부세에는 보통교부세와 특별교부세, 부동산교부세, 소방안전교부세가 있다. 종전에는 분권교부세가 있었으나 2015년부터 보통교부세로 통합되었다. 지방교부세(부동산 교부세 제외)는 특별·광역시의 자치구에는 직접 교부되지 않으며, 해당 특별·광역시의 기준재정 수요액 및 기준재정 수입액과 합산해 산정한 후, 해당 특별·광역시에 교부한다. 특별·광역시는 다시 자치구에 조정교부금을 교부한다.

광역자치단체와 기초자치단체 간 이전재정은 이원적 구조로 되어 있다. 특별·광역시와 자치구 간에는 자치구 조정교부금과 시비보조금이 지원된다. 도와 시·군 간에는 시·군 조정교부금과 도비보조금이 지원된다. 종전 도와 시·군 간 재정보전금은 2015년부터 시·군 조정교부금으로 명칭이 변경되었다.

중앙정부와 교육자치단체 간에는 지방교육재정교부금과 국고보조금이 지원된다. 교육세는 지방교육재정교부금에 포함된다.

이상의 이전재정과 별개로 중앙정부의 지역정책의 일환으로 만든 지역발전특별회계에 의한 지원금이 있다. 그러나 이 지원금은 중앙과 지방 간 재정 조정 목적으로 지원되는 것이 아니라 중앙정부의 지역정책의 일환으로 지원된다는 점에서 이전재정이라고 볼 수 없다.

**표 6-2 우리나라 정부간 이전재정의 현황**

<table>
<tr><th colspan="2">주체</th><th colspan="2">이전재정</th></tr>
<tr><td rowspan="9">수직적 재정 조정</td><td rowspan="5">중앙정부 → 지방자치단체</td><td>지방교부세[1]</td><td rowspan="5">국고보조금<br>(지역발전특별회계)[4]</td></tr>
<tr><td>보통교부세</td></tr>
<tr><td>특별교부세</td></tr>
<tr><td>부동산교부세</td></tr>
<tr><td>소방안전교부세</td></tr>
<tr><td>광역자치단체 → 기초자치단체</td><td colspan="2"></td></tr>
<tr><td>특별·광역시 → 자치구</td><td>자치구 조정교부금</td><td>시비보조금</td></tr>
<tr><td>도 → 시·군</td><td>시·군 조정교부금[2]</td><td>도비보조금</td></tr>
<tr><td>중앙정부 → 교육자치단체</td><td>지방교육재정교부금<br>(교육세 포함)</td><td>국고보조금</td></tr>
<tr><td rowspan="2">수평적 재정 조정</td><td>동일 계층 지방자치단체</td><td colspan="2">지역상생발전기금, 서울시 재산세 공동세[3]</td></tr>
<tr><td>광역자치단체 → 교육자치단체</td><td colspan="2">지방교육세, 담배소비세 및 시도세 전입금 등</td></tr>
</table>

주1) 지방교부세는 특별·광역시의 자치구에는 직접 교부되지 않음. 2015년 소방안전교부세가 신설됨.
주2) 도에서 시·군에 교부되는 재정보전금은 2015년부터 시·군 조정교부금으로 명칭이 변경됨.
주3) 서울시 재산세 공동세(50%)는 형식적으로는 수직적 재정 이전이지만 실질적으로 수평적 재정 이전에 해당함.
주4) 지역발전특별회계는 이전재정은 아니며, 중앙정부의 지역정책의 일환으로 시원되는 제도임.

수평적 관계로서 동일 계층 지방자치단체 수준에서의 이전재정은 지역상생발전기금이다. 2010년 지방소비세를 도입하면서 수도권과 비수도권의 재정 격차 확대를 고려해 광역자치단체 수준에서의 이전재정으로서 지역상생발전기금을 마련했다. 기초자치단체 수준에서는 서울시 재산세 공동세를 들 수 있다. 서울시 재산세의 특별시분(50%)은 시세로서 자치구에 균등 배분한다는 점에서 형식적으로는 수직적 관계의 이전재정이다. 그러나 본래 자치구세였던 재산세 50%를 서울시가 징수해 자치구에 다시 배분한다는 점에서 실질적으로는 수평적 이전재정에 해당한다.

광역자치단체와 교육자치단체 간 재정조정은 광역 수준에서의 재정이전이란 점에서 수평적 관계의 이전이다. 여기서의 이전재정으로는 법정 전입금으로서 지방교육세·담배소비세·시도세의 전입금 등이 있다. 그리고 비법정 전입금을 이전해 주는 경우도 있다.

## 제3절 정부간 이전재정의 경제적 효과

정부간 이전재정은 지방정부 서비스 공급에 이용 가능한 재원을 증가시키거나 서비스 추가 공급의 한계비용 감소에 의해 지방정부 재정상의 의사 결정에 영향을 미친다. 이전재정의 경제적 효과는 소득 효과 또는 가격 효과(대체 효과)다. 여기서는 무조건부 지원금과 조건부 지원금의 경제적 효과를 살펴보고, 이들을 비교해 보고자 한다(김동건, 2012 참조).

### 1 무조건부 지원금의 경제적 효과

지방교부세와 같은 일반재원인 무조건부 지원금을 지방정부에 지원할 경우 소득 효과가 발생한다. 이 지원금은 일반적인 소득보조금(general income subsidy)과 동일하며, 정(正)의 소득 효과($E \rightarrow E'$)를 나타낸다.

[그림 6-1]에서 $X$축은 공공재, $Y$축은 민간재를 표시하며, $AB$선은 그 지역의 예산선(가격선)으로서 민간재와 공공재의 여러 가지 결합을 보여준다. 점 $E$를 지나는 $i_1i_1$ 곡선은 그 지역주민들의 선호를 대변하는 무차별곡선이며, 최초의 균형은 점 $E$에서 이뤄진다. 이 점에서 민간재는 $OC$만큼 소비되고 공공재는 $OD$만큼 소비된다. 그런데 $OD$만큼의 공공재 소비를 위해 민간재를 $CA$만큼 포기해야 한다. 따라서 $OA$를 민간재로 표시한 그 지역의 총소득이라고 한다면 $OD$만큼의 공공재를 소비(생산)하기 위한 조세율은 $CA/OA$다.

이때 비대응 지원금이 민간재로 표시해 $AF$만큼 지역에 교부된다면 예산선은 $AB$선에서 $FG$선으로 평행 이동하게 되며 새로운 균형점이 $E'$에서 이뤄진다. 따라서 같은 지역에서 $OH$만큼의 민간재와 $OK$만큼의 공공재 소비가 가능하게 되는데, 교부금 지급 전보다 민간재는 $CH$, 공공재는 $DK$만큼의 소비가 증가된다. 즉, 비대응 지원금의 일부가 민간부문으로 누출되어 공공재뿐만 아니라 민간재의 소비(생산)도 증가시키는 데 기여한다.

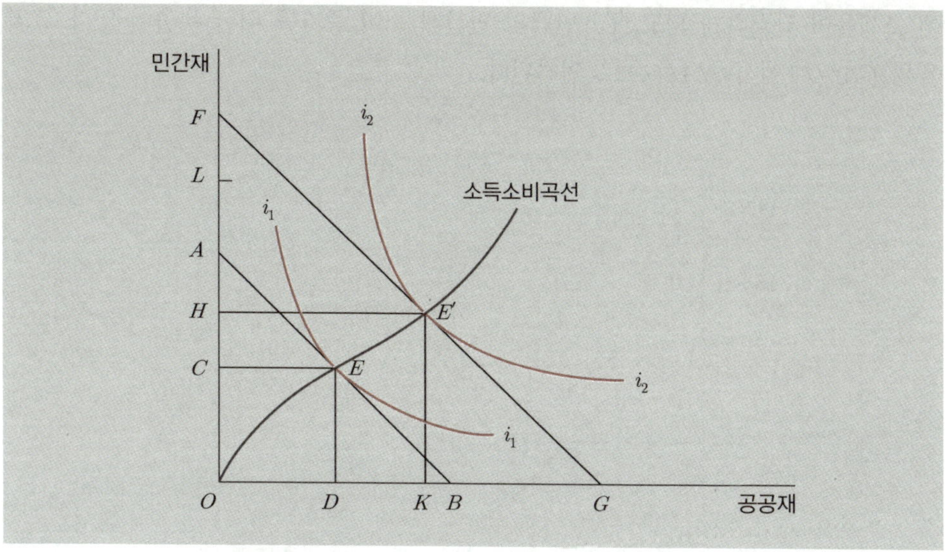


그림 6-1 무조건부(일반) 지원금의 경제적 효과

## 2 조건부 지원금의 경제적 효과

국고보조금과 같은 조건부 지원금인 특정재원을 지원할 경우 공공재의 상대적 가격 하락이 발생해 소득 효과와 더불어 대체 효과를 유발시킨다. 만약 대체 효과가 매우 커서 소득 효과를 능가하면 민간 소비가 감소될 수 있다.

특정 공공재에 용도가 지정되고 지방정부가 일정 비율을 부담해야 하는 대응 조건부 지원의 경우가 [그림 6-2]에 나타나 있다. 최초의 균형은 점 $E$로서 이 점에서 민간재 $OC$와 공공재 $OD$가 소비된다. 여기에 대응 지원금이 지급된다면 예산선은 $AH$선에서 $AM$선으로 이동하게 된다. 대응 조건부 지원금은 공공재 생산에만 사용되기 때문에 공공재의 공급이 증가되고 공공재의 상대적 가격이 하락하게 된다. 새로운 균형점은 $E'$에서 이뤄지며 민간재의 소비는 $ON$, 공공재의 소비는 $OP$만큼 이뤄진다. 지원금 지급 전과 비교할 때 민간재 소비는 $CN$, 공공재 소비는 $DP$만큼 추가적으로 증가된다. 지원금 지급 전에는 $OD$의 공공재 소비를 위해 $CA$만큼의 소득을 포기해야 하지만 지원금 지급 후에는 $OP$의 공공재 소비를 위해 $NA$의 소득을 조세로서 지출하게 된다. 따라서 조세부담액은 $CA$에서 $NA$로 감소됨으로써 $CN$만큼 조세의 순감소를 초래한다. 대응교부금이 교부되는 경우에도 민간재 소비의 증가 때문에 조세율이 감소하게 되고, $CN$만큼의 민간재 소비 증가를 위한 누출이 있다. 조세율은 $CA/OA$에서 $NA/OA$로 인하된다.

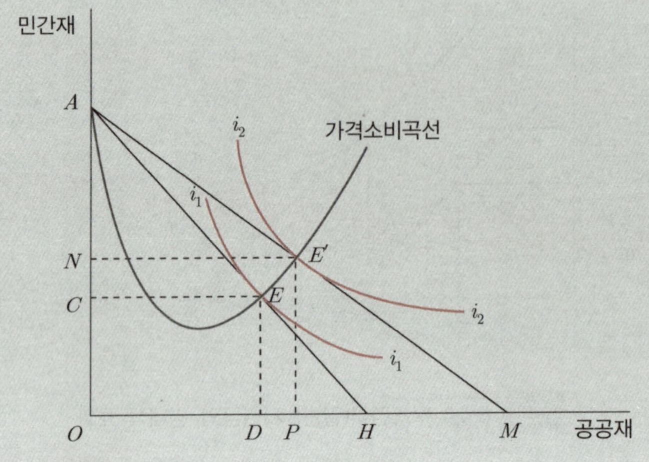


그림 6-2 정률 조건부(특정) 지원금의 경제적 효과

조건부 대응 지원금을 지급한 경우 민간재의 소비가 반드시 증가한다는 보장은 없다. 공공재의 상대적 가격이 하락하기 때문에 소득 효과와 더불어 대체 효과가 발생하고, 대체 효과의 크기가 소득 효과보다 큰 경우 민간재 소비가 감소될 수도 있기 때문이다.

## 3 일반 지원금과 특정 지원금의 경제 효과 비교

무조건부 비대응 지원금은 소득 효과, 조건부 대응 지원금은 소득 효과와 대체 효과가 발생한다는 점을 앞에서 보았다. 두 가지 지원금의 경제적 효과를 비교해 보면 어떤 상황에서 어떤 지원 방식이 효과적인가에 대한 정책적 함의를 얻을 수 있다.

무조건부 비대응 지원금과 조건부 대응 지원금의 경제적 효과를 비교해 보자. [그림 6-3]에서 $E$를 최초의 균형점이라고 하면 $Em$은 조건부 대응 지원금 지급 후의 균형점이고, $En$은 무조건부 비대응 지원금 지급 후의 균형점이다.

먼저 특정 공공재 공급 관련 경제적 효과를 비교하면 $Em$과 $En$은 동일한 공공재의 소비량 $OP$를 위해 정부가 부담해야 할 비용이 상이하다는 것을 보여주고 있다. 즉, 조건부 대응 지원금 지급 시의 정부 비용은 $EmS$인데, 무조건부 비대응 지원금을 지급하는 경우 정부 비용은 $EnS$로서, 후자의 경우가 전자의 경우보다 더 많은 정부 비용을 필요로 하고 있다. $En$은 $Em$보다 반드시 위에 위치하게 되는데, 무조건부 비대응 지원금의 경우 공공재와 민간재 간의 한계대체율이 조건부 대응 지원금의 경우보다 크기 때문이다. 이렇게 동일한 양의 공공재를 공급하는 데, 조건부 대응 지원금은 무조건부 비대응 지원금보다 정부 비용이 $Em$, $En$만큼 적게 투입되므로 경제적으로 더 효율적이다. 이를 다른 측면에서 보면 동일한 금액을 일반 재원이 아닌 특정 재원으로 지원한 경우 지원 대상 재화(공공재)의 소비량의 증가를 촉진하게 된다. 특정재원을 지원할 경우 공공재의 상대적 가격 하락이 발생해 대체 효과를 유발시키는 것이다. 이것은 중앙정부가 특정 공공재를 제공하기 위한 목적으로는 특정 지원금 제도가 더 유용한 것을 의미한다.

조건부 대응 지원금이 무조건부 비대응 지원금보다 공공재 공급에서 더 효율적인 이유는 조건부 지원금이 공공재 생산을 위한 경비 지출에 국한해 지급되는데 반해, 무조건부 지원금은 공공재의 추가적 생산뿐만 아니라 조세의 감소를 통해 민간재까

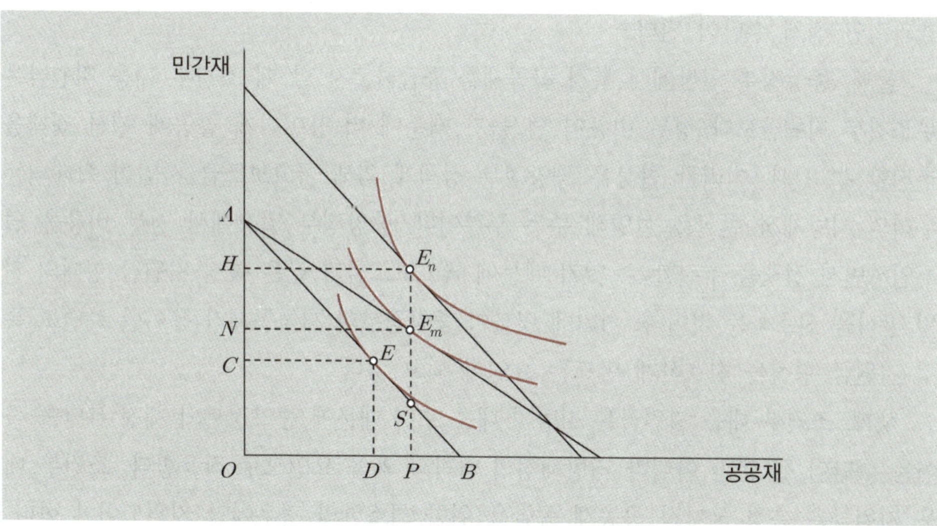


그림 6-3 무조건부 지원금과 조건부 지원금의 경제 효과 비교

지도 증대시키는 효과를 지니고 있기 때문이다.

여기서 조건부 대응 지원금과 무조건부 비대응 지원금의 경제적 효과를 정리하면 다음과 같다.

첫째, 조건부 대응 지원금은 특정 공공재를 생산하는 데에 정부 비용이 더 적게 소요되며, 그만큼 무조건부 비대응 지원금보다 더 효율적이다. 또한 조건부 대응 지원금을 특정 공공재 생산에 지원할 경우 공공재 가격 하락 때문에 특정 공공재 소비량을 증대시키게 된다.

둘째, 무조건부 비대응 지원금은 소득 효과만 발생하며, 사회후생의 증대 효과가 조건부 대응 지원금보다 더 크다. 주민의 사회후생 증대 측면에서는 조건부 대응 지원금보다 무조건부 비대응 지원금의 효과가 더 크다.

## 4 정책적 시사점

두 지원제도의 경제적 효과를 고려할 때 정책적 시사점은 다음과 같다.

첫째, 조건부 대응 지원금은 국가가 추진하고자 하는 특정 공공재의 생산을 촉진하는 데에는 무조건부 지원금보다 더 효율적이다. 예컨대, 정부가 추진하고자 하는 하수종말처리장 건설을 촉진하기 위해서는 무조건부 지원금보다 조건부 지원금이 더 효과적인 정책 수단이 된다.

둘째, 중앙정부 입장에서 특정 공공재를 공급하고자 할 때 조건부 대응 지원금은 무조건부 지원금보다 정부 비용이 덜 들기 때문에 더 용이하게 공공재 생산 정책을 추진할 수 있다. 이러한 현상은 중앙정부 정책에 의해 국고보조금 사업이 확대되는 우리의 지방재정 현실을 설명해 주는 부분이다. 중앙정부 입장에서 정부 비용을 덜 투입하면서 정책을 추진할 수 있기 때문에 국고보조금과 같은 특정 지원금 형태의 지원 방식을 선호하는 것이다. 여기에 덧붙여 중앙정부의 재정통제가 용이한 측면도 특정 지원금 형식을 선호하게 만드는 요인이 되고 있다.

셋째, 조건부 대응 지원금은 지방비 대응 조건 때문에 중앙정부의 재정 부담을 줄이는 수단이 될 뿐만 아니라 지방재정의 압박과 왜곡 요인으로 작용한다. 조건부 대응 지원금은 특정 국가적 공공재 공급을 위한 최소한의 경우에만 지원되어야 한다.

넷째, 지방정부의 사회후생 측면을 고려할 때에는 무조건부 비대응 지원금이 더 효율적이다. 무조건부 지원금의 균형점 $En$이 조건부 지원금 균형점 $Em$보다 더 높은 무차별곡선상에 놓여 있음이 이를 증명한다. 이는 무조건부 비대응 지원금은 지원금을 수령하는 지방정부의 의사 결정에 제약을 가하지 않기 때문에 지방정부는 자신의 사회후생이 가장 극대화되는 방향으로 의사 결정을 할 수 있기 때문이다. 따라서 지역주민의 후생을 증진시키기 위해서는 조건부 대응 지원금보다 무조건부 대응 지원금 형식으로 지원하는 것이 바람직하다. 더 나아가 재정자치의 관점에서는 지방세를 중심으로 한 자주재원을 확대하는 것이 더 바람직하다. 최근 계속 확대되고 있는 국고보조금 비중을 축소해야 하는 논거를 제공하고 있다.

CHAPTER 07

# 지방교부세

## 제1절 지방교부세의 의의와 기능

### 1 지방교부세의 의의와 성격

지방교부세법(제2조 제1항)에 의하면 지방교부세는 "국가가 재정적 결함이 있는 지방자치단체에 교부하는 금액"이라고 정의되어 있다. 명목적 정의로는 미흡한 점이 있지만 재정적 결함에 대한 보전의 의미로서 지방교부세의 범위를 넓게 설정하고 있다. 지방교부세는 정부간 재정 조정의 중추적 역할을 하는 이전재정이다.

지방교부세 개념은 그것의 성격과 기능에 의해 좀 더 명확히 이해할 수 있다. 먼저 지방교부세의 성격을 보면 다음과 같다.

첫째, 지방교부세는 일반재원이다. 지방교부세는 중앙정부가 지방에 교부할 때 용도 제한이나 특정 조건을 붙이지 않는 무조건부 지원금이다. 지방정부는 교부된 지방교부세를 어떤 용도에 사용할 것인가를 자율적으로 결정할 수 있다. 일반재원으로서 용도 제한을 금지하는 것은 지방자치에 대한 국가의 부당한 간섭을 배제하려는 취지로 해석되어야 한다. 이것을 지방정부가 법령에 반해 무제한적으로 자의적인 사용을 할 수 있음을 인정하는 것으로 해석해서는 안 된다. 따라서 지방정부는 그 소관 행정에 대해서 합리적이고 타당한 수준을 유지함은 물론 위법・부당한 재정 운용이나 세수입의 징수를 태만히 해서는 안 된다.

둘째, 지방교부세는 지방공유의 고유재원이다. 이 관점은 지방교부세가 중앙과 지방 간 재정 조정 차원에서 중앙정부가 단순히 이전해 주는 재원이라는 의미가 아니라 중앙과 지방이 세원을 공유하는 세원 재배분의 한 형태라고 보는 것이다. 지방교부세는 중앙정부가 교부하는 '세(稅)'이고, 본래 지방정부의 세수입인 것을 중앙정부가 대신 징수해 일정한 기준에 따라 지방정부에 재배분하는 일종의 간접 과징 형태의 지방세라고 할 수 있다는 것이다.

셋째, 지방교부세는 중앙과 지방의 세원 배분을 보완한다. 지방교부세는 세입분권과 세출분권의 격차를 보완하는 기능을 한다. 지방교부세는 중앙과 지방 간 재원 조정 방안의 일환으로서 수직적 재원 불균형을 보완하는 기능을 하고 있다.

## 2 지방교부세의 기능

지방교부세는 주요 기능으로 재정 보전 기능과 재정 균등화 기능, 부차적 기능으로 세입 및 세출의 자체 노력에 대한 인센티브 부여 기능을 갖고 있다.

### 1) 재정 보전 기능

지방교부세의 일차적 기능은 재원 부족 지방정부의 부족 재원을 보전해 주는 기능이다. 중앙정부는 주요 세원을 갖고 있는 반면에, 지방정부는 충분한 재정자원을 갖고 있지 않다. 따라서 지역주민으로부터 징수되는 지방세만으로는 표준적인 행정 서비스를 제공하는 데 필요한 재원을 확보할 수 없는 실정이다. 지방교부세는 지방정부의 재정지출 책임과 조세 징수 능력의 불균형을 완화하기 위해 필요한 제도로서 재정 부족 단체에 대해 부족한 정도에 따라 그 재원을 보전해 주는 재정 지원 제도다. 다시 말해 지방정부의 표준적인 행정 서비스를 제공하는 데 필요한 재원을 교부하는 재원 보장 기능을 갖는다. 이것은 지방교부세가 세입분권과 세출분권의 격차를 완화하는 수직적 균형을 지향하는 제도임을 보여주는 것이다.

### 2) 재정 균등화 기능

지방교부세는 지역 간 재정력 격차를 완화시키는 재정 균등화 기능을 수행한다. 모든 지방정부는 재정력에 관계없이 일정한 수준의 행정 서비스를 제공할 의무가 있다. 국민들은 전국 어느 지역에 살더라도 표준적인 행정 서비스를 제공받을 권리가 있다. 그러나 지역 간 사회경제적 여건이 다름에 따라 재정력 격차가 존재한다. 지방교부세는 지역 간 재정력 격차를 해소하기 위해 지방정부 상호 간 과부족을 조정하고 균형화를 도모하는 재정 조정 기능을 수행한다. 소위 재정 형평화 지원금(fiscal equalization grant) 성격을 갖는다. 지방교부세법(제1조)에도 지방정부의 행정 운영에 필요한 재원을 교부하여 그 재정을 조정함으로써 지방행정을 건전하게 발전시키도록 함을 목적으로 한다고 규정하고 있다. 다만, 재정 균등화 기능은 지방정부의 자주성을 침해하지 않는 범위에서 이뤄져야 한다.

### 3) 세입 및 세출의 자체 노력 인센티브 부여 기능

지방교부세의 부차적 기능으로 세입 및 세출의 자체 노력에 대한 인센티브 부여 기능을 들 수 있다. 자체 노력 반영 제도는 지방정부의 건전 재정 운영을 도모하고, 세입 증대와 세출 절감 자체 노력을 촉진·유도하기 위한 제도다. 기준재정 수요 및 수입 산정과 직접 관련된 13개 항목별로 자체 노력 정도를 평가해 기준재정 수요액과 기준재정 수입액 산정 시 가감해 반영한다. 수요 자체 노력은 지방정부 재정 운영의 건전성을 도모하고, 자구(自救) 노력을 촉진·유도하는 차원에서 세출과 관련해 지방정부별 자구 노력의 정도를 기준재정 수요액에 가감 반영한다. 수입 자체 노력은 수요 자체 노력과 마찬가지로 세입과 관련해 지방정부가 자구 노력과 책임을 다하는 정도를 기준재정 수입액 산정에 반영한다. 현재 운용되고 있는 수입 자체 노력 항목은 지방세와 관련한 지방세 징수율 제고, 탄력세율 적용 등 6종이다.

## 제2절 지방교부세의 종류와 재원

### 1 지방교부세의 종류

지방교부세의 종류는 보통교부세 · 특별교부세 · 부동산교부세 · 소방안전교부세로 구분한다. 2005년에 도입되었던 분권교부세는 2015년부터 보통교부세로 통합되었다. 2015년에는 세월호 사건으로 국민안전처를 설치하면서 소방안전교부세가 신설되었다.

보통교부세는 모든 지방자치단체가 일정한 행정 수준을 유지할 수 있도록 기본적 행정 수행에 필요한 표준경비를 산출하고 지방세 등 일반재원 수입으로 충당할 수 없는 부족분을 보전하는 일반재원이다.

특별교부세는 보통교부세의 보완적 기능을 수행하는 특정재원이다. 보통교부세의 산정 방법으로는 지방자치단체의 모든 재정 수요를 완벽하게 포착할 수 없는 한계를 보완하는 제도다. 특별교부세를 교부하는 이유는 보통교부세의 획일적인 산정 방법에서 발생하는 기준재정 수요 · 수입의 미흡한 부분을 보완하고 연도 중에 발생한 재난 등 예측할 수 없는 특별한 재정 수요에 대처하는 데 목적이 있다.

부동산교부세는 부동산세제 개혁 방안으로 기존 지방세인 종합토지세와 재산세의 일부를 국세인 종합부동산세로 전환해 종합부동산세액 전액을 지방자치단체에 교부하는 재원이다. 2005년 종합부동산세 도입으로 지방자치단체 보유세 등이 감소해 지방자치단체 재원 감소분 보전과 지역 균형 발전을 고려한 산정 방식으로 교부했다. 이후 2010년도에 시 · 도세인 지방소비세가 도입되면서부터는 보유세 및 거래세 감소분 보전을 폐지하고 전액을 균형재원으로 특별자치시 · 시 · 군 · 자치구 및 특별자치도에 교부하고 있다.

소방안전교부세는 지방자치단체의 소방 및 안전시설 확충, 안전관리 강화 등을 위해 지방자치단체에 교부하는 재원으로서 2015년 국민안전처 신설과 더불어 도입되었다. 소방안전교부세의 교부 기준은 지방자치단체의 소방 및 안전시설 현황, 소방 및 안전시설 투자 소요, 재난 예방 및 안전 강화 노력, 재정 여건 등을 고려해서 정한다.

**표 7-1 지방교부세의 종류**

| 구분 | 보통교부세 | 특별교부세 | 부동산교부세 | 소방안전교부세 |
|---|---|---|---|---|
| 목적 | 재원 보전 및 재정 불균형 시정 | 특별재정 수요 대응 | 종부세 재원의 균형재원 사용 | 소방 및 안전 사업 수행 |
| 재원 성격 | 일반재원 | 특정재원 | 일반재원 | 특정재원 |
| 재원 | 내국세 총액의 19.24% | | 종합부동산세 총액 | 담배에 부과하는 개별소비세 총액의 45% |
| | 97% | 3% | | |

주: 소방안전교부세율은 2018년 20%에서 2020년 45%로 인상.

**표 7-2 지방교부세 유형별 교부 현황**

(단위: 억 원)

| 연도 | 계 | 보통교부세 | 특별교부세 | 부동산교부세 | 소방안전교부세 |
|---|---|---|---|---|---|
| 2015 | 348,881 | 321,762 | 9,874 | 14,104 | 3,141 |
| 2016 | 379,673 | 350,237 | 10,832 | 14,457 | 4,147 |
| 2017 | 443,639 | 410,323 | 12,690 | 15,491 | 5,135 |
| 2018 | 490,446 | 452,118 | 13,983 | 20,172 | 4,173 |
| 2019 | 577,093 | 526,028 | 16,269 | 29,421 | 5,375 |
| 2020 | 503,221 | 448,965 | 13,895 | 33,210 | 6,851 |
| 2021 | 591,699 | 513,318 | 15,876 | 52,153 | 10,352 |
| 2022 | 810,450 | 704,142 | 21,778 | 75,677 | 8,853 |
| 2023 | 752,883 | 666,446 | 20,612 | 57,133 | 8,692 |

주: 2022년까지는 (최종예산 + 전년도 정산분), 2023년도는 당초예산 기준임.
자료: 행정안전부(2023a). 『2023년도 지방교부세 산정 해설』.

## 2 지방교부세의 재원

지방교부세의 재원은 교부세의 종류에 따라 다르게 조성된다. 보통교부세와 특별교부세의 재원은 내국세 총액의 19.24%이며, 부동산교부세 재원은 종합부동산세 총액, 소방안전교부세 재원은 담배에 부과하는 개별소비세 총액의 45%다. 그리고 각 재원의 전전 연도 예산액과 그 결산액의 차액으로 인한 교부세 차액의 정산분을 포함한다.

그런데 추가경정예산에 의해 교부세의 재원인 국세가 늘거나 줄면 교부세도 함께 조절해야 한다. 다만, 국세가 줄어드는 경우에는 지방재정 여건 등을 고려해 다음다음 연도까지 교부세를 조절할 수 있다. 국세 수입의 변동으로 인한 지방재정에의 영향을 고려하기 위해 2014년에 도입한 제도다. 그리고 지방교부세는 1년을 4기(期)로 나눠 교부한다. 다만, 특별교부세는 예외로 할 수 있다.

일반적으로 지방교부세 재원은 보통교부세와 특별교부세의 재원을 말한다. 지방교부세 교부율은 내국세 총액의 19.24%다. 그런데 이때의 내국세는 국세 중 관세를 뺀 금액 전부를 의미하는 것이 아니라 목적세와 특정재원으로 사용되는 세액을 제외한다.

> 내국세＝(국세－관세)－주세(지특회계)－목적세(교육세, 교통・에너지・환경세, 농특세)－종합부동산세－담배 부과 개별소비세 45%

**표 7-3 연도별 지방교부세 교부율**

| 1968년 이전 | 1969~1972 | 1973~1982 | 1983~1999 | 2000~2004 | 2005 | 2006~ |
|---|---|---|---|---|---|---|
| 특정 세목의 일정률 | 17.6% | 법정률 유보 | 13.27% | 15% | 19.13% | 19.24% |
| 법정률 | 법정률 | 평균 11.4% | 법정률 | 법정률 | 법정률 | 법정률 |

지방교부세 교부율은 그동안 법정 교부율을 정해 운영해 왔으나 1973~1982년 동안에는 법정률을 유보한 적이 있다. 박정희 정부 유신 시대 지방자치제가 시행되지 않고 중앙집권적 행정 및 재정 운영을 하던 시기다. 당시 교부율은 평균 11.4% 수준으로 다른 시기에 비해 낮은 수준을 기록하고 있다.

## 제3절 보통교부세

### 1 보통교부세의 의의

보통교부세는 지방자치단체가 일정한 행정 수준을 유지할 수 있도록 기본적 행정 수행경비를 산출해 그 부족분을 일반재원으로 보전하는 제도다. 부족재원을 보전하는 재정보전 기능과 지역 간 재정 격차를 완화하는 재정 균등화 기능을 갖는 제도다. 보통교부세는 무조건부 일반재원이면서 비대응 지원금이라는 특성을 갖는다.

보통교부세는 매년도의 기준재정 수입액이 기준재정 수요액에 미달하는 지방자치단체에 대해 그 부족액을 기초로 하여 교부한다. 기준재정 수요액은 각 자치단체의 재정 수요를 합리적 기준에 따라 자치단체별로 산정한 표준적인 재정 소요액이며, 기준재정 수입액은 각 자치단체의 재정력을 합리적 기준에 따라 자치단체별로 산정한 표준적인 재정수입액이다.

보통교부세는 특별·광역시의 자치구를 제외한 모든 자치단체를 대상으로 교부한다. 자치구는 특별·광역시의 기준재정 수요액 및 기준재정 수입액에 합산 산정하고, 이를 당해 특별시 또는 광역시에 일괄 교부한다. 자치구는 중앙정부로부터 직접적인 보통교부세를 지원받지 않는 대신 특별·광역시로부터 조정교부금을 지원받는다.

행정안전부 장관은 보통교부세를 교부할 때 보통교부세의 산정 기초 자료, 지방자치단체별 내역, 관련 자료를 첨부해 보통교부세의 결정을 통지한다.

### 2 보통교부세의 산정 방법

#### 1) 산정 개요

보통교부세는 [그림 7-1]과 같이 각 자치단체의 재정 부족액을 보전해 주는 방식으로 산정한다. 보통교부세는 매년도 기준재정 수입액이 기준재정 수요액에 미달하는 자치단체에 대해 그 미달액을 기준으로 산정 교부한다(지방교부세법 제6조 제1항). 기준재정 수입액이 기준재정 수요액을 초과하는 경우 불교부단체로서 보통 교부세를

교부하지 않는다.1)

기준재정 수요액은 [기초수요액 + 보정 수요액 ± 수요 자체 노력], 기준재정 수입액은 [기초수입액 + 보정 수입액 ± 수입 자체 노력]으로 계산한다.



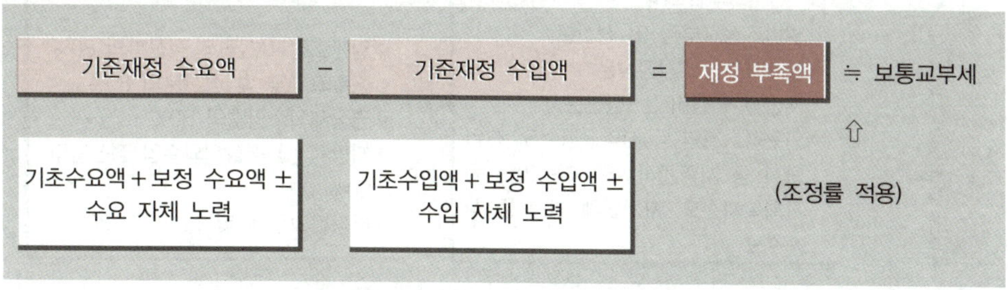


그림 7-1 보통교부세의 산정 방식

그런데 보통교부세 총액이 재정 부족액 총액에 미달하는 경우, 조정률을 산정해 적용한다. 조정률은 보통교부세 총액(제주특별자치도 교부액 3% 제외)을 재정 부족액 총액으로 나눈 값이다. 최근 조정률을 보면 2017, 2018년에는 90%를 넘었으나 2021년에는 73.9%로 떨어졌다. 2022년 86.0%, 2023년 81.6% 수준을 유지하고 있다.

$$\text{조정률} = \frac{\text{보통교부세 총액(제주 3\% 제외)}}{\text{재정 부족액 총액}}$$

표 7-4 연도별 조정률

(단위: %)

| 2017 | 2018 | 2019 | 2020 | 2021 | 2022 | 2023 |
|---|---|---|---|---|---|---|
| 94.0 | 91.5 | 86.4 | 83.6 | 73.9 | 86.0 | 81.6 |

1) 2023년도 불교부 단체는 광역자치단체인 서울, 경기도, 기초자치단체인 성남, 화성 등 총 4개 단체임. 불교부 단체의 수는 연도에 따라 다름.

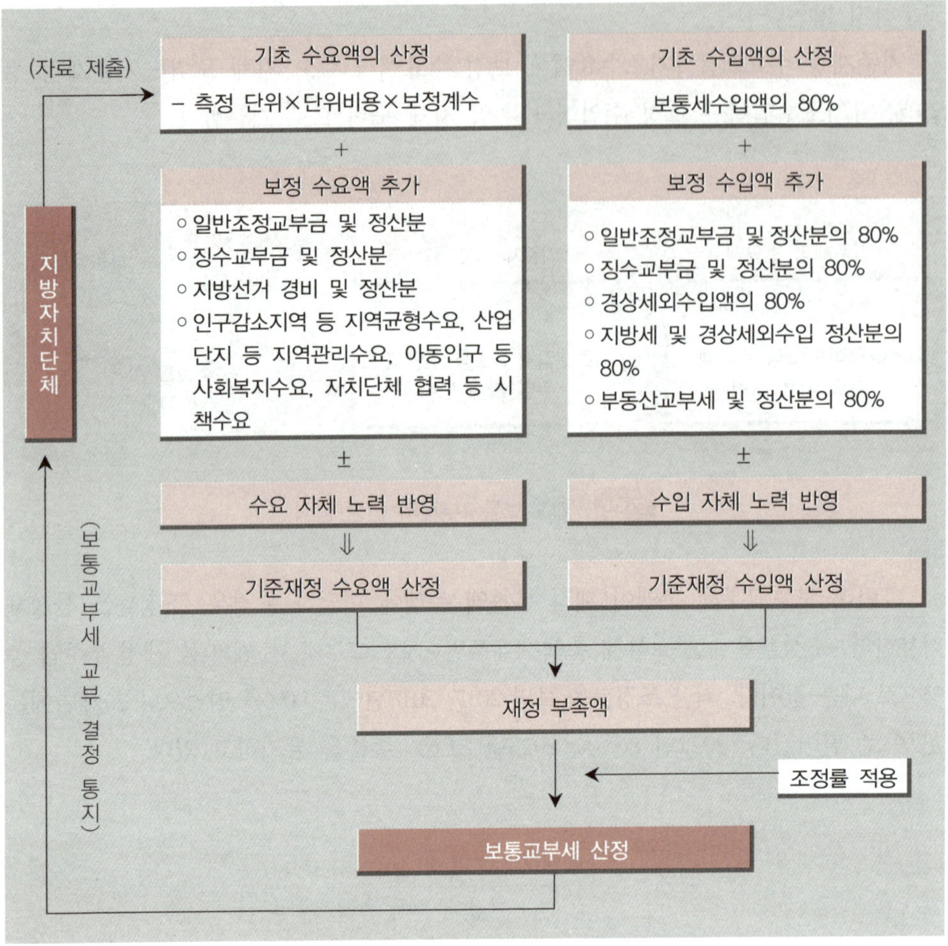


그림 7-2 보통교부세 산정 업무 흐름도

제주특별자치도의 경우 2007년부터 보통교부세 산정 방식과 별도로 전국 보통교부세 총액의 3%를 제주도의 보통교부세로서 고정적으로 지급하고 있다.[2] 이것은 '제주특별자치도 설치 및 국제자유도시 조성을 위한 특별법'(제75조)의 재정특례 조항에 근거한 것이다.

2) 제주도의 보통교부세율이 3%로 정해진 것은 제주도가 단일 광역 체제로 전환되기 이전인, 제주도 내 1도 4개 시·군이 2001년부터 2006년까지의 받았던 보통교부세 비율이 전국 보통교부세 총액의 약 2.85%였음을 감안한 것이다.

### 2) 기준재정 수요액의 산정

기준재정 수요액은 지방자치단체가 기본적 행정 기능을 수행하는 데 소요되는 기본 경비를 말한다. 기준재정 수요액은 각 자치단체의 자연적, 사회적 제반 여건에 대응하는 합리적이고 타당한 수준의 '표준적인 재정 수요'로 산정되며, 산식은 다음과 같다.



> 기준재정 수요액 = 기초 수요액 + 보정 수요액 ± 수요 자체 노력
> 기초 수요액 = Σ 항목별(측정 단위 수치 × 단위비용 × 보정계수)

#### (1) 기초 수요액 산정

기초 수요액은 측정 항목별로 각 지방사지단체가 표준적인 수준의 행정을 수행하는 데 필요한 일반재원을 산정한 것이다. 측정 항목별로 측정 단위 수치에 단위비용과 보정계수를 곱해 산정된다. 현재 측정 항목은 〈표 7-5〉와 같이 4개 항목, 16개 세부 항목으로 구성되어 있다.

측정 단위는 측정 항목마다의 재정 수요를 나타낼 수 있는 상관성 있는 지표 또는 척도를 말한다. 인구 수, 노령인구 수, 아동 수 등의 인구 관련 지표가 많으며, 도로 면적, 자동차 대수 등의 물리적 지표도 측정 단위로 사용된다.

단위비용은 특별시, 광역시, 특별자치시, 도, 시, 군의 동종 단체별 표준적인 조건을 구비한 지방자치단체가 합리적이고 타당한 수준에서 지방행정을 수행하는 경우에 측정 항목별로 소요되는 경비의 단위당 비용이다. 이것은 측정 단위의 단위원가에 해당한다. 예컨대, 노인복지비의 단위비용은 노령인구 1인당 특별시 758,850원, 광역시 1,134,840원, 특별자치시 888,670원, 도·특별자치도 164,160원, 시 902,510원, 군 1,047,920원이 적용된다(2024년 1월 1일 기준).

보정계수는 측정 단위의 수치의 많고 적음에 따라 경비가 체증 또는 체감하는 경우 해당 단위비용(또는 측정 단위 수치)을 할증 또는 할감하기 위한 반영 비율을 의미한다. 각 지방자치단체의 재정 수요에 영향을 미치는 자연적, 지리적, 사회적 조건 등에 의한 객관적인 사유가 인정될 때에 단위비용을 할증 또는 할감해 기초 수요액에 반영하는 보정 방식이다. 예를 들면, 환경보호비의 1가구당 단위비용이 30만 원이라

표 7-5 측정 항목 · 측정 단위표(2015.12.10 현재)

| 측정 항목 | | 측정 단위 | 표시 단위 |
|---|---|---|---|
| 1. 일반행정비 | 가. 인건비 | 공무원 수 | 명 |
| | 나. 일반관리비 | 공무원 수 | 명 |
| | 다. 안전관리비 | 인구 수 | 명 |
| 2. 문화환경비 | 가. 문화관광비 | 인구 수 | 명 |
| | 나. 환경보호비 | 인구 수 | 명 |
| 3. 사회복지비 | 가. 기초생활보장비 | 국민기초생활보장 수급권자 수 | 명 |
| | 나. 노인복지비 | 노령인구 수 | 명 |
| | 다. 아동복지비 | 아동 수 | 명 |
| | 라. 장애인복지비 | 등록장애인 수 | 명 |
| | 마. 보건사회복지비 | 인구 수 | 명 |
| 4. 지역경제비 | 가. 농업비 | 경지 면적 | 명 |
| | 나. 임수산비 | 산림 · 어장 · 갯벌 면적 | 천제곱미터 |
| | 다. 산업경제비 | 사업체 종사자 수 | 명 |
| | 라. 도로관리비 | 도로 면적 | 천제곱미터 |
| | 마. 교통관리비 | 자동차 대수 | 대 |
| | 바. 지역관리비 | 행정구역 면적 | 천제곱미터 |

자료: 지방교부세법 시행령 별표 1.

고 하더라도 쓰레기 처리시설이 먼 A시에서는 33만 원이 필요하고, 처리시설과의 거리가 가까운 B시에서는 27만 원밖에 소요되지 않는다고 한다면 청소비에 관한 기초수요액의 산정은 A시에 1.1을 곱해 단위비용을 할증하고 B시에는 0.9를 곱해 할감한 것으로 산정하는 것이다. 이때 1.1과 0.9를 보정계수라 부른다. 지방교부세법 시행규칙(제5조)에 경비별 보정 산식이 규정되어 있다.

### (2) 보정 수요액 산정

보정 수요액은 기준재정 수요액을 산정할 때에 측정 항목 및 측정 단위의 형태로는 산정할 수 없는 행정상 또는 재정상의 수요가 발생하는 경우 해당되는 경비를 가산해 주는 방식이다. 지방교부세법(제7조)에는 "섬이나 외딴 곳의 특수성을 고려할 필요가 있는 경우, 낙후지역의 개발 등 지역 간의 균형 잡힌 발전을 촉진하기 위하여 필요한 경우, 단위비용의 획일적 적용 또는 그 밖의 사유로 각 지방자치단체의 기준재정 수요액이 매우 불합리하게 책정된 경우 단위비용을 조정하거나 기준재정 수요액을 보정하여야 한다"고 규정하고 있다. 보정 수요액은 측정 항목을 설정할 수 없는 경비 중 보편·타당하면서도 수요의 규모가 큼에 따라 기초 수요액으로 반영할 수 없는 경우로서 미반영 시에는 재정 격차가 심화될 것이 예상되는 수요를 대상으로 하되 그 대상을 법령에 규정하고 있다.

#### (3) 수요 자체 노력 산정

수요 자체 노력은 지방자치단체 재정 운영의 건전성을 도모하고, 자구 노력을 촉진·유도하는 차원에서 세출과 관련해 지방자치단체별 자구 노력의 정도를 기준재정 수요액에 가감 반영하는 것이다. 현재 인건비 절감, 지방의회 경비 절감, 업무추진비 절감, 행사·축제성 경비 절감, 민간 이전 경비 절감, 지방청사 관리·운영, 읍·면·동 통합 운영 등 7개 수요 자체 노력 항목을 설정해 기준재정 수요액에 가감하고 있다.

### 3) 기준재정 수입액의 산정

기준재정 수입액은 각 지방자치단체의 재정수입을 합리적으로 측정하기 위해 지방교부세법 제8조에 따라 산정한 금액을 말한다. 기준재정 수입액은 기초 수입액에 보정 수입액을 더하고 수입 자체 노력을 가감하는 방식으로 산정한다.

기준재정 수입액=기초 수입액+보정 수입액±수입 자체 노력

#### (1) 기초 수입액 산정

기초 수입액은 지방세법상 표준세율의 80%에 상당하는 비율인 기준세율로 산정한 해당 지방자치단체의 지방세 보통세 수입액이다. 통상 기초수입액은 추계된 보통세 수입 총액의 80%를 반영한다. 보통세는 11개 지방세 중 목적세를 제외한 취득세, 등록면허세, 레저세, 재산세, 담배소비세, 주민세, 지방소득세, 지방소비세, 자동차세의 9종의 세목을 대상으로 추계한다. 목적세인 지역자원시설세와 지방교육세는 제외된다. 보통세의 80%만을 반영하는 이유는 지방자치단체별 행정 운영에 필요한 여유재원 보장 및 지방세 징수 노력 등 자체수입 증대 의욕을 고취하기 위함이다.

지방세 추계는 세목별 과거 연도 징수액을 이용, 시계열 분석 방식에 의하되 세목

별·지역별 특성을 감안해 선형회귀모델과 비선형모델(2차함수, 지수함수, S-curve)을 선택해 적용한다. 세목의 특성에 따라서는 연평균 증가율 방식을 적용하며 레저세와 자동차세가 여기에 해당한다. 지방소비세는 지방자치단체별 교부(예정) 금액을 적용한다.

그리고 합리적인 세목별 세수 추계를 위해 세목별·자치단체별 세수 여건상 특수한 경우에는 현실 여건을 고려해 추계 기법을 보정해 적용한다. 또한 세수 추계 시 사용되는 지방세 징수액 자료는 세목별로 동일 기간의 징수액을 적용하는 것이 아니라, 세제 변동이 적은 기간 등 세목별 통계자료의 최적 연도 기간을 채택해 적용한다.

### (2) 보정 수입액 산정

보정 수입액은 보통세의 80%에 상당한 기준재정 수입액 등을 보완하기 위한 것으로, 기준재정 수입액을 보정하는 경우에는 지방세 및 세외수입의 징수 전망 또는 징수 실적 등을 기초로 한 세수의 변동 요인이 고려되어야 한다.

지방세와 경상세외수입 정산분(추계액과 결산액과의 차이)의 경우 80%를 반영한다. 시·도세 징수교부금과 시·군의 일반조정교부금, 부동산교부세 및 지방소비세 재원으로 조성된 지역상생발전기금에서 배분받은 수입액 등의 80%를 반영하고, 이들 세목에 대한 전전년도에 산정한 정산액의 80%를 보정수입으로 반영한다.

보정수입 추계는 경상세외수입은 3년 평균 방식, 시·군의 일반조정교부금, 징수교부금, 지역상생발전기금 배분액은 해당 연도 시·도세 추계액 등을 기초로, 부동산교부세는 지방자치단체별 교부 예정 금액의 80%를 보정 수입으로 각각 반영한다.

### (3) 수입 자체 노력 산정

수입 자체 노력은 세입 증대 노력을 촉진·유도하기 위해 지방자치단체가 자구 노력과 책임을 다하는 정도를 기준재정 수입액 산정에 반영하는 것이다. 현재 운용되고 있는 수입 자체 노력 항목은 지방세 징수율 제고, 지방세 체납액 축소, 경상세외수입 확충, 세외수입 체납액 축소, 적극적 세원 관리, 지방세 감면액 축소 등 6종이 적용된다.

# 제4절 특별교부세

## 1 특별교부세의 의의



특별교부세는 지방재정 여건의 변동이나 예기치 못한 재정 수요에 탄력적으로 대응하기 위해 특별히 교부하는 교부세를 말한다. 보통교부세를 산정할 때 부득이 피할 수 없는 획일성과 시기성으로 인해 각 자치단체의 재정 현실을 정확하게 반영해 산정하는 데에 따르는 한계를 보완하기 위한 제도적 장치다.

특별교부세는 내국세 총액의 19.24%를 배분한 지방교부세의 3%를 배정받는다. 특별교부세는 해당 재정 수요가 있는 사업이 차질 없이 수행될 수 있도록 최대한 빨리 교부되어야 한다.

특별교부세는 민간에 지원하는 보조사업에 대해서는 교부할 수 없다.

## 2 특별교부세의 교부 방법

특별교부세는 지역현안 수요, 국가지방협력 수요, 재난안전 수요의 세 가지 유형으로 나누어 운영된다.

첫째, 기준재정 수요액의 산정 방법으로는 파악할 수 없는 지역 현안에 대한 특별한 재정 수요가 있는 경우(40%) 지방공공시설의 설치 등으로 인해 특별한 재정 수요가 있는 경우에 교부한다. 예컨대, 주거환경 개선, 도로 정비 등 도로 관련 사업, 노인·장애인·청소년·아동 등 관련 각종 사회복지사업 등에 교부한다.

둘째, 국가적 장려사업, 국가와 지방자치단체 간에 시급한 협력이 필요한 사업, 지역 역점 시책 또는 지방행정 및 재정 운용 실적이 우수한 지방자치단체에 재정 지원 등 특별한 재정 수요가 있을 경우(10%)에 교부한다. 지역경제 활성화, 주민생활 안정, 지방행정 기능 강화, 국가적 행사 관련 시책, 지방행정 및 재정 운용 실적이 우수한 지방자치단체에 대한 재정 지원 또는 그 밖의 주요 시책으로 인해 특별한 재정 수요가 있는 경우에 교부한다. 전통시장 활성화, 지방기업 및 지역 산업 인프라 구축사업, 도시 저소득층 주거환경 개선 사업 등이 교부 대상이다. 또한 정부합동평가 또는 행정·재정 실적 우수 지방자치단체 지원금으로 사용한다.

셋째, 보통교부세의 산정 기일 후에 발생한 재난을 복구하거나 재난 및 안전관리를 위한 특별한 재정 수요가 생기거나 재정수입이 감소한 경우(50%). 각종 재난 및 안전관리 등으로 인해 드는 지방비 부담분을 보전할 필요가 있는 경우에 교부한다.

**표 7-6 특별교부세의 배정 비율**

| 구분 | 비중 | 내용 |
|---|---|---|
| 지역 현안 수요 | 40% | – 자치단체의 지역 현안 사업 등 |
| 재난 및 안전관리 수요 | 50% | – 재난복구와 재난 및 안전관리<br>– 지방비 부담분 보전 |
| 국가–지방 협력 수요 | 10% | – 국가적 장려사업<br>– 국가와 지자체 간 협력 필요 사업<br>– 지방행정 및 재정 운용 실적 우수 지자체 등 |

행정안전부 장관은 지방자치단체의 장이 특별교부세의 교부를 신청하는 경우 이를 심사하여 특별교부세를 교부한다. 다만, 행정안전부 장관이 필요하다고 인정하는 경우에는 신청이 없는 경우에도 일정한 기준을 정하여 특별교부세를 교부할 수 있다. 그리고 행안부 장관은 특별교부세의 사용에 관하여 조건을 붙이거나 용도를 제한할 수 있다. 지방자치단체의 장은 교부조건의 변경이 필요하거나 용도를 변경하여 특별교부세를 사용하고자 하는 때에는 미리 행안부 장관의 승인을 받아야 한다(지방교부세법 제9조).

## 제5절 부동산교부세와 소방안전교부세

### 1 부동산교부세

#### 1) 의의

부동산교부세는 국세인 종합부동산세를 전액 지방에 이전하는 일반재원이다. 2005년부터 종합부동산세 도입에 따른 자치단체의 재원 감소분을 보전하고 재정 형평성을 제고하기 위해 종합부동산세 총액을 예산에 매년 계상해 자치단체에 전액 교부한다. 종합부동산세는 지방세인 종전 종합토지세와 재산세의 일부를 국세인 종합부동산세로 전환한 세목이다. 지방세를 종합부동산세인 국세로 전환했지만 지방자치단체의 재원으로 되돌려준 의미가 있다.

부동산교부세는 당초 부동산 세제 개편에 따른 지방자치단체의 재원 감소분 보전을 목적으로 도입되었다. 도입 당시의 부동산교부세 교부 기준은 세수 감소분과 잔여 재원으로 구분해, 세수 감소 보전분은 자치단체별 세수 감소분 산정에 기초해서 배분하고, 잔여 재원은 균형재원으로서 재정 여건과 지방세 운영 상황 등을 고려해 재정 형평화 교부금 성격으로 배분되었다.



### 2) 교부 방법

지방소비세가 광역자치단체세인 시·도세로 도입됨에 따라, 부동산교부세는 전액을 시·군·구(제주도, 세종시 포함)에 배분한다. 부동산교부세의 교부 대상은 기초자치단체인 시·군·구와 제주특별자치도 및 세종특별자치시(2012년부터)다. 2010년 지방소비세 도입 이후 세수 감소 보전분을 없애고 전액 균형재원으로 교부한다.

교부 기준은 재정 여건 50%, 사회복지 35%, 지역교육 10%, 부동산보유세 규모 5%가 적용된다. 제주특별자치도는 별도로 부동산교부세 총액의 1.8%에 해당하는 금액을 교부한다.

표 7-7 부동산교부세 교부 기준 및 산정 지표

| 구분 | 교부 기준 | 산정 지표 |
|---|---|---|
| 시·군·자치구 및 세종특별자치시 | 재정 여건(50%) | 재정력 역지수(50) |
| | 사회복지(35%) | 사회복지비 지수(18.2), 노령인구 지수(5.6), 노인보호 지수(2.8), 국민기초생활수급권자 지수(4.2), 장애인 지수(4.2) |
| | 지역교육(10%) | 지역교육 현안수요 지수(3), 영어체험교실운영 지수(4), 보육·교육지원 지수(1.6), 영어체험 교실 수(1), 보육·교육학급 수(0.4) |
| | 부동산보유세 규모(5%) | 재산세 부과액 지수(5) |
| 제주특별자치도 | 부동산교부세 총액의 1.8% | |

자료: 행정안전부(2023a), 『2023년도 지방교부세 산정 해설』.

**표 7-8** 부동산교부세 규모

(단위: 억 원)

| 구분 | 2016 | 2017 | 2018 | 2019 | 2020 | 2021 | 2022 | 2023 |
|---|---|---|---|---|---|---|---|---|
| 재원 규모 | 14,457 | 15,328 | 20,172 | 28,494 | 33,210 | 52,153 | 75,677 | 57,133 |

주: 재원 규모는 최종 교부액임(2023년도는 당초예산 기준).
자료: 행정안전부(2023a). 『2023년도 지방교부세 산정 해설』.

부동산교부세는 매년 12월 16일부터 12월 31일까지 교부하되, 예산이 허용하는 범위에서 그 전에 교부할 수 있다.

## 2 소방안전교부세

### 1) 의의

소방안전교부세는 세월호 참사 이후 국민안전처가 발족되면서 2015년 신설되었다. 도입 당시 소방안전교부세의 재원은 담배에 부과하는 개별소비세 총액의 20%에 해당하는 금액으로 마련했다. 당시 담배 가격 인상에 맞추어 국세인 담배 부과 개별소비세의 20%를 재원으로 마련한 것이다. 이후 2020년부터 20%에서 45%로 확대되었다.

행정안전부 장관은 지방자치단체의 소방 인력 운용, 소방 및 안전시설 확충, 안전관리 강화 등을 위하여 소방안전교부세를 지방자치단체에 전액 교부해야 한다. 소방 분야에 대해서는 소방청장의 의견을 들어 교부해야 한다(지방교부세법 제9조의4 제1항).[3]

소방안전교부세는 소방 및 안전시설 확충, 안전관리 강화라는 목적이 명시되어 있어 해당 목적에 맞게 사용해야 한다는 점에서 보통교부세 및 부동산교부세와 같은 일반재원이라고 보기 어렵다. 다만, 지방교부세법에 명시된 목적에 맞게 사용하되, 직접적으로 사용조건이나 용도를 제한하는 것이 불가능한 목적성 교부세의 성격을 지니고 있다.

---

3) 소방안전교부세는 2017년 국민안전처가 행정안전부로 통합되면서 행정안전부 재난안전관리본부에서 운영하고 있다.

### 2) 교부 방법

소방안전교부세는 담배에 부과하는 개별소비세 총액의 45%와 그 정산액을 재원으로 하며, 광역자치단체인 특별시 · 광역시 · 특별자치시 · 도 및 특별자치도에 교부한다. 소방사무가 광역사무임을 감안하여 소방안전교부세를 시 · 도에 전액 교부하고 있다. 소방사무를 처리하는 인구 100만 명 이상 대도시를 관할하는 시 · 도에 대해서는 그 대도시에 지급되는 금액을 별도로 구분해 교부한다. 시 · 도에서는 소방안전교부세 산정에 필요한 자료를 매년 9월 30일까지 제출해야 한다.

소방안전교부세를 사용할 수 있는 대상사업은 소방 분야와 안전 분야로 구분된다. 소방 분야는 소방 인력 운용, 소방시설(소방장비 포함) 확충 및 소방안전관리 강화 사업이다. 안전 분야는 안전시설 확충 및 안전관리 강화 사업이다. 대상사업은 중점사업과 재량사업으로 구분하며, 그 범위 내에서 자율적으로 사용할 수 있다. 중점사업은 중요하고 시급한 소방시설(소방장비 포함) 및 안전시설의 확충, 소방안전관리 및 안전관리 강화 사업이며, 재량사업은 중점사업에 해당하지 않는 일반적인 사업이다.

소방안전교부세의 교부 기준은 다음과 같다. 우선 소방안전교부세 중 담배 부과 개별소비세 총액의 20%를 초과하는 부분은 소방 인력의 인건비(소방 인력 충원)로 우선 충당해야 한다(지방교부세법 제9조의4 제2항). 그 외의 부분은 다음의 세부 기준별 비중

**표 7-9 소방안전교부세의 교부 기준과 산정 지표**

| 구분 | 교부 기준 | |
|---|---|---|
| | 소방 분야 | 안전 분야 |
| 투자소요<br>(40%) | 노후 부족 소방장비 교체 보강 소요금액(12), 화재위험 지수(3), 소방출동지수(2), 소방청사 개선소요지수(5), 소방공무원 수(4) | 지방도로지수(6), 지방하천 지수(4), 안전소요 지수(2), 안전신고 지수(2) |
| 노력도<br>(40%) | 소방재정확대 노력지수(13), 소방정책 수행 노력지수(2), 소방안전교육 확산 노력지수(3), 화재예방 지수(3) | 안전시설확충 노력지수(4), 재난안전 전담공무원 수(1), 안전소요지수 개선 지수(3), 안전신고 개선지수(1) |
| | 예산집행 노력지수(2), 소방안전교부세 적정 사용률(8) | |
| 재정여건<br>(20%) | 재정자주도(20) | |

자료: 행정안전부(2023a). 『2023년도 지방교부세 산정 해설』.

표 7-10 소방안전교부세의 규모

(단위: 억 원)

| 구분 | 2019 | 2020 | 2021 | 2022 | 2023 |
|---|---|---|---|---|---|
| 재원 규모 | 5,376* | 6,851 | 10,352 | 8,853 | 8,692 |

주*: 지방교부세법 미개정으로 소방공무원 인건비 1,537억 원 시·도 미교부.
자료: 행정안전부(2023a), 『2023년도 지방교부세 산정 해설』.

으로 교부한다. 즉, ① 소방시설 및 안전시설 현황과 투자 소요 40%, ② 재난 예방 및 안전강화 노력 40%, ③ 재정 여건 20%이다.

CHAPTER 08

# 국고보조금



## 제1절 국고보조금의 의의

### 1 보조금의 개념

보조금은 광의의 보조금과 협의의 보조금으로 구분할 수 있다. 광의의 보조금은 "국가 외의 자가 수행하는 사무 또는 사업에 대하여 국가가 이를 조성하거나 재정상의 원조를 하기 위해 교부하는 보조금, 부담금(국제조약에 따른 부담금 제외), 그 밖에 상당한 반대급부를 받지 않고 교부하는 급부금"을 말한다(보조금 관리에 관한 법률 제2조 제1항).

여기서 '국가(중앙정부) 외의 자'에는 민간(개인과 법인 등)과 지방자치단체가 포함된다. 따라서 광의의 보조금은 민간에 대한 보조금과 지방자치단체에 대한 보조금을 포함한다.

보조금 유형과 관련해서는 민간과 지방자치단체가 수행하는 사무 또는 사업에 대한 보조금, 부담금, 급부금을 모두 포함한다. 보조금 관리에 관한 법률은 광의의 보조금을 적용 대상으로 한 법률이다.

협의의 보조금은 정부간 재정 관계에서의 이전재원인 지방자치단체에 대한 보조금을 말한다. 여기에는 중앙정부의 지방자치단체에 대한 보조금과 광역자치단체의 기초자치단체에 대한 보조금을 포함한다. 중앙정부가 교부하는 보조금을 국고보조금, 시・도가 교부하는 보조금을 각각 시비보조금과 도비보조금이라고 부른다. 여기서의 국고보조금이란 중앙정부가 지방정부에 교부하는 보조금으로서 최협의의 보조금을 의미한다. 또한 보조금의 성격에 의해 자치단체 경상보조금과 자본보조금으로 구분한다.

국고보조금제도는 국가와 지방 간에 서로 이해(利害)가 얽혀 있거나 서로 협력해서 사무(사업)를 실시할 때, 일정한 행정 수준의 확보나 특정한 시책의 장려 등을 위한 정책 수단으로서, 그에 소요되는 경비의 전부 또는 일부를 지방에 지원(교부, 부담, 보조)하는 제도다. 지방재정법(제23조)에는 "국가는 정책상 필요하다고 인정할 때 또는 지방자치단체의 재정 사정상 특히 필요하다고 인정할 때에는 예산의 범위에서 지방자치단체에 보조금을 교부할 수 있다"고 규정하고 있다. 지방자치단체에 보조금을 교부할 때에는 법령이나 조례에서 정하는 경우와 국가 정책상 부득이한 경우 외에는 재원 부담 지시를 할 수 없다.

그동안 보조금 관리에 대해서는 보조금 관리에 관한 법률을 적용해 왔으나 2021년 지방자치단체 보조금 관리에 관한 법률을 제정하여 '지방보조금'에 대해서는 별도의 법률을 적용하고 있다. 여기서 지방보조금이란 지방자치단체가 법령 또는 조례에 따라 다른 지방자치단체, 법인・단체 또는 개인 등이 수행하는 사무 또는 사업 등을 조성하거나 이를 지원하기 위하여 교부하는 보조금 등을 말한다. 다만, 출자금 및 출연금과 국고보조재원에 의한 것으로서 지방자치단체가 교부하는 보조금은 제외한다(지방자치단체 보조금 관리에 관한 법률 제2조). 이를 통해 국고보조금과는 다른 지방보조금의 종류와 성질 등 특수성을 반영하고, 현행 지방보조금 관리 체계를 정비・강화함으로써 지방보조금의 적정한 지급과 효율적 관리를 도모하고 있다.

## 2 보조금의 특징

보조금의 첫 번째 특징은 사용 목적과 용도가 정해진 지원금이란 점이다. 보조금은 조건부 지원금으로서 특정재원이다. 선택적 지원금(selective grant) 또는 범주적 지원금(categorical grants)이라고도 한다.

국고보조사업은 사용 목적 및 용도와 관련해서 두 가지 유형이 있다. 하나는 중앙정부가 정책상 필요하다고 인정해 추진하는 사업으로서 지자체의 자율적 선택권이 없는 사업이다. 영유아보육사업과 기초연금 등이 그러한 예에 속한다. 다른 하나는 지방자치단체의 자율적 사업 중 재정 사정상 특히 필요하다고 인정할 때 추진하는 사업이다. 지자체가 자율적으로 추진하고자 신청해 관련 중앙관서 예산에 반영된 사업이다.

보조금 용도의 범주는 아주 좁은 범위의 용도에서부터 넓은 범위의 용도에 걸쳐 정해질 수 있다. 특정 용도의 지정 범위(category)를 확대한 보조금을 포괄보조금(block grant)이라고 부른다. 포괄보조금은 지방정부의 지출에 대한 재량을 높여주는 제도다. 우리나라의 국고보조금과 시비 및 도비 보조금은 개별 사업 단위 중심의 아주 좁은 범위의 용도가 지정된 보조금이다.

보조금의 두 번째 특징은 지방정부가 일정 부분 대응적(matching)으로 재정 부담을 한다는 것이다. 지방정부가 특정 공공 서비스에 지출한 금액의 일정 비율을 중앙정부 또는 상위 정부가 지원하고 나머지 금액은 지방정부가 부담한다. 지방재정법(제22조)은 국고보조사업에 대해 "지방자치단체의 장은 지방비 부담액을 다른 사업보다 우선하여 그 회계연도의 예산에 계상해야 한다"고 지방정부 경비 부담 우선 원칙을 규정하고 있다.

보조금 지원 방식에는 정률 방식과 정액 방식의 두 가지 유형이 있다. 정률 보조금은 중앙정부 또는 상위 지방정부가 사업비용의 일정 비율을 지원하고, 지원받는 지방정부는 나머지 비용을 부담하는 방식이다. 정액 보조금은 중앙정부 또는 상위 지방정부가 특정 사업에 대해 고정된 금액을 지원하고 지방정부는 나머지 비용을 부담하는 방식이다. 민간에 대한 보조금은 주로 정액 방식으로 보조한다.

보조금과 같은 조건부 대응 지원금은 국가가 추진하고자 하는 특정 공공재의 생산을 촉진하는 데에는 무조건부 지원금인 교부금보다 더 효율적이다. 조건부 대응 지원금은 특정 공공재를 생산하는 데에 정부 비용이 더 적게 소요되며, 그만큼 무조건부 비대응 지원금보다 더 효율적이다. 중앙정부가 국고보조금을 선호하는 논거이기도 하다. 중앙정부 입장에서는 중앙정부 부담을 적게 하면서 공공재를 공급할 수 있기 때문이다. 국고보조금 비중이 시간이 갈수록 계속 증가하는 현상이 이를 입증한다.

### 3 국고보조금통합관리시스템

기획재정부는 2017년부터 국고보조금의 모든 처리과정을 전산시스템으로 관리하는 보조금 통합관리망인 국고보조금통합관리시스템(e-나라도움 시스템)을 운영하고 있다. 이 시스템은 보조금의 중복·부정수급을 방지하고, 정보공개를 통해 국민편의 및 투명성 확보에 기여하기 위하여 구축되었다.

중앙관서의 장, 지방자치단체의 장, 보조사업자 또는 간접보조사업자는 e-나라도움 시스템을 통하여 관련된 보조사업 또는 간접보조사업의 집행 및 사후관리 등 보조금의 관리 업무를 수행해야 한다. 다만, 통일·안보 등에 관련된 보조사업 또는 간접보조사업으로서 이 시스템을 통하여 업무를 수행하는 것이 적절하지 않다고 기획재정부 장관이 관계 중앙관서의 장과 협의하여 정하는 보조사업 또는 간접보조사업은 제외한다.

e-나라도움 시스템에는 다음의 자료 또는 정보가 포함된다. 보조사업자, 간접보조사업자 또는 보조금수령자의 선정 및 자격 확인 등 보조금 또는 간접보조금 수급자격의 적격 여부에 관한 사항, 보조금 또는 간접보조금의 지출과 관련된 증빙자료 등 보조금 또는 간접보조금 집행의 적절성 확인에 관한 사항, 보조금 또는 간접보조금의 수급 이력 또는 개별 법령에 따른 급부금 중 보조금 또는 간접보조금과 통합적인 관리가 필요한 급부금의 수급 이력의 관리에 관한 사항, 보조사업에 대한 성과보고서, 국고보조금의 교부실적과 보조금 집행실적, 보조사업 운용 평가 결과 등이다.

그리고 e-나라도움 시스템을 통해 중앙관서의 장 등이 보조사업자 등에 대한 과세 관련 자료, 국민건강보험, 국민연금 등의 자료를 제공받을 수 있다. 또한 중앙관서의 장 등이 금융기관에 금융정보 또는 신용정보를 요청할 수 있다.

## 제2절 국고보조금의 보조율

### 1 국고보조금 지원 유형

국고보조금 지원 방식에는 정률 방식과 정액 방식의 두 가지 유형이 있다.

정률 보조금은 중앙정부가 사업 비용의 일정 비율을 지원하고, 지원받는 지방정부는 나머지 비용을 부담하는 방식이다. 국고보조사업의 전체 사업비는 국고보조금과 대응 지방비로 구성되며, 보조사업별로 국고보조율이 정해져 있다. 예컨대, 영유아보육사업 지원은 65%(서울은 35%)의 보조율이 적용된다. 대부분의 국고보조사업은 정률 보조의 형태로 국고보조금을 교부하고 있다.

정액 보조금은 중앙정부가 특정 사업에 대해 고정된 금액을 지원하는 방식이다. 중앙정부가 정해진 액수의 예산만큼을 보조금으로 교부하고, 잔여 사업비를 모두 지방자치단체가 부담하는 방식이다. 정액 보조사업의 대응 지방비는 국고보조금을 제외한 잔여 사업비를 의미한다. 국가 지원 지방도 건설과 경전철 건설(공사비만 해당, 용지보상비 제외) 등은 정액 보조사업이다.



## 2 기준 보조율

기준 보조율은 "보조금의 예산 계상 신청 및 예산 편성 시 보조사업별로 적용하는 기준이 되는 국고보조율"로 정의된다(보조금 관리에 관한 법률 제9조). 여기서 국고보조율이란 당해 회계연도의 국고보조금, 지방비 부담액, 국가의 재정융자금으로 조달된 금액 및 수익자가 부담하는 금액, 기타 기획재정부 장관이 정하는 금액을 모두 합한 금액 중 국고보조금이 차지하는 비율이다.

기준 보조율은 지방자치단체에 대한 보조금에만 해당하며, 민간에 대한 보조금은 해당되지 않는다. 초·중등학교 학생 중식 지원, 지역정보화 지원, 자전거도로 정비, 공공도서관 운영 등 298개 사업(2023년 기준)은 보조금 지급 대상에서 제외된다(동법 시행령 제4조 별표 2).

보조금 지급 대상사업의 범위와 보조사업별 국고보조율은 동법 시행령(제4조 별표 1)에 규정하고 있다. 보조금 지급 대상 사업별로 101개 유형별(정액보조 포함, 2023년 기준) 기준 보조율을 열거하고 있으며, 그 밖의 사업은 예산안 편성지침에 이를 밝히거나 매년 예산으로 정하도록 규정하고 있다. 보조사업의 성격이 국가사무의 성격에 가까울수록 보조율이 높고, 지방자치단체 고유의 업무 성격을 갖는 사무일수록 보조율이 낮은 것이 바람직하지만 현행 기준 보조율은 명확한 기준이 없다. 예컨대, 국민의 최저 수준을 보장하는 기초생활보장 수급자의 생계급여·주거급여·자활급여·교육급여·의료급여 등은 80%(서울은 50%)다.

표 8-1 보조금 지급 대상 사업의 범위와 기준 보조율 예

| 사업 | 기준 보조율(%) | 차등보조율 적용 |
|---|---|---|
| 1. 일반여권 발급 | 100 | |
| 46. 도시철도 건설 | 서울: 40<br>지방: 60 | 민간투자 경량전철 건설사업은 제외 |
| 66. 전국체육대회 운영 | 50 | |
| 80~85. 기초생활보장 수급자 생계급여 · 주거급여 · 자활급여 · 해산급여 · 장제급여 · 교육급여 · 의료급여* | 서울: 50<br>지방: 80 | • 해당 회계연도의 전전 연도의 최종 예산에서<br>가. 사회복지비 지수가 25 이상이면서 재정자주도가 80 미만인 기초자치단체는 10%p 인상<br>나. 사회복지비 지수가 20 미만이면서 재정자주도가 85 이상인 기초자치단체는 10%p 인하 |
| 89. 영유아보육사업 지원 | 서울: 35<br>지방: 65 | • 해당 회계연도의 전전 연도의 최종 예산에서<br>가. 사회복지비 지수가 25 이상이면서 재정자주도가 80 미만인 기초자치단체는 10%p 인상<br>나. 사회복지비 지수가 20 미만이면서 재정자주도가 85 이상인 기초자치단체는 10%p 인하 |

주*: 의료급여는 차등보조율 적용 제외.
주: 2024.1.19 기준.
자료: 보조금 관리에 관한 법률 시행령 제4조 제1항 관련 별표 1에서 발췌.

## 3 차등 보조율

### 1) 차등 보조율의 유형

차등 보조율은 지방자치단체 간 불균형 완화 효과를 목적으로 2008년 도입되었다. 기획재정부 장관은 보조금 예산을 편성할 때 필요하다고 인정되는 보조사업에 대하여 해당 지방자치단체의 재정 사정을 고려하여 기준보조율에서 일정 비율을 더하거나 빼는 차등보조율을 적용할 수 있다. 자치단체 간 재정력 격차가 있고 재정 수요가 서로 다를 경우 동일한 비율의 기준 보조율을 적용하는 것은 오히려 불공평하게 된다. 지자체의 재정 사정을 고려해서 기준 보조율을 원칙적으로 적용하되 차등 보조율을 보완적으로 적용한다. 기재부 장관은 차등보조율의 적용으로 인한 국고보조금의 추가적인 소요예산과 관련된 사항은 국회에 보고해야 한다.

차등 보조율에는 인상 보조율과 인하 보조율이 있다. 인상 보조율은 기준 보조율에 일정률을 가산하는 차등 보조율이다. 기준 보조율에 20%, 15%, 10%를 각각 가산

해 적용한다. 인상 보조율은 재정 사정이 특히 어려운 지방자치단체에 대해서만 적용한다. 기획재정부 장관은 인상 보조율의 적용을 요구한 지방자치단체에 대해 보조금을 교부하는 경우에는 해당 지방자치단체의 재정 운용에 대해 필요한 권고를 할 수 있다. 인하 보조율은 기준 보조율에 일정률을 차감하는 차등 보조율이다. 기준 보조율에 20%, 15%, 10%를 각각 차감해 적용한다. 인하 보조율 적용은 보통 교부세 불교부단체에만 적용한다.



### 2) 차등 보조율의 적용 기준

차등 보조율의 적용 기준은 지방자치단체의 재정자주도 및 분야별 재정지출지수와, 보조사업 해당 지역의 발전도 및 국가재정 사정 등을 고려해 매년 기획재정부 장관이 정한다. 재정자주도와 분야별 재정지출지수의 산식 및 사용 자료 등은 〈표 8-2〉와 같다.

가령 기준 보조율 80%인 기초생활보장 수급자 생계급여의 경우 해당 회계연도의 전전 연도 최종 예산에서 사회복지비 지수가 25 이상이면서 재정자주도가 80 미만인 기초자치단체는 10%p 인상해 90% 보조율을 적용한다. 반면에 사회복지비 지수가 20 미만이면서 재정자주도가 85 이상인 기초자치단체는 10%p 인하한 70% 보조율을 적용한다.

표 8-2 차등 보조율의 적용 기준

| 지표 | 산식 및 사용 자료 등 |
|---|---|
| 1. 재정자주도 | 가. 계산식: {(지방세수입 + 세외수입 + 지방교부세 + 조정교부금)/일반회계 예산 규모} × 100<br>나. 자료는 해당 회계연도의 전전 연도의 최종 예산상의 재정자주도를 사용한다. |
| 2. 분야별 재정 지출 지수 | 가. 계산식: {분야별 세출예산 순계 규모(일반회계 + 특별회계)/세출예산 순계 규모(일반회계 + 특별회계)} × 100<br>나. 분야별 세출예산은 지방자치단체 세출예산의 기능 분류에 따른 13개 분야(일반공공행정, 공공질서 및 안전, 교육, 문화 및 관광, 환경보호, 사회복지, 보건, 농림해양수산, 산업·중소기업, 수송 및 교통, 국토 및 지역개발, 과학기술, 예비비 및 기타) 각각의 예산 규모를 말한다.<br>다. 자료는 해당 회계연도의 전전 연도의 최종 예산상의 분야별 재정지출 지수를 사용한다. |

자료: 보조금 관리에 관한 법률 시행령 제5조 제1항 관련 별표 3.

# 제3절 국고보조금 신청주의와 운용 체계

## 1 신청주의

국고보조사업을 수행하려는 지방자치단체는 매년 중앙관서의 장에게 보조금의 예산 계상을 신청해야 한다. 국고보조사업은 신청주의를 원칙으로 하며, 해당 중앙관서의 예산에 반영되어야 한다. 가령 저소득 한부모가족 지원사업을 추진하려는 지방자치단체는 보건복지부에 신청해 보건복지부 예산에 반영해야 국고보조금을 받을 수 있다. 신청할 때에는 보조사업의 목적과 내용, 보조사업에 드는 경비, 그 밖에 필요한 사항을 적은 신청서와 첨부 서류를 제출해야 한다.

기초자치단체가 중앙관서에 신청할 경우 광역자치단체가 종합해 일괄 신청할 수 있다. 광역자치단체는 중앙관서에 신청하는데 행정안전부에 일괄 신청할 수 있다. 제출 기한은 해당 회계연도의 전년도 4월 30일 이전으로 중앙관서의 장이 정한다. 중앙관서의 장은 보조사업자로부터 신청받은 보조금의 명세 및 금액을 조정해 기획재정부 장관에게 보조금 예산을 요구해야 한다.

그런데 중앙정부는 보조금의 예산 계상 신청이 없는 보조사업의 경우에도 국가시책 수행상 부득이해 필요한 경우에는 보조금을 예산에 계상할 수 있다. 이 경우 중앙관서의 장은 기획재정부 장관에게 그 보조금 예산을 요구할 수 있다. 보조금의 신청이 없는 경우에도 중앙정부가 보조금을 예산에 계상할 수 있는 경우는 ① 국가가 소요 경비 전액을 교부하는 보조사업, ② 재해 발생 등 예측하지 못한 사유로 보조금의 교부가 불가피한 경우, ③ 그 밖에 기획재정부 장관이 국가의 주요 시책 수행상 보조금의 교부가 불가피하다고 인정하는 사업인 경우다.

## 2 국고보조금 운용 체계

지방자치단체 국고보조금의 운용 체계는 ① 국고보조금 예산의 편성, ② 국고보조금의 교부 신청 및 교부 결정, ③ 국고보조사업의 수행, ④ 국고보조금의 정산 단계로 구분할 수 있다.

### 1) 국고보조금 예산의 편성 단계

국고보조사업을 수행하려는 지방자치단체는 매년 중앙관서의 장에게 보조금의 예산 계상을 신청해야 한다. 신청할 때에는 보조사업의 목적과 내용, 보조사업에 드는 경비, 그 밖에 필요한 사항을 적은 신청서와 첨부 서류를 제출한다. 보조사업을 수행하려는 자가 시장·군수인 경우에는 그 시장·군수에 대한 보조금은 관할 도지사(광역시의 군인 경우 광역시장)가 종합해 일괄 신청할 수 있다.

제출일은 해당 회계연도의 전년도 4월 30일 이전으로 하여 중앙관서의 장이 정한다. 지자체장이 중앙관서의 장에게 보조금의 예산 계상을 신청했을 때에는 그 내용을 해당 회계연도의 전년도 4월 30일까지 행정안전부 장관에게 보고해야 한다. 시장·군수 및 자치구 구청장은 시·도지사를 거쳐 행안부 장관에게 보고해야 한다. 그리고 지방자치단체의 보조금 예산 계상 신청이 없는 보조사업의 경우에도 국가시책 수행상 부득이한 경우에는 필요한 보조금을 예산에 계상할 수 있다.

중앙관서의 장은 신청받은 보조금의 명세 및 금액을 조정해 기획재정부 장관에게 보조금 예산을 요구해야 한다. 국고보조금 예산은 기재부가 편성하는 정부예산안에 반영되어야 한다.

중앙관서의 장은 지방자치단체의 부담을 수반하는 보조금 예산을 요구하는 경우 행정안전부 장관과 보조사업계획에 대해 협의해야 한다. 행정안전부 장관은 협의 요청을 받은 경우 그 의견서를 해당 회계연도의 전년도 5월 20일까지 기획재정부 장관과 관계 중앙관서의 장에게 제출해야 한다.

중앙관서의 장은 보조금 예산안을 9월 15일까지 지방자치단체장에게 보조금통합관리망(e-나라도움 시스템)을 통하여 통지한다. 이 경우 국고보조금 예산안이 국회 의결을 거치기 전이기 때문에 잠정 통보인 셈이다. 국회에서 예산이 심의·확정된 후에는 그 확정된 금액 및 내역을 해당 지자체에 통지한다. 잠정 통보하는 보조금 예산안과 확정된 보조금 예산은 동시에 기획재정부 장관과 행정안전부 장관에게 통보한다. 보조사업 수행기관이 시장·군수인 경우에는 그 시·군을 관할하는 도지사에게 일괄해 통지할 수 있다.

### 2) 국고보조금의 교부 신청 및 교부 결정

국고보조금 교부 대상 지방자치단체는 보조사업의 목적과 내용, 보조사업에 드는 경비, 그 밖에 필요한 사항을 적은 신청서에 중앙관서의 장이 정하는 서류를 첨부해 중앙관서의 장이 지정한 기일 내에 중앙관서의 장에게 제출해야 한다.

중앙관서의 장은 보조금의 교부신청서가 제출된 경우 ① 법령 및 예산의 목적에의 적합 여부, ② 보조사업 내용의 적정 여부, ③ 금액 산정의 착오 유무, ④ 자기 자금의 부담 능력 유무 등을 조사해 지체없이 보조금의 교부 여부를 결정해야 한다. 중앙관서의 장은 보조금의 교부를 결정할 때 보조금의 교부 목적을 달성하는 데에 필요한 조건을 붙일 수 있다. 그리고 보조사업의 명세를 세분함으로써 보조금의 규모가 영세해질 경우에는 단위사업 내의 여러 개의 경비 명세를 통합해 교부 결정을 한다.

중앙관서의 장은 보조금의 교부를 결정했을 때에는 그 교부 결정의 내용을 지체없이 해당 지자체에게 통지해야 한다. 동시에 단위사업별 · 보조사업자별로 작성한 교부 결정 내용을 즉시 기획재정부 장관과 행정안전부 장관에게 통보해야 한다.

### 3) 국고보조사업의 수행

국고보조금을 교부받은 지자체는 법령, 보조금 교부 결정의 내용 또는 법령에 따른 중앙관서의 장의 처분에 따라 선량한 관리자의 주의로 성실히 그 보조사업을 수행해야 하며, 그 보조금을 다른 용도에 사용해서는 안 된다. 이러한 규정에 위반한 때에는 중앙관서의 장은 보조사업 수행에 필요한 명령을 할 수 있고, 그 명령을 위반하면 그 보조사업의 수행을 일시 정지시킬 수 있다.

만약 사정의 변경으로 보조사업의 내용을 변경하거나 보조사업에 드는 경비의 배분을 변경하려면 중앙관서의 장의 승인을 받아야 한다. 다만, 중앙관서의 장이 정하는 경미한 사항은 그러하지 아니한다.

지방자치단체장은 보조금에 대하여 별도의 계정을 설정하고 자체의 수입 및 지출을 명백히 구분하여 회계 처리 해야 하고, 국비 및 지방비의 내역과 집행실적을 구분하여 처리해야 한다.

지방자치단체장은 보조사업 완료, 폐지 승인, 회계연도 종료 시 보조사업 실적보고서를 작성하여 중앙관서의 장에게 제출해야 한다. 광역자치단체가 기초자치단체에 다시 교부한 간접보조사업의 경우에는 간접보조사업 실적보고서를 작성해 중앙관서의 장에게 제출한다.

중앙관서의 장은 보조사업 실적보고서를 받으면 보조사업의 실적이 법령, 보조금 교부 결정의 내용 또는 중앙관서의 장의 처분에 적합한 것인지를 심사한다. 이때 필요하다고 인정되면 현지조사를 한다. 중앙관서의 장은 심사 결과 보조사업의 실적이 심사 기준에 적합하다고 인정될 때에는 보조금 금액을 확정해서 통지한다.

#### 4) 국고보조금의 정산

국고보조금 금액이 확정되면 지방자치단체장은 이미 교부된 보조금과 이로 인해 발생한 이자의 합계가 확정된 보조금 금액을 초과하는 경우 이를 반납해야 한다. 다만, 지방자치단체의 자체 노력으로 예산을 절감한 경우에는 초과액을 반납하지 않고 해당 보조사업의 목적과 유사한 사업에 사용할 수 있다.

국고보조사업의 원활한 수행과 보조금의 중복·부정수급을 방지하기 위하여 보조금통합관리망(e-나라도움 시스템)을 운영하며, 기획재정부 장관은 해당 관리망 관련 업무를 총괄한다.



## 제4절 국고보조금의 문제점과 개선 방안

### 1 국고보조금과 지방비 부담의 증가 추이

국고보조금은 최근 매년 증가하고 있다. 2017년 44조 673억 원에서 2023년 77조 7,973억 원(당초예산 순계 기준)으로 1.8배 증가했다. 지방자치단체 총수입에서 국고보조금이 차지하는 비중은 2017년 22.8%에서 2023년 25.5%로 증가했다. 최근 2017~2023년 간 지방재정 총수입 대비 국고보조금 비중은 22.8~26.4% 수준이다.

표 8-3 지방자치단체 국고보조금 규모의 추이

(단위: 억 원, %)

| 구분 | 2017 | 2018 | 2019 | 2020 | 2021 | 2022 | 2023 |
|---|---|---|---|---|---|---|---|
| 국고보조금(A) | 440,673 | 480,061 | 549,698 | 607,488 | 694,581 | 732,456 | 777,973 |
| 지방재정 총수입(B) | 1,931,532 | 2,106,784 | 2,310,152 | 2,532,263 | 2,630,917 | 2,883,083 | 3,054,109 |
| 지방재정 총수입 대비 국고보조금 비중(A/B) | 22.8 | 22.8 | 23.8 | 24.0 | 26.4 | 25.4 | 25.5 |

주: 당초예산 순계 기준.
자료: 행정안전부(2023.6). 『2023년도 지방자치단체 통합재정 개요』.

국고보조사업에 대한 지방비 대응 부담은 2019년 26조 4,998억 원에서 2023년 33조 3,173억 원으로 1.3배 증가했다. 그동안 국비보다 지방비 부담이 더 많이 증가해 지방재정에 압박 요인으로 작용해 왔으나 최근 지방비 부담이 30~33% 수준을 유지하고 있다. 그러나 보육사업, 기초연금과 같이 사업 수행 여부에 대한 지방자치단체의 선택권 없이 의무적으로 대응 재원을 마련해야 하는 국고보조사업이 늘어남에 따라 지방자치단체는 중앙정부 주도의 국고보조사업 운용에 여전히 불만을 제기하고 있는 실정이다.

표 8-4 연도별 국고보조사업 경비 분담 현황

(단위: 억 원, %)

| 구분 | 2019 | | 2020 | | 2021 | | 2022 | | 2023 | |
|---|---|---|---|---|---|---|---|---|---|---|
| | 예산액 | 구성비 | 예산액 | 구성비 | 예산액 | 구성비 | 예산액 | 구성비 | 예산액 | 구성비 |
| 국고보조사업 | 800,992 | 100 | 867,050 | 100 | 974,594 | 100 | 1,040,695 | 100 | 1,087,455 | 100 |
| – 국고보조금 | 535,994 | 66.9 | 581,492 | 67.1 | 666,580 | 68.4 | 707,355 | 67.9 | 754,282 | 69.4 |
| – 지방비 부담 | 264,998 | 33.1 | 285,558 | 32.9 | 308,014 | 31.6 | 333,340 | 32.0 | 333,173 | 30.6 |

주: 지방자치단체 당초예산 편성 금액으로서 순계예산과 차이가 있을 수 있음.
자료: 행정안전부(2023.6). 『2023년도 지방자치단체 통합재정 개요』.

## 2 국고보조금의 문제점

### 1) 국고보조금의 지속적 증가: 종속성과 지방비 부담의 확대

국고보조금이 지속적으로 증가하고 이러한 추세는 변화되지 않고 있다. 국고보조금의 확대는 지방정부 재정자립도의 하락을 의미한다. 1990년대에는 60%대를 유지하던 지방정부의 재정자립도가 지속적으로 하락해 2008년 53.9%, 2018년 53.4%, 2023년 50.1%(당초예산 기준)까지 하락했다.[1] 국고보조금의 지속적 증가와 재정자립도의 지속적 하락은 지방재정의 중앙재정에의 종속적 구조를 심화시키고 있음을 의미한다. 그 결과 중앙정부는 국고보조금을 지방을 통제하는 수단으로 활용하며, 지방정부의 자율적 재정 운용은 많은 제약을 받고 있다.

국고보조금이 용도가 지정된 조건부 지원금인 점은 중앙정부 입장에서 특정 공공

1) 2014년 세입과목 개편 후 기준으로 산정한 재정자립도는 45% 내외이며, 2023년에는 45.0%이다.

재를 공급하고자 할 때 더 용이하게 정책을 추진할 수 있는 장점이 있다. 조건부 지원금은 무조건부 지원금(교부금)보다 중앙정부 비용이 덜 들기 때문이다. 이러한 장점은 역으로 국고보조금에 대한 중앙정부의 재정통제가 용이한 측면과 더불어 중앙정부가 국고보조금 방식을 선호하게 만드는 요인이 되고 있다.

국고보조금 확대의 가장 부정적인 측면은 지방비 대응(matching) 조건 때문에 중앙정부의 재정 부담을 줄이는 수단이 될 뿐만 아니라 지방재정의 압박과 왜곡 요인으로 작용한다는 것이다. 영유아보육사업과 기초연금에서 보듯이 지방정부의 추가적 재원 대책을 마련하지 않고 중앙정부의 정책을 추진하면서 지방정부의 재정 압박은 더 심해지고 있다.

최근에는 국고보조사업의 국비 부족분을 오히려 지방재정에서 보전하는 현상도 발생하고 있다. 이러한 현상은 '보조금의 역전용(fungibility)'이라고 부른다. 이재원(2013)은 보조금의 역전용 현상에 대해 중앙정부의 정책적 목적으로 지방재원을 이용하는 지방비 '징발' 특성이 있다고 지적한다. 중앙정부는 정부 비용을 줄이면서 공공재를 공급하는 방법으로 국고보조금제도를 이용하고 있는 것이다.

국고보조금의 또 다른 부정적인 측면은 더 많은 국고보조금을 받기 위한 지방정부의 지대 추구(rent seeking) 행위를 유발한다는 것이다. 이러한 지대 추구 행위는 자원 배분의 왜곡을 초래할 뿐만 아니라 사회적 비용을 초래한다. 즉, 보조금을 더 많이 획득하기 위해 로비 등 시간과 노력을 기울임으로써 사회적 낭비를 초래한다.

조건부 대응 지원금은 특정 국가적 공공재 공급을 위한 최소한의 경우에만 지원되어야 한다. 그리고 추가적 지방비 대응 부담이 초래될 경우 페이 고(pay-go) 법칙에 의해 재원 방안을 마련한 후 정책을 추진해야 한다. 재원 마련 방법은 원칙적으로 지방세를 통해 자주재원주의에 근거하는 것이 바람직하다.

### 2) 국고보조율의 문제점

현행 국고보조금 운영 체계는 1980년대 중반에 설계했던 낡은 제도다. 1990년대 중반의 지방자치 부활과 재정분권, IMF 경제위기 극복을 위한 사회안전망 확충, 2000년대 중반의 사회 기반 투자 정책, 2013년 전부 개정된 사회보장기본법에 규정하고 있는 국가의 의무와 국민의 권리 등을 의미 있게 실천할 수 있는 정부간 재정 관계 변화 과제들이 거의 고려되지 못하고 있다(이재원, 2013: 1). 국고보조율의 문제점은 기준 보조율과 차등 보조율 모두에서 제기된다.

### (1) 기준 보조율의 문제점

첫째, 보조금 관리에 관한 법률 시행령에 규정된 보조율은 사업별로 기준 보조율의 수치를 열거하고 있을 뿐이고, 해당 보조율을 산출하게 된 근거와 원칙에 대해서는 밝히고 있지 않다. 현재 기준 보조율은 정액, 20~100%까지의 보조율이 적용되는데, 사실상 중앙정부의 자의적 판단에 의해 정해진 것으로 볼 수 있다.

둘째, 그동안의 재정환경 변화가 반영되지 않은 채 1986년 '보조금 관리에 관한 법률' 전부 개정 당시의 기준 보조율 체계가 존속되고 있다. 정부간 재정 관계(지방자치 부활), 사회안전망 강화(기초생활 보장), 경제구조 변화(서비스 경제 전환) 등의 사회경제적 변화가 기준 보조율 체계에 반영되지 못하고 있다.

셋째, 국고보조사업에서 기준 보조율의 법적 기반이 미흡해 안정성과 예측 가능성에 문제가 많다. 국고보조사업 가운데 기준 보조율이 법정화되어 있는 비율이 매우 낮다. 대부분의 사업에 대해서 개별 법률과 기재부 장관이 당해 예산의 범위 안에서 보조율을 결정할 수 있도록 포괄 규정하고 있어 보조사업의 안정성과 예측 가능성이라는 측면에서 문제가 있다(이재원, 2015: 88; 손희준, 2013: 30).

넷째, 국고보조사업의 특성이 제대로 반영되지 않았으며, 논리성과 일관성이 미흡하다. 전국 단위로 국가 최저 수준(national minimum)을 보장하는 국가 시책으로 시행되는 유사 사업들 간 보조율이 달라 형평성이 결여되어 있다. 주요 복지사업의 평균 보조율의 경우 국가 예방접종 46%, 영유아보육 64%, 장애인연금 67%, 기초연금 76%, 기초생활보장 79% 등으로 다양하다. 국가 표준적인 사회안전망을 제공하는 기초생활보장사업과 비교할 때 다른 유사 주요 사업들의 보조율은 상대적으로 낮은 상태가 지속되고 있다(이재원, 2015: 88).

### (2) 차등 보조율의 문제점

첫째, 차등 보조율은 지자체의 재정 상황을 고려해서 지자체 간 불균형 완화 효과를 목적으로 도입되었는데 완화 효과가 거의 없는 것으로 밝혀지고 있다. 임소영(2012)은 차등 보조율 제도를 도입한 2008년 이후 오히려 그 이전보다 자체 부담 비율, 재정력 지수, 재정력 대비 시도비 비율, 주민 1인당 지방비 부담액에 대한 지방자치단체 간 재정 불균형이 심화되었다고 주장한다. 김정완(2013)은 기초노령연금의 차등보조율제도를 분석한 결과 재정자주도가 80%보다 현저하게 낮은 자치단체들이 상대적으로 불이익을 받고 있으며, 지역 간 형평성에 기여하지 못했다고 주장한다.

둘째, 차등 보조율의 불균형 완화 효과가 낮은 것은 차등화 적용 지표에 문제가 있기 때문이다. '지방자치단체의 재정 여건'을 평가하는 지수인 재정자주도의 경우 분류 구간이 편중되어 있는 문제가 있다. 기초생활 보장, 영유아보육료 및 가정양육수당 지원, 기초연금 지급 사업 모두 재정자주도가 가장 낮은 구간을 80% 미만으로 설정하고 있으나, 재정자주도 현황을 보면, 전체 지방자치단체의 대부분이 재정자주도 80% 미만 구간에 위치하고 있다. 재정자주도 분류 구간이 편중되어 있어 지방자치단체 간 재정 여건의 차이를 분별력 있게 반영하지 못하고 있는 것이다.

셋째, 시・군과 자치구의 재정지출 구조의 차이를 고려하지 않은 기준 선정의 문제가 있다. 재정자주도와 사회복지비지수 두 기준 중 재정자주도의 분류 구간이 편중된 상황에서는 영유아보육료 및 가정양육수당 지원사업, 기초생활보장사업의 인상 보조율 적용 여부를 결정하는 실질적인 기준은 사회복지비지수 하나로 수렴된다. 그런데 사회복지비지수는 '시・군'보다 '자치구'에서 훨씬 높게 나타나, 차등 보조율 제도가 자치구에 혜택을 주는 제도로 운용되는 문제가 있다(심지헌, 2014).

### 3) 국고보조금제도 자체의 비효율 및 낭비 요인 상존

국고보조사업이 소액・유사사업으로 지나치게 세분화되어 있고 중복된 경우가 많아 재정 배분의 비효율 및 예산 낭비 요인이 되고 있다. 지방정부의 정책 우선순위보다 중앙정부의 우선순위에 따른 사업을 추진하는 경향이 있어 소액 분산 투자가 지속되고 있다.

그리고 국고보조금은 집행 이후 사후 정산을 해야 하는데 사후 정산에 따른 행정비용이 소요된다. 또한 국고보조사업 집행 결과에 대한 사업정산보고서 분석 등 사업실적에 대한 사후 평가 작업이 이뤄지고 있지 않다. 지원 대상 사업의 추진 성과를 점검해 예산 지원의 효율성을 평가하고 향후 참고 자료로 활용해야 할 것이다.

## 3 국고보조금제도의 개선 방안

국고보조금제도의 개선 방안은 단기적 관점과 중장기적 관점으로 구분해 논의할 필요가 있다. 단기적 관점의 개선 방안은 국고보조율 개편, 국고보조사업 평가 강화 등을 들 수 있으며, 중장기적 관점은 포괄보조금제도로의 확대, 국고보조금의 축소 및 궁극적 폐지 등을 들 수 있다. 여기서는 국고보조금 축소와 국고보조율 개편 방안에 대해 논의한다.

### 1) 국고보조금 축소와 자주재원주의에 근거한 지방재정제도 개혁

국고보조금이 지속적으로 증가하는 현상은 앞에서 보듯이 여러 가지 문제를 유발한다. 우선 국고보조사업에 대한 지방비 대응으로 인한 지방재정의 압박과 왜곡, 중앙정부의 재정통제 등의 문제를 지적할 수 있다. 그리고 저출산·고령화, 양극화, 일인 가구 증가와 같은 가족 관계의 변화 등의 사회·경제적 변화에 대응한 지방재정제도의 개혁에 국고보조금 확대는 걸림돌이 되고 있다. 지방재정제도의 개혁은 국고보조금 축소를 토대로 한 근본적 개혁을 이뤄야 한다.

국고보조금제도의 개혁은 지방세 및 지방교부세와 함께 장기적으로 개혁 방안을 마련해야 한다. 기본 방향은 자주재원주의 원칙에 근거한 '재정 중립형 지방재정 개혁'이 되어야 한다. 국고보조금의 축소를 지방교부세로 보전하는 방식은 일반재원주의이며, 지방세로 보전하는 방식은 자주재원주의다. 두 가지 방식 중 재정분권과 지방자치에 부합되는 개혁 방안은 자주재원주의 방식이다. 여기서 '재정 중립형'이란 현재의 조세부담률과 중앙·지방 간 가용재원(최종 세출) 배분 비율을 변경하지 않는다는 의미다. 일본의 삼위일체 개혁은 이러한 재정 중립형 개혁에 해당한다. '재정 중립형' 조건 하에서는 지방세 비중을 높이는 대신 국고보조금과 지방교부세 비중을 낮추는 방식의 개혁을 해야 한다. 그 중에서도 과감한 국고보조금의 축소를 단행할 필요가 있다.

### 2) 국고보조금 기준 보조율 체계의 재정립

국고보조금의 보조율은 기준 보조율과 차등 보조율 모두 문제가 있는 것으로 드러나고 있다. 여기서는 새로운 기준 보조율 체계의 정립을 제시하고자 한다. 현행 기준 보조율의 경우 해당 보조율을 산출하게 된 논리적 근거와 원칙이 없다는 점이 지적된다.

그동안 학자들이 제시한 기준 보조율 체계는 누출(파급) 효과 또는 외부 효과의 유무와 범위, 사무 배분 기준, 국가의 정책사업 여부, 예산 규모 등을 기준으로 국고보조사업을 분류하고, 각 유형별로 적정한 기준 보조율을 제시하고자 했다(손희준, 2013: 15). 그 중에서도 이재원(2013)과 심지헌(2014)이 제시한 모형이 매우 유용한 것으로 판단된다.

이재원(2013)은 사회복지 보조사업을 대상으로 ① 보조사업의 사회적 성격과, ② 재정사업 재량을 기준으로 아홉 개의 사업 유형으로 구분했다. 보조사업의 사회적 성격은 중앙정부 책임, 중앙-지방 협력, 지자체 책임, 재정사업 재량의 정도는 낮음, 중간, 높음의 3×3 표로서 아홉 개의 사업 유형으로 구분한 것이다. 보조율은 복지사업의 성격이 중앙정부 책임이 클수록 보조율을 높이고, 중앙과 지방 간 협력이 필요한 사업은 중간 정도의 보조율, 지방정부 책임이 클수록 보조율을 낮추는 방식으로 설계한다. 다른 한편 보조사업에 대한 지방정부의 재량이 낮을수록 보조율을 높이고, 집행재량이 높을수록 보조율을 낮추는 방식으로 설계한다. 각 기준의 구간별 보조율을 90, 80, 70%로 설계해 교차할 경우 최고 90% 보조율에서 최저 50%의 아홉 가지 보조율 체계를 제시한다.

심지헌(2014)은 국고보조사업의 유형을 지방자치단체의 선택권 여부와 국가와 지방자치단체의 책임성의 정도의 두 가지 기준에 의해 여섯 개 유형으로 분류했다. 지방자치단체의 선택권 여부는 '선택 불가'와 '선택 가능', 국가와 지방자치단체의 책임성의 정도는 '주로 국가의 책임', '국가 · 지자체 공동 책임', '주로 지자체의 책임'의 세 개 유형으로 구분해 2×3의 여섯 가지 사업 유형으로 분류했다.

이재원(2013)과 심지헌(2014)이 적용한 두 가지 기준을 보면 '보조사업의 사회적 성격'과 '국가와 지방자치단체의 책임성의 정도'는 사실상 같은 개념이다. '재정사업 재량 정도'와 '지방자치단체의 선택권 여부'는, 측정하려는 기준의 목적은 동일하지만 전자는 정책(사업) 집행에, 후자는 정책(사업) 결정에 초점을 맞추고 있다.

여기서는 중앙정부와 지방정부의 책임성의 정도와 지자체에 대한 사업 수행의 강제성의 정도라는 두 가지 기준을 중심으로 각각 세 개의 범주로 구분해 3×3의 아홉 가지 사업 유형으로 분류하고자 한다. '지자체에 대한 사업 수행의 강제성의 정도'는 정책(사업) 결정과 정책(사업) 집행에서의 강제성을 의미하며, 지자체의 재량 정도를 보여주는 지표라고 볼 수 있다. 보조율은 이재원(2013)의 보조율 체계를 따라 〈표 8-5〉와 같이 각 범주에 대해 차등적 보조율을 적용한다. 보조율이 50~90%이지만 현실적으로는 굵은 선 안에 든 범주들이 주된 보조율이 될 것이다. 그리고 예외적 사업들에 대해 별도의 기준 보조율을 정할 수 있을 것이다.

이렇게 국고보조사업 유형화를 통한 보조율 결정 방식은 기준 보조율 결정에 중요한 논리로 작용할 수 있다. 임의적으로 정해진 현행 보조율 체계에 비해 논리적 정당성이 높다고 볼 수 있다.

표 8-5 국고보조사업 유형별 기준 보조율 체계

| 구분 | | 중앙정부와 지방정부 책임성의 정도 | | |
|---|---|---|---|---|
| | | 중앙정부 책임 | 중앙-지방 공동 책임 | 지방정부 책임 |
| 지방정부에의 사업 수행의 강제성 | 높음 | Ⅰ (90%) | Ⅱ (80%) | Ⅲ (70%) |
| | 중간 | Ⅱ (80%) | Ⅲ (70%) | Ⅳ (60%) |
| | 낮음 | Ⅲ (70%) | Ⅳ (60%) | Ⅴ (50%) |

# 제5절 지역균형발전특별회계

## 1 지역균형발전특별회계제도의 도입 경위

지역균형발전특별회계제도의 도입은 2005년 노무현 정부의 국가균형발전특별회계의 신설에서 비롯된다. 노무현 정부는 지방분권과 국가 균형 발전을 주요 국정의제로 설정하고 국가균형발전특별법을 제정(2003년 12월 제정, 2004년 4월 시행)했다. 국가균형발전계획의 추진을 재정적으로 지원하고, 지역 개발 및 지역 혁신을 위한 사업을 지역의 특성 및 우선순위에 따라 효율적으로 추진하기 위해 국가균형발전특별회

표 8-6 각 정부별 회계 구성 체계의 변화

| 해당 정부 | 명칭 | 시행일 | 구성 체계 |
|---|---|---|---|
| 노무현 정부 | 국가균형발전특별회계 | 2005 | 지역개발사업계정/지역혁신사업계정 |
| 이명박 정부 | 광역·지역발전특별회계 | 2010 | 지역개발계정/광역발전계정/제주특별자치도계정 |
| 박근혜 정부 | 지역발전특별회계 | 2015 | 생활기반계정/경제발전계정/제주특별자치도계정/세종특별자치시계정 |
| 문재인 정부 | 국가균형발전특별회계 | 2019 | 지역자율계정/지역지원계정/제주특별자치도계정/세종특별자치시계정 |
| 윤석열 정부 | 지역균형발전특별회계 | 2023 | 지역자율계정/지역지원계정/제주특별자치도계정/세종특별자치시계정 |

계를 신설한 것이다. 회계는 지역개발사업계정과 지역혁신사업계정으로 구분해 운용했다.

이후 이명박 정부는 광역·지역발전특별회계(2010년), 박근혜 정부는 지역발전특별회계(2015년)로 명칭을 변경했다. 문재인 정부는 다시 국가균형발전특별회계(2019), 윤석열 정부는 지역균형발전특별회계(2023)로 명칭을 변경했다. 각 정부별로 명칭을 변경한 것은 중앙정부의 지역발전 정책의 내용과 초점이 달라진 것과 관련이 있다.



## 2 지역균형발전특별회계의 의의와 성격

윤석열 정부는 2023년 국가균형발전의 토대가 되었던 '국가균형발전 특별법'을 '지방자치분권 및 지방행정체제개편에 관한 특별법'과 통합하여 '지방자치분권 및 지역균형발전에 관한 특별법(약칭: 지방분권균형발전법)'을 새로 제정했다. 이 법은 지역간 불균형 해소, 지역의 특성에 맞는 자립적 발전 및 지방자치분권을 통하여 지역이 주도하는 지역균형발전을 추진함으로써 국민 모두가 어디에 살든 균등한 기회를 누리는 지방시대를 구현하는 것을 목적으로 규정하고 있다.

지방분권균형발전법(제74조)에 의해 지방시대 종합계획 및 지역균형발전시책 지원 관련 사업을 효율적으로 추진하기 위하여 지역균형발전특별회계가 설치되었다. 회계는 지역자율계정, 지역지원계정, 제주특별자치도계정 및 세종특별자치시계정으로 구분한다. 회계는 기획재정부 장관이 관리·운용하며, 회계의 예산은 중앙행정기관의 조직별로 구분할 수 있다.

지역균형발전특별회계는 정부간 재정 관계에서 재정 조정 차원의 이전재정이라고 보기 어렵다. 현재 예산과목 체계에서는 지특회계 지원금이 '보조금(장)-국고보조금 등(관)-국고보조금 등(항)'에 포함되어 있다. 그러나 지역균형발전특별회계에 의한 정부 지원금은 중앙정부 지역정책 차원의 지원금일 뿐이며, 재정 조정 차원의 이전재정은 아니다.2)

다만, 지원금의 특성은 국고보조금처럼 조건부 지원금인 특정재원이다. 지역자율계정의 지자체 자율편성사업들이 포괄보조사업으로 운용되는 점은 국고보조금과 다른 점이다. 포괄보조금 성격을 갖고 있다.

2) 지역균형발전특별회계의 설명을 여기 '국고보조금' 장에서 하고 있는 것은 부적절한 면이 있다.

## 3 지역균형발전특별회계 구성 체계

지역균형발전특별회계의 구성 체계는 4개 계정, 8개 사업군으로 구성되어 있다. 중심 계정은 지역자율계정과 지역지원계정이며, 세종특별자치시와 제주특별자치도를 위한 별도 계정이 만들어져 있다.

표 8-7 지역발전특별회계 구성 체계(4개 계정 8개 사업군)

<table>
<tr><th colspan="2">계정<br>편성 방식</th><th>지역자율계정</th><th>지역지원계정</th><th>세종특별자치시 계정</th><th>제주특별자치도 계정</th></tr>
<tr><td rowspan="2">지자체 자율 편성</td><td>시・도</td><td>① 시・도 자율편성사업</td><td>–</td><td rowspan="2">③ 시・도, 시・군・구 자율편성사업</td><td rowspan="2">④ 시・도, 시・군・구 자율편성사업<br>⑤ 특별지방행정기관 이관사무수행경비</td></tr>
<tr><td>시・군・구</td><td>② 시・군・구 자율편성사업</td><td>–</td></tr>
<tr><td colspan="2">부처 직접 편성</td><td>–</td><td>⑥ 부처 직접 편성사업</td><td>⑦ 부처 직접 편성사업</td><td>⑧ 부처 직접 편성사업</td></tr>
</table>

주: 세종특별자치시계정과 제주특별자치도계정의 자율편성사업은 시・군・구 기반구축사업 등 포함.
자료: 행정안전부(2023.6). 『2023년도 지방자치단체 통합재정 개요』.

지역자율계정은 시・도 자율편성사업(①)과 시・군・구 자율편성사업(②)으로 구분된다. 자율편성사업은 포괄보조(block grant) 사업 중심으로 지원된다. 포괄보조사업은 보조금 교부 시 중앙정부의 교부조건이 있는 일반적인 보조사업과 달리 일정한 범위 또는 효과가 있는 사업의 촉진을 위하여 그러한 취지에 맞는 사업에 대하여 포괄적으로 수행되는 보조사업이다. 지역균형발전특별회계 안에서도 재정 효과가 특정 지역에 국한되고, 지자체 자율성이 요구되는 사업은 지역자율계정에 포함된다.

지역지원계정은 부처가 직접 편성한 사업(⑥)으로 구성되어 있으며, 광역협력권 활성화 및 지역경쟁력 강화를 위한 교통・물류망 확충, 지역특화산업 및 광역협력권 산업의 육성과 투자 및 일자리 창출 촉진 등 국가적 우선순위가 높은 사업 중 각 부처가 지방자치단체의 요구를 받아 직접 예산을 편성한다. 권역 간 협력 및 투자 효율화 등을 위해 국가의 체계적인 수요・공급 관리, 기능 조정이 요구되는 사업은 지역지원계정에 포함된다.

세종・제주계정은 세종특별자치시와 제주특별자치도가 사업군별 지출 한도 내에서 자율편성하는 사업(③, ④, ⑤)과, 부처에서 직접 예산을 편성하는 사업(⑦, ⑧)이 혼재되어 있다. 단, 시·군·구 자율편성사업의 신규 소요는 기획재정부와 협의를 거쳐 부처가 공모를 통해 선정한다.

정부는 지역균형발전특별회계의 세출예산을 편성할 때 지방자치단체의 재정 상황 및 평가 결과 등을 고려하여 일정한 기준에 따라 지방자치단체별로 지원 규모·보조 비율 등에 차등을 둘 수 있다.



표 8-8 지역균형발전특별회계 연도별 규모

(단위: 조 원)

| 구분 | 2019 | 2020 | 2021 | 2022 | 2023 |
|---|---|---|---|---|---|
| 지역자율계정 | 5.5 | 2.3 | 2.5 | 2.3 | 2.4 |
| 지역지원계정 | 4.8 | 6.6 | 7.5 | 8.2 | 9.0 |
| 제주·세종계정 | 0.4 | 0.3 | 0.3 | 0.3 | 0.4 |
| 합계 | 10.7 | 9.2 | 10.3 | 10.9 | 11.7 |

자료: 기획재정부.

## 4 지역균형발전특별회계의 계정별 재원과 예산 편성 절차

지역균형발전특별회계의 재원은 지역자율계정의 경우 주세 40%, 과밀부담금과 개발부담금, 공공자금관리기금으로부터의 예수금, 일반회계 및 다른 특별회계 전입금 등으로 구성되어 있다. 지역지원계정은 주세 60%, 개발제한구역 보전 부담금, 광역교통시설부담금, 공공자금관리기금으로부터의 예수금, 일반회계 및 다른 특별회계 전입금 등으로 구성되어 있다. 국세인 주세는 전액 중앙정부의 지역균형발전정책의 재원으로 사용되고 있음을 알 수 있다. 세종시 계정과 제주도 계정의 재원은 일반회계 및 다른 특별회계 전입금 등이다.

그리고 지역균형발전특별회계의 수입으로써 경비의 전부를 마련할 수 없는 경우에는 그 부족액의 전부 또는 일부를 일반회계나 다른 특별회계로부터의 전입금으로 충당할 수 있다. 자금이 일시적으로 부족한 경우에는 회계의 부담으로 일시차입을 할 수 있다. 일시차입금의 원리금은 해당 회계연도 내에 상환해야 한다.

지역발전특별회계의 예산 편성 절차를 보면 먼저 신청주의에 의해 지방자치단체가 대상사업 예산을 해당 부처와 지방시대위원회에 신청한다(4월 30일까지). 각 부처는 지자체 신청 및 지방시대위원회 의견을 기초로 예산요구서를 작성하여 기획재정부에 제출한다(5월 31일까지). 기획재정부가 편성한 정부예산안에 지역균형발전특별회계가 확정되면 예산 편성 단계에서 국회의 예산 심의 단계로 넘어간다.

각 부처의 장은 예산 집행을 위하여 필요한 경우 또는 지방자치단체의 장이 요청한 경우에는 회계의 소관 부처별 세출예산의 총액 범위에서 각 과목 상호 간에 전용할 수 있다. 세출예산 중 부득이한 사유로 해당 회계연도 내에 지출하지 아니한 것은 회계의 소관 부처별 또는 지방자치단체별 세출예산의 총액 범위에서 다음 연도에 이월하여 사용할 수 있다. 다만, 그 회계연도부터 2회계연도를 초과하여 이월할 수 없다.

## 제6절 지방소멸대응기금

### 1 지방소멸대응기금의 도입 배경

지방소멸대응기금은 지역의 인구감소로 인한 지방소멸 위기에 대응하기 위해 2022년 도입되었다. 2021년 12월 '지방자치단체 기금관리기본법'을 개정하여 지방소멸대응기금을 설치했으나, 2031년 12월 31일까지 유효한 한시적 도입이다. 기금의 주된 용도는 인구감소지역 등 낙후지역 인프라 개선이며, 지방 공사채 발행한도 확대 등 지방재정의 자율성 확대를 위해 사용된다. 이 기금은 지역상생발전기금과 동일하게 17개 시・도로 구성된 지방자치단체조합에 설치되어 운용된다.

인구감소지역 지원을 위해 행정안전부는 2021년 10월 연평균 인구증감률, 인구밀도, 고령화 비율 등 8개 지표를 종합한 인구감소지수를 바탕으로 인구감소지역 89곳을 지정했다. 지정된 인구감소지역은 전남(16), 경북(16), 강원(12), 경남(11), 전북(10), 충남(9), 충북(6), 부산(3), 대구(2), 인천(2), 경기(2)이며, 시 15개, 군 69개, 구 5개로 총 89곳이다. 지원 대상으로 인구감소지역 외에 18개의 관심지역도 선정했다. 관심지역이란 인구감소지역을 제외한 시・군・구 중 인구감소지수가 높은 순서대로 인구감소지역 수의 20% 내외의 수에 포함되는 지역을 말한다.[3] 관심지역은 부산(금정구, 중구), 인천(동구), 광주(동구), 대전(대덕구, 동구, 중구), 경기(동두천시, 포천시), 강원(강릉

시, 동해시, 속초시, 인제군), 전북(익산시), 경북(경주시, 김천시), 경남(사천시, 통영시)이다.

지역상생발전기금은 지방자치단체의 출연금을 재원으로 하는 수평적 재정조정제도인 반면에, 지방소멸기금은 중앙정부 출연금을 재원으로 한다는 점에서 수직적 재정조정의 성격을 갖는다. 그러나 지방정부의 대응부담이 없기 때문에 보조금이라고 볼 수는 없다.



## 2 지방소멸대응기금의 재원과 계정

지방소멸대응기금의 재원은 매 회계연도마다 정부출연금 1조 원과 동 기금의 전년도 결산상잉여금으로 조성된다(지방자치단체 기금관리기본법 제23조).[4)]

기금의 용도는 지방소멸대응 등 관련 기반시설 조성 등을 위한 시·도 및 시·군·자치구에 대한 재정 지원, 그 밖에 기금의 관리·운용을 위하여 필요한 경비의 지출이다. 그리고 지방자치단체는 시·도 및 시·군·자치구에 대한 재정 지원이 서로 연계될 수 있도록 협력할 것을 요구하고 있다.

지방소멸대응기금은 광역지원계정과 기초지원계정으로 구분한다. 광역지원계정의 재원은 지방소멸대응기금 재원 총액의 25%, 기초지원계정의 재원은 75%를 배분한다.

광역지원계정의 재원은 인구감소지역을 관할하는 시·도에 90%, 나머지 10%는 재정·인구 여건에 따라 차등 지원한다. 재원 90%는 인구감소지수, 인구감소지역 비율 등의 정해진 산식에 따라 정액 배분되고 광역자치단체가 직접 집행한다. 나머지

표 8-9 지방소멸대응기금 계정 및 배분 기준

| 구분 | 배분 대상 | 배분 기준 |
|---|---|---|
| 광역지원계정 (25%) | 인구감소지역을 관할하는 시·도(90%) | 산식에 따른 정액 배분 |
| | 재정·인구 여건에 따라 차등 지원(10%) | |
| 기초지원계정 (75%) | 인구감소지역 89개(95%) | 투자계획평가에 따른 차등 배분 |
| | 관심지역(5%) | |

자료: 행정안전부.

3) 지방소멸대응기금 배분 등에 관한 기준 제2조.
4) 2022~2031년의 10년 간 약 10조 원을 출연하여 기금을 조성한다. 단, 2022년에는 사업 준비기간 등을 고려하여 7,500억 원이 편성되었다.

10% 차등 배분의 경우 인구·재정 여건이 양호한 서울·세종·인천·경기는 배분 대상에서 제외한다. 기초지원계정은 89개 인구감소지역에 95%, 관심지역에 5%를 지원한다. 배분 방식은 투자계획의 평가 결과에 따라 차등 배분한다.

지방소멸대응기금 도입 첫해인 2022년에 2년분의 배분 금액이 결정되었다. 각 지방자치단체가 투자계획을 제출하여 총 1,691건(2022년 811건, 2023년 880건)의 사업이 선정되었다. 자치단체별 배분 금액 규모를 보면, 광역자치단체는 인구감소지역 지정 비율, 인구감소지수 평균값 등을 고려하여 배분금이 결정되는 만큼 전남(892억 원), 경북(847억 원), 강원(602억 원) 순으로 배분 규모가 크고, 경기(9억 원)가 가장 적은 것으로 나타났다. 기초자치단체의 경우 인구감소지역에는 2년 간 총 756억 원, 관심지역에는 최소 190억 원이 배분되었다(국회예산정책처, 2023: 103).

## 3 지방소멸대응기금의 성과분석 및 공개

기금관리조합은 회계연도마다 지방소멸대응기금의 성과를 분석하고, 그 결과를 공개해야 한다. 조합의 장은 성과분석을 위하여 전년도 성과분석 실시 계획을 수립하고, 시·도지사 및 시장·군수·구청장에게 해당 연도 1월 31일까지 통보한다. 지자체장은 해당 지자체의 전년도 성과보고서를 작성하여 해당 연도 3월 31일까지 조합의 장에게 제출한다. 조합의 장은 제출받은 성과보고서를 바탕으로 해당 연도 6월 30일까지 전년도 성과를 분석하고, 그 결과를 인터넷 홈페이지 등을 통하여 공개한다.

지방소멸대응기금은 시행된지 얼마되지 않았지만 2022년 시행 내역 분석 결과를 보면 개선되어야 할 사항이 지적되고 있다(류영아, 2022a: 53-62).

- 기초지원계정사업의 경우 상당수가 기존 정부의 보조사업 등의 형태로 추진되던 사업과 유사한 것으로 추진된다.
- 중앙부처 사업과 유사하거나 연계하여 상승효과를 기대할 수 있는 사업임에도 별개로 추진된다.
- 중·장기 사업의 경우 연 단위의 성과분석 결과가 불리하게 나타날 수 있고, 이로 인해 매년 차등 배분되는 지원액이 감소되어 재원조달계획 마련에 어려움이 발생할 수 있다.

CHAPTER 09

# 광역자치단체와 기초자치단체 간 재정 조정



광역자치단체와 기초자치단체 간 재정 조정은 중앙정부와 지방정부 간 재정조정 제도와 마찬가지로 수직적 재정 조정으로서 일반재원과 특정재원의 두 가지 방식이 있다.

특별·광역시와 자치구 간 재정 조정 방식으로는 일반재원인 자치구 조정교부금과 특정재원인 시비 보조금이 있다. 도와 시·군 간 재정 조정 방식에는 일반재원인 시·군 조정교부금과 특정재원인 도비 보조금이 있다. 시비 및 도비 보조금은 조건부 지원금인 특정재원이면서 지방비 대응이 이뤄지는 국고보조금과 같다.

여기서는 일반재원인 자치구 조정교부금과 시·군 조정교부금에 대해 살펴보기로 한다.

# 제1절 자치구 조정교부금

## 1 자치구 조정교부금제도의 의의

자치구 조정교부금은 특별·광역시가 자치구의 안정적인 행정 서비스를 위해 자치구에 지원하는 일반재원이다. 자치구 조정교부금제도는 자치구가 지방자치단체로서 지위를 갖게 된 1988년부터 특별시 및 광역시 조례로 운영해 왔다. 조정교부금은 무조건부 지원금인 일반재원이기 때문에 자치구는 교부된 조정교부금을 어떤 용도에 사용할 것인가를 자율적으로 결정할 수 있다.

자치구 조정교부금제도는 자치구에 중앙정부의 보통교부세가 직접 교부되지 않으므로 중앙정부의 보통교부세에 갈음해 교부하는 제도다. 자치구에 대한 중앙정부의 보통교부세 해당분은 특별·광역시의 기준재정 수요액 및 기준재정 수입액에 합산 산정하고, 이를 당해 특별시 또는 광역시에 일괄 교부한다. 그리고 광역시 내에 위치한 군은 광역시의 조정교부금 대상이 아니며, 다른 시·군의 경우와 같이 중앙정부로부터 보통교부세를 교부받는다.

조정교부금제도의 도입 목적은 특별·광역시의 관할 구역 내 자치구 간 재정 불균형 해소와 광역행정의 효율성과 통일성을 도모하기 위함이다. 지방재정법(제29조의 2)에 "특별시장 및 광역시장은 보통세 수입의 일정액을 조정교부금으로 확보하여 조례로 정하는 바에 따라 해당 지방자치단체 관할구역의 자치구 간 재정력 격차를 조정해야 한다"고 규정하고 있다.

중앙정부가 지방정부에 지원하는 지방교부세와 마찬가지로 자치구의 재정 보전 기능과 재정 균등화 기능을 수행한다. 즉, 모든 자치구가 일정 수준의 행정운영에 필요한 재원을 확보할 수 있도록 돕는 역할과, 자치구 간 세원 분포의 불균형에 따른 재원확보 능력의 차이를 시정하는 기능을 수행한다.

그리고 시·도지사는 일반조정교부금의 세부명세와 특별조정교부금 교부사업에 관한 정보를 매년 해당 시·도 홈페이지 등에 공개해야 한다.

## 2 자치구 조정교부금의 재원 및 배분 방법

### 1) 자치구 조정교부금의 재원

자치구 조정교부금의 재원은 특별・광역시의 시세(市稅) 중 보통세 수입의 조례가 정하는 일정률이다. 종전에는 취득세의 일정률을 재원으로 했으나 2013년부터 보통세 수입의 일정률을 재원으로 한다.

여기서 특별・광역시 보통세는 취득세, 레저세, 담배소비세, 지방소비세, 자동차세, 주민세, 지방소득세의 일곱 개 세목이다. 여기서 지방소비세의 경우 시・군・구에 납입된 금액은 제외된다. 지방세기본법(제11조의2)에 의하면 "(지방소비세의) 시・군・구에 납입된 금액은 시・군・구세로 한다"고 규정하고 있다. 그리고 광역시의 경우 주민세 재산분 및 종업원분은 제외된다. 지방세기본법(제11조)에 의하면 "광역시의 경우에는 주민세 재산분 및 종업원분은 구세(區稅)로 한다"고 규정하고 있다.[1] 레저세의 경우에도 장외발매소가 있는 자치구에 배분된 금액은 제외한다.[2]

특별・광역시가 조례로 정한 보통세 수입의 일정률을 보면 20~24% 수준이며, 각 자치단체의 일정률은 〈표 9-1〉과 같다.

표 9-1 자치구 조정교부금 재원(보통세 기준, %: 2023년 현재)

| 서울 | 부산 | 대구 | 인천 | 광주 | 대전 | 울산 |
|---|---|---|---|---|---|---|
| 22.6 | 23.0 | 22.29 | 20.0 | 23.9 | 23.0 | 20.0 |

자료: 국회예산정책처. 『2023 대한민국 지방재정』.

### 2) 자치구 조정교부금의 종류 및 배분 방법

자치구 조정교부금은 일반조정교부금과 특별조정교부금의 두 가지 종류가 있다. 일반조정교부금은 일반적 재정 수요에 충당하기 위한 교부금이며, 특별조정교부금은 특정한 재정 수요에 충당하기 위한 교부금이다. 현재 모든 특별・광역시에서 일반조정교부금은 조정교부금 전체 재원의 90%, 특별조정교부금은 10%를 사용한다.

1) 주민세 재산분 및 종업원분은 폐지된 사업소세 해당분이다. 사업소세는 원래 자치구세였다.
2) 특별시장 및 광역시장은 장외발매소에서 발매한 승자투표권 등에 대하여 자치구에서 징수한 레저세의 20%에 해당하는 금액을 그 장외발매소가 있는 자치구에 각각 배분해야 한다(지방재정법 제29조의2 ②).

자치구 조정교부금의 운영 방법은 행정안전부 장관의 승인을 얻어 당해 특별·광역시 조례로 정한다. 따라서 각 자치단체별로 배분 방식에 약간의 차이가 있다. 그러나 일반조정교부금과 특별조정교부금의 배분 방법은 중앙정부가 지방정부에 교부하는 보통교부세와 특별교부세의 배분 방법과 유사하다.

일반조정교부금 배분 방법은 조정교부금 전체 재원의 90%를 대상으로 매년도 기준재정 수입액이 기준재정 수요액에 미달하는 자치구에 그 미달액을 기준으로 교부한다. 지방교부세의 경우와 마찬가지로 일반교부금 총액이 재정 부족액 총액에 미달하는 경우에 이를 일치시킬 목적으로 조정률을 적용한다. 배분 공식은 다음과 같다.[3]

일반조정교부금 교부액 = (기준재정 수요액 - 기준재정 수입액) × 조정률
= 재정 부족액 × 조정률

특별조정교부금은 조정교부금 전체 재원의 10%를 대상으로 재해, 공공시설의 신설·복구·보수 등 특별한 재정 수요가 인정되는 경우 교부한다. 그런데 특별조정교부금은 민간에 지원하는 보조사업의 재원으로 사용할 수 없다.

## 제2절 시·군 조정교부금

### 1 도입 배경

시·군 조정교부금제도의 도입은 징수교부금 제도와 연관이 있다. 징수교부금은 특별·광역시세와 도세를 특별·광역시와 도가 직접 징수하지 않고 자치구와 시·군이 대신 징수하면서 징수액의 일정률을 징수비로 받는 금액이다. 따라서 징수교부금은 이전재정이 아닌 세외수입에 속한다.

징수교부금은 1976년 이전에는 시·도세 징수액의 10%, 1976~1989년에는 30%,

3) 서울특별시는 [일반조정교부금 교부액 = 기준재정 수요액 × 조정률 - 기준재정 수입액]의 계산법을 따른다.

**표 9-2 징수교부금 추이(시 · 도세 징수액 중 비율, %)**

| 1976년 이전 | 1976~1989년 | 1990~1999년 | 2000년~ |
|---|---|---|---|
| 10 | 30 | 30 또는 50<br>(인구 50만 명 이상 시) | 3 |



1990~1999년에는 30%와 인구 50만 명 이상 시의 경우 50%를 적용했다.

그런데 종전의 징수교부금이 시 · 도세의 징수비를 과다 보전해 시 · 군 간 재정 불균형을 악화시킴에 따라 2000년에 징수교부금의 교부율을 3%로 일원화한 후, 잔여 재원을 시 · 군에 배분하는 재정보전금제도를 도입했다(지방재정법, 2000.1.12). 재정보전금제도는 시 · 군 간의 재정력 격차를 조정하기 위해 도입한 제도다. 재정보전금으로 교부하는 잔여 재원은 인구 50만 명 이상 시의 경우 징수교부금 3%를 제외한 47% 해당분과 기타 시 · 군의 27% 해당분이다.

이후 2015년 명칭을 재정보전금에서 시 · 군 조정교부금으로 변경했다. 시 · 군 조정교부금은 상위 자치단체가 하위 자치단체에 재원을 이전하는 수직적 재정 조정과, 시 · 군 간 재정력 격차를 완화하는 수평적 재정 조정의 역할을 수행한다.

## 2 시 · 군 조정교부금의 재원

시 · 군 조정교부금의 재원은 다음 각 항목의 27%에 해당하는 금액이며, 인구 50만 명 이상의 시와 자치구가 아닌 구가 설치되어 있는 시의 경우에는 47%에 해당하는 금액이다(지방재정법 제29조).

① 시 · 군에서 징수하는 광역시세 · 도세의 총액. 다만, 화력 발전 · 원자력 발전에 대한 지역자원시설세, 소방분 지역자원시설세 및 지방교육세는 제외한다.

② 해당 시 · 도(특별시는 제외)의 지방소비세액(시 · 도에 배분되는 금액은 해당 지방소비세액에서 제외)을 전년도 말의 해당 시 · 도의 인구로 나눈 금액에 전년도 말의 시 · 군의 인구를 곱한 금액[4]

4) 이 규정은 2026년 12월 31일까지 유효하다.

## 3 시 · 군 조정교부금의 유형과 배분 방법

시 · 군 조정교부금에는 자치구 조정교부금과 마찬가지로 일반조정교부금과 특별조정교부금의 두 가지 종류가 있다. 일반조정교부금은 시 · 군의 행정 운영에 필요한 재원을 보전하는 등 일반적 재정 수요에 충당하기 위한 교부금이며, 특별조정교부금은 시 · 군의 지역개발사업 등 의 시책을 추진하는 등 특정한 재정 수요에 충당하기 위한 교부금이다. 특별조정교부금은 민간 보조사업의 재원으로 사용할 수 없다.

일반조정교부금의 재원은 시 · 군 조정교부금 총액의 90%, 특별조정교부금은 10%에 해당하는 금액이다.

일반조정교부금 및 특별조정교부금의 구체적인 배분 기준, 산정 방법 및 배분 시기 등에 관해서는 시 · 도의 조례로 정한다. 일반조정교부금의 배분 방식은 해당 시 · 군의 인구 수 50%, 해당 시 · 군의 광역시세 · 도세 징수 실적(지방소비세 제외) 20%, 재정력 30%의 기준을 적용해 배분한다. 여기서 재정력 기준은 재정력 지수가 1 미만인 시 · 군을 대상으로 1에서 해당 시 · 군의 재정력 지수를 뺀 값(역재정력 지수)을 기준으로 배분한다. 재정력 지수란 매년도 기준 재정수입액을 기준 재정수요액으로 나눈 값을 말한다.

표 9-3 일반조정교부금의 배분 기준

| 기준 | 비중 |
|---|---|
| 인구 수 | 50% |
| 징수 실적 | 20% |
| 재정력 | 30% |

주: 2023년 기준.

그런데 시 · 군 조정교부금의 배분에는 특례가 있다. 시 · 도지사는 화력 발전 · 원자력 발전에 대한 각각의 지역자원시설세의 65%에 해당하는 금액(징수교부금을 교부한 경우에는 그 금액을 뺀 금액)을 화력발전소 · 원자력발전소가 있는 시 · 군에 각각 배분해야 한다. 또한 시 · 도지사는 장외발매소에서 발매한 승자투표권, 승마투표권 등에 대하여 시 · 군에서 징수한 레저세의 20%에 해당하는 금액을 그 장외발매소가 있는 시 · 군에 각각 배분해야 한다.

시 · 도지사(특별자치시장 및 제주특별자치도지사는 제외)는 일반조정교부금의 세부 명세와 특별조정교부금 교부사업에 관한 정보를 매년 해당 시 · 도 홈페이지 등에 공개해야 한다.



## 제3절 지역상생발전기금

### 1 지역상생발전기금의 의의

재정분권과 재정균형은 상충되는 측면이 있다. 지방세 중심의 재정분권을 추진할 경우 지역 간 재정 불균형이 확대될 수 있다. 2010년 지방소비세를 도입할 때의 주요 이슈 중 하나였다. 부가가치세의 일정 비율을 지방에 배분할 경우 수도권 지역은 크게 유리해지는 반면, 비수도권은 불리한 상황에 처하게 된다. 그때 마련한 정책대안이 권역별 가중치(서울 · 인천 · 경기도 : 비수도권 광역시 : 도=1 : 2 : 3) 도입과 지역상생발전기금 설치다.

지역상생발전기금은 수도권 광역자치단체(서울 · 인천 · 경기도)에 귀속되는 지방소비세 총액의 35%를 2010년부터 10년 간 출연하여 비수도권과 공동이용하는 재정조정제도로 도입되었다. 이후 재정분권 방안 이행에 따라 지방소비세율의 추가 인상분의 일부를 재원으로 하여 새롭게 개편되면서 종료 기한이 2029년으로 연장되어 운영되고 있다.

지역상생발전기금은 동일 계층 지방정부 간 재정이전이란 점에서 수평적 재정조정제도이다. 지역 간 재정연대를 통해 재정 불균형 문제를 해결한다는 점에서 바람직하지만 상생이라는 연대 의식이 필요한 제도다. 수평적 재정조정 외에 지역발전이라는 실질적 목표의 추구, 지방자치단체 조합에 의한 자율적 운용 및 관리 등의 특징을 갖고 있다. 그러나 기금사업 용도가 불명확하고, 자체 성과분석의 실효성이 낮으며, 성과 결과의 환류 기능이 미흡한 문제가 제기되고 있다.

지역상생발전기금의 관리 · 운용기관으로 시 · 도가 지역상생발전기금조합을 설립하여 운영하고 있다. 조합의 장은 매 회계연도 개시 전에 발전기금운용계획을 수립하고, 회계연도 종료 후 80일 이내에 결산보고서를 작성해야 한다. 발전기금운용계획안과 기금 결산보고서는 조합회의에 제출하여 의결을 얻어야 한다. 조합회의는 의결기관으로서 시·도 기획조정실장, 행정안전부 지방재정정책관, 지방재정전문가 등으로 구성되고, 한국지방재정공제회가 조합사무를 위탁받아 관리한다. 조합은 회계연도마다 발전기금의 성과를 분석하고, 그 결과를 공개해야 한다.

## 2 지역상생발전기금의 재원과 배분 방법

기금의 재원은 서울특별시·인천광역시·경기도에 귀속되는 지방소비세의 일정 비율(35%)을 핵심으로 한다. 그 밖에 지방자치단체의 지역개발기금 등 여유자금으로부터 예치받은 자금, 지방채 발행 수입 및 일시차입금, 지방자치단체의 출연금, 지방자치단체를 회원으로 하는 공익법인의 출연금 등이 법적으로 기금 재원에 포함되지만, 그 규모는 크지 않다.

지역상생발전기금은 ① 재정지원계정, ② 융자관리계정, ③ 전환사업보전계정으로 구분한다. 재정지원계정은 서울특별시·인천광역시·경기도의 출연금(지방소비세 총액의 35% 안분액)의 50%, 기타 수입금, 융자관리계정 및 전환사업보전계정으로부터의 전입금으로 재원을 마련한다. 이 재원은 지역발전과 지역상생을 위하여 필요한 지방자치단체 재정지원 및 보조사업 지원에 사용된다. 재정지원 및 보조사업 지원은 사회복지 및 농림해양수산 과목과 행정안전부 장관이 정하는 과목으로 한정된다. 그 밖에 발전기금의 관리·운용을 위하여 필요한 경비의 지출에 사용된다.

융자관리계정은 서울특별시·인천광역시·경기도 출연금의 50%, 통합기금 등으로부터의 예치금, 지방채 발행 수입 및 일시차입금, 지방자치단체의 출연금, 공익법인의 출연금, 발전기금의 운용수익, 타 계정으로부터의 전입금 등으로 재원을 마련한다. 융자관리계정의 재원은 지방채와 공사채(公社債)의 인수. 예치금의 원리금 상환에 사용된다.

전환사업보전계정은 재정분권 노력에 의한 지방소비세 인상분을 재원으로 하여 2020년 신설된 계정이다. 정부의 지방분권 노력에 의해 중앙정부에서 지방정부로 전환되는 사업의 비용 보전에 사용된다. 중앙정부에서 지방정부로 전환되는 사업은 농어업기반 정비, 지방하천 정비, 문화관광자원개발 조성, 청소년시설 확충, 전통시장 및 중소유통물류기반 조성 등 138개 사업(2024년 기준)이다.[5] 이들 사업은 보조금 지급 대상에서 제외되는 사업이다. 전환사업보전계정의 재원은 전환사업 비용 보전을 목적으로 지방소비세의 일정 비율을 안분하는 방식으로 마련한다. 구체적 기준을 지방세법에 명시하고 있다.[6]

지역상생발전기금의 출연 및 배분 금액의 지방자치단체별 현황은 〈표 9-4〉와 같다.

**표 9-4** 지역상생발전기금 연도별 현황(재정지원 · 융자지원)

(2023년 7월 기준, 단위: 억 원)

| 구분 | | 계 (2010~2023) | 2010 | 2012 | 2014 | 2016 | 2018 | 2020 | 2021 | 2022 | 2023 |
|---|---|---|---|---|---|---|---|---|---|---|---|
| 출연 | | 60,028 | 3,079 | 3,456 | 3,711 | 3,826 | 4,425 | 4,451 | 5,147 | 5,417 | 6,944 |
| | 서울 | 27,064 | 1,497 | 1,644 | 1,745 | 1,755 | 2,000 | 1,923 | 2,221 | 2,269 | 2,963 |
| | 인천 | 5,817 | 278 | 318 | 347 | 361 | 422 | 439 | 508 | 613 | 690 |
| | 경기 | 27,147 | 1,304 | 1,494 | 1,619 | 1,710 | 2,003 | 2,089 | 2,418 | 2,535 | 3,291 |
| 배분 | | 60,028 | 3,079 | 3,456 | 3,711 | 3,826 | 4,425 | 4,451 | 5,147 | 5,417 | 6,944 |
| 재정지원 | | 38,620 | 3,079 | 3,456 | 3,711 | 1,915 | 2,215 | 2,226 | 2,573 | 2,709 | 3,472 |
| | 서울 | 1,470 | 107 | 135 | 147 | 77 | 87 | 83 | 98 | 98 | 132 |
| | 부산 | 1,704 | 141 | 157 | 160 | 81 | 88 | 98 | 117 | 122 | 169 |
| | 대구 | 3,592 | 332 | 331 | 347 | 195 | 219 | 214 | 234 | 214 | 249 |
| | 인천 | 1,137 | 94 | 101 | 106 | 47 | 53 | 55 | 66 | 109 | 152 |
| | 광주 | 3,905 | 317 | 342 | 358 | 175 | 246 | 250 | 273 | 270 | 303 |
| | 대전 | 3,239 | 281 | 294 | 303 | 170 | 191 | 187 | 206 | 207 | 264 |
| | 울산 | 3,197 | 294 | 300 | 315 | 154 | 172 | 162 | 176 | 236 | 266 |
| | 세종 | 132 | – | – | – | 9 | 13 | 15 | 18 | 17 | 26 |
| | 경기 | 1,492 | 107 | 130 | 145 | 81 | 91 | 88 | 105 | 98 | 132 |
| | 강원 | 3,016 | 194 | 263 | 296 | 166 | 179 | 183 | 218 | 201 | 264 |
| | 충북 | 2,481 | 188 | 206 | 218 | 97 | 142 | 156 | 186 | 188 | 245 |
| | 충남 | 1,845 | 139 | 167 | 186 | 90 | 98 | 101 | 121 | 136 | 190 |
| | 전북 | 1,951 | 149 | 170 | 186 | 94 | 106 | 107 | 128 | 144 | 209 |
| | 전남 | 3,135 | 233 | 293 | 329 | 157 | 173 | 174 | 208 | 217 | 284 |
| | 경북 | 3,035 | 234 | 276 | 305 | 156 | 169 | 164 | 195 | 214 | 278 |

5) 전환사업은 지방자치단체 기금관리기본법 시행령 [별표]에 명시되어 있다.

6) 지방세법 제71조 제3항 제3호 가목 및 같은 항 제4호 가목에 따른 금액. 이 규정은 2026년 12월 31일까지 유효하다.

|  |  |  |  |  |  |  |  |  |  |  |
|---|---|---|---|---|---|---|---|---|---|---|
| 경남 | 2,083 | 176 | 186 | 198 | 105 | 117 | 118 | 141 | 148 | 197 |
| 제주 | 1,161 | 92 | 104 | 111 | 57 | 66 | 65 | 77 | 84 | 108 |
| 사무국 | 25 | 1 | 1 | 1 | 2 | 2 | 2 | 2 | 2 | 2 |
| 파견지원 | 20 | – | – | – | 2 | 2 | 3 | 3 | 3 | 2 |
| 융자지원 | 21,406 | – | – | – | 1,911 | 2,210 | 2,225 | 2,573 | 2,708 | 3,472 |

주: 1. 2010~2021년은 정산 기준, 2022년도는 수도권 3개 시·도 예산 편성 기준에 따른 규모.
2. 2023년도 기금운용계획 기준.

자료: 국회예산정책처(2023). 『2023 대한민국 지방재정』.

04

PART

# 지방재정 관리제도

CHAPTER 10

# 지방재정관리제도



## 제1절 지방재정관리제도의 의의와 목적

### 1 지방재정관리제도의 의의

지방재정관리제도란 지방자치단체가 재정을 건전하고 효율적으로 운영하기 위해 예산 편성 및 집행 등의 예산 과정에서 이뤄지는 지방재정법 등의 법률에 규정된 각종 재정관리제도를 말한다. 재정의 구성을 재원의 조달(수입), 배분(지출), 운영(관리)으로 구분한다면 여기서의 재정관리제도란 재정의 운영 및 관리와 관련된 제도를 말한다. 그러나 수입 및 지출 측면에도 관리적 요소들이 있기 때문에 그 범위를 획정하기는 어렵다.

지방재정관리제도는 예산 편성과 관련된 사전적 관리제도와 예산 편성 후 집행 및 결산과 관련된 사후적 관리제도로 구분된다. 사전적 재정관리제도에는 중기지방재정계획제도, 재정투자 심사제도, 예산 편성 기준, 지방채 발행 총액한도제, 지방재정영향평가제도 등이 있다. 사후적 재정관리제도에는 지방재정 분석진단제도, 재정 위기단체 지정제도, 재정공시제도 등이 있다. 넓은 의미의 재정관리제도로서 재정성과관리제도(성과계획서와 성과보고서), 사업예산제도, 복식부기·발생주의회계제도 등을 들 수 있다.

재정관리 주체의 측면에서 보면 지방정부가 관리 주체인 경우와 중앙정부가 관리 주체인 경우로 구분할 수 있다. 중기지방재정계획과 재정투자 심사는 지방자치단체가 주된 관리 주체이며, 예산 편성 기준, 지방채 발행 승인, 지방재정 분석진단제도 등은 행정안전부가 관리 주체다. 지방재정 영향평가제도는 대상사업 관련 중앙정부와 지방자치단체 모두 관리 주체가 된다.

## 2 지방재정관리제도의 목적

지방재정관리제도의 목적은 지방재정 운영의 건전성과 효율성을 도모하는 데에 있다. 지방자치법과 지방재정법은 재정 운영의 기본 원칙을 명시하고 있다. 지방자치법(제122조)은 "지방자치단체는 그 재정을 수지 균형의 원칙에 따라 건전하게 운영해야 한다. 국가는 지방재정의 자주성과 건전한 운영을 조장해야 하며, 국가의 부담을 지방자치단체에 넘겨서는 안 된다"고 규정하고 있다. 지방재정법(제3조 제1항)도 "지방자치단체는 주민의 복리 증진을 위하여 그 재정을 건전하고 효율적으로 운용해야 하며, 국가의 정책에 반하거나 국가 또는 다른 지방자치단체의 재정에 부당한 영향을 미치게 해서는 안 된다"고 규정하고 있다.

지방재정관리제도의 일차적 목적은 지방재정 운영의 건전성과 효율성을 도모하는 일이다. 그런데 지방재정법(제1조)의 목적으로서 '지방재정의 건전하고 투명한 운용과 자율성을 보장함'을 규정하고 있다. 건전성과 효율성 외에 투명성과 자율성을 목적으로 설정하고 있는데 이것은 재정관리제도에도 적용된다. 또한 지방재정법(제5조)은 성과 중심의 지방재정 운용에 관한 규정을 두고 있다. 그리고 지방재정 운용의 기본 원칙으로서 "지방자치단체는 예산이 여성과 남성에게 미치는 효과를 평가하고, 그 결과를 지방자치단체의 예산에 반영하기 위하여 노력해야 한다"는 성인지적 관점의 재정 운용을 천명하고 있다(지방재정법 제3조 제2항).

이렇게 볼 때 지방재정관리제도의 목적은 건전성·효율성·투명성·자율성·책임성·성과지향성·양성 평등을 위한 성주류화의 적용 등이라고 볼 수 있다. 이러한 목적을 달성하기 위한 재정관리제도에는 협의의 재정관리제도 외에 사업예산제도, 재정성과관리제도, 성인지 예결산제도 등의 광의의 재정관리제도가 포함된다.

## 제2절 지방재정관리제도의 유형



지방재정관리제도는 예산 편성과 관련된 사전적 재정관리제도와 예산 편성 후 집행 및 결산과 관련된 사후적 재정관리제도로 구분된다. 그리고 재정 운영 전반에 걸친 광의의 재정관리제도가 존재한다. 지방재정관리제도의 유형별 관리 주체와 근거 법률은 〈표 10-1〉과 같다.

그런데 이들 재정관리제도는 지방재정의 건전성과 효율성 확보를 위해 제도의 유기적이고 시스템적인 통합 운영이 필요하다. 예컨대, 중기지방재정계획과 재정투자 심사제도는 예산 편성 및 지방교부세 감액제도 등과 유기적 연계를 갖는다.

### 1 사전적 재정관리제도

사전적 재정관리제도는 예산 편성 단계에서 재정 운영의 건전성과 효율성을 제고하기 위해 운용되는 제도다. 지방정부의 예산 편성에 반영하기 위해서는 중기지방재정계획과 재정투자 심사를 거쳐야 한다. 두 제도를 거치지 않을 경우 지방교부세 감액 등 불이익을 받는다. 예산 편성 단계에서 행정안전부 장관은 지방자치단체 재정운용 업무편람과 예산 편성 기준을 작성해 통보하며, 지방정부는 이를 참조해 예산을 편성한다.

또한 행정안전부는 각 지방정부별로 지방채 발행 총액 한도를 통보하는 기채 승인제도를 운영한다. 그리고 지방정부의 부담을 수반하는 경비 등에 대해 관련 중앙관서의 장은 행정안전부 장관과 협의해야 한다. 지방재정의 건전성을 확보하기 위해 지방비 부담에 대한 행정안전부 장관의 의견 제출권을 협의권으로 변경하는 등 지방비 부담 협의 제도를 강화했다.

2011년에는 의안에 대한 비용추계 자료의 제출을 의무화했다. 지방자치단체의 장이 예산상 또는 기금상의 조치를 수반하는 의안을 발의할 경우에는 그 의안의 시행에

**표 10-1 재정관리제도의 유형**

| 재정관리제도 | 관리 주체 | 법적 근거 |
|---|---|---|
| □ 사전적 재정관리제도(예산 편성 관련) | | |
| • 중기지방재정계획 | 지방정부 | 지방재정법 제33조 |
| • 재정투자 심사 | 지방정부 | 지방재정법 제37조 |
| • 예산 편성 기준 | 중앙정부 | 지방재정법 제38조 |
| • 지방채 발행 총액 한도 | 중앙정부 | 지방재정법 제11조 |
| • 지방비 부담 협의 | 중앙정부 | 지방재정법 제25조, 제26조,<br>보조금 관리에 관한 법률 제7조 |
| • 의안 비용 추계 | 지방정부 | 지방자치법 제66조의3 |
| • 지방재정 영향평가 | 지방정부/중앙정부 | 지방재정법 제27조의6 |
| □ 사후적 재정관리제도(예산 집행 및 결산 관련) | | |
| • 지방재정분석 · 진단 | 중앙정부 | 지방재정법 제55조 |
| • 재정위기단체 지정 | 중앙정부 | 지방재정법 제55조의2~5 |
| • 지방재정 인센티브 및 교부세 감액 | 중앙정부 | 지방재정법 제57조,<br>지방교부세법 제11조 |
| • 지방재정 공시 | 지방정부 | 지방재정법 제60조 |
| • 예산 성과금 | 지방정부 | 지방재정법 제48조 |
| • 예산 불법 지출 · 낭비의 주민감시 | 지방정부 | 지방재정법 제48조의2 |
| □ 광의의 재정관리제도 | | |
| • 사업예산제도 | 지방정부 | 지방재정법 제41조 |
| • 재정성과관리제도<br>(성과계획서 · 성과보고서) | 지방정부 | 지방재정법 제5조 |
| • 복식부기 · 발생주의 회계제도 | 지방정부 | 지방재정법 제53조 |
| • 지방재정 정보시스템 | 지방정부 | 지방재정법 제96조의2 |
| • 성인지 예결산제도 | 지방정부 | 지방재정법 제36조의2, 제53조의2 |
| • 주민참여예산제도 | 지방정부 | 지방재정법 제39조 |

수반될 것으로 예상되는 비용에 대한 추계서와 이에 상응하는 재원 조달 방안에 관한 자료를 의안에 첨부해야 한다.

2014년에는 지방재정 영향평가제도를 도입했다. 지방재정 영향평가는 지방정부와 중앙정부 두 주체 모두 시행한다. 지방자치단체의 장은 대규모의 지방재정 부담이 소요되는 행사 · 축제, 공모사업 등의 신청 전에 지방재정에 미치는 영향을 평가해 지방재정투자심사위원회의 심사를 거치도록 하고 있다. 또한 중앙관서의 장은 지방자치단체의 재정 부담을 수반하는 법령 제·개정 등 추진과 관련해 행정안전부 장관과 협의하거나 행안부 장관의 의견을 들을 때에는 지방재정에 미치는 영향을 평가해 그 결과를 행안부 장관에게 제출하도록 하고 있다. 최근 영유아 보육사업, 기초연금 등의 중앙정부 정책이 지방재정에 부담을 지운 사실을 상기하면 이 제도의 실효성을 높여야 할 것이다.



## 2 사후적 재정관리제도

사후적 재정관리제도는 예산 집행 및 결산 단계에서 운영되는 재정관리제도다. 대표적인 제도는 지방재정분석·진단제도다. 재정분석제도는 매년 지방자치단체장이 제출한 결산 자료를 토대로 분석시표를 통해 모든 자치단체의 재정 상태를 분석하는 제도다. 재정분석 결과 재정의 건전성과 효율성 등이 현저히 떨어지는 지방자치단체에 대해서는 재정진단을 실시한다.

재정위기단체 지정제도는 재정분석 및 재정진단 결과 등을 토대로 재정 위험 수준이 심각하다고 판단되는 지방자치단체를 지방재정위기관리위원회의 심의를 거쳐 행정안전부 장관이 재정위기단체로 지정하는 제도다. 지방자치단체의 재정파산제도가 없는 우리나라에서 그에 준하는 제도로 운영하기 위해 도입된 제도다. 재정진단과 재정 건전화 계획 수립의 구속력이 약한 점을 보완하는 의미가 있는데, 최근에는 이를 더 강화한 긴급재정관리제도를 도입했다.

지방재정 인센티브 및 교부세 감액제도는 재정 운영의 과정 및 결과를 토대로 지방자치단체에 대한 인센티브와 페널티를 부여하는 제도다. 인센티브제도는 재정분석 결과 건전성과 효율성 등이 우수한 지방자치단체 등에 대해 특별교부세를 별도로 교부하는 제도다. 페널티제도는 교부세 감액 방식을 사용한다. 교부세 감액 사례에 대해서는 지방교부세법(제11조) 등에 규정되어 있다. 그 사례를 보면, 지방자치단체가 교부세 산정에 필요한 자료를 부풀리거나 거짓으로 기재해 부당하게 교부세를 교부받거나 받으려 하는 경우, 법령을 위반해 지나치게 많은 경비를 지출했거나 수입 확보를 위한 징수를 게을리한 경우, 교부 조건이나 용도를 위반해 특별교부세를 사용한 때 등이다. 최근에는 주민세를 인상하지 않는 자치단체에 대해 교부세 감액의 불이익을 주겠다는 행안부의 조치가 있었다. 이것은 지자체의 과세 자주권과 지방자치를 훼손하는 바람직하지 않은 정책이다.

재정공시 및 재정정보 공개제도는 재정 운영의 투명성을 제고함으로써 재정의 건전성과 효율성을 도모하기 위한 제도다. 재정공시제도는 예산 또는 결산의 확정 또는 승인 후 2개월 이내에 세입·세출 예산의 운용 상황, 성과계획서와 성과보고서, 재무제표, 지역통합재정 통계, 중기지방재정계획 등을 주민에게 공시하는 제도다. 2015년에는 해당 지방자치단체의 세입·세출 예산 운용 상황을 특별한 사유가 없으면 매일 주민에게 공개하고, 주민이 인터넷 홈페이지를 통해 세입·세출 예산 운용 상황을 세부 사업별로 조회할 수 있도록 의무화했다(지방재정법 제60조 제7항). 그리고 행안부 장관은 자치단체로부터 보고받은 내용을 분석·평가하고, 그 결과를 토대로 필요한 항목에 대해서는 자치단체별로 구분해 공시하되, 자치단체 간 비교 공시를 할 수 있게 했다.

정부예산은 효율적 편성(배분적 효율성)뿐만 아니라 집행 과정에서의 낭비를 줄이는 등 집행상의 효율성(기술적 효율성)도 중요하다. 예산 절약을 유도하기 위해 예산성과금제도가 도입되었다. 예산 성과금제도는 예산의 집행 방법이나 제도의 개선 등으로 예산이 절약되거나 수입이 늘어난 경우에 절약한 예산 또는 늘어난 수입의 일부를 이에 기여한 자에게 성과금으로 지급하거나 다른 사업에 사용할 수 있게 한 제도다. 또한 예산 절약 또는 수입 증대와 관련한 의견이 있는 자는 해당 지방자치단체의 장 또는 기금관리 주체에게 그 의견을 제안할 수 있다. 그리고 예산 또는 기금 집행자, 재정 지원 대상자, 지자체장 또는 기금관리 주체와 계약 또는 그 밖의 거래를 하는 자가 법령을 위반함으로써 지방자치단체에 손해를 가했음이 명백한 때에는 누구든지 집행에 책임이 있는 지자체장 또는 기금관리 주체에게 불법 지출에 대한 증거를 제출하고 시정을 요구할 수 있다.

## 3 광의의 재정관리제도

앞에서 논의한 사전적/사후적 재정관리제도는 재정 운영의 직접적 관리를 목적으로 한 협의의 재정관리제도라고 할 수 있다. 그런데 재정관리 인프라로서의 역할을 하는 다양한 제도들이 있다. 예·결산과 관련된 사업예산제도와 재정성과관리제도(성과계획서와 성과보고서), 회계제도인 복식부기·발생주의 회계제도, 지방재정 정보시스템(e-호조 시스템), 성인지 예결산제도, 주민참여예산제도 등이 그러한 제도들이다. 이들을 광의의 재정관리제도라고 부를 수 있다. 이들 제도에 대해서는 관련 장에서 설명한다.

CHAPTER 11

# 중기지방재정계획



## 제1절 중기지방재정계획제도의 의의

### 1 중기지방재정계획의 의의

중기지방재정계획(中期地方財政計劃)은 단년도 예산세도의 한계를 보완하고 예산 편성의 합리성과 계획성을 제고하기 위해 매년 5년 이상 기간의 재정계획을 수립하는 제도를 말한다. 지방자치단체장은 매년 다음 회계연도부터 5회계연도 이상의 기간에 대한 중기지방재정계획을 수립하여 예산안과 함께 지방의회에 제출하고, 회계연도 개시 30일 전까지 행정안전부 장관에게 제출해야 한다.

중기지방재정계획의 도입 목적은 중장기적 시계(時界, time horizon)에서 지방재정을 체계적으로 운용하고, 예측 가능성을 제고하며, 재정의 건전성과 효율성을 도모하기 위함이다. 계획재정의 의미로서 지방정부의 비전과 정책 우선순위를 반영해 발전계획을 수립하고 전략적 재원 배분 기능을 강화하는 목적이 있다. 또한 국가계획과의 관계에서 국가재정 운용계획에서 제시하는 중장기 중점 재원 투자 방향 및 주요 사업계획을 반영해 국가와 지방의 재정적 연계성을 확보하는 목적이 있다. 더불어 지방자치단체 중·장기 발전계획과 충실히 연계하는 목적도 있다.

중기지방재정계획제도는 1988년 지방재정법에 반영되어 처음 도입되었으며, 2005년에는 중기지방재정계획 수립 시기를 4월에서 11월로 조정했다. 2008년부터는 사업예산제도 운영과 연계해서 수립하게 하고 있다. 중기지방재정계획은 모든 지방자치단체가 매년 의무적으로 수립해야 한다.

중기지방재정계획의 특징을 보면 다음과 같다.

첫째, 중기의 시간적 범역을 갖는 연동식 계획이다. 중기란 일반적으로 3~7년의 시간 범위를 지칭하지만, 실제로는 5개년 연동식 계획으로 운용하고 있다. 지방재정법에는 '다음 회계연도부터 5회계연도 이상의 기간'으로 규정하고 있다. 2014년 지방재정법 개정으로 계획 수립 기간이 '당해' 회계연도에서 '다음' 회계연도부터 5회계연도로 변경되었다. 그런데 다음 회계연도는 예산 편성이 이미 끝난 최종 예산안을 포함하기 때문에 사실상의 4개년 계획이라고 보는 것이 타당할 것 같다.

연동식 계획(rolling plan)이란 한 해가 지나면 지나간 해를 버리고 새로운 해를 추가해 5년의 기간을 계속 유지하는 방식의 계획을 말한다. 이동식 계획이라고도 부르며, 계획 기간이 끝나면 새로운 차수의 계획을 수립하는 고정식 계획과 구분된다.

둘째, 중기재정계획으로서 다년도 예산과 구분된다. 다년도 예산은 의회의 심의를 받는 구속력이 강한 제도인 반면, 중기지방재정계획은 지방의회 심의·의결 사항은 아니며, 지방의회와 행정안전부에 제출할 의무만 부여되어 있다. 중기지방재정계획은 예산안과 함께 지방의회에 제출하고, 회계연도 개시 30일 전까지 행안부 장관에게 제출해야 한다.

셋째, 중기지방재정계획에 반영되지 않은 사업은 투자 심사나 지방채 발행의 대상이 될 수 없다. 다만, 중기지방재정계획을 수립할 때에 반영하지 못할 불가피한 사유가 있는 경우는 예외로 한다. 불가피한 사유란 천재지변, 법·제도의 변경, 국고보조사업 추가 등 계획 수립 당시 예측 불가능한 경우를 말한다. 중기지방재정계획제도의 실효성을 높이기 위해 2014년 지방재정법에 반영했다.

## 2 사업예산제도와 중기지방재정계획의 연계

2008년 도입한 사업예산제도의 예산과목 체계를 중기지방재정계획에 적용해 작성한다. 사업예산제도의 예산과목 체계는 '분야-부문-정책사업-단위사업-세부사업-편성목-통계목'으로 구성되어 있다.

먼저 기능별 분류 단계에서는 사업별 예산의 기능별 분류 체계(분야-부문)를 중기지방재정계획에 적용한다. 이것은 중장기 재원 배분(중기재정계획), 단년도 예산 편성(기능별 세출예산) 및 통합재정분석(지출 및 순융자의 기능별 분류)의 기능별 분류 체계를 일원화해 지방예산제도 간 연계성을 강화하기 위함이다.

사업 구조 단계에서는 정책사업과 단위사업은 전략적 재원 배분의 기본 단위와 향후 성과관리 단위와 연계해 운용한다. 그리고 사업예산의 단위사업 내 세부사업을 중기지방재정계획 세부사업계획의 작성 기준으로 활용한다.

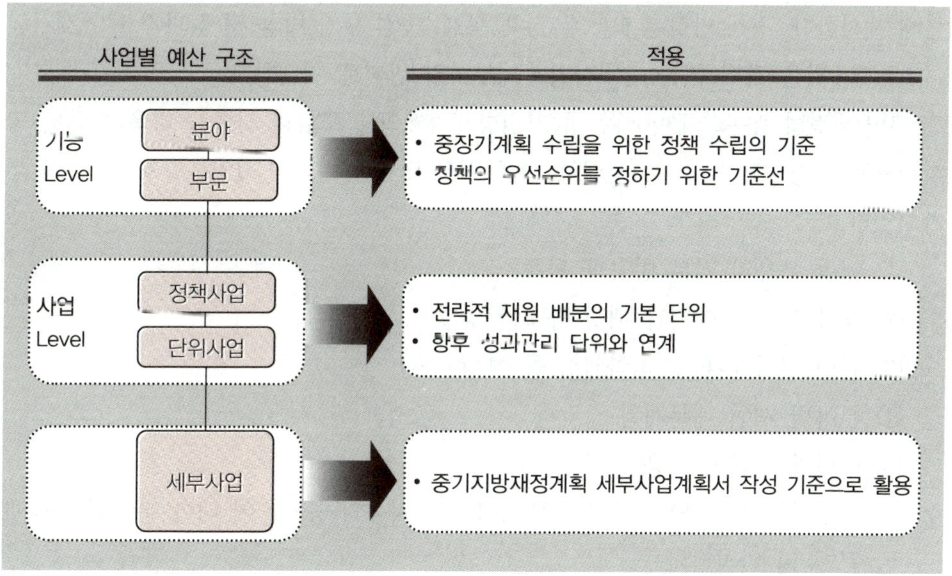


자료: 행정안전부.

그림 11-1 사업예산제도와 중기지방재정계획의 연계

# 제2절 중기지방재정계획의 내용과 수립 절차

## 1 중기지방재정계획의 포함 내용

중기지방재정계획에 포함되는 대상 범위는 통합재정이다. 즉, 일반회계, 특별회계 외에 자치단체별로 운용 중인 기금(통합관리기금 포함)을 중기지방재정계획에 포함해 작성한다. 기금이 중기지방재정계획에 포함됨에 따라 회계 간 내부거래를 제거해 자치단체별 재정 규모가 순계로 파악될 수 있도록 순계 처리 과목을 입력한다.

중기지방재정계획에 포함되는 핵심 정보는 ① 재정 운용의 방향과 목표, ② 중장기 재정 규모 전망, ③ 분야별 재원 배분계획 등이다. 먼저 지역 발전 및 재정 운용의 목표·전략 등 기본 방향과 목표가 제시된다. 다음에 세입·세출 추계를 통해 재정 전망을 하며, 투자 가용재원을 판단한다. 그리고 분야별 정책 방향 및 투자계획을 수립해 제시한다. 정책 방향은 5년 후 정책 목표, 중점 투자 방향 및 성과지표가 제시되며, 투자계획은 정책사업·단위사업·세부사업 단위로 기술한다.

지방재정법(제33조 제3항)에는 중기지방재정계획에 포함될 사항을 다음과 같이 명시적으로 규정하고 있다. 2015년부터 의무지출 및 재량지출,[1] 지역통합재정통계가 추가되었다.

① 재정 운용의 기본 방향과 목표
② 중장기 재정 여건과 재정 규모 전망
③ 관련 국가계획 및 지역계획 중 해당 사항
④ 분야별 재원 배분계획
⑤ 예산과 기금별 운용 방향
⑥ 의무지출의 증가율 및 산출 내역과 재량지출의 증가율에 대한 분야별 전망과 근거 및 관리계획
⑦ 지역통합재정통계의 전망과 근거
⑧ 통합재정수지 전망과 관리 방안
⑨ 투자심사와 지방채 발행 대상사업

1) 의무지출은 법령 등에 따라 지출과 지출 규모가 결정되는 지출 및 이자지출, 재량지출은 의무지출 외의 지출을 말한다.

⑩ 그 밖에 대통령령으로 정하는 사항

## 2 중기지방재정계획의 수립 절차

중기지방재정계획의 수립 절차는 각 지방자치단체의 중기지방재정계획의 수립과 행정안전부의 종합적인 중기지방재정계획의 수립으로 이뤄진다. 구체적 절차는 다음과 같다.

첫째, 행정안전부는 각 지방자치단체에 중기지방재정계획 수립 지침을 통보한다. 중기지방재정계획 수립 지침에는 ① 국가의 재정 운용 방향, ② 관련 국가계획 및 지역계획, ③ 중기지방재정계획의 수립에 필요한 그 밖의 정보, ④ 중기지방재정계획 수립의 기준이 포함된다. 그리고 행정안전부 장관은 관계 중앙관서의 장에게 지침의 작성에 필요한 정보를 제공하도록 요청할 수 있다. 이 경우 요청을 받은 관계 중앙관서의 장은 이에 협조해야 한다.

둘째, 중앙 관계 부처의 의견을 들어 각 지방자치단체별 중기지방재정계획을 수립한다. 이때 중기지방재정계획이 관계 법령에 따른 국가계획 및 지역계획과 연계되도록 해야 한다. 또한 주민참여예산제를 활용해 중기지방재정계획에 대한 의견을 수렴하고, 지방재정계획심의위원회 심의를 거쳐 중기지방재정계획을 확정한다. 수립된 중기지방재정계획은 예산안과 함께 지방의회에 제출하고, 회계연도 개시 30일 전까지 e-호조 시스템을 통해 행정안전부 장관에게 제출한다.

중기지방재정계획은 지방의회의 심의 대상은 아니며, 예산안 심의 자료로 활용할 뿐이다. 지방의회는 향후 재정 운용 목표, 재원 배분 방향 및 성과지표 등 계획적 재정 운용 여부를 판단하는 기준으로 활용한다.

셋째, 행정안전부는 각 지방자치단체의 중기지방재정계획을 기초로 매년 종합적인 중기지방재정계획을 수립하고, 국무회의에 보고한다. 이 경우 행정안전부 장관은 지방자치단체의 의견을 최대한 반영하도록 노력해야 한다. 또한 국가재정 운용계획과의 연계성을 높일 수 있도록 관계 중앙관서의 장과 협의해야 한다.

| | |
|---|---|
| 행정안전부 | ▪ 중기지방재정계획 수립 기준 작성, 자치단체 통보('22.8) |
| 지방자치단체 | ▪ 지방자치단체별 사업계획(안) 수립('22.8~11) |
| 지방자치단체 | ▪ 중기지방재정계획 지방의회('22.11) · 행정안전부 제출('22.12) |
| 행정안전부 | ▪ 자치단체 계획을 기초로 종합계획 수립(관계부처 협의), 국무회의 보고('23.5) |

주: 일정은 2023년 기준.

자료: 행정안전부(2023). 『2023~2027년 중기지방재정계획』.

그림 11-2 중기지방재정계획 수립의 세부 일정

CHAPTER 12

# 지방재정 투자심사



## 제1절 지방재정 투자심사의 의의와 대상

### 1 지방재정 투자심사제도의 의의

지방재정 투자심사제도는 지방정부 예산의 계획적 · 효율적 운영과 각종 투자 사업에 대한 무분별한 중복 투자를 방지하기 위해 도입된 제도다. 지방자치단체의 장은 주요 투자사업 및 행사성 사업에 대해 예산 편성 전에 그 사업의 필요성 및 사업계획의 타당성 등을 심사해야 한다. 지방정부 예산의 효율성과 건전성을 보장하기 위한 사전적 재정관리제도다.

1992년 지방재정 투융자 심사제도로서 도입되었으며, 1994년에 지방재정법에 근거 조항을 신설했다. 2014년에는 '투 · 융자 심사'가 '투자심사'로 용어가 변경되었다. 또한 투자심사의 대상에 재정투자사업에 대한 예산안 편성 외에 채무부담행위, 보증채무부담행위, 예산 외의 의무 부담에 관련된 지방의회 의결도 포함했다. 그리고 총사업비 500억 원 이상 신규사업은 전문기관으로부터 타당성 조사를 받고 그 결과를 토대로 투자심사를 하도록 의무화했으며,[1] 투자심사 대상이 확대됨에 따라 정기 투자심사 횟수를 연 3회에서 연 4회로 확대했다.

특히 지방재정 투자심사제도에 타당성 조사를 도입했다는 것은 의미 있는 제도개혁이다. 타당성 조사란 사업의 경제적 타당성을 검토하는 것으로 비용·편익분석(cost-benefit analysis)이 핵심 분석 기법으로 사용된다. 지방재정에서의 타당성 조사는 투자심사를 받기 위한 사전 절차로서 투자심사의 합리적인 결정을 지원하는 참고 자료로서 기능하는 제도로 도입되었다.

재정투자심사제도의 법적 근거는 지방재정법(제37조)과 동법 시행령(제41조)이다. 구체적인 투자심사의 대상·기준 등에 관한 사항과 타당성 조사의 절차·방법 및 비용의 납부 절차 등에 관해 필요한 사항에 대해서는 행정안전부령인 '지방재정 투자사업 심사규칙'이 제정되어 있다.

사전적 재정관리제도로서의 중기지방재정계획 및 지방재정 투자심사와 예산 편성의 관계는 다음과 같다. 중기지방재정계획 반영 후 투자심사를 의뢰하는 것이 원칙이며, 투자심사 결과 사업계획이 변경되는 경우 기존 중기지방재정계획을 수정해야 한다. 다만, 사정 변경 또는 예측하지 못한 사업의 경우 차기 계획에 반영하는 조건으로 추진 가능하다. 그리고 지방재정 투자심사를 통과한 사업에 대해서만 예산 편성에 반영할 수 있다. 지방자치단체 예산 편성 운용에 관한 규칙(제9조)에는 "투자사업비는 사업의 긴급성·중요성 및 필요성 등을 고려한 투자 우선순위에 따라 중기지방재정계획과 투자심사 등 관계 절차를 거친 사업에 대해서만 세출예산에 계상하여야 한다"고 규정하고 있다.

## 2 투자심사의 대상사업

### 1) 투자심사 대상사업

지방재정 투자심사 대상의 포괄 범위는 예산 편성에 반영될 사업뿐만 아니라 지방의회 의결의 요청 시 채무부담행위와 보증채무부담행위 등도 포함하고 있다. 지방재정법(제37조 제1항)에는 투자심사의 대상을 다음과 같이 규정하고 있다. 즉, ① 재정투자사업에 관한 예산안 편성, ② 채무부담행위, ③ 보증채무부담행위, ④ 법령과 조

1) 다만, 국가재정법(제38조)에 따른 예비타당성조사를 실시한 경우 타당성 조사를 받은 것으로 본다.

례에 규정된 것을 제외한 예산 외의 의무 부담이다. 이 중 ②, ③, ④는 지방의회 의결의 요청 시 투자심사를 한다.

그런데 예산 편성에 반영될 사업이란 다음 회계연도부터 시행하고자 하는 총사업비가 일정 규모 이상인 신규 투자사업을 의미한다. 사업 단위는 세출예산 과목 체계상 세부사업의 사업비성 사업과 행사성 사업이 대상이며, 외국 차관 도입 사업 또는 해외 투자사업도 포함된다. 그리고 사업비 금액 기준이 적용되는 총사업비에는 설계비, 보상비, 입찰공고비, 시설부대경비, 장비 구축·구입비 등 투자사업 및 행사성 사업과 관련된 모든 경비를 포함한다.

지방재정 투자심사 대상사업의 유형을 보면 다음과 같다.

#### (1) 일반투자사업

세출예산서의 투자사업이 이에 해당된다. 당해 지방자치단체가 사업 시행 주체가 아니라 하더라도 실질적으로 지방재정 투자사업비로 지출되는 결과가 수반되는 사업을 포함한다. 구체적으로는 지방자치단체의 재정지출을 통해 부동산의 취득, 부동산의 형태·형질 변경, 부동산의 구조 변경, 시설물의 설치 또는 구축, 동산을 취득·변형하는 일체의 사업과 이에 부속되는 사업을 말한다.

#### (2) 행사성 사업

지방자치단체가 예산을 지원하는 모든 행사성 사업이 포함된다. 시설물·구조물 등을 임시적·일회성으로 설치·구축하는 경비와 각종 행사 개최를 위해 지출되는 경상경비를 포함한다. 행사성 사업의 범위를 보면, ① 시·도, 시·군·구민의 날 행사, ② 공연·축제·문화행사, ③ 위로·위문행사, ④ 공청회·설명회·보고회, ⑤ 각종 체육대회 행사, ⑥ 교양강좌, ⑦ 각종 기념행사, ⑧ 지자체 주관 국제행사, ⑨ 기타 지자체 주관 행사다. 전국체육대회, 올림픽, 아시안게임 등의 국가 주관 행사로서 지방자치단체에서 개최되는 행사는 제외된다.

#### (3) 홍보관 사업

지방자치단체의 영구·단독시설물로서 홍보관을 건립·설치하는 사업을 말한다. 시설물의 명칭을 불문하고, "역사적 유물 또는 인물이 아닌 어떤 사실이나 제품 따위를 널리 알리기 위해 설치하는 시설물"의 주된 성격을 가질 때 홍보관으로 본다. 복합 시설물인 경우에는 홍보관이 연면적의 75% 이상이 되면 전체를 홍보관으로 간주한다. 총사업비 산정 시 시설물 건립 비용 및 시설물 내 설치하는 각종 홍보물 설치 비용 등을 포함해 산정한다.

#### (4) 지방자치단체 청사 신축

지방자치단체 청사는 공용재산 중 자치단체가 직접 사무용으로 사용하거나 사용할 건물과 그 건물의 부대 시설물이 해당된다. 지방자치단체 본청 및 의회 청사, 상수도사업소, 주민센터 등이 이러한 예에 속한다. 관사, 기숙사, 청사 외부의 직원 수련 시설 등과 같이 사무용이 아닌 거주용 목적의 시설은 청사의 범위에서 제외된다. 신축은 건축물이 없는 대지나 기존 건축물이 철거 또는 멸실된 대지에 새로이 건축물을 축조하는 것으로 재축, 리모델링(증축, 개축, 대수선) 등은 신축의 범위에서 제외된다. 총사업비는 부지 매입비, 청사 건립 비용 및 청사 내에 설치하는 각종 시설물 설치 비용 등을 포함해 산정한다. 그리고 지방자치단체 청사 신축사업 투자심사는 상급기관에 의뢰 심사를 하되, 구체적인 심사기관은 총사업비 및 전액 자체 재원 유무에 따라 구분해 적용한다.

#### (5) 문화 · 체육시설 신축

문화 · 체육시설은 문화시설과 전문 체육시설을 말한다. 그런데 도서관 등 도서시설과 생활체육시설 및 직장체육시설은 제외된다. 심사 의뢰 사업 내용에 다른 시설(사회복지, 장애인복지시설 등)도 일부 포함된 복합 시설물인 경우에는 문화 · 체육시설이 연면적의 75% 이상이 되면 전체를 문화 · 체육시설로 간주한다. 총사업비는 부지 매입비, 시설 건립 비용 및 시설 내 설치하는 각종 시설물 설치 비용 등을 포함해 산정한다.

#### (6) 채무부담행위 등 지방의회 의결 요청 사업

채무부담행위는 지방재정법(제44조)에서 규정한 요건을 충족하는 사업이 해당되며, 보증채무부담행위는 지방재정법(제13조)에서 규정한 요건을 충족하는 사업이 해당된다. 예산 외 의무 부담은 지방자치법(제39조 제1항 제8호)에서 규정한 요건에 해당하는 것으로 '미분양 부지에 대한 자치단체의 매입 확약(책임분양)', '토지 리턴제 확약' 등과 같이 향후 자치단체가 재정 부담을 할 수 있는 사업이 해당된다. 총사업비는 부지 매입비, 시설 건립 비용 및 시설 내 설치하는 각종 시설물 설치 비용 등을 포함해 산정한다.

### 2) 투자심사 제외 대상사업

지방재정 투자심사에서 제외되는 대상사업에 대해 법령에 명확히 규정하고 있다. 먼저 신규 투자사업이 아닌 사업은 제외된다. 신규 투자사업만이 투자심사의 대상이 됨을 의미한다. 그 밖에 투자심사 제외 대상사업은 다음과 같다.

- 재해복구 등 원상복구를 목적으로 하는 사업
- 국가유산 수리 사업
- 지방공사 및 지방공단 설립 사업
- 보건소 및 소방기관의 건축 사업
- 그 밖에 재난예방·안전 사업, 다른 법률에 따라 투자심사와 유사한 심사를 거친 사업 등 대통령령으로 정하는 사업



## 3 투자심사의 유형과 대상사업의 범위

투자심사는 심사 주체에 의해 자체 심사와 의뢰 심사로 구분한다. 자체 심사는 기초자치단체이든 광역자치단체이든 해당 자치단체가 직접 심사하는 것을 말한다. 의뢰 심사는 상급기관에 심사를 의뢰하는 것을 말한다. 기초자치단체인 시·군·구는 일정 기준의 사업에 대해 시·도에 의뢰하거나 중앙정부에 의뢰해 심사한다. 광역자치단체인 시·도는 중앙정부에 의뢰해 심사한다. 자체 심사와 의뢰 심사 대상사업의 범위는 〈표 12-1〉과 같다.

표 12-1 투자심사 대상사업의 범위

| 심사 구분 | 심사기관 | 대상사업 |
|---|---|---|
| 자체 심사 | 시·군·자치구 | • 20억 원 이상~60억 원 미만 신규 투자사업**<br>• 3억 원 이상~5억 원 미만 홍보관 사업<br>• 1억 원 이상~3억 원 미만 공연·축제 등 행사성 사업<br>• 20억 원 이상으로 전액 자체재원(지방채 제외)으로 추진하는 투자사업. 단, 청사신축사업과 문화·체육시설 신축사업은 제외 |
| | 시·도* | • 40억 원 이상~300억 원 미만 신규 투자사업<br>• 5억 원 이상~30억 원 미만 홍보관 사업<br>• 3억 원 이상~30억 원 미만 공연·축제 등 행사성 사업<br>• 40억 원 이상으로 전액 자체재원(지방채 제외)으로 추진하는 투자사업. 단, 청사신축사업과 문화·체육시설 신축사업은 제외 |

| | | |
|---|---|---|
| 의뢰<br>심사 | 시・도* | • 시・군・구의 60억 원 이상~200억 원 미만 신규 투자사업**<br>• 시・군・구의 5억 원 이상~30억 원 미만 홍보관 사업<br>• 시・군・구의 3억 원 이상~30억 원 미만 공연・축제 등 행사성 사업<br>• 전액 자체재원 부담 시・군・구의 청사 및 문화・체육시설 신축사업 |
| | 중앙정부 | • 시・도의 300억 원 이상 또는 시・군・구의 200억 원 이상 신규 투자사업<br>• 외국 자본이 도입되는 총사업비 10억 원 이상의 신규 투자사업<br>• 시・도, 시・군・구의 30억 원 이상 행사성 사업 및 홍보관 사업<br>• 전액 자체재원 부담 시・도의 청사 및 문화・체육시설 신축사업<br>• 기타 행안부 장관이 국가경제 및 사회정책상 필요하다고 인정하는 사업 |

주*: 시・도는 특별시, 광역시, 특별자치시, 도, 특별자치도를 의미.

주**: 전년도 말일 주민등록 등재 주민 수가 2년 연속 100만 명 이상인 시・군・구는 200억 원 미만까지 자체심사 가능.

자료: 행정안전부(2023). 『2023년 통합재정 개요』.

## 제2절 지방재정 투자심사의 기준과 판정

### 1 투자심사 기준

지방재정 투자심사규칙(제2조)에는 투자심사의 기준을 명기하고 있다. 투자심사 기준은 다음과 같다.

① 투자사업의 필요성 및 타당성

② 국가의 장기계획 및 경제・사회정책과의 부합성

③ 중・장기 지역계획 및 지방재정계획과의 연계성

④ 소요자금 조달 또는 원리금 상환 능력

⑤ 재정・경제적 효율성 등

그런데 지방재정 투자사업 심사 및 타당성 조사 매뉴얼(2014.12)에는 투자심사 기준에 대해 더 구체적이고 자세하게 제시하고 있다. 그 내용을 보면 다음과 같다.

① 국가 장기계획 및 경제・사회정책과의 부합성

－국토종합개발계획, 국가균형발전 5개년계획 등과의 연계성

–국가경제 · 사회발전계획 수립 시 동 계획과의 연계성
–각 중앙부처가 추진하는 역점 시책사업과의 연계성 등

② 중 · 장기 지역계획 및 지방재정계획과의 연계성
–개별 법률에 의한 지역 단위 계획과의 관련성: 예를 들어, 지역종합개발계획 등
–중기지방재정계획에의 포함 여부

③ 소요 자금 조달 및 원리금 상환 능력
–국고보조사업 해당 여부 및 부담 비율 적정성
–지방비 부담 (또는 확보) 능력
–지방채 발행 요건 해당 여부 및 원리금 상환 능력 등
–민자 확보 시 민간자본 투자계획의 구체성 등

④ 재무적 · 경제적 수익성
–사업 시행으로 인해 자치단체에 미치는 재무적 수익성: 자치단체의 재정에 미치는 내부 효과 및 외부 효과
–사업 시행 결과 지역에 미치는 경제적 수익성

⑤ 사업의 필요성 및 시급성
–다른 사업보다 시급히 추진해야 하는 사유 또는 필요성
–현재 현황 수요 추세 등 사업의 성격 분석 및 예상 수요도

⑥ 주민 숙원 · 수혜도 및 사업 요구도
–사업에 대한 주민의 사업 요구 정도, 사업 시행으로 인한 수혜를 받는 지역 및 주민 수
–사업 요구도: 자치단체의 사업 목표치 대비 사업 성과 수준을 대비: 예를 들어, 도로포장률 등

⑦ 사업 규모, 사업비의 적정성
–수혜 인구, 같은 조건의 사업 등과 비교 분석해 규모 · 사업비의 적정 산출 여부 검토
–앞으로 수요 추세 등 발전 전망을 종합적으로 고려해 분석

⑧ 종합적인 평가 · 분석
–위 기초분석 결과를 기초로 하여 종합평가 결과 분석
  • 상급기관 승인, 영향평가 실시 등 사업 시행 사전 절차 이행 여부

• 설계 도서 작성, 토지보상금 지급 상황 등 사업 착수 준비
• 연관 사업인 경우 주된 사업의 추진 또는 진행 상황
– 기타 국내·외 경기 동향 및 국제 수지 전망 등

그리고 구체적인 심사 기준으로서 투자심사 체크리스트를 제시하고 있다. 이 체크리스트는 자치단체별 여건에 따라 조정해 활용 가능하게 하고 있다.

## 2 투자심사 판정 결과

재정투자사업의 심사 결과는 ① 적정, ② 조건부 추진, ③ 재검토, ④ 부적정(不適正)의 네 가지 유형으로 판정한다.

적정은 사업의 타당성이 인정되고 예산 반영 등 재원 조달 대책이 수립되어 정상적으로 사업 추진이 가능한 경우다.

조건부 추진은 사업의 타당성은 인정되나 선행 절차 이행 및 재원 조달 대책 등 필요한 조건이 충족되어야만 사업 추진이 가능한 경우다. 선행 절차 이행이란 예컨대 민원이 제기된 경우 민원 해결을 조건으로 승인하는 것이며, 국고보조사업 또는 민자유치사업의 경우 재원 마련이 확실하게 보장된 경우 승인하는 조건부 승인을 말한다.

재검토는 사업의 규모, 시기, 재원 조달 대책 및 채무 상환계획 등에 대한 종합적인 재검토가 필요한 경우를 말한다.

부적정은 사업의 타당성 결여로 사업을 추진해서는 안 되는 경우다. 그리고 투자사업 추진 시기·규모 및 재원 조달계획 등에 사업의 타당성을 결한 것이 명백한 경우에는 투자심사를 진행하지 않고 반려한다.

적정과 조건부 추진은 투자사업을 승인하는 것이며, 재검토, 부적정, 반려는 투자사업을 승인하지 않는 것이다.

행정안전부 장관 및 시·도지사는 심사 결과를 심사완료일로부터 14일 이내에 관련 기관 및 관계 부처에 통보하고, 심사 결과를 국고보조금, 시·도비 지원 및 지방채 발행 승인과 연계하여 운영한다. 투자심사를 이행하지 않은 지방자치단체는 교부세 감액을 적용한다.

2022년 투자사업의 심사 결과를 보면 전체 5,974건 중 적정(40.7%)과 조건부 추진(54.7%)이 95.4%로서 압도적으로 큰 비중을 차지한다. 자체 심사의 경우 승인 비율이

더 높고 의뢰 심사의 경우 승인 비율이 낮아진 것을 알 수 있다. 시·군·구 심사는 적정과 조건부 추진 승인 비율이 99.4%에 이른다. 반면에 중앙정부에의 의뢰 심사에서는 승인 비율이 73.8%이고, 불승인 비율이 26.2%로서 비교적 높다. 그만큼 중앙정부 심사는 까다롭게 심사함을 의미한다.



표 12-2 심사기관별 지방재정투자심사 통과 건수 및 통과율(2022년)

(단위: 건)

| 구분 | | 통과 | | | 탈락 | | 총계 (C) |
|---|---|---|---|---|---|---|---|
| | | 적정 (A) | 조건부 (B) | 통과율(%) (A+B)/C | 재검토 | 부적정·반려·심사보류 | |
| 건수 | 중앙 | 16 | 317 | 73.8 | 91 | 27 | 451 |
| | 시·도 | 171 | 1,504 | 92.6 | 114 | 19 | 1,808 |
| | 시·군·구 | 2,245 | 1,446 | 99.4 | 24 | – | 3,715 |
| | 합 계 | 2,432 | 3,267 | 95.4 | 229 | 46 | 5,974 |
| 금액(억 원) | | 127,200 | 498,480 | 86.0 | 77,390 | 24,859 | 727,929 |

자료: 행정안전부.

## 제3절 타당성 조사

### 1 타당성 조사의 의의

지방재정법(제37조 제2항)에는 "총 사업비 500억 원 이상인 신규사업에 대해서는 행정안전부 장관이 정하여 고시하는 전문기관으로부터 타당성 조사를 받고 그 결과를 토대로 투자심사를 하여야 한다. 다만, 국가재정법(제38조)에 따른 예비타당성 조사를 실시한 경우 타당성 조사를 받은 것으로 본다"고 규정하고 있다.

타당성 조사(feasibility test)는 투자사업의 시급성, 필요성, 경제성, 재원 조달 능력 등 투자사업 전반을 종합적으로 판단해 투자심사가 합리적으로 운용될 수 있도록 지원하는 제도다. 일반적으로 타당성 조사는 비용·편익분석(cost-benefit analysis) 등의 분석 기법을 활용해 분석한다. 지방재정에 도입한 타당성 조사제도는 투자심사의 사전 절차로서 경제성, 재정적 측면의 사업 추진 가능성을 객관성·전문성을 갖춘 기관이 분석하는 절차적 제도로서 기능한다. 타당성 조사 결과는 투자심사의 합리적 결정을 지원하는 참고 자료로써 활용되는 것이다.

이런 점에서 다른 법률에 의한 기술적 측면의 타당성 조사와는 구분된다. 예컨대, 건설기술진흥법의 타당성 조사는 기본 구상 단계의 기술적 측면의 타당성 조사로 지방재정법상의 타당성 조사와는 의미가 다르므로 별도로 추진한다.

타당성 조사 의뢰는 정기 신청과 수시 신청이 있다. 정기 신청은 연간 4회 신청하며, 수시 신청은 특별한 사유가 있는 경우 행정안전부와 협의한 후 신청한다. 자치단체로부터 타당성 조사가 의뢰된 사업은 행정안전부와 전문기관 간 일괄 계약이 맺어지며, 타당성 조사 비용은 의뢰한 자치단체가 부담한다.

타당성 조사에서 '행정안전부 장관이 지정하는 전문기관'으로 한국지방행정연구원과 한국지방재정공제회가 고시되었다.[2] 타당성 조사 전문기관은 신규사업에 대한 타당성 조사, 타당성 재조사, 타당성 조사 지침 개발 등 투자심사제도 개선 및 투자심사 운영 지원, 투자심사 사후평가에 필요한 조사 및 성과평가 등의 업무를 추진한다.

## 2 타당성 조사 대상

타당성 조사 대상은 총사업비 500억 원 이상인 투자심사 대상이 되는 신규사업이다. 자치단체 실무계획상 500억 원 미만의 사업이라도 유사사업의 단가, 물량 규모 등을 감안할 때 총 사업비가 500억 원 이상으로 증가될 것이 객관적으로 예상되는 경우 타당성 조사를 시행한다. 국가재정법(제38조)에 따른 예비타당성 조사를 받은 경우에는 타당성 조사 대상에서 제외하며, 타당성 조사를 받은 것으로 본다.

그리고 기획재정부 민간투자심의위원회 대상이 아닌 총사업비 500억 원 이상 민간투자사업도 타당성 조사 대상이다. 즉, 임대형 민간투자사업(Build-Transfer-Lease: BTL)은 총사업비가 500억 원 이상 1,000억 원 미만, 수익형 민간투자사업(Build-Transfer-Operate: BTO)은 500억 원 이상 2,000억 원 미만 사업은 타당성 조사 대상이다.

요컨대, 타당성 조사 대상은 총사업비 500억 원 이상인 투자심사 대상이 되는 신규사업과 민간투자사업이다. 이를 역으로 해석하면 다음 사업들은 타당성 조사 대상

2) 타당성 조사 전담을 위해 한국지방행정연구원에는 지방투자사업관리센터, 한국지방재정공제회에는 지방투자분석센터가 설치되었다.

에서 제외된다. 즉, 투자심사 제외 대상사업은 타당성 조사가 불필요하다. 또한 총사업비 500억 원 이상, 국비 300억 원 이상으로 예비타당성 조사를 받은 경우 타당성 조사 대상에서 제외된다. 민간투자사업으로 기획재정부 민간투자사업심의위원회 심의 대상사업도 제외된다. 그리고 도로 유지 보수, 노후 상수도 개량 등 기존 시설의 효용 증진을 위한 단순 개량 및 유지보수사업, 출연 · 보조기관의 인건비 및 경상비 지원, 융자사업 등과 같이 타당성 조사의 실익이 없는 사업도 제외된다.



## 3 타당성 조사의 주요 내용

타당성 조사의 내용과 관련된 진행 절차는 다음과 같다(지방재정 투자사업 심사 매뉴얼, 2014).

[1단계] 사업계획서 검토: 전문기관은 타당성 조사가 접수되면 사업계획의 요건을 충족하고 있는지 여부를 검토하며, 미흡한 경우 보완을 요청한다.

[2단계] 경제성 및 재무성 검토: 비용, 수요, 편익, 수입과 지출 등 경제성 및 재무성 조사에 필요한 제반 절차를 수행한다.

[3단계] 정책적 타당성 검토: 재원 조달 가능성, 지방재정 파급 효과, 사업의 준비 정도, 투자 우선순위, 규모 타당성 등 정책분석을 실시한다.

[4단계] 지역 균형 발전 검토: 당해 사업의 시급성 및 필요성, 지역 낙후도, 지역 경제 파급 효과 등을 분석한다.

[5단계] 종합평가: 경제성, 정책분석, 지역 균형 발전 전반을 종합적으로 고려해서 적격 사업 여부에 대한 의견을 제시한다.

타당성 조사의 진행 과정에서 핵심 내용은 사업 추진의 필요성과 사업계획의 타당성을 검토하는 것이다. 사업 추진의 필요성은 경제성 · 재무적 · 정책적 타당성 등을 분석하는 것을 말한다.

경제성 분석은 비용 · 편익분석을 시행한다. 경제성 분석에서 비용편익 비율(B/C), 순현재가치(NPV), 내부수익률(IRR) 등 세 가지 분석 기법을 모두 활용한 결과를 의무적으로 기재하게 되어 있다. 할인율은 국가의 예비타당성 조사의 할인율을 준용한다. 경제성 분석 세 가지 분석 기법 중 누락된 것이 있거나, 예비타당성 조사 할인율 외의 별도의 할인율을 적용할 경우 타당성 조사 결과보고서에 그 사유를 구체적으로 기재한다.

재무적 분석은 사용료 등 직접 수익이 발생하는 사업의 경우 재정수지 전망 등 구체적인 현금 흐름, 향후 해당 자치단체 재정에 미치는 영향을 분석한다.

정책적 분석은 관련 정책의 일관성, 정책적 수요 및 사업 추진상 위험 요인, 지역 균형 발전 등을 분석한다. 타당성 조사에 정책적 분석이 추가된 것은 낙후지역의 경우 비용편익 비율(B/C)이 항상 낮게 나와 사업 추진이 불가능한 경우가 많기 때문이다. 이런 경우 지역 낙후도와 지역경제 파급 효과 등을 고려한 지역 균형 발전 기준을 적용하는 것이 바람직하다.

사업계획의 타당성은 입지, 시설 규모와 생산 능력, 사업 내용, 추진 일정 및 기간, 재원 규모 및 조달계획 등을 검토하는 것이다.

이러한 타당성 조사(예비타당성 조사 포함)의 결과는 투자사업에의 반영 여부를 투자심사위원회에서 검토한다. 만약 타당성 조사 결과를 반영하지 않을 경우 투자심사위원회를 개최해 논의하고, 이를 투자심사결과보고서에 명시해 제출한다.

CHAPTER 13

# 지방재정 영향평가제도와 재정공시제도



## 제1절 지방재정 영향평가제도

### 1 지방재정 영향평가제도의 의의

지방재정 영향평가제도는 지방자치단체와 중앙관서가 지방재정 부담을 수반하는 사업을 할 경우 지방재정에 미치는 영향을 평가하도록 의무화한 제도로서 2014년 도입되었다. 그동안 중앙정부의 정책과 지방자치단체장의 선심성 공약 등이 지방재정에 부담을 주었던 사실을 감안할 때 지방재정 부담을 줄이고 지방재정의 건전한 운영을 도모하기 위하여 지방재정 영향평가제도를 도입한 것이다. 지방재정 영향평가의 주체는 지방자치단체의 장과 중앙관서의 장이다.

지방자치단체의 장은 대규모의 재정적 부담을 수반하는 국내·국제경기대회, 축제·행사, 공모사업 등의 유치를 신청하거나 응모를 하려면 미리 해당 지방자치단체의 재정에 미칠 영향을 평가하고 그 평가 결과를 토대로 지방재정투자심사위원회의 심사를 거쳐야 한다(지방재정법 제27조의6).

중앙관서의 장은 대규모 지방재정 부담을 수반하는 사항에 대해서는 지방재정에 미치는 영향을 평가한 지방재정영향평가서를 행정안전부 장관에게 제출해야 한다. 지방재정영향평가서를 제출하는 시기는 중앙관서의 장이 지방재정 부담의 법령 제·개정 시 행안부 장관의 의견을 듣거나, 지방재정 부담의 예산(국고채무부담행위 포함) 요구 시 행안부 장관과 협의할 때다. 이 경우 지방재정영향평가서를 기획재정부 장관에게도 제출해야 한다.

중앙관서의 장이 행안부 장관에게 제출하는 지방재정영향평가서에는 지방재정 부담의 기간, 소요 금액에 대한 내역 및 재원 조달 가능성에 대한 평가 결과가 포함되어야 한다. 이 경우 세부적인 평가 항목, 기준, 평가 절차 및 방법 등에 관해 필요한 사항은 행안부 장관이 정한다.

그동안 중앙정부의 영유아 보육사업 전면 확대, 기초연금 도입 등의 경우 추가적 재정수입 방안이 마련되지 않은 채 도입되면서 지방정부의 대응 부담으로 인해 지방재정에 상당한 부담을 주었다. 중앙정부의 정책으로 인해 지방정부의 재정 부담이 초래될 경우 지방재정 영향평가서 제출만으로는 제도적으로 미흡한 면이 있다. 따라서 지방재정 영향평가제도는 추가적 지방재정 부담이 초래될 경우 지방정부의 동의를 받는 절차를 도입하거나, 추가적 수입을 확보한 이후 도입하는 페이고(pay-go) 원칙을 지키게 하는 제도를 동시에 도입할 필요가 있다.

## 2 지방재정 영향평가 대상사업과 평가항목

지방재정 영향평가의 대상사업은 지방자치단체의 장이 평가하는 지방사업과 중앙관서의 장이 평가하는 국가사업으로 구분할 수 있다.

지방자치단체의 장이 평가하는 지방사업은 ① 투자심사의 대상이 되는 국내·국제경기대회, 공연·축제 등 행사성 사업으로서 총사업비가 시·도는 30억 원 이상, 시·군·구는 10억 원 이상인 사업, ② 공모사업 등 유치를 신청하거나 응모하는 사업으로서 총사업비가 100억 원 이상이고, 지방재정 부담이 50억 원 이상인 사업이다(지방재정법 시행령 제35조의5). 다만, 매년 또는 격년으로 개최하는 반복적 공연·축제 등 행사성 사업으로서 전년도 또는 전전년도에 그 사업에 대하여 평가를 실시한 사업은 제외한다.[1] 또한 공모사업 등의 유치를 신청하거나 응모를 하는 사업으로서 법령에 따라 의무적으로 시행하는 사업 중 행안부 장관이 고시하는 사업은 제외한다.

지방사업의 평가항목은 연도별 예산 대비 사업비, 연도별 정책사업 예산 대비 사업비, 연도별 자체사업 예산 대비 지방비 및 사후비용이 발생하는 시설 건설사업 등의 3년간 사후 소요 예상액 등이다.

중앙관서의 장이 평가하는 국가사업은 총사업비가 300억 원 이상이고, 지방재정 부담이 100억 원 이상인 신규사업과, 총사업비 및 지방재정 부담금액이 전년 대비 각각 20% 이상 증액되는 사업이다(지방재정법 시행령 제35조의6).

국가사업의 평가항목은 지방자치단체 수, 지방자치단체의 재정부담 규모, 지방자치단체의 재정부담 변화율 등 사후비용이 발생하는 시설 건설사업 등의 3년 간 사후 소요 예상액 등이다.

중앙관서의 장이 행안부 장관에게 제출하는 지방재정영향평가서에는 지방재정 부담의 기간, 소요금액에 대한 내역 및 재원조달 가능성에 대한 평가 결과가 포함되어야 한다. 이 경우 세부적인 평가항목, 기준, 평가절차 및 방법 등에 관하여 필요한 사항은 행안부 장관이 정한다.

## 제2절 지방재정공개와 재정공시제도

### 1 재정 투명성과 재정정보 공개

재정 투명성이란 재정 과정의 모든 단계에 걸쳐 존재하는 재정정보뿐만 아니라 재정과정 자체를 투명하게 공개하는 것을 말한다. 재정 투명성 개념이 재정정보 공개보다 더 넓은 개념이다. 최근에는 재정 투명성 개념에 내부통제, 외부감사, 주민 참여 등의 책임성과 참여를 포함하는 추세에 있다. 재정 투명성이 충분 조건을 갖추기 위해서는 입법부와 시민사회의 효과적인 역할이 뒷받침되어야 하기 때문이다. IMF의 '재정 투명성 규약'에는 예산 과정의 공개 외에 정부의 역할 및 책임의 명확성, 일반 국민의 정보 이용 가능성 보장, 재정정보의 완전성 보증 등이 포함되어 있다.

협의의 재정 투명성이라고 할 수 있는 재정정보의 공개는 재정 투명성의 핵심 내

1) 총사업비가 전년(격년으로 시행하는 행사성 사업의 경우에는 전전년도) 대비 20퍼센트 이상 증액된 사업은 제외 대상사업에서 제외한다.

용이다. 재정정보의 공개는 정부가 생산 및 보유하는 주요 재정정보를 국민 등 이해관계자에게 "적시에, 정확하고, 공정하고, 접근 가능한 방식으로 공개하는 것"을 의미한다(이효, 2013). 그런데 재정정보 공개는 궁극적으로 시민에게 해야 한다. 납세자인 시민이 '알 권리'를 갖고 있다는 사고 방식에서 출발한다.

재정 투명성은 단순한 정보의 공개 외에 시민의 재정정보에 대한 접근 가능성과 이해 가능성을 포함한 개념이다. 시민들이 쉽게 재정정보에 접근하고, 이해할 수 있어야 한다. 재정 투명성은 재정 민주주의의 근간이다. 시민들에게 적시에 적극적으로 재정정보를 공개해 시민이 정부의 재정 상태와 재정 성과를 이해하고, 그를 통해 재정에 대한 적극적인 통제자이며 감시자가 되어야 하는 것이다.

재정 투명성에 대한 관심이 커진 이유는 재정이 좋은 거버넌스 의제의 기본 요소라는 점과 재정적자와 국가채무 문제가 심각하게 대두한 재정위기 국면과 관련이 있다. 1980년대 말과 1990년대 초 재정위기를 경험하면서 IMF나 OECD 등의 국제기구에서는 재정의 투명성을 높여줄 것을 각국에 권고하고, 재정 투명성 규범을 설정한 바 있다.

우리나라에서 지방재정 투명성의 중요성이 부각된 것은 지방채 증가와 재정자립도 악화 등 재정 건전성이 악화되고, 복지 디폴트(default: 채무 불이행) 등 지방재정 위기 국면이 전개되면서다. 일부 지자체의 선심성, 보여주기 식의 과도한 재정 지출과 방만한 재정 운영이 문제되고, 저출산·고령화 등 인구구조의 변화로 인한 복지재정 수요가 증대하면서 재정 투명성의 요구는 증대했다. 지역주민에 대한 재정 책임성의 확보를 위해 재정 투명성이 선결 요건이 된 것이다. 주민참여예산제도의 도입 등 주민 참여의 확대도 재정 투명성을 강화하는 계기가 되었다.

## 2 재정정보의 공개 대상

### 1) 정보의 의의와 공공재로서의 재정정보

자료와 정보는 엄밀하게는 구분된다. 자료(data)는 사실(facts)을 말하며, 정보(information)는 자료의 유용성(usefulness)을 말한다. 자료는 정보를 산출하기 위한 투입이며, 문자와 기호로 표시된 어떤 실체의 속성이나 활동을 의미한다. 정보란 일정한 의도를 가지고 정리해 놓은 자료의 집합이다(안문석, 1995: 174). 자료가 정보로 되기 위해서는 어떤 목적을 갖는 이용자가 있어야 하며, 특정한 용도에 적합하도록 양식화, 여과, 요약 등의 단계를 거쳐 가공되어야 한다. 정보가 이용되어 발생하는 결과는 일부 축적되기도 하고 기존의 지식 체계와 통합되어 이용자에게 내부화되어 지식(knowledge)이 된다.

재정정보는 공공재의 성격을 갖는다. 재정정보를 자원(resources) 또는 재화(goods)로 인식하고, 부(富, wealth) 또는 복지(welfare)를 구성하는 주요 지표로 보는 것이다. 공공재는 비경합성과 비배제성의 특성을 갖는다. 비경합성이란 한 개인이 소비에 참여함으로써 얻는 이익이 다른 사람들이 얻는 이익을 감소시키지 않는다는 것을 의미한다. 비배제성이란 특정 그룹의 사람들을 재화의 소비에서 얻는 혜택으로부터 배제할 수 없는 것을 말한다.

지방재정정보가 공공재라는 것은 재정정보의 공개와 공동 이용에 의해 타인의 효용을 상실함이 없이 사회후생을 증대시킬 수 있다는 것을 의미한다. 재정정보의 공개와 공유가 사회 전체의 후생을 증진시킬 수 있기 때문에 지방재정정보를 적극 공개할 필요가 있다. 재정정보 공개를 위해서는 많은 사람이 지방재정정보를 활용할 수 있는 정보공개 시스템을 구축하는 것이 필요하다.

### 2) 재정정보의 유형

재정정보는 다양한 기준에 따라 여러 가지 유형으로 구분할 수 있다.

#### (1) 사업 정보와 자원 정보

사업 정보(program information)는 재정이 지향하는 목표로서의 사업과 정책에 관한 정보다. 사업예산제도의 '정책사업-단위사업-세부사업'에 관한 정보가 여기에 해당한다. 어떤 조직이 추구하는 정책과 구체적 사업을 보여주는 정보다. 이러한 사업 정보는 시정(도정 · 군정 · 구정) 목표, 시정 의지, 시정철학을 반영한다. 더 나아가 산출(output) 및 결과(outcome)의 성과(performance)에 관한 정보를 포함한다.

자원 정보(resource information)는 전통적인 재정정보로서 세입/세출, 일반회계/특별회계/기금에 관한 정보를 말한다. 사업에 투입된 자원에 관한 정보로서 지출에 대한 조직의 책임 소재 등의 조직 내부 국면에 관한 정보를 보여준다.

전통적인 재정정보는 자원 정보에 치중했으나 최근 사업 정보를 중요시하는 방향으로 바뀌고 있다. 이는 투입 중심의 재정 운영에서 성과 중심의 재정 운영으로 패러다임이 바뀌고 있음을 반영한 것이다.

### (2) 유량 정보와 저량 정보

유량(flow) 정보는 일정 기간 동안 조직 속으로 흐르는 양에 관한 정보를 의미한다. 현금주의에 의한 예산의 수입(receipt)과 지출(expenditure), 발생주의에 의한 수익(revenue)과 비용(expense)에 관한 정보가 여기에 해당한다.

저량(stock) 정보는 어떤 특정 시점을 기준으로 파악된 조직에 존재하는(또는 소유하는) 재화 전체의 양을 말한다. 각 지방자치단체의 자산(asset), 부채(liability), 순자산(net asset)에 관한 정보가 여기에 해당한다.

최근 정부회계가 현금주의에서 발생주의 회계로 전환되면서 저량 정보의 유용성이 크게 부각되고 있다. 현금주의에 의한 재정 운영은 예산의 수입과 지출이라는 유량이 주요 관리 대상이다. 반면에 발생주의 기준에서는 유량 개념인 예산의 수익과 비용뿐만 아니라, 저량 개념의 자산과 부채 및 순자산이 중요시된다. 전자는 재정운영표에 해당하며, 후자는 재정상태표에 해당한다.

발생주의 기준에 의한 저량 정보가 시사하는 점은 재정의 지출도 중요하지만 지출을 통해 건설한 건물, 도로 등이 정부의 자산이 된다고 인식한다는 점이다. 또한 연금이 미래에 지급해야 할 부채로 인식되고 감가상각이 이뤄지는 것도 과거와는 다른 관점이다. 이것은 예산을 자원(resource) 개념으로 보는 새로운 관점이다. 발생주의 회계 방식은 원가 개념을 제고시키고, 성과 측정 능력을 향상시키며, 미래의 잠재적인 위험을 현재에 반영할 수 있는 등의 장점이 있다. 또한 재정의 투명성을 높이고 회계의 자기 검증 기능을 통해 예산 집행의 오류 및 비리와 부정을 없앨 수 있다.

### (3) 횡단면 자료와 시계열 자료

횡단면 자료(cross-sectional data)는 동일 시점 또는 동일 기간에 여러 변수에 대해 관찰된 자료를 말한다. 고정된 시간에서 측정된 자료를 의미하며, 측정 시간이 고정되어 있는 반면 여러 개의 변수로 구성된다. 동일 시점의 준거집단(동종 자치단체)과의 비교 정보가 여기에 해당한다. 횡단면 자료를 이용한 통계적 분석을 횡단면 분석이라 한다.

시계열 자료(time-series data)란 한 사건 또는 여러 사건에 대해 시간의 흐름에 따라 일정한 간격으로 이들을 관찰해 기록한 자료를 말한다. 특정한 기간에 걸쳐서 계속적인 동등한 공간적 시점에서 수량이 기록되는 자료로서 종단면 자료(longitudinal data)에 해당한다. 이를 이용한 통계적 분석을 시계열 분석이라 한다.

다수의 지방자치단체가 존재하는 지방재정의 경우 횡단면 자료와 시계열 자료가 모두 분석 대상으로 이용된다.



#### (4) 예산 정보·회계 정보·예측 정보

예산 정보 · 회계 정보 · 예측 정보는 시간 차원에 의해 구분되는 정보를 말한다. 예산 정보는 예산 집행 전 편성된 예정적 정보로서 '가정법적' 성격을 갖는다. 반면에 회계 정보는 이미 확정된 과거 정보를 의미하며, 결산 정보로 남는다. 결산이 끝난 경우 예산 자료는 결산 자료로 대치된다. 예측 정보는 중기재정계획 등의 계획적 정보를 의미한다.

#### (5) 의무적 공개 정보와 재량적 공개 정보

이 유형은 정보 공개 여부가 법적 의무 사항인가에 의해 구분된다. 의무적 공개 정보는 정보의 공개 또는 보고가 법적 의무 사항으로 되어 있는 정보를 말한다. 지방재정법 등에 명시된 재정공시 내용이 여기에 해당한다. 재량적 공개 정보는 법적으로 공개 의무 사항이 아닌 정보를 말한다.

### 3) 재정정보의 공개 대상

지방자치단체의 재정정보 공개 대상은 지방재정법 등의 법령과 각 자치단체의 조례에 의해 규정되어 있다. 정보공개 대상은 공개 주체에 따라 다르다. 공개 주체는 지방자치단체의 장과 행정안전부 장관이다.

지방재정법에는 지방자치단체장이 공개해야 할 대상으로 예산서와 결산서를 기준으로 재정 운용 상황을 공시하게 하고 있다. 공시될 지방재정 정보는 세입 · 세출 예산의 운용 상황, 성과계획서와 성과보고서, 재무제표, 채권관리 현황, 기금 운용 현황, 지역통합 재정통계 등이다.

지역통합 재정통계는 ① 일반회계, 특별회계(교육비특별회계 포함) 및 기금, ② 지방공기업의 재정 상황, ③ 지방자치단체 출자 · 출연기관의 재정 상황을 포함한다. 이것은 제도 단위의 범위를 일반정부 외에 공기업 부문까지 포함하는 것을 의미한다. 특히 교육비특별회계에 관해서는 교육감이 제출한 자료를 토대로 시 · 도지사가 교육감과 협의해 작성한다. 지역통합 재정통계는 지방자치단체의 장이 행정안전부 장관에게 제출하며, 시·도지사는 교육부 장관에게도 제출한다.

그 밖에도 2014년에 투자심사 대상사업과 지방채 발행사업의 추진 상황 및 담당자 명단의 공개를 의무화했다. 구체적으로 ① 사업의 개요(총사업비, 재원, 사업 기간, 사업 담당부서 및 담당자 포함), ② 투자 심사 결과, ③ 지방채 발행 심사 결과, ④ 지방채 발행 현황(발행 예정 총액 및 공개일까지 발행한 금액 포함), ⑤ 사업의 공정률 등 그 밖의 추진 상황 등이다. 이러한 공개는 매년 12월 31일 기준으로 공개하며, 사업 완료 후 5년 이상 해야 한다.

행정안전부 장관은 재정공시와 관련해 필요한 항목에 대해 지방자치단체별로 구분해 공시하되, 지방자치단체 간 비교 공시를 할 수 있게 하고 있다. 이에 대해서는 다음 지방재정 공시제도에서 자세히 살펴보기로 한다.

그리고 행정안전부 장관은 지방자치단체의 장이 작성·제출한 통합재정정보를 종합적으로 분석해 매년 1회 이상 공표할 수 있다(지방재정법 시행령 제67조).

## 3 지방재정 공시제도

### 1) 의의

지방재정 공시제도란 관련 법령에 근거해 지방자치단체가 재정 운용 결과와 주민의 관심 사항 등을 객관적인 절차(홈페이지, 일간지 등)를 통해 주민에게 공개하는 행위를 말한다. 자치단체 재정 운용 상황에 대해 주민의 이해를 돕고 주민에 대한 재정적 책임성과 투명성을 확보하기 위해 도입된 제도다. 지방재정 공시제도는 재정 운용에 대한 자율통제 기반을 확립해 자발적인 건전 재정 운용 노력을 유도하는 데에 목적이 있다.

지방재정 공시제도는 1994년부터 운영된 '재정운영 상황 공개제도'를 발전시킨 제도다. '재정운영 상황 공개제도'는 자치단체별 조례가 정하는 바에 따라, 매 회계연도마다 1회 이상 세입·세출 예산의 집행 상황, 지방채 및 일시차입금의 현재액 등 재정 운용에 관한 중요 사항을 주민에 공개한 제도다. 그런데 자치단체별로 공개 범위, 공개 방법, 공개 시기 등이 상이해 주민에 대한 체계적인 정보 제공 및 다른 자치단체와 비교 등이 어렵다는 한계를 갖고 있었다.

이를 보완하기 위해 2006년 '지방재정 공시제도'를 도입했다. 2015년부터 매년 2월과 8월에 예산서와 결산서를 기준으로 각 지자체별 홈페이지를 통해 공시하고 있다. 지방자치단체의 장은 공시 내용을 공시한 날부터 5일 이내에 지방의회와 시·군·자치구의 경우는 시·도지사에게, 시·도는 행정안전부 장관에게 보고해야 한다. 이 경우 시·도지사는 관할 시·군·자치구의 내용을 포함하여 보고한다.

그리고 재정공시와는 별도로 지방자치단체의 장은 해당 지방자치단체의 세입·세출예산 운용 상황을 특별한 사유가 없으면 매일 주민에게 공개해야 한다. 이 경우 주민이 인터넷 홈페이지를 통하여 세입·세출 예산 운용 상황을 세부사업별로 조회할 수 있도록 해야 한다(지방재정법 제60조 제7항). 이러한 재정공개를 통해 주민에 대한 재정 투명성 및 책임성을 제고하는 효과를 갖게 되었다.



### 2) 지방재정 공시 내용

지방재정 공시 내용은 공시 주체인 지방자치단체의 장과 행정안전부 장관에 의한 공시 내용이 다르다. 먼저 지방자치단체의 장이 공시하는 지방재정 공시 내용은 일반적인 재정 운용 상황에 대한 공통공시와 당해 지방자치단체의 특수한 재정 운용 상황에 대한 특수공시로 구분된다. 그리고 행정안전부 장관은 지방자치단체에서 공시한 내용을 보고받고 통합공시를 한다.

#### (1) 공통공시

지방재정법 시행령(제68조)에 규정된 공통공시 내용은 다음과 같다.

첫째, 주요 재정사업 평가 결과이다. 주요 재정사업은 시·도의 경우 총사업비 5억 원 이상의 투자사업과 공연·축제 등 행사성 사업, 시·군 및 자치구의 경우 총사업비 2억 원 이상의 투자사업과 공연·축제 등 행사성 사업이다.

둘째, 예산서와 결산서를 기준으로 주민에게 공시해야 할 항목(지방재정법 제60조 제1항)이다. 이는 예산 또는 결산의 확정 또는 승인 후 2개월 이내에 공시해야 한다.

① 세입·세출 예산의 운용 상황(성과계획서와 성과보고서 포함)

② 재무제표

③ 채권관리 현황

④ 기금 운용 현황

⑤ 공유재산의 증감 및 현재액

⑥ 지역통합 재정통계
⑦ 지방공기업 및 지방자치단체 출자·출연기관의 경영정보
⑧ 중기지방재정계획
⑨ 성인지 예산서 및 성인지 결산서
⑩ 예산 편성 기준별 운영 상황
⑪ 주민참여예산제도의 운영 현황 및 주민의견서
⑫ 재정 운용 상황 개요서
⑬ 재정진단 결과를 토대로 한 재정 건전화 계획 및 이행 현황
⑭ 통합 부채와 우발 부채를 포함한 재정 건전성 관리계획 및 이행 현황
⑮ 투자심사사업, 지방채 발행사업, 민간자본 유치사업, 보증채무사업의 현황
⑯ 지방보조금 관련 교부 현황, 성과평가 결과, 지방보조금으로 취득한 중요 재산의 변동 사항, 교부 결정의 취소 등 중요 처분 내용

셋째, 지방재정분석·진단의 결과

넷째, 감사원 등 감사기관으로부터 받은 감사 결과

다섯째, 그 밖에 일반적인 재정 운용 상황으로서 주민에게 공시할 필요가 있다고 인정해 행정안전부 장관이 정하는 사항 등이다.

#### (2) 특수공시

특수공시 내용은 당해 지방자치단체의 특수한 재정 운용 상황에 대한 사항으로서 지방재정공시심의위원회가 정한다. 지방재정공시심의위원회의 기능을 담당하기에 적합한 다른 위원회가 있는 경우에는 조례로 정하는 바에 따라 그 위원회가 지방재정공시심의위원회의 기능을 대신할 수 있다.

#### (3) 행안부 통합공시

행정안전부 장관은 지방자치단체에서 보고한 공시 내용을 분석·평가하고, 그 결과를 토대로 필요한 항목에 대해서는 지방자치단체별로 구분해 공시한다. 필요한 경우 지방자치단체 간 비교 공시를 할 수 있다. 현재 동종 단체 및 유사 단체와 비교 공시한다. 동종 자치단체는 시·도, 시, 군, 자치구의 4개 유형이며, 유사 자치단체는 특별/광역시(1), 도(1), 시(4), 군(4), 자치구(3)의 13개 유형으로 비교한다.[2)]

행정안전부 장관은 보고받은 공시 내용이 잘못되었거나 적절하지 않게 작성된 경우에는 해당 지방자치단체의 장에게 수정공시를 하도록 요청할 수 있다. 이 경우 해당 지방자치단체의 장은 그 요청에 따라 수정공시를 해야 하며, 해당 지방자치단체의 장이 수정공시를 하지 않은 경우에는 행정안전부 장관이 직접 공시할 수 있다.



2) 유형화 기준은 인구 규모(30%), 인구 증감률(8%), 고령인구 비율(7%), 조출생률(5%), 재정력 지수(30%), 세출 규모(8%), 사회복지비 비율(7%), 자치단체 면적(5%)이다.

CHAPTER 14

# 지방재정 분석 · 진단과 지방재정 위기관리제도

## 제1절 지방재정 분석 · 진단제도

### 1 재정분석 · 진단의 의의

지방정부의 재정 상태를 파악하는 방법에 대해 재정분석(financial analysis), 재정평가(financial evaluation), 재정진단(financial diagnosis) 등의 용어가 혼용되고 있다. 일반적으로 '분석'은 어떤 상태의 본질 및 특성을 규명하는 가치중립적 의미가 강한데 반해, '평가'는 일정한 기준에 의해 수준, 중요도 등을 판단하는 가치판단적 의미가 강한 개념이다. 그리고 '진단'은 문제의 본질 또는 원인을 정밀하게 조사하는 의미로 사용된다. 이러한 용어의 차이는 분석 및 평가의 목적, 방법, 운용상의 특성 등과 관련되어 있다(윤영진, 1998: 1).

재정 상태의 분석에 대한 학자들의 개념 정의를 보면 분석 대상의 범위에 따라 다양하다. 최협의 개념인 현금 지불 능력(cash solvency), 재정수지의 균형 능력을 보여주는 예산상 지불 능력(budgetary solvency), 채무 부담 능력 등을 포함한 장기적 지불 능력(long-run solvency), 시민이 원하는 서비스의 질과 수준을 만족시킬 수 있는 능력인 서비스 수준 지불 능력(service-level solvency)의 분석으로 구분한다(Groves, 1980: 2-3). 이러한 재정분석 개념은 재정분석 지표 체계에 반영된다.

우리나라는 재정분석제도와 재정진단제도를 하나의 제도 단위로 하여 1998년 시범사업을 거쳐 1999년부터 본격적으로 시행하고 있다. 재정분석제도는 매년 모든 지방자치단체를 대상으로 특정 재정지표를 중심으로 분석하는 제도다. 지방재정 분석제도는 재정 · 회계와 관련된 핵심 측정 수단을 활용해 재정분석을 실시한 다음, 분야별 · 지표별 분석 결과 및 유사 단체별로 재정 비교표를 작성하고 그 결과를 활용하는 실질적 재정관리 수단이다.



지방재정분석은 결산자료인 예산집행 결과 분석을 통해 재정 상태와 구조 등을 파악해 책임재정을 실현하고, 이를 차기 재정 운영에 환류하는 전형적인 사후적 재정관리제도다. 지방자치단체의 재정 상태와 운영 실태 및 성과를 객관적인 재정 통계자료를 토대로 종합 점검 · 분석 · 평가함으로써 지방재정의 건전성 · 효율성 · 안정성 · 투명성을 높이고 지방자치단체의 재정 확충 및 예산 절감의 노력을 진작시키는 데 목적이 있다.

지방재정진단제도는 재정분석 결과 재정의 건전성 · 효율성이 현저히 떨어진 자치단체를 대상으로 정밀분석을 실시하고, 재정 건전화를 위한 대책을 강구하는 일련의 과정을 말한다. 재정진단제도는 재정 건전화 계획의 수립 및 이행과 연계되어 재정의 건전성과 효율성을 제고하는 데에 목적이 있다. 재정분석 · 진단제도는 '재정분석 → 재정진단 → 재정 건전화'의 단계를 거치는 구조로 발전되었다.

2011년부터는 재정진단제도를 보강한 재정위기단체 지정제도를 도입했다. 재정분석 및 재정진단 결과 등을 토대로 재정위험 수준이 심각하다고 판단되는 지방자치단체를 재정위기단체로 지정할 수 있게 했다. 재정위기단체로 지정되면 지방채 발행과 일정 규모 이상의 신규사업 추진 제한 등 위기관리대책을 시행하도록 했다.

2019년에는 재정분석 또는 재정위험 수준 점검 결과 재정 건전성 · 효율성 등이 현저하게 떨어졌다고 판단되는 자치단체를 재정주의단체로 지정할 수 있게 하였다. 이후 지방재정분석 · 진단제도와 지방재정위기관리제도를 연계 · 통합 운영하고 있다.

재정분석 및 재정진단 결과는 공개되며, 재정분석 및 재정진단 결과의 중요 사항에 대해서는 매년 재정분석 · 진단 실시 후 3개월 이내에 국회 소관 상임위원회 및 국무회의에 보고해야 한다.

## 2 지방재정 분석 · 진단의 절차

### 1) 재정보고서의 작성 및 제출

지방자치단체의 장은 예산, 결산, 출자, 통합부채, 우발 부채, 그 밖의 재정 상황에 관한 재정보고서를 행정안전부 장관에게 제출해야 한다. 시 · 군 및 자치구는 시 · 도지사를 거쳐 행정안전부 장관에게 제출한다(지방재정법 제54조). 재정분석은 제출된 재정보고서를 대상으로 이뤄진다.

지방자치단체의 장이 보고해야 할 재정보고서는 다음과 같다(지방재정법 시행령 제64조). 즉, ① 예산보고서, ② 결산승인보고서, ③ 지방채발행보고서, ④ 보증채무부담행위보고서, ⑤ 출자보고서, ⑥ 지방비부담보고서, ⑦ 중기지방재정계획보고서, ⑧ 재정투자사업계획에 대한 심사결과보고서, ⑨ 채무부담행위보고서, ⑩ 재무제표, ⑪ 채권의 관리현황보고서, ⑫ 기금운용계획서와 기금결산보고서 등이다.

### 2) 재정분석

재정분석은 제출된 재정보고서를 기초로 재정 현황과 운영 실태를 객관적으로 검증하는 일련의 과정이다. 재정분석은 다양하고 광범위한 재정 및 재무 관련 사항을 정교한 분석 기법을 통해 전체 현상을 파악하면서 구체적이고 비교 가능한 측정 결과를 제시한다. 아울러 지방자치단체의 재정 상황 중 채무 등에 대하여 재정위험 수준을 점검한다. 재정분석은 지방자치단체의 정책 결정, 재정정보 수요자에 대한 재정정보 제공, 그리고 국가의 지방재정에 대한 거시적 점검 및 정책 활용 차원에서 중요한 의의를 지닌다.

재정분석은 분석대상인 당해 연도 결산자료를 기초로 전국 243개 지방자치단체를 분석한다. 재정분석 지표 체계는 크게 평가지표와 보조지표로 구분하고, 보조지표는 다시 분석지표와 참고지표로 재분류된다. 평가지표는 재정 건전성(6개), 재정 효율성(6개), 재정 계획성(2개)의 3개 분야 14개 지표(2023년 기준)이다. 분석 방법은 지표별 가중치를 반영한 후 1,000점 만점으로 분석 · 평가한다. 분석 결과 우수단체에 대해 인센티브를 지급하고 부진단체를 대상으로 재정 컨설팅을 제공한다.

재정분석 결과는 유사 단체별 재정 비교표를 작성하는 방식으로 평가가 이뤄진다. 인구 수, 재정력, 재정 규모, 인구 증감률 등을 기초로 지방자치단체를 유형화한

다음, 유사 단체 재정 비교표를 활용해 해당 자치단체의 재정 위상을 확인하고 점검한다. 그리고 유사 단체 상위 수준의 목표를 설정하고 이를 달성하도록 유도한다.

지방재정의 분석 과정은 제1단계 서면분석, 제2단계 현지 실사, 제3단계 재정 컨설팅,[1] 제4단계 재정분석결과보고서 작성, 제5단계 재정분석 결과 활용으로 이뤄진다. 재정분석결과보고서는 종합보고서, 자치단체별 보고서, 재정분석 통계보고서 등으로 구분된다.



### 3) 재정진단

재정진단은 재정분석 결과를 바탕으로 정밀 분석을 실시하고, 재정 건전화를 위한 대책을 강구하는 일련의 과정이다. 재정진단을 실시하는 대상은 두 가지 경우에 해당하는 지방자치단체이다. 첫째, 재정의 건전성과 효율성이 현저히 떨어진 지방자치단체이다. 둘째, 재정위험 수준이 기준을 초과하는 지방자치단체이다.

첫째 경우의 재정진단 대상은 다음과 같다(지방재정법 시행령 제65조의2 ①).

① 세입예산 중 채무 비율이 행정안전부 장관이 정하는 비율을 초과한 경우

② 결산상 세입 실적이 예산액보다 현저히 감소한 경우

③ 인건비 등 경상비 성격의 예산 비율이 높아 재정 운용의 건전성이 현저히 떨어지는 경우

④ 그 밖에 재정분석 결과 재정의 건전성과 효율성 등이 현저하게 떨어져 재정진단이 필요하다고 행정안전부 장관이 인정하는 경우

둘째 경우의 재정진단 대상인 재정위험 수준이 기준을 초과하는 지방자치단제는 다음과 같다(지방재정법 시행령 제65조의2 ②).

① 통합재정수지 적자 비율이 25%를 초과하는 지방자치단체

② 예산 대비 채무 비율이 25%를 초과하는 지방자치단체

③ 채무상환비 비율이 12%를 초과하는 지방자치단체

④ 지방세 징수율이 80% 미만인 지방자치단체

⑤ 금고 잔액 비율이 20% 미만인 지방자치단체

⑥ 공기업 부채 비율이 400%를 초과하는 지방자치단체

---

1) 2023년 재정 컨설팅은 2023년 재정분석 부진단체 재정 컨설팅과 2022년 재정 컨설팅 자치단체 이행 점검의 Two-track 방식으로 진행되었다.

행정안전부 장관은 재정진단을 실시하는 경우 해당 지방자치단체의 재정 현황 및 추이 등을 종합적으로 진단해야 한다. 그리고 재정위험 수준은 분기별로 정보시스템을 이용하여 점검해야 한다.

### 4) 재정 건전화 계획 수립

행정안전부 장관은 재정진단 결과를 토대로 해당 지방자치단체에 재정 건전화 계획의 수립 및 이행을 권고하거나 재정 건전화를 위해 필요한 사항을 지도할 수 있다. 재정 건전화 계획에는 조직 개편, 채무 상환, 세입의 증대 및 신규사업의 제한 등을 포함한다.

행정안전부 장관은 지방재정 건전화 계획의 이행 결과를 평가해 그 이행 결과가 미흡하다고 판단되는 경우에는 이를 공개하거나 재정 건전화를 위해 필요한 사항을 지도할 수 있다.

표 14-1 지방재정 분석 · 진단의 절차

| | |
|---|---|
| 재정보고서 제출 | 예산, 결산, 출자, 통합 부채, 우발 부채, 그 밖의 재정 상황에 관한 재정보고서를 행안부 장관에게 제출 |
| ⇩ | |
| 재정분석 | 재정보고서의 내용 분석: 재정 건전성 · 재정 효율성 · 재정 계획성 3개 분야의 평가지표와 보조지표의 분석 및 유사 단체 재정 비교 |
| ⇩ | |
| 재정진단 | 재정분석 결과 재정의 건전성과 효율성 등이 현저히 떨어지는 지방자치단체와 재정위험 수준이 기준을 초과하는 지방자치단체에 대해 실시 |
| 재정 건전화 계획 | 해당 지방자치단체에 재정 건전화 계획의 수립 및 이행을 권고하거나 재정 건전화를 위해 필요한 사항 지도 |
| ⇩ | |
| 재정위기단체 지정 | 재정분석 및 재정진단 결과 등을 토대로 재정 위험 수준이 심각하다고 판단되는 지방자치단체를 재정위기단체로 지정 |
| 재정 건전화 계획 | 재정위기단체 지정된 자치단체는 재정 건전화 계획을 수립해 행정안전부 장관의 승인을 받고 지방의회의 의결을 얻어야 한다. |

## 3 재정분석 지표 체계

재정분석을 위한 지표 체계는 재정분석을 시작한 이래 지속적으로 수정 보완되어 왔다. 2023년 현재 재정분석 지표 체계는 평가지표와 보조지표로 구분하고, 보조지표는 다시 분석지표와 참고지표로 재분류한다.

평가지표는 재정 건전성(6개), 재정 효율성(6개), 재정 계획성(2개)의 3개 분야에 총 14개의 지표(2023년 기준)로 구성되어 있다. 재정 건전성 분야에는 재정수지관리, 채무관리, 공기업 관리의 6개 지표, 재정 효율성 분야에는 세입관리, 세출관리의 6개 지표, 재정 계획성 분야에는 재정계획, 재정집행의 2개 지표로 이뤄져 있다. 그리고 각 지표별 가중치가 부여되며, 재정 건전성 분야 300점, 재정 효율성 분야 600점, 재정 계획성 분야 100점으로 총 1,000점이다.

보조지표는 분석지표와 참고지표로 구분하고 각각을 건전성, 효율성, 계획성 분야로 분류한다. 즉, 분석지표는 건전성(3개), 효율성(6개), 계획성(3개) 등 12개 지표, 참고지표는 건전성(4개), 효율성(8개), 계획성(2개) 등 14개 지표로 구성되어 있다.

재정분석의 결과는 각 지표별 최종 점수에 지표별 가중치 등을 반영하여 1,000점 만점으로 산출한 종합점수로 표시된다.

종합점수 = Σ(지표별 최종점수 × 지표별 가중치 × 10)

종합점수가 산출되면 종합점수, 재정 효율성 및 재정 계획성 점수에 따라 자치단체 유형별 등급을 부여한다. 광역자치단체는 3개 등급, 기초자치단체는 5개 등급을 부여한다.

현행 재정분석 지표 체계는 〈표 14-2〉와 같다.

표 14-2 재정분석 지표 체계 – 평가지표(2023년)

| 분야 | | 재정분석지표 | 가중치 | 분석기간 | 대상회계 |
|---|---|---|---|---|---|
| 건전성<br>(30%) | 수지관리 | ① 통합재정수지 비율 | 6% | 단년도 | 통합회계 |
| | | ② 경상수지 비율 | 3% | 단년도 | 통합회계 |
| | 채무관리 | ③ 관리채무 비율(증감률) | 9% | 단년도 | 통합회계 |
| | | ④ 관리채무상환 비율 | 3% | 미래 4년 | 통합회계 |
| | | ⑤ 통합유동부채 비율 | 5% | 단년도 | 통합/공사 · 공단/출자 · 출연기관 |
| | 공기업관리 | ⑥ 공기업 부채 비율 | 4% | 단년도 | 지방직영기업/지방공사 · 공단 |

| | | | | | | |
|---|---|---|---|---|---|---|
| 효율성 (60%) | 수입관리 | ⑦ 자체수입 비율(증감률) | 지방세 | 7% | 2년 | 일반회계 |
| | | | 세외수입 | 6% | | |
| | | ⑧ 지방세 징수율(제고율) | | 7% | 2년 | 일반회계 |
| | | ⑨ 체납액관리 비율(증감률) | 지방세체납액 | 9% | 2년 | 일반회계 |
| | | | 세외수입체납액 | 9% | | |
| | 지출관리 | ⑩ 지방보조금 비율(증감률) | | 7% | 2년 | 일반회계/기타 특별회계 |
| | | ⑪ 출자 · 출연 · 전출금 비율(증감률) | | 6% | 2년 | 통합회계 |
| | | ⑫ 자체경비 비율(증감률) | | 9% | 2년 | 일반회계 |
| 계획성 (10%) | 재정계획 | ⑬ 세수오차 비율(개선도) | | 4% | 2년 | 일반회계 |
| | 재정집행 | ⑭ 이 · 불용액 비율 | | 6% | 단년도 | 일반회계/기타 · 공기업특별회계 |

주: 통합회계는 일반회계, 기타 특별회계, 공기업특별회계, 기금 포함
자료: 행정안전부 · 한국지방세연구원(2023.6). 『2023년 지방자치단체 재정분석 편람』, 일부수정.

### 표 14-3 재정분석 지표 체계 – 보조지표(2023년)

| 분류 | 분야 | | 분석지표 | 분석기간 | 대상회계 |
|---|---|---|---|---|---|
| 분석지표 | 건전성 | 수지관리 | ① 지방비 분담 비율 | 단년도 | 통합회계 |
| | | | ② 현금성 복지 비율(신규) | 단년도 | 통합회계 |
| | | 공기업관리 | ③ 총자본 대비 영업이익률 | 단년도 | 지방직영기업/지방공사 · 공단 |
| | 효율성 | 수입관리 | ④ 가용재원 비율 | 단년도 | 일반회계/기타 특별회계 |
| | | 지출관리 | ⑤ 행사 · 축제경비 비율(증감률) | 3년 | 일반회계/기타 특별회계 |
| | | | ⑥ 민간위탁금 비율 증감률 | 2년 | 일반회계/기타 특별회계 |
| | | | ⑦ 지방의회경비 절감률 | 단년도 | 일반회계 |
| | | | ⑧ 업무추진비 절감률 | 단년도 | 일반회계/기타 특별회계 |
| | | | ⑨ 인건비 비율(신규) | 단년도 | 일반회계/기타 · 공기업특별회계 |
| | 계획성 | 재정계획 | ⑩ 중기 재정계획 반영 비율 | 단년도 | 일반회계/기타 · 공기업특별회계 |
| | | 재정집행 | ⑪ 예산집행률 | 단년도 | 일반회계/기타 · 공기업특별회계 |
| | | | ⑫ 순세계잉여금 비율 | 단년도 | 일반회계 |

| 참고 지표 | 건전성 | 수지관리 | ① 실질수지 비율 | 단년도 | 일반회계/기타 특별회계 |
|---|---|---|---|---|---|
| | | 채무관리 | ② 관리채무 부담 비율 | 단년도 | 통합회계 |
| | | | ③ 장래세대 부담 비율 | 단년도 | 통합회계 |
| | | | ④ 환금자산 대비 부채 비율 | 단년도 | 통합회계 |
| | 효율성 | 수입관리 | ⑤ 탄력세율 적용 노력도 | 단년도 | 일반회계 |
| | | 지출관리 | ⑥ 의무지출 비율(증감률) | 2년 | 일반회계/기타 특별회계 |
| | | | ⑦ 정책사업 투자비 비율 | 단년도 | 일반회계/기타·공기업특별회계 |
| | | | ⑧ 행정운영 경비 비율(증감률) | 2년 | 일반회계/기타 특별회계 |
| | | | ⑨ 주민참여예산 지출 비율 | 단년도 | 일반회계/기타 특별회계 |
| | | | ⑩ 일자리사업 지출 비율 | 단년도 | 일반회계/기타 특별회계 |
| | | | ⑪ 자본시설 지출 비율(증감률) | 2년 | 일반회계/기타 특별회계 |
| | | | ⑫ 자본시설유지관리비 비율(증감률) | 2년 | 통합회계 |
| | 계획성 | 재정집행 | ⑬ 기준인건비 집행률 | 단년도 | 일반회계/기타·공기업특별회계 |
| | | | ⑭ 연말지출 비율 | 단년도 | 일반회계 |

자료: 행정안전부·한국지방세연구원(2023.6). 『2023년 지방자치단체 재정분석 편람』, 부록 참조.



## 4 유사 단체 재정 비교

재정분석 결과를 평가하기 위해서는 준거집단인 각 자치단체의 유사 단체와 비교하는 것이 유용한 방법이다. 지방자치단체를 유사 단체별로 유형화해 비교 분석하는 것은 자치단체 유형별 재정 특성과 차이점을 발견하는 데 유용하다. 또한 자치단체가 스스로 자신의 재정 상태 및 재정 운용 결과를 진단할 수 있는 자료 및 분석 틀을 제공하고 재정 운영 개선책을 마련할 때 우수단체의 벤치마킹 등의 도움을 받을 수 있다.

현재 지방자치단체 유형화는 재정수요 및 사회경제적 여건을 포괄적으로 반영하기 위해 인구여건과 재정여건 변수들로 분류하고 있다. 2023년 현재 자치단체의 유형은 광역자치단체 2개, 기초자치단체 11개로 총 13개 유형으로 분류된다. 광역자치단체는 특별·광역시와 도, 기초자치단체는 시(4개), 군(4개), 자치구(3개)로 분류된다.

**표 14-4** 지방재정분석 자치단체 유형분류(2023년)

<table>
<tr><th colspan="3">유형 구분</th><th>자치단체 수</th></tr>
<tr><td colspan="2" rowspan="2">광역자치단체(2개)</td><td>특별·광역시</td><td>8</td></tr>
<tr><td>도</td><td>9</td></tr>
<tr><td rowspan="11">기초자치단체<br>(11개)</td><td rowspan="4">시(4개)</td><td>시 – Ⅰ</td><td>17</td></tr>
<tr><td>시 – Ⅱ</td><td>20</td></tr>
<tr><td>시 – Ⅲ</td><td>19</td></tr>
<tr><td>시 – Ⅳ</td><td>19</td></tr>
<tr><td rowspan="4">군(4개)</td><td>군 – Ⅰ</td><td>21</td></tr>
<tr><td>군 – Ⅱ</td><td>20</td></tr>
<tr><td>군 – Ⅲ</td><td>20</td></tr>
<tr><td>군 – Ⅳ</td><td>21</td></tr>
<tr><td rowspan="3">자치구(3개)</td><td>서울</td><td>25</td></tr>
<tr><td>광역 – Ⅰ</td><td>22</td></tr>
<tr><td>광역 – Ⅱ</td><td>22</td></tr>
<tr><td colspan="3">합계(13개)</td><td>243</td></tr>
</table>

자료: 행정안전부·한국지방세연구원(2023.6). 『2023년 지방자치단체 재정분석 편람』. 참조.

지방자치단체 유형화를 위한 분류 기준은 인구 변수 50%, 재정 변수 50%로 구성되어 있으며, 구체적 기준은 〈표 14-5〉와 같다.

**표 14-5** 지방재정분석 자치단체 유형분류 기준(2023년)

<table>
<tr><th>구분</th><th>분류 기준</th></tr>
<tr><td rowspan="4">인구(50%)</td><td>① 인구 규모(30%)</td></tr>
<tr><td>② 인구 증감률(8%)</td></tr>
<tr><td>③ 고령인구 비율(7%)</td></tr>
<tr><td>④ 조출생률(5%)</td></tr>
<tr><td rowspan="4">재정(50%)</td><td>⑤ 재정력 지수(30%)</td></tr>
<tr><td>⑥ 세출 규모(8%)</td></tr>
<tr><td>⑦ 사회복지비 비율(7%)</td></tr>
<tr><td>⑧ 자치단체 면적(5%)</td></tr>
</table>

자료: 행정안전부(2023.5). 『지방재정분석 검증 매뉴얼』.

## 제2절 재정위기단체 지정제도



### 1 재정위기단체 지정제도의 의의

재정위기단체 지정제도는 2011년 지방재정의 건전성을 확보하고, 지방재정 위기상황을 관리하기 위해 도입되었다. 행정안전부 장관은 재정분석 및 재정진단 결과 등을 토대로 재정 위험 수준이 심각하다고 판단되는 지방자치단체를 지방재정관리위원회[2]의 심의를 거쳐 '재정위기단체'로 지정할 수 있다. 재정위험 수준이 심각한 수준에 해당되지 아니하나 지방자치단체 재정의 건전성 또는 효율성 등이 현저하게 떨어졌다고 판단되는 지방자치단체는 '재정주의단체'로 지정할 수 있다. 그리고 지정된 재정위기단체와 재정주의단체의 지정 사유가 해소된 경우에는 지방재정관리위원회의 심의를 거쳐 그 지정을 해제할 수 있다.

재정위기단체로 지정된 단체는 재정 건전화 계획을 수립해야 한다는 점에서 재정진단제도를 보강한 의미를 갖는다. 재정위기단체 지정제도의 재정 건전화 계획은 재정진단제도의 그것보다 구속력이 더 크다. 다만, 재정위기단체 지정제도의 경우 해당 자치단체가 수립해 행안부와 지방의회의 승인을 받는 점이 특징이다.

### 2 재정위기단체와 재정주의단체의 지정 기준

행정안전부 장관은 재정위험 수준이 심각하다고 판단되는 지방자치단체를 지방재정관리위원회의 심의를 거쳐 '재정위기단체'로 지정할 수 있다. 지방재정법 시행령(제65조의3 ①항)에는 다음과 같이 기준을 제시하고 있다.

① 통합재정수지 적자 비율이 30%를 초과하는 지방자치단체
② 예산 대비 채무 비율이 40%를 초과하는 지방자치단체
③ 채무상환비 비율이 17%를 초과하는 지방자치단체
④ 지방세 징수율이 70% 미만인 지방자치단체
⑤ 금고 잔액 비율이 10% 미만인 지방자치단체

2) 지방재정관리위원회는 위원장・부위원장을 포함하여 15명 이내의 위원으로 구성하며, 위원장은 행정안전부 장관이 되고, 부위원장은 행정안전부 차관과 민간위원으로 한다. 임기는 2년이다.

⑥ 공기업 부채 비율이 600%를 초과하는 지방자치단체

행정안전부 장관은 재정위험 수준이 심각한 수준에 해당되지 않으나 지방자치단체 재정의 건전성 또는 효율성 등이 현저하게 떨어졌다고 판단되는 지방자치단체를 지방재정관리위원회의 심의를 거쳐 '재정주의단체'로 지정할 수 있다. 그 기준은 다음과 같다.

① 통합재정수지 적자 비율이 25%를 초과하고 30% 이하인 지방자치단체
② 예산 대비 채무비율이 25%를 초과하고 40% 이하인 지방자치단체
③ 채무상환비 비율이 12%를 초과하고 17% 이하인 지방자치단체
④ 지방세 징수율이 70% 이상 80% 미만인 지방자치단체
⑤ 금고 잔액 비율이 10% 이상 20% 미만인 지방자치단체
⑥ 공기업 부채 비율이 400%를 초과하고 600% 이하인 지방자치단체

표 14-6 재정위기단체 및 재정주의단체 지정 기준

| 분야 | 재정지표 | 재정주의단체 | 재정위기단체 |
|---|---|---|---|
| 재정수지 | 통합재정수지 적자 비율 | 25% 초과~30% 이하 | 30% 초과 |
| 채무관리 | 예산대비 채무 비율 | 25% 초과~40% 이하 | 40% 초과 |
| | 채무상환비 비율 | 12% 초과~17% 이하 | 17% 초과 |
| 세입관리 | 지방세 징수율 | 70% 이상~80% 미만 | 70% 미만 |
| 자금관리 | 금고 잔액 비율 | 10% 이상~20% 미만 | 10% 미만 |
| 공기업 | 공기업 부채 비율 | 400% 초과~600% 이하 | 600% 초과 |

자료: 국회예산정책처. 『2023 대한민국 지방재정』.

행정안전부 장관은 재정위기단체 또는 재정주의단체를 지정 또는 지정 해제하려는 경우 필요하면 서면분석, 현장조사 등을 할 수 있다.

## 3 재정위기단체의 의무

재정위기단체로 지정된 지방자치단체의 장은 지정된 날로부터 60일 이내에 재정건전화 계획을 수립해 행정안전부 장관의 승인을 받고 지방의회의 의결을 얻어야 한

다. 시 · 군 · 자치구의 장은 시 · 도지사를 경유해야 한다. 그리고 재정 건전화 계획의 이행 상황을 지방의회 및 행안부 장관에게 보고하고, 매년 2회 이상 주민에게 공개해야 한다. 지방재정이 국민의 이해 속에 투명하게 운영될 수 있도록 재정 건전화 계획 수립 및 이행 상황에 대해 지방자치단체의 홈페이지 또는 해당 지역 일간지에 주민에게 공개해야 하는 것이다.

행정안전부 장관은 재정위기단체의 재정 건전화 계획 수립 및 이행 상황에 대하여 필요한 사항을 권고하거나 지도할 수 있다. 재정주의단체에 대하여도 재정관리위원회의 심의를 거쳐 재정 건전화 계획의 수립 및 이행을 권고하거나 재정 건전화에 필요한 사항을 지도할 수 있다. 또한 재정 건전화 계획 이행 결과를 평가할 수 있으며, 필요한 경우 재정상 불이익을 부여할 수 있다. 재정위기단체의 재정 건전화 계획 수립 및 이행 결과가 현저히 부진하다고 판단하는 경우에는 교부세를 감액하거나 그 밖의 재정상의 불이익을 줄 수 있다.

재정 건전화 계획의 내용에는 조직개편, 채무상환, 세입의 증대, 신규사업의 제한과 그 밖에 행정안전부 장관이 정하는 사항이 포함되어야 한다. 세입 확충, 세출 절감, 채무상환, 지방공기업 경영합리화 등 재정활동 전반에 걸쳐 건전성과 효율성을 개선하는데 필요한 시책과 목표를 담은 계획과 추진 일정 등이 포함된다.

재정위기단체의 장이 예산을 편성할 때에는 재정 건전화 계획을 기초로 해야 한다. 재정 건전화 계획에 의하지 않고는 일정 규모 이상의 재정투자사업에 관한 예산을 편성할 수 없다.[3] 또한 재정 건전화 계획에 의하지 않고는 지방채의 발행, 채무의 보증, 일시차입, 채무부담행위를 할 수 없다.

## 4 긴급재정관리제도

### 1) 긴급재정관리제도의 의의 및 내용

2015년 12월 지방재정법 개정을 통해 재정위기단체 지정제도보다 더 강력한 긴급재정관리제도를 도입해 2016년 6월부터 시행하고 있다. 긴급재정관리제도는 지방자치단체 스스로 해결할 수 없는 예외적인 재정 위기 상황이 발생할 경우 주민 서비스

3) 시 · 도의 경우 총사업비 40억 원 이상, 시 · 군 및 자치구의 경우 20억 원 이상의 신규 투자사업이 여기에 해당한다.

의 중단 및 축소를 방지하기 위해 중앙정부와 지방정부가 협력해 재정 위기를 신속히 극복하기 위한 예방적 조치의 하나다.

행정안전부 장관은 지방자치단체가 자력으로 그 재정 위기 상황을 극복하기 어렵다고 판단되는 경우에는 지방자치단체장의 신청 또는 직권으로 해당 지방자치단체를 긴급재정관리단체로 지정할 수 있다. 이 경우 행안부 장관은 지방자치단체의 장과 지방의회의 의견을 미리 들어야 하며, 지방재정관리위원회의 심의를 거쳐야 한다. 행안부 장관은 시 · 도를 긴급재정관리단체로 지정한 경우에는 지정한 날부터 60일 이내에 국무회의에 보고해야 한다.

긴급재정관리단체로 지정할 수 있는 경우는 다음의 세 가지 경우다. 즉, ① 재정위기단체로 지정된 지방자치단체가 재정 건전화 계획을 3년 간 이행했음에도 불구하고 재정위기단체로 지정된 때부터 3년이 지난 날 또는 그 이후의 재정 위험 수준이 재정위기단체로 지정된 때보다 대통령령으로 정하는 수준[4] 이하로 악화된 경우, ② 소속 공무원의 인건비를 30일 이상 지급하지 못한 경우, ③ 상환일이 도래한 채무의 원금 또는 이자에 대한 상환을 60일 이상 이행하지 못한 경우다.

긴급재정관리단체의 장은 지정 사유가 해소된 경우에는 지방의회의 의견을 들은 후 행정안전부 장관에게 지정 해제를 신청할 수 있다. 행안부 장관은 긴급재정관리단체의 지정 사유가 해소된 경우 또는 지정 해제의 신청이 있는 경우에는 지방재정관리위원회의 심의를 거쳐 그 지정을 해제할 수 있다.

우리나라는 지방정부 재정파산제도가 도입되어 있지 않기 때문에 긴급재정관리제도는 재정파산제도에 상응하는 제도라고 볼 수 있다. 다만, 재정파산제도는 재정 건전화 계획과 같은 구조조정 계획이 제3의 법원에 의해 수립 및 집행되는 데 반해, 긴급재정관리제도의 경우 행안부 장관이 파견한 긴급재정관리인이 수행한다는 점이 다르다.

### 2) 긴급재정관리인과 긴급재정관리계획

행안부 장관은 긴급재정관리단체의 신속한 재정 위기 극복을 위해 지방재정관리위원회 심의를 거쳐 국가공무원 또는 관계 전문가를 긴급재정관리인으로 파견한다. 긴급재정관리인은 긴급재정관리계획안의 작성 및 검토, 긴급재정관리계획의 이행 상황에 대한 점검 및 보고 · 자료제출 요구, 그 밖에 긴급재정관리단체의 재정 위기 극

4) 지방재정법 시행령 제69조 제1항에 기준이 제시되어 있다.

복을 위하여 필요한 업무를 수행한다. 긴급재정관리단체의 장은 긴급재정관리인의 직무활동에 필요한 사항을 지원한다. 긴급재정관리인의 파견기간은 파견된 날부터 1년으로 하되, 긴급재정관리계획의 이행기간 및 이행 상황 등을 고려하여 연장할 수 있다.

긴급재정관리단체의 장은 긴급재정관리계획을 작성해 긴급재정관리인의 검토와 지방의회 의결을 거쳐 행정안전부 장관의 승인을 받는다. 다만, 직접 긴급재정관리계획안을 작성하는 것이 적절하지 아니한 경우에는 긴급재정관리인으로 하여금 긴급재정관리계획안을 작성하게 해야 한다.

긴급재정관리계획안에는 긴급재정관리단체의 채무 상환·감축 계획, 경상비 및 사업비 등의 세출 구조 조정 계획, 수입 증대 계획 등을 포함한다. 긴급재정관리계획에 포함되지 않은 지방채 발행, 일시차입, 채무보증행위는 할 수 없게 된다. 또한 긴급재정관리계획에 의하지 않은 일정 규모 이상의 재정투자사업은 불가능하다.

긴급재정관리단체는 행정안전부가 승인한 긴급재정관리계획에 따라 예산안 또는 추가경정예산안을 편성해 지방의회에 제출하고, 예산안 또는 추가경정예산안이 긴급재정관리계획에 적합한지 여부에 대해 긴급재정관리인의 검토를 받는다.

긴급재정관리단체의 장은 긴급재정관리계획을 성실히 이행해야 하며, 행정안전부 장관은 이행 상황을 점검하고 평가를 실시한 후 필요한 권고를 할 수 있다. 관리계획 이행 상황의 평가 결과를 연 2회 이상 주민에게 공개하고, 관리계획 이행 부진 시 재정상 불이익을 받는다. 중앙정부는 긴급재정관리계획의 원활한 추진을 위해 행정적·재정적 지원을 할 수 있고, 다른 지방자치단체도 공무원 파견 등 필요한 사항을 지원할 수 있다.

CHAPTER

# 15 지방정부 회계제도

## 제1절 지방정부 회계 체계

### 1 지방정부 복식부기 · 발생주의 회계제도의 도입 과정

지방정부 복식부기 · 발생주의 회계제도는 2007년 공식적으로 도입되었다. 그 준비 과정을 보면 1999년 2월 행정안전부는 지방자치단체 복식부기 회계제도 도입 추진계획을 수립해 발표했다. 이후 행안부는 복식부기 회계제도 도입과 관련해 경실련, 기획예산처, 재경부 등과 협의를 거친 후 회계기준 및 전산 시스템 개발 용역을 수행했다.

연구 용역 결과 2001년 3월에 지방정부 회계기준(시안)을 마련하고 LADI(Local government Accrual accounting & Double-entry Information system)를 개발해 경기도 부천시와 서울시 강남구에 시범사업으로 실시했다. 이후 2004년 54개 지방정부, 2005년 150개 지방정부로 시범 적용이 확대되었다.

제도적으로는 2003년 지방자치단체회계기준심의위원회를 구성하고, 지방분권특별법(2004.1, 공포) 및 지방재정법(2005.8, 공포)에 복식부기 회계제도 도입 규정을 명시했다. 2006년 행정안전부령으로 지방자치단체 회계기준 규칙을 공포하고, 2007년 1월 1일부터 공식적으로 시행되었다.



## 2 회계제도의 유형과 지방정부 회계제도

정부회계제도는 기장 방식(단식부기/복식부기)과 인식 기준(현금주의/발생주의)에 따라 〈표 15-1〉과 같은 네 가지 유형으로 구분된다.

표 15-1 회계제도의 유형

| 인식 기준 / 기장 방식 | 현금주의 | 발생주의 |
|---|---|---|
| 단식부기 | Ⅰ | Ⅱ |
| 복식부기 | Ⅲ | Ⅳ |

Ⅰ유형은 가계부와 과거 정부회계에서 볼 수 있는 유형이고, Ⅳ 유형은 기업회계에서 사용하고 있는 유형이다. 반면에 Ⅱ 유형과 Ⅲ 유형은 절충적 형태다. 현금주의 기준에 의한 복식부기 제도(Ⅲ 유형)는 현금 기준 재무상태 변동표, 금융기관 재무제표 일부에서 보듯이 현실적으로 운용이 가능하다. 그러나 발생주의 기준에 의한 단식부기 제도(Ⅱ 유형)는 실제적 운용이 불가능하다. 단식부기에서는 자산, 부채, 자본을 별도로 인식하지 않으므로 발생주의에 의한 단식부기로는 기상이 불가능하기 때문이다.

### 1) 기장 방식에 의한 구분: 단식부기와 복식부기

단식부기(single-entry bookkeeping)는 현금의 입금 및 출금과 같이 단일 항목의 증감을 중심으로 기록하는 방식이다. 현금의 증감 발생 시에 회계 처리를 하는 현금주의에 주로 채택한다. 단식부기에서는 자산이나 부채를 하나의 회계 시스템에서 처리하지 않고 별도의 비망 기록을 통해 관리하게 된다.

복식부기(double-entry bookkeeping)는 거래의 이중성을 회계 처리에 반영해 차변과 대변에 이중 기록하는 방식이다. 자산, 부채, 자본을 인식해 거래의 이중성에 따라 차변과 대변을 계상하고 그 결과 차변의 합계와 대변의 합계가 일치하는 대차 평균의 원리에 따라 자기 검증 기능을 갖는다. 경제 활동의 발생 시에 이를 기록하는 발생주의에서 주로 채택한다.

복식부기는 단식부기의 단점을 보완하기 위해 만들어진 발전적인 회계제도다. 따라서 복식부기는 단식부기보다 더 우월한 제도다.

### 2) 인식 기준에 의한 구분: 현금주의와 발생주의

현금주의와 발생주의는 거래에 대해 인식하는 시점에 의해 구분하는 회계기준이다. 현금주의(cash basis)는 현금을 수취하거나 지급한 시점에 거래를 인식하는 방식이다. 현금을 수취했을 때 수입 또는 수익으로 인식하고, 현금을 지불했을 때 지출 또는 비용으로 인식한다. 현재 예산회계에서는 현금주의에 의해 현금의 유입이 세입으로 기록되고 현금의 유출이 세출로 기록된다. 현금주의에서는 자산이나 부채에 대한 정보는 별도의 기록을 통해 관리하게 된다.

발생주의(accrual basis)는 현금의 수취 및 지불과는 관계없이 거래가 발생된 시점에 거래를 인식하는 방식이다. 실질적으로 수입 또는 수익이 획득되거나 지출 또는 비용이 발생한 시점을 기준으로 한다. 따라서 미지급 비용과 미수수익은 현금주의에서는 인식되지 않는데 반해 발생주의에서는 부채와 자산으로 인식된다. 또한 감가상각과 대손상각은 현금주의에서는 인식되지 않으며, 발생주의에서는 비용으로 인식된다.

그런데 인식 기준에 의한 구분은 현금주의와 발생주의라는 두 가지 기준만이 있는 것은 아니다. 오히려 순수한 현금주의와 완전 발생주의 기준을 양 극단으로 한 연속선상에 여러 기준이 있는 것으로 보는 것이 타당하다. 국제회계연맹(International Federation of Accounting: IFAC)의 공공부문위원회(Public Sector Committee, 1991: 13-16)는 현금주의 기준, 수정 현금주의 기준, 수정 발생주의 기준, 발생주의 기준으로 구분하고 있다. 회계정보 측면에서 발생주의 기준이 현금주의 기준보다 훨씬 유용한 정보를 제공하지만 조직의 특성 또는 제도 도입의 제약 조건을 고려해 수정발생주의 기준을 채택할 수 있다.

### 3) 지방정부 회계제도

지방정부에는 2007년 복식부기 · 발생주의 회계가 도입되었다. 그동안 단식부기 ·

현금주의 회계(Ⅰ유형)를 적용하던 지방정부 회계에 복식부기·발생주의 회계(Ⅳ 유형)가 도입된 것이다. 엄밀하게는 일반회계, 기타 특별회계, 기금에 복식부기·발생주의 회계를 도입한 것이며, 지방공기업특별회계는 이미 복식부기·발생주의 회계가 도입되어 있었다.

그런데 복식부기·발생주의 회계가 도입되었다고 해서 기존 현금주의 회계가 완전히 폐지된 것은 아니다. 기존 현금주의 기준에 의한 회계 처리 및 결산과 발생주의 기준에 의한 회계가 공존하는 이원적 시스템으로 운영되고 있다. 지방정부 회계에서는 전자를 '예산회계', 후자를 '재무회계'라고 부른다.[1]



표 15-2 재무회계와 예산회계의 이원적 시스템

| 구분 | 예산회계 | 재무회계 |
|---|---|---|
| 회계 방식 | 단식부기·현금주의 | 복식부기·발생주의 |
| 의의 | 예산의 집행 실적 기록<br>(사업예산제도) | 재정 상태(자산과 부채), 재정 운영 결과(수익과 비용) 보고 |
| 결산보고서 | 세입세출결산시, 국가채무계산서 등 | 재무제표(재정상태표, 재정운영표, 순자산변동표) 등 |
| 보고 형식 | 회계 단위별 분리 보고 | 회계 단위 간 연계와 통합 보고 |
| 가치 지향 | 행정 내부조직 중심<br>– 예산 집행 통제, 법규 준수 | 주민의 삶의 질 향상<br>– 투명한 공개, 효율적 집행 |
| 자기검증 기능 | 없음 | 대차평균 원리에 의한 회계 오류의 자동 검증 |

## 3 정부회계상의 거래와 회계 과목

### 1) 정부회계상 거래의 의미와 종류

정부회계에서의 거래(transaction)란 "정부의 자산·부채·순자산과 수익·비용의 증감 변화를 일으키는 모든 경제적 사건"으로 정의된다. 회계 처리 측면에서 보면 예산회계에는 거래 개념이 없고, 재무회계에만 거래가 존재한다.

재무회계인 복식부기 회계의 거래는 예산과의 관련 여부 등을 기준으로 예산 거래와 예산외 거래로 구분된다. 예산 거래는 다시 수입 거래와 지출 거래로 구분한다.

1) 기업회계에서는 재무회계에 대응하는 개념으로 관리회계를 지칭하는데 반해, 지방자치단체회계에서는 재무회계와 예산회계를 대응 개념으로 보고 있는 점을 유의할 필요가 있다.

수입 거래는 세입예산으로 편성된 항목의 거래이며, 거래의 인식 및 회계 처리 시점은 세입행위 시다. 세입행위란 징수 결정, 감액, 수납, 과오납 환부 및 결손처분 등을 말한다. 지출 거래는 세출예산으로 편성된 항목의 거래이며, 거래의 인식 및 회계 처리 시점은 지출행위 시다. 지출행위란 검수·검사, 지급명령 등을 말한다.

예산외 거래는 세입·세출 예산으로 편성되지는 않으나 회계적 관점에서 회계 처리가 요구되는 항목에 대한 거래를 말한다. 예산외 거래는 결산보정 거래와 기타 예산외 거래로 구분할 수 있다. 결산보정 거래는 재무제표 확정을 위해 결산 시점에서 회계 처리되는 거래다. 감가상각, 대손충당금 설정, 지방채 만기 재분류, 수익·비용 항목 정리 등이 여기에 해당한다. 기타 예산외 거래는 예산외 거래 중 결산보정 거래를 제외한 거래를 말한다. 예산회계의 세입·세출과 관련이 없는 현금의 유출입 거래인 세입세출외 현금과 기부채납 또는 교환 등과 같이 거래 발생 시점에 회계 처리되는 거래 등이 여기에 해당한다.

표 15-3 정부회계상 거래의 종류

| 구분 | | 비고 |
|---|---|---|
| 예산 거래 | 수입 거래 | – 세입예산 편성 항목의 거래<br>– 징수 결정, 감액, 수납, 과오납 환부 및 결손 처분 시 거래 인식 |
| | 지출 거래 | – 세출예산 편성 항목의 거래<br>– 검수·검사, 지급명령 시 거래 인식 |
| 예산외 거래 | 결산보정 거래 | – 재무제표 확정을 위해 결산 시점에 회계 처리되는 거래<br>– 감가상각·대손충당금 설정, 지방채 만기 재분류, 수익·비용 항목 정리 등 |
| | 기타 예산외 거래 | – 예산외 거래 중 결산보정 거래를 제외한 거래<br>– 세입세출외 현금과 기부채납 등 |

그런데 단식부기·현금주의회계에는 거래라는 개념이 별도로 존재하지는 않는다. 회계상 거래와 가장 유사하게 이해될 수 있는 것이 예산의 집행이다. 예산의 집행과 회계상 거래는 인식 대상에서 차이가 존재한다. 세출의 경우 예산의 집행은 지출원인행위, 검수 및 검사, 지출이라는 과정을 순차적으로 거친다. 복식부기 회계에서 지출원인행위는 지방자치단체의 자산, 부채 및 순자산이 실제로 변화하는 것이 아닌 단순히 지출을 예정하는 행위로 보아 거래로 인정하지 않는다. 검수 및 검사와 같은

지급 의무의 확정과 지출(지급명령)은 각각 거래로 본다.

### 2) 거래의 결합 관계

회계상 거래는 거래의 8요소로 구성되어 있다. 이들 거래의 요소는 서로 결합해 2개 이상의 대립된 형태로 나타난다. 복식부기에서는 어떠한 거래가 발생하더라도 차변과 대변 양쪽에 동일한 금액으로 이중 기입(double entry)된다. 거래 요소의 결합 관계를 보면 [그림 15-1]과 같다.

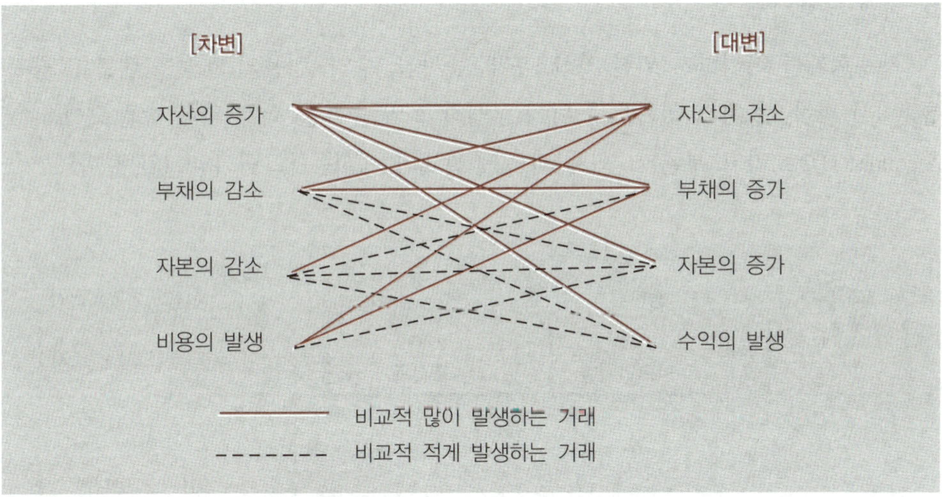


그림 15-1 거래 요소의 결합 관계표

표 15-4 수입거래(재산세)의 회계 처리 예시

| 예산 과목(수입거래) | | 회계 처리 유형명 | | 차변 | 대변 |
|---|---|---|---|---|---|
| 11104 | 재산세 | 101 | 징수 결정(부과고지) | 미수재산세 | 재산세수익 |
| | | 102 | 감액(부과 취소) | 재산세수익 | 미수재산세 |
| | | 105 | 정상 수납 | 현금과 현금성 자산 | 미수재산세 |
| | | 106 | 결손처분 | 미수재산세 대손충당금 | 미수재산세 |
| | | 107 | 과오납 환부 | 미수재산세 | 현금과 현금성 자산 |
| | | 114 | 결손 취소 | 미수재산세 | 미수재산세 대손충당금 |

수입거래인 재산세의 징수 결정에서 정상 수납까지의 회계 처리 방식을 보면 〈표 15-4〉와 같다.

### 3) 회계 과목

재무회계에서의 회계 과목이란, 자산 · 부채 · 순자산 · 수익 · 비용의 발생을 종류별 및 성질별로 원장(Ledger)에 기록 · 계산하기 위해 설정된 단위의 명칭이다. 회계 과목은 한 개 또는 여러 개의 관리 과목으로 구성되는 구조를 갖고 있다. 일반적으로 재무제표에 보고용으로 나타나는 과목이 회계 과목이며, 원장에 나타나는 세부 과목은 관리 과목이다.

재무회계를 처리하기 위한 자산, 부채, 순자산, 수익, 비용의 계정을 대분류, 중분류, 회계 과목 및 관리 과목으로 나눠 구성하고 있는 표를 회계 과목 총괄표(Chart of Accounts: C.O.A)라고 부른다. 회계 과목 총괄표의 예시는 [그림 15-2]와 같다.

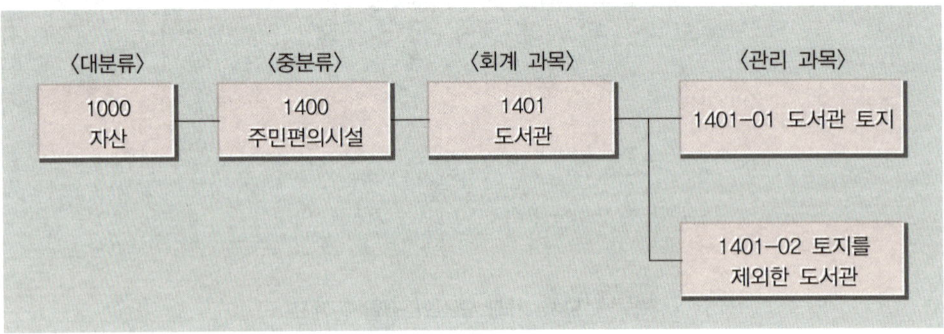


그림 15-2 재무회계에서의 회계 과목 총괄표 예시

## 4 회계실체와 보고실체

### 1) 회계실체

회계실체(accounting entity)란 재무제표를 작성하는 단위를 지칭한다. 지방자치단체 회계기준 규칙(제3조)은 회계실체를 개별 회계실체, 유형별 회계실체, 통합 회계실체로 구분한다.

개별 회계실체는 일반회계, 개별적인 특별회계와 기금으로서 재무제표를 작성하는 최소 단위를 말한다. 유형별 회계실체는 지방자치단체의 회계구분에 따라 일반회계, 기타 특별회계, 기금회계 및 지방공기업특별회계[2]로 구분한다. 그런데 그 활동의 성격에 따라 행정형 회계실체와 사업형 회계실체로 구분할 수 있다. 행정형 회계실체는 지방자치단체의 일반적이고 고유한 행정 활동을 수행하는 회계실체를 말한다. 사업형 회계실체는 개별적 보상 관계가 적용되는 기업적인 활동을 주된 목적으로 하는 회계실체를 말한다. 아직 우리나라는 회계실체를 행정형과 사업형으로 구분하고 있지 않지만 일반적 행정 활동과 기업적 활동을 구분함으로써 유용한 정책정보를 얻을 수 있을 것이다. 통합 회계실체는 유형별 회계실체의 재무제표를 모두 통합해 재무제표를 작성하는 단위로서 지방자치단체를 말한다.



#### 2) 보고실체

보고실체(reporting entity)란 재무제표를 작성하는 주체를 말한다. 독립적인 예산권한을 가지고 경제적 자원의 사용 및 통제에 대한 책임과 권한을 소유하면서, 회계처리 결과에 따른 재정보고서를 독립적으로 작성해 공표하는 단위를 말한다.

현재 보고실체는 지방자치법상의 개별 지방자치단체다. 즉, 개별 시・도 및 시・군・자치구가 보고실체다. 지방공단과 지방공사와 같은 지방공기업은 지자체의 공공서비스를 대행하는 기관이기는 하나 별도의 독립된 기관으로, 보고실체에 포함되지 않는다.

## 5 지방자치단체 회계기준

정부회계 기준은 정부조직이 회계 처리 및 회계보고서를 작성할 때 지켜야 할 기준을 말한다. 지방정부의 회계 처리 기준은 행정안전부령인 '지방자치단체 회계기준에 관한 규칙'이 제정되어 있다. 이것은 2016년 제정된 지방회계법에 근거한다. 지방회계법(제12조)에는 "지방재정 활동에 따라 발생하는 경제적 거래 등을 발생사실에 따라 복식부기 방식으로 회계 처리하는 데에 필요한 기준(지방회계기준)은 행정안전부 장관이 기획재정부 장관과 협의하여 행정안전부령으로 정한다. 지방회계기준은 지방자치단체의 회계업무가 적정하게 처리되도록 하고, 지방자치단체의 재정상태 및 재정 운용

2) 지방공기업특별회계는 지방공기업법에서 따로 정한 경우 이 기준을 적용하지 않는다.

의 내용을 객관적이고 통일적이며 명백하게 나타낼 수 있도록 정해야 한다"고 규정하고 있다.

지방자치단체 회계기준에 규정이 없는 경우 '일반적으로 인정된 회계 원칙(GAAP)'과 일반적으로 공정하며 타당하다고 인정되는 회계관습에 따른다. 일반적으로 인정된 회계 원칙(generally accepted accounting principles: GAAP)이란 일반적으로 많은 사람에 의해 인정되고 권위 있는 전문가에 의해 보정되는 회계기준을 말한다.

행정안전부령인 '지방자치단체 회계기준에 관한 규칙'에는 〈표 15-5〉와 같은 내용이 포함되어 있다.

**표 15-5 지방자치단체 회계기준의 구성(총 8장, 본문 61개조, 부칙으로 구성)**

| 조문 | 주요 내용 |
|---|---|
| 제1장 총칙<br>(제1조~제6조) | • 회계기준 제정 목적, 적용 대상, 용어의 정의, 재무보고의 목적과 일반 원칙, 유형별 회계실체의 구분 |
| 제2장 재무제표<br>(제8조~제9조) | • 재무제표의 구성, 재무제표의 작성 원칙 |
| 제3장 재정상태표<br>(제10조~제25조) | • 재정상태표의 의미와 구성<br>• 자산, 부채, 순자산의 정의와 인식 기준<br>• 재정상태표의 작성 기준<br>• 자산, 부채, 순자산의 분류 |
| 제4장 재정운영표<br>(제26조~제30조) | • 재정운영표의 의미와 구성<br>• 수익과 비용의 정의 및 인식 기준, 분류<br>• 원가 계산 |
| 제5장 현금흐름표<br>(제35조~제37조) | • 현금흐름표의 의미와 구성<br>• 현금흐름표의 작성 기준 |
| 제6장 순자산변동표<br>(제38조~제39조) | • 순자산변동표의 의미와 구성<br>• 순자산의 증가와 감소 |
| 제7장 주석, 필수보충정보 및 부속명세서<br>(제41조~제44조) | • 주석, 필수보충정보 및 부속명세서의 의미와 내용<br>• 필수보충정보 및 부속명세서의 작성지침 |
| 제8장 자산 및 부채의 평가<br>(제45조~제61조) | • 자산과 부채의 평가 기준 및 각 항목의 평가 방법<br>• 우발 상황, 회계변경과 오류수정, 재정상태표 보고일 이후 발생한 사건 |
| 부칙 | • 시행일, 경과 조치 등 |

주: 삭제된 조항은 규정이 폐지된 것임.

# 제2절 재무제표

## 1 지방정부 결산서의 구성 체계

지방자치단체의 장은 한 회계연도의 결산이 끝나면 일반회계·특별회계 및 기금을 통합한 결산서를 작성해 다음 회계연도 지방의회에 결산 승인을 요청하고, 지방의회에서는 결산 심의가 이뤄진다.3) 결산서를 지방의회에 제출할 때에는 지방의회가 선임한 결산검사위원의 검사의견서를 첨부한다. 지방자치단체의 장은 지방의회에 결산 승인을 요청한 날부터 5일 이내에 결산서를 행정안전부 장관에게 제출해야 한다. 결산서는 검사의견서를 첨부하여 다음 회계연도 5월 31일까지 지방의회에 제출한다.

결산서의 구성 항목은 다음과 같은 네 가지 항목이다(지방회계법 제15조). ① 결산 개요, ② 세입·세출 결산, ③ 재무제표(주석 포함): 재정상태표·재정운영표·순자산변동표, ④ 성과보고서이다. 결산서의 내용을 보면 예산회계의 세입·세출 결산, 재무회계의 재무제표, 성과계획서의 결산 자료인 성과보고서로 구성되어 있음을 알 수 있다.4)

결산 개요는 예산의 집행 결과, 재정의 운영내용과 재무상태를 분명하게 파악할 수 있도록 요약하고 주민이 쉽게 이해할 수 있도록 작성한다.

세입·세출 결산은 세입·세출 예산 또는 기금운용계획과 같은 구분에 따라 그 집행 결과를 종합하여 작성한다. 세입에는 세입예산액, 이체 등 증감액, 세입예산 현액, 징수결정액, 수납액, 불납결손액, 미수납액, 세출에는 세출예산액, 전년도 이월액, 예비비 사용액, 전용 등 증감액, 수입대체경비의 초과 지출액, 세출예산 현액, 지출액, 다음 연도 이월액, 집행잔액이 포함된다.

재무제표는 지방회계기준에 따라 작성하고, 공인회계사의 검토의견을 첨부한다. 공인회계사의 검토의견에는 검토의 대상과 기준, 재무제표의 적정성 등이 포함된다.

성과보고서는 성과계획서에서 정한 성과 목표와 실적을 대비해 작성하고, 사업원

---

3) 지방자치단체의 출납은 회계연도가 끝나는 날 폐쇄한다. 다만, 해당 회계연도의 예산에 포함된 경우에는 다음 회계연도 1월 20일까지 수입 또는 지출 처리를 할 수 있다. 해당 회계연도에 속하는 세입·세출의 출납에 관한 사무는 다음 회계연도 2월 10일까지 마쳐야 한다.

4) 2014년부터 지방정부의 결산서 및 재무제표의 용어와 체계가 국가회계와 일치되었다.

가와 성과를 연계할 수 있도록 한다.

그리고 결산서의 첨부 서류를 다음과 같이 규정하고 있다(지방회계법 제17조). 즉, ① 계속비 결산명세서, ② 수입대체경비 사용명세서, ③ 이월명세서 및 명시이월비 집행명세서, ④ 성인지 결산서, ⑤ 지방세지출보고서(실적 기준), ⑥ 국고보조금 또는 시·도보조금의 반납명세서, ⑦ 지역통합 재정통계 보고서(결산액 기준), ⑧ 지방채 발행 보고서, ⑨ 지방공기업에 대한 출자·출연 보고서, ⑩ 지방자치단체 출자·출연 기관에 대한 출자·출연 보고서, ⑪ 공유재산 및 물품 관련 보고서, ⑫ 그 밖에 대통령령으로 정하는 서류 등이다. 이들 첨부 서류는 현금주의 기준에 의한 결산 자료들이다.

재무제표의 첨부 서류는 ① 성질별 재정운영보고서, ② 유형자산명세서, ③ 감가상각명세서, ④ 채무관리보고서, ⑤ 채권현재액보고서, ⑥ 그 밖에 행정안전부 장관이 정하는 서류 등이다(지방회계법 제17조 제2항, 지방회계법 시행령 제14조 제2항).

표 15-6 지방정부 결산서의 구성 체계

| 결산서 | 결산서 첨부 서류 | 재무제표 | 재무제표 첨부 서류 |
|---|---|---|---|
| ① 결산 개요 | ① 계속비 결산명세서 | ① 재정상태표 | ① 성질별 재정운영보고서 |
| ② 세입·세출 결산 | ② 수입대체경비 사용명세서 | ② 재정운영표 | ② 유형자산명세서 |
| ③ 재무제표 | ③ 이월명세서 및 명시이월비 집행명세서 | ③ 순자산변동표 | ③ 감가상각명세서 |
| ④ 성과보고서 | ④ 성인지 결산서 | ④ 현금흐름표* | ④ 채무관리보고서 |
| | ⑤ 지방세지출보고서(실적 기준) | ⑤ 주석 | ⑤ 채권현재액보고서 |
| | ⑥ 국고보조금 또는 시·도보조금의 반납명세서 | ⑥ 필수보충정보 | ⑥ 기타 행안부 장관이 정하는 서류 |
| | ⑦ 지역통합 재정통계 보고서(결산액 기준) | ⑦ 부속명세서 | |
| | ⑧ 지방채 발행 보고서 | | |
| | ⑨ 지방공기업에 대한 출자·출연 보고서 | | |
| | ⑩ 지방자치단체 출자·출연기관에 대한 출자·출연 보고서 | | |
| | ⑪ 공유재산 및 물품 관련 보고서 | | |
| | ⑫ 기타 대통령령으로 정하는 서류 | | |

주*: 재무제표의 현금흐름표는 현재 유예 상태임.

## 2 재무제표의 의의와 작성 원칙

### 1) 재무제표의 의의

재무제표(financial statements)는 지방자치단체의 재정 상황을 표시하는 중요한 요소로서 재무회계에 의해 작성된 결산서다. 재무제표는 보고실체인 지방자치단체의 거래를 측정 · 기록 · 분류 · 요약해 작성되는 회계보고서다. 기능적 측면에서 보면 재무제표는 주민과 지방의원, 그리고 이해관계자에게 해당 지방정부의 재정정보를 제공하는 핵심적인 수단 역할을 한다.

재무제표는 재정상태표, 재정운영표, 순자산변동표, 현금흐름표, 주석, 필수보충정보 및 부속명세서로 구성된다.[5] 2014년부터 국가회계의 재무제표와 명칭을 일치시켰다. 지방자치단체의 핵심 재무제표는 재정상태표, 재정운영표, 순자산변동표의 세 가지 표다. 이 중 재정운영표는 기능별 재정운영표이며, 성질별 재정운영표는 재무제표 첨부 서류에 포함된다.

### 2) 재무제표의 작성 원칙

지방자치단체 회계기준(제9조)에는 재무제표의 작성 원칙에 대해 명기하고 있다. 재무제표 작성 방식은 개별 회계실체, 유형별 회계실체, 통합 회계실체의 회계실체 유형에 따라 다르다.

첫째, 통합 회계실체인 지방자치단체의 재무제표는 일반회계 · 기타 특별회계 · 기금회계 및 지방공기업특별회계의 유형별 재무제표를 통합해 작성한다. 이 경우 내부거래는 상계하고 작성한다.

둘째, 유형별 회계실체의 재무제표를 작성할 때에는 해당 유형에 속한 개별 회계실체의 재무제표를 합산해 작성한다. 이 경우 유형별 회계실체 안에서의 내부거래는 상계하고 작성한다.

셋째, 개별 회계실체의 재무제표를 작성할 때에는 지방자치단체 안의 다른 개별 회계실체와의 내부거래를 상계하지 않는다. 이 경우 내부거래는 해당 지방자치단체에 속하지 않는 다른 회계실체 등과의 거래와 동일한 방식으로 회계 처리한다.

넷째, 재무제표는 당해 회계연도분과 직전 회계연도분을 비교하는 형식으로 작성

---

5) 현금흐름표는 재무제표의 구성 요소이지만 현재 작성되지 않고 유예 상태에 있다.

된다. 이 경우 비교식으로 작성되는 양 회계연도의 재무제표는 계속성의 원칙에 따라 작성되어야 하며 회계정책상의 변화 등 회계 변경이 발생한 경우에는 그 내용을 주석(註釋)으로 공시해야 한다.

다섯째, 출납 폐쇄기한 내의 세입금 수납과 세출금 지출은 당해 회계연도의 거래로 처리한다.

## 3 재정상태표

### 1) 재정상태표의 의의와 구조

재정상태표(statement of financial position)는 특정 시점(t)에서의 회계실체의 재정상태를 나타내는 표로서 자산, 부채, 순자산으로 구성된다. 재정상태표의 작성 기준일은 해당 회계연도의 말일인 12월 31일이다. 따라서 재정상태표는 특정 시점에서 저량(貯量, stock) 개념인 자산과 부채의 내역 및 상호 관계를 체계적으로 나타내는 표로서 지방자치단체의 실질적인 공공 서비스 공급 능력을 보여주는 데 목적이 있다.

재정상태표의 구조는 차변에 자산, 대변에 부채와 순자산이 기록되며, "자산 = 부채 + 순자산"의 회계 등식으로 표시된다.

표 15-7 재정상태표의 구조

| 차변 | 대변 |
|---|---|
| 자산 | 부채 |
| | 순자산 |

자산(asset)은 과거의 거래나 사건의 결과로 현재 회계실체가 소유(실질적으로 소유하는 경우 포함) 또는 통제하고 있는 자원으로서 미래에 공공 서비스를 제공할 수 있거나 직접적 또는 간접적으로 경제적 효익을 창출하거나 창출에 기여할 가능성이 매우 높은 자원을 말한다. 자산은 그 가액을 신뢰성 있게 측정할 수 있을 때에 인식한다. 문화재, 예술작품, 역사적 문건 및 자연자원은 자산으로 인식하지 않고 필수보충정보의 관리책임자산으로 보고한다.

재정상태표에 기록하는 자산의 가액은 해당 자산의 취득원가를 기초로 하여 계상

함을 원칙으로 한다. 다만, 교환, 기부채납, 그 밖에 무상으로 취득한 자산의 가액은 공정가액을 취득원가로 한다. 회계 간의 재산 이관이나 물품 소관의 전환으로 취득한 자산의 가액은 직전(直前) 회계실체의 장부가액을 취득원가로 한다.

부채(liability)는 과거 사건의 결과로 회계실체가 부담하는 의무로서 그 이행을 위해 미래에 자원의 유출이 예상되는 현재 시점의 의무를 말한다. 부채는 회계실체가 부담하는 현재의 의무를 이행하기 위해 경제적 효익이 유출될 것이 거의 확실하고 그 금액을 신뢰성 있게 측정할 수 있을 때에 인식한다. 부채의 가액은 회계실체가 지급 의무를 지는 채무액을 말하며, 채무액은 만기 상환가액으로 함을 원칙으로 한다. 지방채증권은 발행가액으로 평가하되, 발행가액은 지방채증권 발행 수수료 및 발행과 관련해 직접 발생한 비용을 뺀 후의 가액으로 한다.

순자산(net asset)은 회계실체의 지산에서 부채를 뺀 나머지 금액을 말한다. 기업회계에서는 순자산 대신 자본이 표시된다는 점에서 다르다. 정부회계의 순자산은 공공서비스 제공에 따른 비용과 편익의 관점에서 장래 세대가 받게 되는 순편익(net benefit)에 해당한다.



### 2) 재정상태표의 작성 기준

첫쌔, 자신과 부체는 유동성 배열법에 따르다. 즉, 유동성이 높은 항목부터 배열하는 것을 원칙으로 한다. 유동성이란 현금으로 전환되기 쉬운 정도를 말한다. 유동성 배열법은 현금으로의 전환 가능성을 기준으로 유동 항목으로부터 고정 항목의 순으로 배열하는 방식이다. 이것은 정부의 자산 유동성 정도에 대한 정보를 제공하기 위한 것이다.

둘째, 자산과 부채는 총액에 따라 적는 것을 원칙으로 한다. 자산의 항목과 부채 또는 순자산의 항목을 상계함으로써 그 전부 또는 일부를 재정상태표에서 제외해서는 안 된다.

셋째, 가지급금이나 가수금 등의 미결산 항목은 그 내용을 나타내는 적절한 과목으로 표시하고, 비망계정(備忘計定)은 재정상태표의 자산 또는 부채 항목으로 표시하지 않는다. 비망계정이란 어떤 경제 활동의 발생을 기억하기 위해 기록하는 계정을 말한다

넷째, 재정상태표를 표시하는 서식은 계정식과 보고식이 있다. 계정식(account form)은 차변에 자산, 대변에 부채와 순자산을 배열하는 계정 형식이다. 보고식(report form)은 자산, 부채, 순자산의 순서로 연속 표시하는 방식이다. 정부회계는 보고식 형식을 택하고 있다.

### 3) 재정상태표 구성 요소(자산 · 부채 · 순자산)의 유형

#### (1) 자산의 분류

자산은 ① 유동자산, ② 투자자산, ③ 일반유형자산, ④ 주민편의시설, ⑤ 사회기반시설, ⑥ 기타 비유동자산으로 분류한다.

유동자산은 회계연도 종료 후 1년 내에 현금화가 가능하거나 실현될 것으로 예상되는 자산으로서 현금 및 현금성 자산, 단기 금융상품, 미수세금, 미수세외수입금 등을 말한다.

투자자산은 회계실체가 투자하거나 권리 행사 등의 목적으로 보유하고 있는 비유동자산으로서 장기 금융상품, 장기 융자금, 장기 투자증권 등을 말한다.

일반유형자산은 공공 서비스의 제공을 위해 1년 이상 반복적 또는 계속적으로 사용되는 자산으로서 토지, 건물, 입목 등을 말한다.

주민편의시설은 주민의 편의를 위해 1년 이상 반복적 또는 계속적으로 사용되는 자산으로서 도서관, 주차장, 공원, 박물관 및 미술관 등을 말한다.

사회기반시설은 초기에 대규모 투자가 필요하고 파급 효과가 장기간에 걸쳐 나타나는 지역사회의 기반적인 자산으로서 도로, 도시철도, 상수도시설, 수질정화시설, 하천부속시설 등을 말한다.

기타 비유동자산은 유동자산, 투자자산, 일반유형자산, 주민편의시설, 사회기반시설에 속하지 아니하는 자산으로서 보증금, 무형자산 등을 말한다.

#### (2) 부채의 분류

부채는 ① 유동부채, ② 장기차입부채, ③ 기타 비유동부채로 분류한다.

유동부채는 회계연도 종료 후 1년 이내에 상환되어야 하는 부채로서 단기차입금, 유동성 장기차입부채 등을 말한다.

장기차입부채는 회계연도 종료 후 1년 이후에 만기가 되는 차입부채로서 장기차입금, 지방채증권 등을 말한다.

기타 비유동부채는 유동부채와 장기차입부채에 속하지 않는 부채로서 퇴직급여충당부채, 장기예수보증금, 장기선수수익 등을 말한다. 장기선수수익이란 대가의 수익은 이루어졌으나 수익의 귀속시기가 차기 이후인 수익을 말한다.

### (3) 순자산의 분류

순자산은 지방자치단체의 기능과 용도를 기준으로 ① 고정순자산, ② 특정순자산, ③ 일반순자산으로 분류한다.

고정순자산은 일반유형자산, 주민편의시설, 사회기반시설 및 무형자산의 투자액에서 그 시설의 투자재원을 마련할 목적으로 조달한 장기차입금 및 지방채증권 등을 뺀 금액으로 한다.

특정순자산은 채무 상환 목적이나 적립성 기금의 원금과 같이 그 사용 목적이 특정되어 있는 재원과 관련된 순자산을 말한다.

일반순자산은 고정순자산과 특정순자산을 제외한 나머지 금액을 말한다.

**표 15-8 재정상태표의 양식**

**재정상태표**
해당 연도 20××년 ×월 ×일 현재
직전 연도 20××년 ×월 ×일 현재

지방자치단체명 (단위: 원)

| 과목 | 해당 연도(20××년) | | | | | | 직전 연도(20××년) | | | | | |
|---|---|---|---|---|---|---|---|---|---|---|---|---|
| | 일반회계 | 기타특별회계 | 기금회계 | 지방공기업특별회계 | 내부거래 | 계 | 일반회계 | 기타특별회계 | 기금회계 | 지방공기업특별회계 | 내부거래 | 계 |
| **자산** | | | | | | | | | | | | |
| Ⅰ. 유동자산 | | | | | | | | | | | | |
| 현금 및 현금성 자산 | | | | | | | | | | | | |
| 단기금융상품 | | | | | | | | | | | | |
| · · · | | | | | | | | | | | | |
| Ⅱ. 투자자산 | | | | | | | | | | | | |
| 장기금융상품 | | | | | | | | | | | | |
| 장기대여금 | | | | | | | | | | | | |
| · · · | | | | | | | | | | | | |
| Ⅲ. 일반유형자산 | | | | | | | | | | | | |
| 토지 | | | | | | | | | | | | |
| 건물 | | | | | | | | | | | | |
| 건물감가상각 누계액 | | | | | | | | | | | | |

| | | | | | | | | | | | | |
|---|---|---|---|---|---|---|---|---|---|---|---|---|
| · · · | | | | | | | | | | | | |
| **Ⅳ. 주민편의시설** | | | | | | | | | | | | |
| 도서관 | | | | | | | | | | | | |
| 주차장 | | | | | | | | | | | | |
| · · · | | | | | | | | | | | | |
| **Ⅴ. 사회기반시설** | | | | | | | | | | | | |
| 도로 | | | | | | | | | | | | |
| 도시철도 | | | | | | | | | | | | |
| · · · | | | | | | | | | | | | |
| **Ⅵ. 기타 비유동자산** | | | | | | | | | | | | |
| 보증금 | | | | | | | | | | | | |
| 무형자산 | | | | | | | | | | | | |
| 자산 총계 | | | | | | | | | | | | |
| **부채** | | | | | | | | | | | | |
| Ⅰ. 유동부채 | | | | | | | | | | | | |
| 단기차입금 | | | | | | | | | | | | |
| 유동성 장기차입부채 | | | | | | | | | | | | |
| · · · | | | | | | | | | | | | |
| **Ⅱ. 장기차입부채** | | | | | | | | | | | | |
| 장기차입금 | | | | | | | | | | | | |
| 지방채증권 | | | | | | | | | | | | |
| · · · | | | | | | | | | | | | |
| Ⅲ. 기타 비유동부채 | | | | | | | | | | | | |
| 퇴직급여충당부채 | | | | | | | | | | | | |
| · · · | | | | | | | | | | | | |
| 부채 총계 | | | | | | | | | | | | |
| **순자산** | | | | | | | | | | | | |
| Ⅰ. 고정순자산 | | | | | | | | | | | | |
| Ⅱ. 특정순자산 | | | | | | | | | | | | |
| Ⅲ. 일반순자산 | | | | | | | | | | | | |
| 순자산 총계 | | | | | | | | | | | | |
| **부채와 순자산 총계** | | | | | | | | | | | | |

## 4 재정운영표

### 1) 재정운영표의 의의와 구조

재정운영표(statement of financial operations)는 일정 기간($t_1$-$t_2$)의 재정운영 결과를 표시하는 재무제표로 비용 및 수익으로 구성된다. 일정 기간이란 1월 1일에서 12월 31일까지의 한 회계연도를 지칭한다. 따라서 재정운영표는 회계연도 동안 회계실체가 수행한 사업의 원가와 회수된 원가 정보를 포함한 재정운영 결과를 나타내는 재무제표라고 정의내릴 수 있다.

재정운영표는 정부 재정 운영에 대한 유량(流量, flow) 개념인 수익과 비용의 내역을 일정 기준에 따라 체계적으로 보여주는 데 목적이 있다. 정부회계는 수익과 비용의 대응 원칙이 적용되지 않는다. 따라서 수익과 비용의 차액인 재정운영 결과는 정부의 운영 성과로 볼 수 없으며, 단순한 차액일 뿐이다.

재정운영표의 구조는 "수익 - 비용 = 재정운영 결과"의 등식으로 표현된다. 차변에 비용과 재정운영 결과, 대변에 수익이 표시된다. 그런데 재정운영표의 실제 운용되는 구조는 수익을 일반수익, 비용을 재정운영 순원가로 표시한다. 따라서 재정운영표의 구조는 "일반수익 - 재정운영 순원가 = 재정운영 결과"의 등식으로 표현된다(〈표 15-9〉, 〈표 15-10〉 참소).

표 15-9 재정운영표의 기본 구조

| 차변 | 대변 |
|---|---|
| 비용 | 수익 |
| 재정운영 결과 | |

표 15-10 재정운영표의 실제 구조

| 차변 | 대변 |
|---|---|
| 재정운영 순원가 | 일반수익 |
| 재정운영 결과 | |

일반수익은 재원 조달의 원천에 따라 ① 자체 조달수익, ② 정부간 이전수익, ③ 기타 수익으로 구분한다. 자체 조달수익은 지방자치단체가 독자적인 과세 권한과 자체적인 징수 활동을 통해 조달한 수익을 말한다. 정부간 이전수익은 회계실체가 국가 또는 다른 지방자치단체로부터 이전받은 수익이다. 기타 수익은 자체 조달수익과 정부간 이전수익 외의 수익을 말한다.

재정운영 순원가는 사업 순원가에서 관리운영비와 비배분 비용은 더하고, 비배분 수익을 빼서 표시한다. 여기서 사업 순원가는 총원가에서 사업수익을 빼서 표시한다. 사업 순원가는 예산의 기능적 분류인 일반공공행정, 공공질서 및 안전, 교육, 문화 및 관광, 환경 보호, 사회복지, 보건, 농림해양수산 등으로 구분한다.

총원가는 사업을 수행하기 위해 투입한 원가에서 다른 사업으로부터 배부받은 원가를 더하고, 다른 사업에 배부한 원가를 뺀 것이다. 사업수익은 사업의 수행 과정에서 발생하거나 사업과 관련해 국가·지방자치단체 등으로부터 얻은 수익을 말한다.

관리운영비란 조직의 일반적이고 기본적인 기능을 수행하는 데 필요한 인건비, 기본경비 및 운영경비를 말한다. 비배분 비용은 임시적·비경상적으로 발생한 비용 및 사업과 직접적 또는 간접적 관련이 없어 사업 순원가에 반영된 총원가에 배분하는 것이 합리적이지 않은 비용을 말한다. 비배분 수익은 임시적·비경상적으로 발생한 수익 및 사업과 직접적 관련이 없어 사업 순원가에 반영된 사업수익에 합산하는 것이 합리적이지 않은 수익을 말한다.

재정운영 결과는 일반수익에서 재정운영 순원가를 뺀 것을 말한다.

### 2) 재정운영표의 작성 기준

첫째, 재정운영표의 모든 수익과 비용은 발생주의 원칙에 따라 거래나 사건이 발생한 기간에 표시한다. 따라서 재정운영표의 수익과 비용은 현금주의 기준에 의한 수입 및 지출과 구분된다.

둘째, 수익과 비용은 그 발생 원천에 따라 명확하게 분류해야 하며, 해당 항목의 중요성에 따라 별도의 과목으로 표시하거나 다른 과목과 통합해 표시할 수 있다. 이 경우 해당 항목의 중요성은 금액과 질적 요소를 고려해 판단해야 한다.

셋째, 재정운영표 항목의 계산 방식은 다음과 같다.

일반수익 = 자체 조달수익 + 정부간 이전수익 + 기타 수익
재정운영 순원가 = 사업 순원가 + 관리운영비 + 비배분비용 – 비배분 수익
사업 순원가 = 총원가 - 사업수익
재정운영 결과 = 재정운영 순원가 - 일반수익



이에 따라 재정운영표는 〈표 15-11〉과 같은 양식으로 기록된다.

표 15-11 재정운영표의 계산 방식

<table>
<tr><th>차변</th><th>대변</th></tr>
<tr><td>재정운영 순원가</td><td rowspan="3">일반수익<br><br>(= 자체 조달수익 + 정부간 이전수익<br>+ 기타 수익)</td></tr>
<tr><td>사업 순원가(총원가 – 사업수익)<br>+ 관리운영비<br>+ 비배분비용<br>– 비배분수익</td></tr>
<tr><td>재징운영 결괴<br>(= 일반수익 – 재정운영 순원가)</td></tr>
</table>

### 3) 재정운영표 구성 요소(수익 · 비용)의 개념과 인식 기준

#### (1) 수익

수익은 자산의 증가 또는 부채의 감소를 초래하는 회계연도 동안의 거래로 생긴 순자산의 증가를 말한다. 다만, 회계 간의 재산 이관, 물품 소관의 전환, 기부채납 등으로 생긴 순자산의 증가는 수익에 포함하지 않는다.

수익은 교환거래와 비교환거래에 따라 다음과 같이 인식한다. 첫째, 교환거래로 생긴 수익은 재화나 서비스 제공의 반대급부로 생긴 사용료, 수수료 등으로서 수익 창출 활동이 끝나고 그 금액을 합리적으로 측정할 수 있을 때에 인식한다. 둘째, 비교환거래로 생긴 수익은 직접적인 반대급부 없이 생기는 지방세, 보조금, 기부금 등으로서 해당 수익에 대한 청구권이 발생하고 그 금액을 합리적으로 측정할 수 있을 때에 인식한다.

### (2) 비용

비용은 자산의 감소나 부채의 증가를 초래하는 회계연도 동안의 거래로 생긴 순자산의 감소를 말한다. 다만, 회계 간의 재산 이관, 물품 소관의 전환 등으로 생긴 순자산의 감소는 비용에 포함하지 않는다.

비용은 교환거래와 비교환거래에 따라 다음과 같이 인식한다. 첫째, 교환거래에 따르는 비용은 반대급부로 발생하는 급여, 지급 수수료, 임차료, 수선유지비 등으로서 대가를 지급하는 조건으로 민간부문이나 다른 공공부문으로부터 재화와 서비스의 제공이 끝나고 그 금액을 합리적으로 측정할 수 있을 때에 인식한다. 둘째, 비교환거래에 의한 비용은 직접적인 반대급부 없이 발생하는 보조금, 기부금 등으로서 가치의 이전에 대한 의무가 존재하고 그 금액을 합리적으로 측정할 수 있을 때에 인식한다.

표 15-12 재정운영표의 양식

**재정운영표**

해당 연도 20××년 ×월 ×일부터 20××년 ×월 ×일까지
직전 연도 20××년 ×월 ×일부터 20××년 ×월 ×일까지

지방자치단체명 (단위: 원)

| 과 목 | 해당 연도(20××년) | | | | | 직전 연도(20××년) | | | | |
|---|---|---|---|---|---|---|---|---|---|---|
| | 총 원가 | 사업 수익 | 순 원가 | 내부 거래 | 계 | 총 원가 | 사업 수익 | 순 원가 | 내부 거래 | 계 |
| **Ⅰ. 사업순원가** | | | | | | | | | | |
| 일반공공 행정<br>공공질서 및 안전<br>· · · | | | | | | | | | | |
| **Ⅱ. 관리운영비** | | | | | | | | | | |
| 1. 인건비<br>급여<br>· · ·<br>2. 경비<br>도서 구입 및 인쇄비<br>· · · | | | | | | | | | | |
| **Ⅲ. 비배분비용** | | | | | | | | | | |
| 자산처분손실<br>기타 비용<br>· · · | | | | | | | | | | |

| | | | | | | | | | | |
|---|---|---|---|---|---|---|---|---|---|---|
| **Ⅳ. 비배분수익** | | | | | | | | | | |
| 자산처분이익<br>기타 이익<br>· · · | | | | | | | | | | |
| **Ⅴ. 재정운영 순원가**<br>**( Ⅰ+Ⅱ+Ⅲ−Ⅳ)** | | | | | | | | | | |
| **Ⅵ. 일반수익** | | | | | | | | | | |
| 1. 자체조달수익<br>지방세수익<br>경상세외수익<br>· · ·<br>2. 정부간 이전수익<br>지방교부세수익<br>보조금수익<br>· · ·<br>3. 기타 수익<br>전입금수익<br>기타 재원 조달<br>· · · | | | | | | | | | | |
| **Ⅶ. 재정운영 결과**<br>**(Ⅴ−Ⅵ)** | | | | | | | | | | |

## 5 순자산변동표[6)]

### 1) 순자산변동표의 의의

순자산변동표(statement of changes in net asset)는 회계연도 동안의 순자산의 증감 내역을 표시하는 재무제표로서 재정운영 결과와 순자산의 변동을 기재한다. 회계연도 개시일의 기초순자산이 회계연도 종료일의 기말순자산으로 변동되는 내용을 기재한다.

기말순자산은 기초순자산에 당해 회계연도의 재정운영 결과와 순자산의 증감을 가감해 산정하며, 재정상태표의 기말 현재 순자산과 일치한다.

6) 재무제표의 하나인 '현금흐름표'는 현재 시행이 유예 중이기 때문에 여기서는 설명을 생략한다. 현금흐름표 관련 내용은 '지방자치단체 회계기준'을 참조할 것.

### 2) 순자산변동표의 구조

순자산변동표는 기초순자산이 기말순자산으로 변동되는 ① 재정운영 결과와 ② 순자산의 증감 사항을 포함하는 구조로 되어 있다. 순자산변동표의 구조는 다음과 같은 식으로 표시된다.

기말순자산 = 기초순자산 + 재정 운영 결과 + 순자산 증가 – 순자산 감소

재정운영 결과는 재정운영표의 수익과 비용의 차이를 표시한다. 순자산의 증감 사항은 증가와 감소 사항으로 구분된다. 순자산의 증가 사항은 회계 간의 재산 이관, 물품 소관의 전환, 양여·기부 등으로 생긴 자산 증가를 말한다. 순자산의 감소 사항은 회계 간의 재산 이관, 물품 소관의 전환, 양여·기부 등으로 생긴 자산 감소를 말한다.

**표 15-13** 순자산변동표의 양식

**순자산변동표**

해당 연도 20××년 ×월 ×일부터 20××년 ×월 ×일까지
직전 연도 20××년 ×월 ×일부터 20××년 ×월 ×일까지

지방자치단체명 (단위: 원)

| 과목 | 해당 연도(20××년) | | | | | | 직전 연도(20××년) | | | | | |
|---|---|---|---|---|---|---|---|---|---|---|---|---|
| | 일반 회계 | 기타 특별 회계 | 기금 회계 | 지방 공기업 특별 회계 | 내부 거래 | 계 | 일반 회계 | 기타 특별 회계 | 기금 회계 | 지방 공기업 특별 회계 | 내부 거래 | 계 |
| **Ⅰ. 기초순자산** | | | | | | | | | | | | |
| 보고금액<br>전기오류수정손익<br>회계변경 누적효과 | | | | | | | | | | | | |
| **Ⅱ. 재정운영 결과** | | | | | | | | | | | | |
| **Ⅲ. 순자산의 증가** | | | | | | | | | | | | |
| 회계간의 재산 이관 및 물품 소관의 전환에 따른 자산 증가 | | | | | | | | | | | | |

| 양여 · 기부로 생긴 자산 증가 | | | | | | | | | | | | |
|---|---|---|---|---|---|---|---|---|---|---|---|---|
| 기타 순자산의 증가 | | | | | | | | | | | | |
| **Ⅳ. 순자산의 감소** | | | | | | | | | | | | |
| 회계간의 재산 이관 및 물품 소관의 전환에 따른 자산 감소 | | | | | | | | | | | | |
| 양여 · 기부로 생긴 자산 감소 | | | | | | | | | | | | |
| 기타 순자산의 감소 | | | | | | | | | | | | |
| **Ⅴ. 기말순자산 (Ⅰ－Ⅱ＋Ⅲ－Ⅳ)** | | | | | | | | | | | | |



## 6 주석 · 필수보충정보 · 부속명세서

### 1) 주석

주석(註釋)은 정보 이용자에게 충분한 회계정보를 제공하기 위해 채택한 중요한 회계정책, 회계 과목의 세부 내역 및 재무제표에 중대한 영향을 미치는 사항을 설명한 것을 말한다.

주석에 포함되는 사항은 다음과 같다(지방자치단체 회계기준 제41조). 즉, ① 지방자치단체 회계실체 간의 주요 거래 내용, ② 타인을 위하여 제공하고 있는 담보보증의 내용, ③ 천재지변, 중대한 사고, 파업, 화재 등에 관한 내용과 결과, ④ 채무부담행위 및 보증채무부담행위의 종류와 구체적 내용, ⑤ 무상사용허가권이 주어진 기부채납자산의 세부 내용, ⑥ 재무제표에 중대한 영향을 미치는 사항과 재무제표의 이해를 위하여 필요한 사항 등이다.

### 2) 필수보충정보

필수보충정보는 재무제표의 내용을 보완하고 이해를 돕기 위해 필수적으로 제공되어야 하는 정보를 말한다.

필수보충정보에 포함되는 내용은 다음과 같다.

① 예산결산 요약표

② 지방자치단체의 성질별 재정운영표
③ 일반회계의 재정운영표
④ 개별 회계실체(일반회계 제외)의 재정운영표
⑤ 관리책임 자산
⑥ 예산회계와 재무회계의 차이에 대한 명세서
⑦ 그 밖에 재무제표에는 반영되지 않았으나 중요하다고 판단되는 정보

여기서 관리책임 자산이란 유산자산, 자연자원 등과 같이 합리적인 가치 측정이 어렵고 보존을 위한 비용만 발생하며, 처분의 대상이 되지 않는 자산이나 회계실체가 반드시 책임있게 관리할 책무가 있는 자산을 말한다. 관리책임 자산은 자산의 정의에는 부합되지만 그 금액을 신뢰성 있게 측정하기 어려운 점 등을 고려해 금액의 측정가능성 여부에 관계없이 자산으로 인식하지 않는다. 다만, 관리부서를 명확하게 기록한다.

예산회계와 재무회계의 차이에 대한 명세서는 두 회계 간 금액의 차이에 관한 내용이 포함된다. 세출 조정 사항으로 자금 유출이 없는 비용(자산처분손실, 감가상각비, 대손상각비 등), 자산 취득으로 인한 자금 유출액, 부채 상환으로 인한 자금 유출액 등이 있다. 세입 조정 사항으로 자금 유입이 없는 수익 가산, 자산처분으로 인한 자금유입액, 부채 증가로 인한 자금유입액 등이 있다.

### 3) 부속명세서

부속명세서는 재무제표에 표시된 회계 과목에 대한 세부 내역을 명시할 필요가 있을 때에 제공되어야 하는 추가적인 정보를 말한다. 일반유형자산명세서, 주민편의시설명세서, 사회기반시설명세서, 감가상각명세서 등을 들 수 있다.

05

PART

# 지방정부의 예산 과정과 주민 참여

CHAPTER 16

# 지방정부의 예산 과정



## 제1절 예산 과정과 예산주기

### 1 지방정부 예산 과정의 의의

일반적으로 예산 과정은 ① 예산 편성, ② 예산 심의, ③ 예산 집행, ④ 결산 및 결산 승인의 4단계로 이뤄진다. 지방정부의 예산 과정은 지방자치단체가 한 해 동안의 예산안을 편성해 심의와 의결을 통해 확정된 예산을 토대로 계획된 사업 및 활동에 대한 예산을 집행하고, 이를 결산하는 일련의 과정을 말한다.

예산 과정은 복잡한 정치적 과정으로서 다양한 참여자들이 직·간접적으로 개입한다. 지방정부 예산 과정에 참여하는 주체는 지방자치단체의 장, 예산 담당 관료와 각 부서의 공무원, 지방의원, 정당, 이해관계 집단, 지역주민 등이 있다. 이들은 지방정부 예산 결정 과정에서 서로 활발한 상호작용을 하게 되며 일련의 행태를 보여준다. 예산 과정은 참여자들의 상호작용 관계를 공식화해 놓은 것이다.

예산 과정에는 예산 과정에 참여하는 각 기관의 권한과 책임이 배분되어 있다. 그런데 예산 과정의 권한과 책임 배분 관계를 보면 재정 민주주의의 제도화가 반영되어 있다. 예산 편성의 총괄적 책임은 집행기관이 맡는다. 그런데 예산 편성의 최종 승인은 지역주민의 대표기관인 지방의회가 한다. 지방의회의 예산 심의는 지역주민을 대표해 예산을 최종 확정하는 단계인 것이다. 사실상 지역주민이 승인한 것이다. 또한 예산 집행의 주도적 책임을 집행기관이 갖되 결산의 최종 승인은 지방의회가 한다. 지방의회의 결산 승인은 예산 집행 결과에 대해 지역주민을 대표해 승인을 하는 것이다. 이렇게 예산의 결정과 운용의 궁극적 책임을 지역주민의 대표기관인 지방의회를 통해 주민에게 지게 한다는 점에서 재정 민주주의의 제도화라고 볼 수 있다.

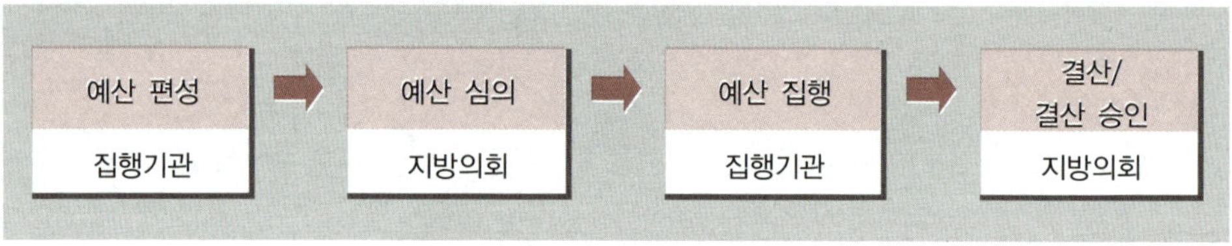


그림 16-1 예산 과정과 주체

## 2 예산주기와 회계연도

### 1) 예산주기의 중첩성

예산 과정은 일정한 주기를 가지고 반복되는 특성이 있다. 이렇게 예산 과정의 단계들이 반복되는 일정한 주기를 예산주기(budget cycle) 또는 예산순기라고 부른다.

예산주기는 통상 3년이다. 예산의 편성과 심의는 전년도(t−1년도)에 이뤄지고, 예산의 집행은 당해 연도(t년도), 결산 및 결산 승인은 다음 연도(t+1년도)에 수행된다. 예컨대, 2024년도 예산은 2023년에 편성 및 심의가 이뤄지고, 2024년에 집행되며, 2025년에 결산·결산검사와 결산 승인이 진행된다.

예산주기는 연속적이면서 중첩되어 진행된다. 이를 '중첩된 예산주기(scrambled budget cycles)'라고 부른다. 특정 시점에서 볼 때 서로 다른 회계연도 예산의 서로 다른 국면이 동시에 진행된다. 즉, 특정 시점에서는 여러 개의 서로 다른 예산주기가 동시에 진행되고 있는 것이다. 예산주기는 3년이지만 회계 기간이 1년인 단년도 예산의 예산 과정이 매년 진행되기 때문이다.

**표 16-1 예산주기의 국면**

| | 2023 | 2024 | 2025 | 2026 | 2027 |
|---|---|---|---|---|---|
| 2024년도 예산(Cycle 1) | 편성/심의 | 집행 | 결산 | | |
| 2025년도 예산(Cycle 2) | | 편성/심의 | 집행 | 결산 | |
| 2026년도 예산(Cycle 3) | | | 편성/심의 | 집행 | 결산 |



### 2) 회계연도와 출납 폐쇄기한

단년도 예산의 유효 기간은 회계연도(Fiscal Year: FY)라고 부르며, 매년 1월 1일에 시작해 12월 31일에 끝난다. 회계연도는 수입과 지출을 구분 정리해 그 관계를 명확히 하기 위한 기간이다. 이렇게 회계연도의 기간을 명확히 설정하고 있는 것은 각 연도의 수지 상황을 명확하게 하고 적정한 재정통제를 실현하기 위함이다.

회계연도를 구분해 독립적으로 운영하고 있는 것을 '회계연도 독립의 원칙'이라고 한다. 각 회계연도의 경비는 해당 연도의 세입으로 충당해야 하는 것이다. 이월 제도는 회계연도 독립 원칙의 예외에 해당한다. 과거에는 해당 회계연도의 수입으로 경비를 충당하기에 부족하면 다음 연도의 수입을 앞당겨 충당·사용할 수 있는 제도가 있었으나 2014년 지방재정법 개정으로 폐지되었다.

중앙정부에의 의존재원이 많은 지방정부의 경우, 중앙정부의 예산이 확정되고 난 후 예산 편성을 해야 하기 때문에 지방정부의 회계연도를 달리 책정하자는 의견도 있다. 하지만 지방정부의 회계연도 개시 시점이 중앙정부 및 역년과 불일치한 데서 오는 문제점도 있기 때문에 현행 제도로 운영되고 있다.

회계연도와 관련된 것으로 출납 폐쇄기한과 출납사무 완결기한이 있다. 지방자치단체의 출납 폐쇄기한은 회계연도가 끝나는 날이다(지방회계법 제7조). 이것은 지방정부 재무제표를 만드는 기간과 일치시키기 위함이다. 다만, 해당 회계연도의 예산에 포함된 경우로서 다음의 경우에는 다음 회계연도 1월 20일까지 수입 또는 지출 처리를 할 수 있다. 즉, 회계연도 말에 계약 이행이 완료되어 회계연도 내에 지출하기가 곤란한 경우, 국가나 다른 지방자치단체 등으로부터 자금이 교부되지 않아 회계연도 내에 지출하기가 곤란한 경우, 국가보조금이나 지방보조금 또는 민간위탁사업의 비용을 정산하여 반납하는 경우 등이다. 출납원이 다음 회계연도 1월 20일까지 수납한 세입금은 같은 기한까지 지방자치단체 금고에 납입할 수 있으며, 관서 운영에 드는 경비 또는 일상경비역시 반납할 수 있다. 그리고 출납사무 완결기한은 다음 회계연도 2월 10일이다. 그 기한까지 해당 회계연도에 속하는 세입 · 세출의 출납에 관한 사무를 마쳐야 한다.

## 제2절 지방정부 예산 과정

### 1 예산 편성

#### 1) 예산 편성의 의의

예산 편성은 지방정부가 다음 회계연도의 세입과 세출을 예정적으로 계산하는 과정이다. 지방정부의 사업계획과 활동에 사용될 재원을 추계하고 각종 사업에 소요될 지출 규모를 확정한다. 지출경비는 법령 및 조례로 정하는 범위에서 합리적인 기준에 따라 산정하고, 수입은 모든 자료에 의해 엄정하게 그 재원을 포착하고 경제 현실에 맞도록 산정해 예산에 계상한다. 세입 · 세출 항목은 구체적으로 명시되도록 예산을 계상해야 한다. 그리고 예산을 편성할 때에는 중기지방재정계획과 투자심사 결과를 기초로 해야 한다(지방재정법 제36조).

예산 편성의 책임은 집행기관이 맡는다. 집행기관은 사업 및 정책분석에 필요한 지식과 전문성을 가진 전문관료들로 구성되어 각 분야별 예산 편성에 더 적합하고, 지방자치단체장이 각 분야별 예산을 조정 · 통합할 수 있기 때문이다.

그러나 새로운 거버넌스 시대를 맞이해 지방정부 예산 편성은 관료들이 독점적 권한을 갖는 것으로 인식하지 않는다. 예산의 주인인 납세자들이 참여할 수 있는 기회를 제공하고 있다. 주민참여예산제도는 대표적인 예에 속한다. 납세자 주권에 바탕을 둔 재정 민주주의 제도화가 예산 편성 단계에도 실현된 것이다.

#### 2) 예산 편성 절차

지방정부의 예산 편성 절차는 다음과 같이 진행된다. ① 중기지방재정계획의 작성, ② 재정 투자심사, ③ 예산 편성 기준 통보, ④ 예산요구서 작성 및 제출, ⑤ 예산심사 · 조정 및 예산안 편성, ⑥ 예산안의 지방의회 제출이다.

### (1) 중기지방재정계획 작성과 재정 투자심사

지방재정법(제36조 제4항)에는 "예산을 편성할 때에는 중기지방재정계획과 투자심사 결과를 기초로 해야 한다"고 규정하고 있다. 예산에 반영해야 할 사업은 사전에 중기지방재정계획에 포함하고 투자심사를 거치는 것을 의무화하고 있다. 예산 편성을 할 때에 중기적 관점의 계획재정과 사업의 타당성 검토가 필요한 것은 재정의 건전성과 효율성을 달성하는 데에 필수적 요소다. 행정안전부는 이러한 절차를 어길 때에 지방교부세 삭감 등의 불이익을 주고 있다.

### (2) 예산 편성 기준 통보

지방재정법(제38조)에는 "행정안전부 장관은 국가 및 지방 재정의 운용 여건, 지방재정제도의 개요 등 지방자치단체의 재정 운용에 필요한 정보로 구성된 회계연도별 지방자치단체 재정 운용 업무편람을 작성하여 지방자치단체에 보급할 수 있다"고 규정하고 있다. 이에 따라 행정안전부령으로 '지방자치단체 예산편성 운용에 관한 규칙', 행정안전부 훈령으로 '지방자치단체 예산편성 운영 기준 및 기금운용계획 수립기준'을 작성해 전년도 7월 31일까지 지자체에 통보한다.

지방자치단체 예산편성 운용규칙에는 예산편성의 일반 원칙, 성과 중심의 재정 운용, 예산편성 단위, 세입예산과 세출예산에 관한 원칙 등이 포함되어 있다. 지방자치단체 예산편성 운영 기준에는 기준 경비 및 예산과목 구분과 설정, 사업예산의 운영관리 등을 구체적으로 규정하고 있다.

### (3) 예산요구서 작성 및 제출

각 사업부서는 예산 편성 기준에 따라 그 부서에 속하는 다음 연도 세입·세출 예산 등의 요구서를 작성해 예산총괄부서에 제출한다. 각 사업부서는 예산을 요구하는 과정에서 당해 부서에서 추진해야 할 사업을 개발 및 평가하는 작업을 한다. 계속사업에 대해서는 추진 실적을 점검하고 추가 재정 소요액을 판단하며, 신규 사업은 경제적 타당성 등을 검토해 예산요구서에 반영한다. 예산을 요구할 때에는 사업예산 체계로 요구하며, e-호조 시스템을 이용한다.

### (4) 예산 심사·조정 및 예산안 편성

예산 총괄부서는 각 사업부서에서 제출한 예산요구서를 대상으로 예산을 심사·조정해 예산안을 편성한다. 이때 재정 운용의 목표, 재정수입 추계, 지방교부세와 국고보조금의 가내시액, 사업의 우선순위 등을 참조해 예산안을 편성한다.

그런데 2011년 지방재정법 개정으로 예산 편성 과정에 주민참여예산제도를 마련해 시행하는 것을 의무화했다. 예산 편성 과정에 참여한 주민의 의견을 수렴해 그 의견서를 지방의회에 제출하는 예산안에 첨부해야 한다.

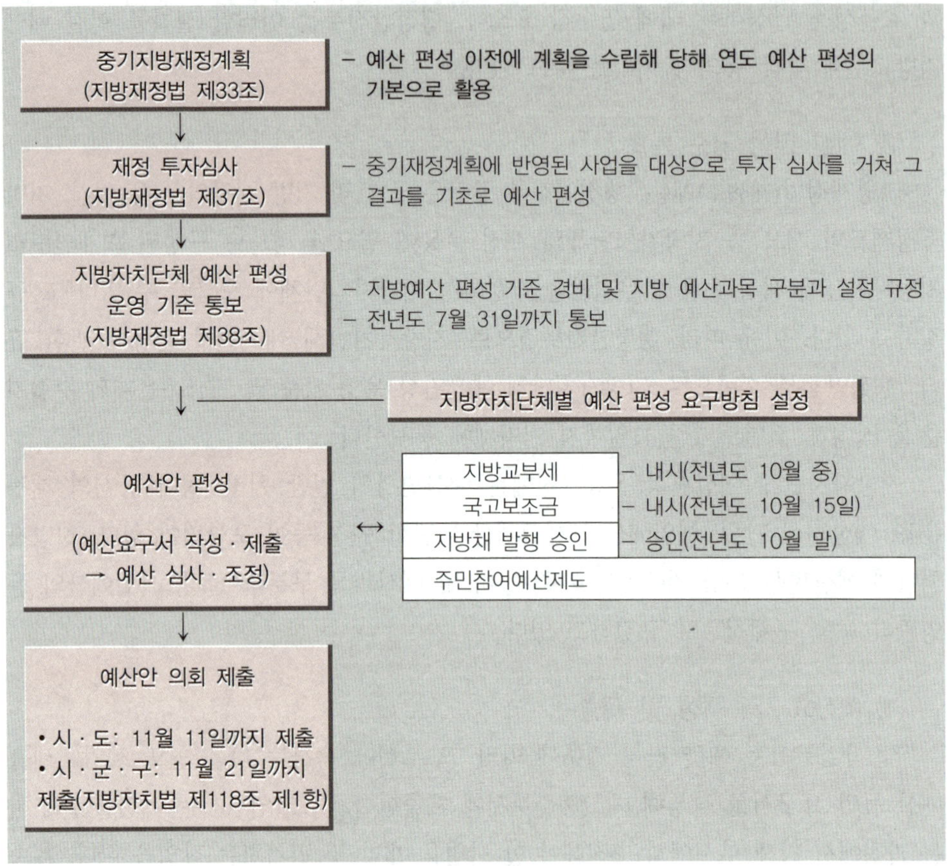


그림 16-2 지방정부 예산 편성 절차

### (5) 예산안의 지방의회 제출

예산 총괄부서에서 편성한 지자체 예산안은 법정 기한 내에 지방의회에 제출된다. 제출 기한은 광역자치단체(시 · 도)는 회계연도 개시 50일 전(11월 11일)까지 제출하며, 기초자치단체는(시 · 군 · 구)는 40일 전(11월 21일)까지 제출한다.

## 2 예산 심의

### 1) 예산 심의의 의의

예산 심의는 집행부가 편성한 예산안을 지방의회가 심사 및 확정하는 정치 과정이다. 지방의회의 예산 심의는 지역주민의 대의기관인 지방의회가 집행부의 재정 활동에 참여하고 통제하는 것을 의미한다. 이 점에서 지방의회의 예산 심의 기능은 재정 민주주의를 실현하는 전통적 제도 장치의 하나로 볼 수 있다. 최근에는 주인-대리인 이론에서 보듯이 지방의원들의 이기적 행태 때문에 주민 참여의 직접 민주주의를 강조한다.

일반적으로 예산 심의 기능은 정책 형성과 행정 통제의 두 가지를 들고 있다. 정책 형성은 사업 및 사업 수준에 대한 결징과 예신 총액에 대한 결정을 의미한다. 전자는 미시적 차원의 결정이며, 후자는 거시적 차원의 결정이다. 지방의회의 예산 심의는 거시적 차원의 결정보다는 미시적 차원의 결정에 중점을 둔다. 지방의회는 각 분야별로 재원을 배분해 사업과 사업별 수준을 결정하는 것에 초점을 맞추는 경향이 있다. 그런데 성책 형성 기능은 집행기관이 주도적 역할을 하고, 지방의회는 수동적이고 보완적 역할을 수행한다. 지방의회의 예산 심의는 집행기관의 제안에 대한 지방의회의 반응이라고 볼 수 있다.

행정 통제 기능은 주민의 대의기관인 지방의회가 지역주민의 의사를 구현하고 집행기관에 의한 재량권의 남용 여부를 감독하는 행정의 감독 기능이다. 예산 심의 과정에서의 행정 통제는 정책 및 사업계획을 검토해 사업을 폐지, 축소 또는 확장하거나, 금액을 면밀하게 검토해 비효율적이고 낭비적인 예산 지출을 방지하는 것이다.

그런데 지방의회는 지방자치단체의 장의 동의 없이 지출예산 각 항의 금액을 증가하거나 새로운 비용 항목을 설치할 수 없다. 지방의회에서의 증액 및 새 비목 설치는 원칙적으로 불허하되, 예외적으로 지자체장의 동의를 받고 인정하는 것이다.

그리고 지방자치단체장은 예산상 집행 불가능한 지방의회 의결에 대해 재의를 요구할 수 있다. 일종의 지자체장의 거부권 행사라고 볼 수 있다. 지방의회의 심의·의결로 예산이 확정되는 예산의결주의인 점에서는 국가예산과 같지만 지방자치단체장에게 예산재의요구권을 인정하고 있는 점은 다르다. 지방자치법(제121조)에는 “지방자치단체의 장은 지방의회의 의결이 예산상 집행할 수 없는 경비를 포함하고 있다고 인정되면 그 의결 사항을 이송받은 날부터 20일 이내에 이유를 붙여 재의를 요구할 수 있다"고 규정하고 있다. 또한 법령에 따라 지방자치단체에서 의무적으로 부담해야 할 경비와 비상재해로 인한 시설의 응급 복구를 위해 필요한 경비를 줄이는 의결을 할 때에도 재의를 요구할 수 있다. 이 경우 지방의회에서 재적의원 과반수의 출석과 출석의원 3분의 2 이상의 찬성으로 전과 같은 의결을 하면 그 의결 사항은 확정된다.

### 2) 예산 심의 절차

지방정부의 예산 심의 절차는 ① 지방자치단체장의 제안 설명, ② 상임위원회 예비심사, ③ 예산결산특별위원회 종합심사, ④ 본회의 의결, ⑤ 예산 이송 및 고시의 순서로 진행된다.

#### (1) 지방자치단체장의 제안 설명

지방정부의 예산 심의 절차는 지방자치단체장의 제안 설명으로부터 시작된다. 제안 설명은 제2차 정례회 개회 후 이뤄진다.[1] 지방자치단체장이 의회 본회의에서 시정방침, 재정 운영 방향, 예산의 기본 내용 등에 관해 설명한다.

#### (2) 상임위원회 예비심사

상임위원회 예비심사는 소관 부서 실·국장의 제안 설명, 전문위원의 검토 보고, 질의·토론, 표결의 순서로 진행된다. 소관 상임위원회의 예비심사가 끝나면 예비심사 보고서를 의회 의장에게 제출한다.

#### (3) 예산결산특별위원회 종합심사

예산결산특별위원회 종합심사는 집행기관 예산총괄 책임자의 제안 설명, 전문위원 검토 보고, 질의·토론, 계수 조정, 전체회의 의결의 순서대로 진행된다. 예결위의 종합심사가 끝나면 예결위 위원장이 종합심사 보고서를 의회 의장에게 제출한다.

#### (4) 본회의 의결

본회의에서는 예결위의 종합심사 결과에 대한 정책질의, 찬반 토론을 거쳐 의결하는 절차를 거친다. 본회의 의결로써 다음 연도 예산은 확정되어 법적 효력을 갖는다. 본회의

1) 지방의회는 매년 2회 정례회를 개최한다. 제1차 정례회는 매년 6월·7월 중에, 제2차 정례회는 11월·12월 중에 연다.

에서의 예산 의결은 시한이 정해져 있다. 광역자치단체 의회는 회계연도 개시 15일(12.16) 전까지, 기초자치단체 의회는 10일(12.21) 전까지 의결해야 한다.

#### (5) 예산 이송 및 고시

지방의회 의장은 의결된 예산을 의결된 날부터 3일 이내에 자치단체장에게 이송해야 한다. 자치단체장은 의결된 예산을 즉시 고시하고, 시·도의 경우 행정안전부장관, 시·군·구는 시·도지사에게 보고해야 한다. 법률은 공포 절차를 거쳐야 법적 효력을 갖지만 예산은 의회 의결로 법적 효력을 가지며, 지자체장은 고시할 뿐이다.



표 16-2 지방정부의 예산 심의 절차

| 구분 | 주요 내용 | 부서 및 기한 |
|---|---|---|
| 제안 설명 | 자치단체장이 의회 본회의에서 제안 설명 –시정방침, 재정 운영 방향, 예산의 기본 내용 | 자치단체장: 제2차 정례회 개회 후 |
| 상임위원회 예비심사 | 소관 실국장의 제안 설명, 전문위원의 검토 보고, 질의·토론, 표결 | 소관 상임위원회: 예비심사보고서→ 의회 의장에게 제출 |
| 예산결산특별위원회 종합심사 | 집행기관의 제안 설명, 전문위원 검토 보고, 질의·토론, 계수 조정, 전체회의 의결 | 예결위 위원장: 종합심사보고서→ 의회 의장에게 제출 |
| 본회의 의결 | 본회의에서 종합심사 결과에 대한 정책질의, 찬반 토론, 의결 | * 광역의회는 회계연도 개시 15일 전까지(12.16)<br>* 기초의회는 10일 전까지(12.21) |
| 예산 이송 및 고시 | 집행할 수 없는 경비가 포함되어 있을 때에는 20일 이내에 재의 요구 | * 지방의회 의장→자치단체장: 의결된 날부터 3일 이내 이송<br>* 시·도는 행안부 장관, 시·군·구는 시·도지사에게 보고<br>* 고시 |

## 3 예산 집행

### 1) 예산 집행의 의의

예산 집행이란 지방정부의 수입·지출을 실행하고 관리하는 모든 행위를 말한다. 예산 집행은 의회에서 확정된 예산에 따라 수입을 조달하고 공공경비를 지출하는 모든 재정 활동을 의미한다. 따라서 예산 집행은 세입의 징수 및 수납뿐만 아니라 지출원인행위와 지출을 포함한다. 여기에는 예산의 배정 및 자금의 배정, 재화와 서비스의 구매 결정, 납품 및 검수, 지방금고에서의 지급 등이 포함된다.

예산을 정책 및 사업을 포함한 개념으로 본다면 예산 집행이란 예산이 정하는 바에 따라 정해진 활동이나 사업의 목표를 달성하는 일련의 과정을 말한다. 이것은 곧 정책(사업) 집행 과정에 해당한다. 이러한 관점은 예산이 단순한 재정 지출이 아닌 정책 및 사업의 수행이라는 의미에서 예산이 의도하는 사업계획의 목표를 달성하는 데에 초점을 맞추고 있다.

### 2) 예산 집행의 절차

#### (1) 예산 배정과 자금 배정

예산 집행 절차는 예산 배정 및 자금 배정을 통해 진행된다. 예산 배정은 확정된 예산을 각 부서가 집행할 수 있도록 예산을 사용할 수 있는 권리를 부여하는 것을 말한다. 예산배정제도의 목적은 세입 및 세출이 회계 기간 동안 분산되어 유입되고 지출되기 때문에 예산 집행의 일정을 수립해 자금 배분을 합리화하기 위함이다.

예산이 성립되면 지방자치단체의 장은 세입・세출・계속비・채무부담행위와 명시이월비를 포함한 예산배정계획서를 작성하고, 이에 의해 지방의회의 사무기구・보조기관・소속행정기관 및 하부행정기관에 예산을 월별 또는 분기별로 배정한다. 예산배정계획서는 세입예산 월별 징수계획서와 세출예산 월별 지출계획서를 근거로 작성한다. 예비비의 지출을 결정한 때에는 세출예산으로서 배정한다. 몇몇 사항에 관해서는 회계연도 개시 전에 예산 배정이 이뤄질 수 있다. 즉, 여비, 업무추진비, 외국에서 지급하는 경비, 재해복구사업에 소요되는 경비, 지역 경제정책상 조기 집행을 필요로 하는 공공사업비 등이다(지방재정법 시행령 제57조).

지방자치단체의 장은 재무관이 그 사무를 재위임하는 경우 배정된 세출예산의 범위에서 재위임받은 재무관별로 세출예산 재배정계획서를 작성하고 이에 따라 세출예산을 재배정한다. 지출원인행위를 재위임받은 재무관이 지출원인행위를 할 때에는 재배정된 세출예산의 범위를 초과해서는 안 된다.

예산을 집행하기 위해서는 예산 배정 후 다시 자금 배정을 해야 한다. 지방자치단체의 장은 예산이 성립되면 예산배정계획에 따라 월별 또는 분기별로 자금배정계획을 수립해 지출원이 설치된 기관별로 지출한도액을 통보한다. 다만, 예산의 집행상 자금의 추가 배정이 긴급히 필요하거나 자금 운용상 불가피하다고 판단되는 경우에는 수시로 배정할 수 있다.

### (2) 세입사무의 절차

세입예산의 집행 절차를 보면 징수와 수납의 절차를 거친다. 세입의 징수는 지방자치단체의 장이 하되, 소속 공무원에게 위임해 징수하게 할 수 있으며, 위임받은 공무원을 세입 징수관이라고 부른다. 세입을 징수할 때에는 징수 원인과 징수 금액을 조사·결정한 후 납부 의무자에게 납입 고지를 해야 한다.

수납은 출납공무원만이 할 수 있으며, 이를 수입금출납원이라 한다. 수입금출납원이 세입을 직접 수납할 때에는 지체없이 그 수납금을 해당 지방자치단체의 금고에 납입해야 한다.

그런데 징수관은 현금 출납의 직무를 겸할 수 없다. 이것은 징수기관과 수납기관을 분리함으로써 재정통제를 기하기 위함이다. 다만, 노무직을 제외한 정원이 3인 이내인 관서에서는 세입의 징수와 현금 출납의 직무를 서로 겸하게 할 수 있다.

### (3) 지출사무의 절차

세출예산 집행의 경우 지출원인행위, 지출, 지급의 절차를 거친다. 지출원인행위란 지방자치단체의 지출 원인이 되는 계약이나 그 밖의 행위를 말한다. 지출원인행위는 지방자치단체의 장이 하되, 소속 공무원에게 위임해 지출원인행위를 하게 할 수 있다. 이때 위임받은 공무원을 재무관이라 한다.

지출은 지방자치단체의 장이 임명한 지출원에 의해 이뤄진다. 지출원은 재무관이 지출원인행위를 한 후 관계 서류를 보내면 지출원인행위에 의해 지출을 한다. 그리고 지출원은 현금의 지급을 갈음해 지방자치단체의 금고(金庫)에 대해 지급명령을 한다. 지방자치단체의 금고는 지급명령에 따라 자금을 교부하는 지급을 한다.

그런데 재정 운용의 효율성을 높이기 위해 재정의 통합 지출을 의무화하고 있다. 지방자치단체의 장은 재정자금의 효율적인 사용을 위해 특별한 사유가 없으면 관서별 분산 지출을 통합해 운용해야 하며, 이를 위해 통합지출관을 둔다. 통합지출관은 지방자치단체의 장이 임명하며, 회계공무원 중 어느 하나에 해당하는 공무원과 겸직하게 할 수 있다. 통합지출관은 관서별 소요자금의 통합관리, 지출원 및 출납원에 대한 지도·감독, 결산서 작성 등의 업무를 담당한다.

지출에서도 재정통제 차원에서 지출기관과 출납기관을 분리하고 있다. 즉, 재무관·지출원 및 현금 출납의 직무는 서로 겸할 수 없다. 다만, 노무직을 제외한 정원이 1인인 관서에서는 분임재무관과 일상경비출납원을 겸하게 할 수 있다.

### 3) 예산 집행 과정의 통제와 신축성 유지

예산 집행의 목표는 일반적으로 두 가지를 든다. 첫째, 예산통제를 통해 입법부의 의도의 구현과 재정 한계를 엄수하는 것이고, 둘째, 예산 성립 후의 여건 변화에 적응하기 위해 신축성을 유지하는 것이다(윤영진, 2014: 178). 이 두 가지 목적은 상호 모순되는 측면이 있으나 예산통제가 예산 집행의 주된 목표이고, 신축성의 유지는 보완적인 목표라고 볼 수 있다. 이것은 예산 집행의 책임성, 효율성, 자율성을 확보하기 위한 의미를 갖는다.

지방재정법에는 예산 집행 과정에서의 상기 두 가지 목표를 달성하기 위한 다양한 제도적 장치를 마련하고 있다. 여기서는 예산 집행 관련 주요 규정들을 살펴보기로 한다.

첫째, 예산의 목적 외 사용 금지의 원칙이다. 예산 한정성 원칙의 핵심 내용으로서 입법부 의도를 구현하는 예산통제 장치의 하나다. 지방자치단체의 장은 세출예산에서 정한 목적 외의 용도로 경비를 사용하거나 세출예산에서 정한 각 정책사업 간에 서로 이용할 수 없다. 다만, 예산 집행에 필요해 미리 예산으로서 지방의회의 의결을 얻었을 때에는 이용할 수 있다. 신축성 유지 차원에서 전용은 원칙적으로 허용된다. 지방자치단체의 장은 각 정책사업 내의 예산액 범위에서 각 단위사업 또는 목의 금액을 전용(轉用)할 수 있다.

둘째, 회계연도 독립의 원칙과 이월제도의 인정이다. 각 회계연도의 경비는 해당 연도의 세입으로 충당해야 한다는 회계연도 독립의 원칙이 규정되어 있지만 예외 장치로서 이월제도가 도입되어 있다. 이월에는 명시이월과 사고이월이 있다.

명시이월은 세출예산 중 경비의 성질상 그 회계연도에 그 지출을 마치지 못할 것으로 예상되어 세입·세출예산에 그 취지를 분명하게 밝혀 미리 지방의회의 의결을 얻은 경우를 말한다. 명시이월비는 다음 회계연도에 이월해 사용할 수 있다. 또한 명시이월의 경우 지출원인행위를 두 회계연도에 걸쳐 할 수 있다. 재무관은 명시이월비에 대해 예산 집행상 부득이한 사유가 있을 때에는 해당 회계연도와 다음 회계연도에 걸쳐 지출해야 할 지출원인행위를 할 수 있다.

사고이월비도 다음 회계연도에 이월해 사용할 수 있는데 다음과 같은 경비들이다. 즉, ① 회계연도 내에 지출원인행위를 하고 불가피한 사유로 회계연도 내에 지출하지 못한 경비와 지출하지 않은 부대 경비, ② 지출원인행위를 위해 입찰공고를 한 경비 중 입찰공고 후 지출원인행위를 할 때까지 오랜 기간이 걸리는 경우로서 입찰참가자격 사전심사방법으로 집행되는 공사 경비, 협상에 의한 계약체결의 방법으로 집행되는 경비, 재난복구사업 경비 등, ③ 공익·공공 사업의 시행에 필요한 손실보상비로서 보상절차에 착수하였거나 보상절차가 진행 중인 경비, 재난복구사업을 위한 보상 경비 등, ④ 경상적 성격의 경비로서 기관 또는 시설의 유지·운영에 드는 경비 등이다. 또한 계속비의 회계연도별 필요경비 중 해당 회계연도에 지출하지 못한 금액도 계속비의 사업 완성 연도까지 차례로 이월해 사용할 수 있다.

셋째, 예산 이체의 인정이다. 지방자치단체의 기구·직제 또는 정원에 관한 법령이나 조례의 제정·개정 또는 폐지로 인해 관계 기관 사이에 직무 권한이나 그 밖의 사항이 변동되었을 때에는 그 예산을 상호 이체할 수 있다.

넷째, 세계현금(歲計現金)의 회계 간 전용이 가능하다. 지방자치단체는 회계 처리를 할 때 세계현금이 부족한 경우 같은 회계연도에서만 다른 회계로부터 자금을 전용할 수 있으며, 전용한 자금은 그 회계연도의 수입으로 변제해야 한다. 이 경우 전용자금에 대해서는 이자를 붙이지 않을 수 있다.

다섯째, 예산 절약에 따른 성과금의 지급이다. 지방자치단체의 장은 예산의 집행방법이나 제도의 개선 등으로 예산이 절약되거나 수입이 늘어난 경우에는 절약한 예산 또는 늘어난 수입의 일부를 이에 기여한 자에게 성과금으로 지급하거나 다른 사업에 사용할 수 있다.

여섯째, 예산·기금의 불법 지출과 낭비에 대한 주민감시 장치의 도입이다. 지방자치단체의 예산 또는 기금을 집행하는 자, 재정 지원을 받는 자, 지방자치단체의 장 또는 기금 관리 주체와 계약 또는 그 밖의 거래를 하는 자가 법령을 위반함으로써 지방자치단체에 손해를 가했음이 명백한 때에는 누구든지 집행에 책임이 있는 지방자치단체의 장 또는 기금 관리 주체에게 불법 지출에 대한 증거를 제출하고 시정을 요구할 수 있다. 이 경우 수입이 증대되거나 지출이 절약된 때에는 시정 요구를 한 자에게 성과금을 지급할 수 있다.

또한 지방자치단체의 예산 절약 또는 수입 증대와 관련한 의견이 있는 자는 해당 지방자치단체의 장 또는 기금 관리 주체에게 그 의견을 제안할 수 있다. 예산·기금의 불법 지출과 낭비에 대해 주민의 시정 요구와 제안 권리를 인정한 점에서 재정 민주주의 제도화의 일환이라고 볼 수 있다.

## 4 결산 및 결산 승인

### 1) 결산의 의의

결산 및 결산 승인 단계는 예산 과정의 마지막 단계다. 예산 집행이 종료되면 결산 절차를 거쳐 결산검사위원의 결산검사를 받고, 지방의회의 결산 승인을 받음으로써 예산주기가 마무리된다.

결산은 1회계연도 내에서의 세입예산과 세출예산의 모든 수입과 지출을 확정적 계수로 표시하는 행위다. 예산이 1회계연도에서의 수입 · 지출의 예정적 계수임에 대해, 결산은 예산 집행 결과에 의한 수입 · 지출의 확정적 계수다. 결산은 예산 집행 후 지방정부의 사후적 재정보고서를 작성하는 과정 또는 그 보고서 자체를 지칭한다고 볼 수 있다. 결산은 위법 또는 부당한 지출이 지적되어도 그것을 무효로 하거나 취소하는 법적 효력이 없다. 예산 집행상 위법 · 부당한 사실이 있을 때에는 지방의회는 집행부에 정치적 · 도의적 책임을 추궁하게 된다는 점에서 정치적 성격을 갖는다.

결산 정보는 사업 정보(program information)와 자원 정보(resource information)로 구분할 수 있다. 전통적인 결산 정보는 자원 정보에 치중했다. 전통적 회계 체계가 제공한 정보는 조직 내부 국면, 지출에 대한 조직의 책임 소재, 그러한 지출에 의해 구입한 자원에 국한되어 있었다. 이러한 전통적인 결산 정보는 최근 사업에 대한 정보를 중요시하는 방향으로 바뀌었다. 그 결과 예산결정자들은 외부의 결과를 조사하기 위해 조직의 경계를 떠나 조직 외부에 눈을 돌리게 되었다. 이 단계에서는 더욱 광범위하고 분명한 정부의 목표를 명확히 할 필요가 있고 성과평가의 중요성을 증대시키게 된다(윤영진, 2014: 196). 최근에는 자원 정보의 경우에도 복식부기 · 발생주의 회계의 도입으로 지방정부의 재무제표가 만들어짐으로써 정보의 품질이 업그레이드되었다. 또한 e-호조 시스템의 도입으로 통합적인 정보를 신속하고 체계적으로 생성할 수 있게 되었다.

### 2) 결산의 절차

#### (1) 결산서의 작성 및 제출

회계연도가 끝나는 날 출납 폐쇄가 이뤄지고, 출납사무가 완결(2월 10일까지)되면 집행기관의 결산 절차가 진행된다. 지방자치단체의 장은 출납 폐쇄 후 80일 이내에 결산서와 증빙서류를 작성한다. 결산서는 ① 결산 개요, ② 세입·세출 결산, ③ 재무제표, ④ 성과보고서를 포함한다. 결산서에는 계속비 결산명세서, 성인지 결산서, 지방세지출보고서, 지방채 발행 보고서, 지방공기업에 대한 출자·출연 보고서 등이 첨부되어야 한다.

지방자치단체의 장은 작성된 결산서를 지방의회가 선임한 검사위원에게 검사를 의뢰하고, 검사위원의 검사의견서를 첨부해 다음 회계연도 5월 10일까지 지방의회에 제출해야 한다. 그리고 지방의회에 결산 승인을 요청한 날부터 5일 이내에 결산서를 행정안전부 장관에게 제출한다.



### (2) 결산 검사위원의 검사

집행기관이 작성한 결산서는 지방의회가 선임한 검사위원들에 의해 검사가 이뤄진다. 지방의회가 선임한 검사위원의 수는 시·도의 경우에는 7명 이상 20명 이내, 시·군 및 자치구의 경우에는 3명 이상 10명 이내로 구성하며, 그 수·선임방법·운영과 실비보상에 필요한 사항은 해당 지방자치단체의 조례로 정한다.

검사위원은 해당 지방의회 의원이나 공인회계사·세무사 등 재무관리에 관한 전문지식과 경험을 가진 자 중에서 선임한다. 이 경우 지방의회 의원은 검사위원 수의 3분의 1 이하로 하며, 3명을 초과할 수 없다. 그리고 지방자치단체의 상근 직원은 검사위원이 될 수 없다.

검사위원의 결산 검사 사항은 ① 결산 개요, ② 세입·세출의 결산, ③ 재무제표, ④ 성과보고서, ⑤ 결산서의 첨부 서류, ⑥ 금고의 결산이다.

검사위원은 지방자치단체의 장, 지방의회, 그 밖의 이해관계인으로부터 독립하여 공정하게 업무를 수행해야 하며, 지방의회는 검사위원의 실명을 공개해야 한다.

검사위원은 지방자치단체의 장과 금고에 대해 검사에 필요한 자료를 요구할 수 있다. 검사위원은 결산 검사가 끝난 후 10일 이내에 검사의견서를 해당 지방자치단체의 장에게 제출해야 하며, 지방의회는 결산 심의 시 필요하다고 인정하면 검사위원을 출석시켜 설명을 들을 수 있다.

### (3) 지방의회의 결산 승인

결산 검사위원의 검사의견서를 첨부한 결산서가 지방의회에 제출되면 지방의회의 결산 승인 절차가 진행된다. 지방의회의 결산 승인은 제1차 정례회의의 회기 내에 처리되어야 한다. 지방의회의 결산 승인이 이뤄지면 예산 과정이 마무리된다. 지방의회의 결산 승인은 예산 집행 결과에 대해 지역주민을 대표해 승인하는 의미를 갖는다.

결산의 심사 결과 위법 또는 부당한 사항이 있는 경우에 지방의회는 본회의 의결 후 지방자치단체 또는 해당 기관에 변상 및 징계 조치 등 그 시정을 요구하고, 지방자치단체 또는 해당 기관은 시정 요구를 받은 사항을 지체없이 처리해 그 결과를 지방의회에 보고해야 한다.

지방의회의 결산 승인을 받으면 지방자치단체의 장은 5일 이내에 시·도에서는 행정안전부 장관에게, 시·군 및 자치구에서는 시·도지사에게 각각 보고하고 그 내용을 고시해야 한다.

### 3) 결산상 잉여금의 처리

지방자치단체는 회계연도마다 세입·세출 결산상 잉여금이 있을 때에는 다른 법률에 따른 금액과 이월금을 뺀 잉여금은 그 잉여금이 생긴 회계연도의 다음 회계연도까지 세출예산에 관계없이 지방채의 원리금 상환에 사용할 수 있다.

그리고 다른 법률에 따른 금액과 이월금, 지방채증권 또는 차입금의 상환 해당액을 공제하고 남는 결산상 잉여금은 다음 연도 세입에 이입하되, 조례가 정하는 바에 의해 그 잉여금의 전부 또는 일부를 재산 또는 기금에 편입할 수 있다.

또한 매 회계연도의 결산상 잉여금 중에서 전년도 세입금의 수납액으로써 채무확정액과 다른 법률에 따른 금액 및 이월금, 지방채증권 또는 차입금의 상환 재원에 충당한 후에 발생한 잉여금에 대해서는 회계연도가 개시된 후 자금 형편상 부득이한 경우에 한해 전년도 세입·세출의 결산 이전이라도 이를 당해 연도의 세입에 이입할 수 있다.

CHAPTER 17

# 예산 과정에의 주민 참여



## 제1절 재정 민주주의와 주민 참여

### 1 재정 민주주의의 개념

재정 민주주의 개념은 민주주의가 주권 재민을 선언한 제도이듯이, 재정 주권이 납세자인 국민에게 있다는 것을 의미한다. 재정 민주주의는 납세자 주권과 동일한 의미다. 납세자 주권은 납세자인 국민이 과세와 공공 서비스 수혜의 대상이라는 수동적 객체에 머물지 않고, 재정의 주인으로서 재정 과정에 국민의 의사를 반영하고, 재정 운영을 감시하며, 잘못된 부분의 시정을 요구하는 능동적 주체임을 강조한다. 또한 재정 민주주의는 재정상의 의사 결정 및 재정 운영을 민주화한다는 의미이기도 하다.

역사적으로 재정 민주주의는 군주의 자의적인 과세권의 행사를 제한하는 데에서 비롯되었다. "대표 없이 과세 없다"는 원칙이 이를 대변한다. 이러한 역사적 전통 때문에 재정 민주주의 개념은 국가의 재정 활동이 국민의 대표기관인 의회의 의결에 의해 행해져야 한다는 재정 입헌주의 의미로 이해되었다.

그러나 최근에는 직접 민주주의의 제도화가 이뤄지고 거버넌스에 기반을 둔 정책 결정 체제가 구축되면서 재정 민주주의 개념이 확대되었다. 거버넌스는 정부와 시민사회 및 기업 등의 이해관계자들이 협력적 네트워크를 형성해 정책 결정을 한다는 의미다. "정부로부터 거버넌스로(From Government to Governance)"라는 표현에서 보듯이 재정상의 의사 결정이 지금까지 독점적인 정부에 의해 이뤄졌지만 이제 정부와 시민사회 등이 협력적 결정을 하게 된 것이다. 지방정부는 이러한 거버넌스를 구축하는 데에 매우 적절한 공간이며, 지방재정은 중심적 역할을 할 수 있는 특성을 갖고 있다.

## 2 예산 과정에의 주민 참여

재정 주권자로서 지역주민이 재정 과정에 참여하는 방법은 크게 두 가지 유형으로 구분할 수 있다. 하나는 재정통제 방식의 참여다. 납세자인 주민이 재정 파수꾼으로서 재정을 감시하고 통제하는 역할을 하는 것이다. 예산에 주민의 재정 선호가 제대로 반영되고 주민의 뜻이 제대로 실현되고 있는지의 여부를 직접 감시하고 통제하는 방식이다. 주민의 재정통제와 관련된 제도적 장치로는 정보공개 청구, 주민감사 청구, 내부고발자의 보호, 주민소환제도, 주민소송제도 등이 있다. 제도화는 아니지만 시민단체의 예산 낭비의 감시, 지방의회 예산 심의 기능의 감시, 예산회계 및 조세제도의 개혁 요구 등도 주민의 재정통제 방안이다.

다른 하나는 정책결정자로서의 참여다. 재정상의 의사 결정 과정에 주민이 직접 참여해 주민의 재정 선호를 예산에 반영하는 것이다. 재정 과정에 시민이 참여하는 방법은 다양하다. 주민이 세금의 주인으로서 개인적으로 참여할 수도 있고 시민단체를 구성 또는 가입해 조직적으로 참여할 수도 있다. 주민 개인이 참여하는 방법에도 제도를 이용해 참여하는 방법과 개별 행동으로 참여하는 방법이 있다. 주민 참여와 관련된 제도적 장치로는 예산 편성 단계에서 공청회와 정책토론회, 주민대표의 위원회 참여, 재정 수요의 조사, 주민참여예산제도 등이 있다. 재정 과정에의 주민 참여는 예산 편성 단계에 재정 배분의 우선순위를 결정할 때 주민의 합의를 기반으로 결정하는 것을 의미한다. 주민참여예산제도는 재정 과정에의 주민참여제도의 전형적인 예다.

## 3 플랫폼 재정과 주민 참여

재정은 주민 참여의 장이 되는 플랫폼이다. 플랫폼은 기차를 타고 내리는 승강장을 말한다. 철도 플랫폼은 승객들이 원하는 목적지에 가기 위해서 반드시 거쳐야 하는 곳이다. 최근에 새로운 패러다임으로서 플랫폼 기업과 플랫폼 경제 등의 개념이 등장했다. 플랫폼을 만들어 개방할수록 열린 혁신이 일어나고 이것이 국가와 조직의 경쟁력이 된다는 것이다. 여기서의 플랫폼이란 주로 상이한 두 종류 이상의 제휴 고객들을 직접 상호작용하게 하여 가치를 창출하는 조직을 말한다(Hagiu, 2007). 구글, 페이스북, 카카오톡, 네이버 등이 이러한 기업에 속한다. 주로 IT 기업에 해당하는 개념이라고 보았지만 모든 기업 및 산업에 적용되는 개념으로 보고 있다.

플랫폼이란 사람들이 모이는 장(場)이다. 생태계 구성원들이 뛰어노는 운동장이라 할 수 있다. 플랫폼에는 두 가지 요소가 포함되어 있다. 문제 해결책(solutions)과 재미(serendipity)다. 플랫폼이 만들어지기 위해서는 플랫폼에 사람들이 방문해야 하는 이유인 문제 해결책을 줄 수 있어야 하고, 일단 방문해 본 사람들에게는 뜻밖의 재미를 줄 수 있어야 한다. 문제 해결책 때문에 방문한 사람이 재미까지 느끼면 더 자주 방문하기 마련이다. 이렇게 더 많은 사람이 방문할수록 플랫폼은 진화하고 생태계는 번성하고 비즈니스는 발전한다(김기찬 · 송창석 · 임일, 2015: 13).

플랫폼 재정은 생소한 용어일 수 있지만 재정은 사람들이 모여서 공익적 가치를 창출하는 플랫폼인 것은 분명하다. 납세자 주권이라는 재정 민주주의 하에서는 플랫폼 재정이 더욱 어울리는 개념이다. 재정에는 사회복지, 경제사업, 문화사업, 환경 등 다양한 분야에 걸쳐 편성된다. 그만큼 각 분야와 관련된 사람들이 다양하게 포함되어 있다. 2000년대 초반 전국예산감시네트워크가 구성되었을 때 여기에는 종합적인 권익 주창 시민단체뿐만 아니라 문화운동단체, 환경운동단체, 복지운동단체들이 대거 참여한 적이 있다. 일종의 재정의 플랫폼이 형성되고 새로운 재정 생태계가 만들어진 것이다.

과거 재정은 법률에 근거해 조세 및 세외수입 등을 징수하고 정부가 주민들에게 공공 서비스를 제공하는 파이프라인(pipeline) 방식의 일방적 구도였다. 이런 닫힌 재정에서는 구성원과 생태계에 관심이 없다. 최근에 주민참여예산제도가 도입되면서 거버넌스 형태의 재정상의 의사 결정이 이뤄지고 있다. 하지만 플랫폼 재정은 거버넌스 형태를 넘어서는 새로운 패러다임이다. 정보통신 인프라가 고도화되면서 플랫폼 재정은 더욱 진화할 수 있게 되었다.

주민참여예산제도는 일반 시민들이 주민참여예산위원으로 공모되고 이들이 지역 문제의 해결책을 자유롭게 모색할 수 있는 가치 창출자 역할을 할 수 있게 만들어준다. 지역회의가 구성된다면 이러한 의미는 더욱 커질 것이다. 개방성을 더욱 확대해 주민 개개인이 의견 개진권과 발언권을 갖는다면 새로운 재정 생태계를 구성하게 될 것이다. 그리고 지역주민들이 주민참여예산제도를 통해 함께 모여 축제를 벌이듯이 지역문제 해결책을 찾는다면 재정의 주인으로서의 보람과 재미를 느끼게 될 것이다. 재정 플랫폼이 잘 구축된 지역일수록 주민의 참여도가 높아지고 행복도도 제고될 것이다. 이런 현상은 브라질 포르투알레그리 시와 모범적인 주민참여예산제도를 운영하는 우리나라의 도시들에서 볼 수 있다.

## 제2절 주민참여예산제도

### 1 주민참여예산제도의 의의와 이념

#### 1) 주민참여예산제도의 의의

주민참여예산제도는 예산 과정의 단계와 연결시킬 때 협의와 광의로 구분할 수 있다. 협의의 주민참여예산제도는 예산 편성 단계에서의 참여에 초점을 맞추는 제도다. 예산 편성 과정에 지역주민이 직접 참여해 주민들의 선호와 우선순위에 따라 예산을 스스로 결정하는 제도를 말한다. 광의의 주민참여예산제도는 예산 과정의 모든 단계에의 주민 참여를 의미한다. 예산 편성뿐만 아니라 예산 심의, 예산 집행, 결산 및 결산 승인 단계에서의 주민 참여는 광의의 주민참여예산제도에 포함된다.

초기의 주민참여예산제도는 주민이 참여할 수 있는 범위를 '예산 편성 과정'에 한정하는 협의의 주민참여예산제도였다. 그런데 2018년 3월 주민 참여 범위를 '예산 편성 과정'에서 '예산 편성 등 예산 과정'으로 개편했다. 이에 따라 주민참여예산제도는 예산 편성을 중심으로 예산 집행과 결산 및 성과 평가 등에 이르기까지 지방의회의 예산 심의·의결 과정을 제외한 예산 과정 전체로 확대되었다. 협의에서 광의의 주민

참여예산제도로 변경되었다. 지방재정법(제39조)에는 "지방자치단체의 장은 지방예산 편성 등 예산 과정에 주민이 참여할 수 있는 제도를 마련하여 시행해야 한다"고 규정하고 있다. 다만, 지방의회의 의결사항은 제외한다.

그리고 지방예산 편성 등 예산 과정의 주민 참여와 관련되는 사항을 심의하기 위해 지방자치단체의 장 소속으로 주민참여예산위원회 등 주민참여예산기구를 둘 수 있게 하고 있다. 주민참여예산기구의 심의 사항에는 주민참여예산제도의 운영에 관한 사항, 지방의회에 제출하는 예산안에 첨부하는 의견서의 내용에 관한 사항, 그 밖에 주민참여예산제도의 운영에 필요하다고 인정하는 사항이 포함된다.

지방자치단체의 장은 주민참여예산제도를 통하여 수렴한 주민의 의견서를 지방의회에 제출하는 예산안에 첨부해야 한다. 행정안전부 장관은 지방자치단체의 재정적·지역적 여건 등을 고려하여 지방자치단체별 주민참여예산제도의 운영에 대하여 평가를 실시할 수 있다.

주민참여예산제도는 납세자 주권에 바탕을 둔 재정 민주주의의 가장 강력한 제도적 장치다. 주민참여예산제도는 주민들을 위해 좋은 정책들을 시행함으로써 양질의 서비스를 제공한다는 의미도 있지만 주민들 스스로 그 권력의 주체가 되게 하는 의미가 더 크다. 이것은 예산 결정과 예산 운영이 주민의 참여와 합의를 가장 중요한 의사 결정 기준으로 삼아야 한다는 의미다. 이 점에서 주민참여예산제도는 재정 민주주의를 가장 잘 구현한 제도다.

주민참여예산제도는 1989년 브라질 포르투알레그리 시에서 처음 시작되어 전 세계의 도시들로 확산되었다. 1989년 포르투알레그리 시의 노동자당(PT) 소속 올리비우 두트라(Olivio Doutra) 시장에 의해 주민참여예산제가 시작되었으며, 1990년대와 2000년대에 브라질의 많은 도시에서 도입되었다. 이후 독일, 스페인 등 유럽의 많은 도시로 확산되었다. 현재 전 세계적으로 약 1,500여 개 이상의 도시에서 주민참여예산제도를 시행하는 것으로 알려져 있다. UN과 세계은행(World Bank)은 가장 모범적인 시민 참여 모델로 평가하고 있다.

우리나라는 2004년 광주광역시 북구청에서 처음 시행한 이후 많은 자치단체로 확산되었다. 2011년에는 지방재정법 개정을 통해 예산 편성 단계에서의 주민 참여를 의무화하면서 교육청을 포함한 모든 지방자치단체가 시행하고 있다.

### 2) 주민참여예산제도의 이념

주민참여예산제도의 이념은 최초로 이 제도를 도입한 브라질 포르투알레그리 시에 잘 드러나 있다. 브라질 주민참여예산제의 기본 원리는 다음과 같다.

① 모든 시민은 참여할 권리가 있다.

② 지역사회와 함께 모든 예산안에 대해 토의한다.

③ 지역사회와 함께 평가해 운영 면에서 개선을 하는 자율적 조절 기능을 갖는다.

④ 정부와 주민과의 투명한 관계를 통한 주민 심의와 함께 연말 예산 집행 내역을 주민이 평가한다.

이러한 기본 원리는 민주적 거버넌스, 공동체, 역량 강화 토의 민주주의(empowered deliberative democracy) 등에 기반을 둔 것이다.

주민참여예산제의 기본 원리를 정리하면 세 가지로 요약할 수 있다. 즉, ① 참여의 개방성, ② 참여 주민에 대한 권한의 부여, ③ 운영 과정의 투명성 보장이다. 참여의 개방성이란 지역주민 누구에게나 예산 편성 과정에 참여의 기회가 보장되어야 한다는 의미다. 여기서 참여 기회는 예산 편성 단계에서의 의견 반영 기회와 주민참여예산위원회와 같은 결정 기구에의 참여 기회를 포함한다. 참여 주민에 대한 권한의 부여는 예산안에 대한 주민 의견 수렴, 심의, 우선순위 조정 등에 대한 실질적 결정권을 부여하는 것이다. 결정의 모든 단계에서 참여한 주민들에게 실질적 권한이 주어지지 않는다면, 주민들의 참여가 집행부의 결정을 합리화시키는 수단으로 전락할 수밖에 없다. 다만, 예산 편성의 최종 결정 권한은 자치단체장에게 있으며, 지역주민이 최종 결정하는 것은 아니다. 운영 과정의 투명성은 주민 참여 과정에서 모든 정보의 공개와 참여 과정 자체의 공개를 의미한다. 투명성의 확보는 책임성과 참여를 보장하기 위한 기본 전제다.

주민참여예산제의 기본 원리에서 지향하는 이념은 과정적 측면과 결과적 측면으로 나눠 볼 수 있다(윤영진, 2014: 402). 과정적 측면에서의 이념은 개방성, 공동체성, 평등성, 민주성, 투명성, 담론 지향성 등을 들 수 있다. 이것은 "누구나, 함께, 똑같이, 자유롭게, 공개적으로 토론하는" 참여를 지향함을 의미한다. 결과적 측면은 대응성, 효율성, 형평성, 책임성 등을 들 수 있다. 이것은 주민의 요구(수요)가 반영된 효율적이고 공평한 예산이 편성되어야 함을 의미한다. 여기서의 효율성은 배분적 효율성과 기술적 효율성이 모두 포함된다. 형평성은 계층 간, 집단 간, 지역 간, 성별 등등의 공평한 예산 배분을 의미한다. 책임성은 예산편성권자의 지역주민에의 책임성을 의미한다.

그런데 주민참여예산제도는 결과보다는 과정 측면의 이념을 지향하는 경향이 있다. 이것은 주민 참여를 통해 주민들의 자치 능력을 강화시키는 참여 민주주의에 기반하고 있기 때문이다.



표 17-1 주민참여예산제의 이념

| | 지향 이념 |
|---|---|
| 과정 | 개방성(누구나), 공동체성(함께), 평등성(똑같이), 민주성(자유롭게), 투명성(공개적으로), 담론 지향성(토론하는) |
| 결과 | 대응성, 효율성, 형평성, 책임성 |

## 2 주민참여예산제도의 발전 과정

### 1) 논의 및 의제 형성 단계

우리나라에서 주민참여예산제도가 처음 소개된 것은 브라질 노동자당(PT)과 교류를 갖고 있던 민주노동당에 의해서다. 민주노동당이 2001년 서울시 '예산참여시민위원회 설치조례' 제정 청구 캠페인을 벌이면서 알려지기 시작했다. 2002년 지방선거 때 민주노동당은 선거공약으로 참여예산제 도입을 명시했다.

주민참여예산제도 의제 형성 과정에는 시민단체의 역할이 컸다. 2001년 예산감시단체 연대기구인 전국예산감시네트워크 워크숍에서 참여예산제에 대해 논의하고 납세자운동의 의제로 채택한 바 있다. 이러한 운동의 일환으로 2003년 1월 참여예산 모범조례안을 제시하고 본격적인 참여예산조례 제정운동을 선언했다.

정부 차원의 주민참여예산제 의제가 채택된 것은 노무현 정부 때다. 노무현 정부 집권 초기인 2003년 7월 지방분권 추진 로드맵 등에서 주민참여예산을 비롯한 주민참여제도 도입 및 활성화를 정책 과제로 채택했다.

### 2) 지자체의 자발적 도입 단계

우리나라에서 최초로 주민참여예산제도를 도입한 곳은 광주광역시 북구청이다. 광주 북구청은 광주의 시민운동단체인 '참여자치21'에서 제안한 주민참여예산제 도입을 수용해 시행했다. 2003년 8월부터 공청회 등 논의를 시작해 2004년 전국예산감시네트워크 표준조례안을 모델로 최초의 주민참여예산조례를 제정했다. 이후 울산 동구청(2004년), 대전 대덕구(2005년)에 이어, 광역자치단체로는 대전광역시가 2006년 첫 도입했다. 그 후에도 기초자치단체를 중심으로 주민참여예산제도는 전국에 확산되었다.

### 3) 중앙정부의 정책의제화 단계

민주노동당의 정강 채택과 시민단체의 조례 제정 운동으로 시작된 주민참여예산제도 도입은 노무현 정부에 의해 공식적 정책의제로 채택되었다. 노무현 정부는 2003년부터 지방분권 로드맵, 재정・세제 개혁 로드맵 등에서 재정 운영에 대한 주민 참여 확대를 지향하면서 주민참여예산제도 도입을 과제로 제시했다. 그리고 2004년 지방자치단체 예산편성지침에 주민을 예산 편성에 참여시키도록 권고하는 내용을 포함했다.

### 4) 법제화 단계

#### (1) 임의 규정 단계

2005년에는 임의 규정이긴 하지만 법제화가 이뤄졌다. 2005년 8월 지방재정법 개정, 12월 동법 시행령 개정으로 지자체 주민참여예산제도 시행의 명시적인 법적 근거를 마련했다. 이때 제정된 법규정은 주민참여예산을 '시행할 수 있다'는 임의규정으로서 실제 시행 여부는 지자체 자율에 맡겨져 있었다.

2006년 8월 행정안전부는 지자체에 주민참여예산 표준조례안을 제정해 통보했다. 그리고 주민참여예산제도 도입을 지방재정분석평가 지표 중 하나로 포함했다. 그 결과 2006년 9월 17곳에 불과했던 주민참여예산조례 제정 지역은 2007년 11월 62곳으로 급증했고, 2010년 6월 102곳, 2011년 초 119개(전체의 50.9%)로 증가했다.

#### (2) 의무 규정 단계

2011년 3월 지방재정법 개정으로 주민참여예산이 사실상 임의적 시행 사항에서 의무적 시행 사항으로 변경되고, 동년 9월 9일 발효되었다. 임의 규정을 의무 규정으로 개편함으로써 주민참여예산제도는 교육청을 포함한 모든 지방자치단체에서 전면 시행되었다.

이렇게 주민참여예산제도 도입이 의무화된 것은 2010년 6월 지방선거에서 진보정당을 비롯한 야당 소속의 지자체장, 지방의원이 대거 당선되면서 이들이 선거공약으로 제시한 주민참여예산제 도입에 관한 사회적 관심이 급증하고 실질적 도입이 증가한 현상과 관련이 있다.

2014년 5월에는 지방재정법 개정을 통해 지방의회에 예산안을 제출할 때 주민들의 의견서를 첨부하도록 의무화했다. 2015년 5월에는 주민이 참여할 수 있는 제도를 '주민참여예산제도'라고 칭하고, 행정안전부 장관은 지방자치단체별 주민참여예산제도의 운영에 대하여 평가를 실시할 수 있게 했다. 2018년에는 주민참여예산기구의 심의사항을 규정하고, 주민참여예산기구의 구성 · 운영과 그 밖에 필요한 시항은 해당 지방자치단체의 조례로 정하게 했다.



## 3 주민 참여 방법과 주민참여예산위원회

### 1) 주민 참여 방법

지방재정법(제39조)에는 주민참여예산제에 대해 "지방예산 편성 등 예산 과정에 주민이 참여할 수 있는 제도(주민참여예산제도)를 마련하여 시행해야 한다." 그리고 "지방자치단체의 장은 주민참여예산제도를 통하여 수렴한 주민의 의견서를 지방의회에 제출하는 예산안에 첨부해야 한다"고 규정하고 있다. 주민참여예산제도의 시행과 주민 의견서의 의회 제출 예산안 첨부를 의무화하고 있다.

지방예산 편성 등 예산 과정에 주민이 참여할 수 있는 방법에 대해서는 지방재정법 시행령(제46조)에 규정하고 있다. 즉, ① 공청회 또는 간담회, ② 설문조사, ③ 사업 공모, ④ 그 밖에 주민 의견 수렴에 적합하다고 인정해 조례로 정하는 방법이다. 다만, 주민참여예산의 범위, 주민 의견 수렴에 관한 절차, 운영 방법 등 구체적인 사항은 지방자치단체의 조례로 정하게 함으로써 다양한 운영 방식을 보장하고 있다. 지방자치단체의 장은 수렴된 주민의견을 검토하고 그 결과를 예산 과정에 반영할 수 있다.

그런데 앞에서 논의한 주민참여예산제도의 의의와 이념의 관점에서 볼 때 공청회, 간담회, 설문조사, 사업 공모 등은 납세자 주권에 바탕을 둔 재정 민주주의의 제도화에 미흡한 방식이다. 참여의 개방성과 참여 주민에 대한 권한의 부여(empowerment)가 보장된 참여 방식이 필요하다.

### 2) 주민참여예산위원회의 구성

참여의 개방성과 주민에 대한 권한 부여가 보장된 주민 참여 방법의 핵심은 주민참여예산위원회의 구성이다. 주민참여예산제도 의무화에 앞서 2010년 10월 당시 행정안전부는 세 가지 주민참여예산제 모델안을 제시해 지자체 자율로 선택하게 했다. 현재 지방자치단체는 주민참여예산제도의 운용조례를 제정하여 운용하고 있는데, 행안부가 제시한 세 가지 모델 중 하나를 선택하고 있다. 세 가지 모델의 공통된 내용은 조례 제정의 목적, 주민의 범위와 권리, 운영계획수립, 의견 수렴 방법 및 절차 등이다. 가장 큰 차이는 주민참여예산위원회의 구성 및 기능 등과 관련 제도의 활성화 정도이다.

'모델1'은 주민참여예산위원회 등 모든 주요 기구의 설치 등을 임의 규정으로 하여 지방자치단체장의 재량에 맡겨두는 형태이다. 가장 소극적인 주민 참여 방식이다.

'모델2'는 주민참여예산위원회 구성을 의무 규정으로 하고 관련 조항을 좀 더 세부적으로 규정한 형태이다. 그러나 관련 연구회 또는 협의회의 구성 및 운영은 임의 규정으로 되어 있는 경우이다.

'모델3'은 주민참여예산위원회 구성을 의무 규정으로 하고, 분과위원회를 두는 등 권한과 역할을 좀 더 강화한 형태이다. 읍 · 면 · 동 단위의 지역회의를 구성하거나 특별위원회(청년 등), 운영위원회, 민관협의회, 연구회 등 다양한 조직을 구성한 경우가 많다. 또한 주민 교육과 홍보 등 관련 행정 및 재정지원을 세부적으로 규정한 가장 발전된 내용이다.

각 모델별 분포를 보면 2022년 현재 243개 지방자치단체 중 모델1을 채택한 지방자치단체는 41개, 모델2를 채택한 단체는 64개, 모델3을 채택한 단체는 138개로 나타나고 있다. 모델3의 비중이 전체 자치단체의 56.8%로서 가장 많으며, 모델1이 16.9%로 가장 적다. 실제로 주민참여예산위원회가 설치 · 운영 중인 자치단체는 230개이며, 13개 단체는 설치되어 있지 않다.

지방자치단체 유형을 인구 기준으로 구분해 살펴보면, 특별 · 광역시나 인구 50만 명 이상의 대도시 및 자치구에서는 모델3을 채택한 지방자치단체가 많다. 반면에 모델1과 모델2를 채택한 지방자치단체는 소규모 시와 군 단위에서 많이 나타나고 있다.

**표 17-2** 지방자치단체 유형별 주민참여예산제도의 운용조례 현황(2022년)

| 구분 | | 단체 수 | | | | 비중(%) | | |
|---|---|---|---|---|---|---|---|---|
| | | 계 | 모델1 | 모델2 | 모델3 | 모델1 | 모델2 | 모델3 |
| 광역 | 특·광역시 | 8 | 0 | 0 | 8 | – | – | 100.0 |
| | 도 | 9 | 1 | 2 | 6 | 11.1 | 22.2 | 66.7 |
| 기초 | 시(大) | 14 | 1 | 1 | 12 | 7.1 | 7.1 | 85.7 |
| | 시(中) | 29 | 2 | 7 | 20 | 6.9 | 24.1 | 69.0 |
| | 시(小) | 32 | 4 | 9 | 19 | 12.5 | 28.1 | 59.4 |
| | 군(大) | 11 | 2 | 4 | 5 | 18.2 | 36.4 | 45.5 |
| | 군(小) | 71 | 28 | 25 | 18 | 39.4 | 35.2 | 25.4 |
| | 자치구(大) | 36 | 0 | 8 | 28 | – | 22.2 | 77.8 |
| | 자치구(小) | 33 | 3 | 8 | 22 | 9.1 | 24.2 | 66.7 |
| 합계 | | 243 | 41 | 64 | 138 | 16.9 | 26.3 | 56.8 |

주1: 시(大): 인구 50만 명 이상 시, 시(中): 인구 20만 명~50만 명 미만 시, 시(小): 인구 20만 명 미만 시.
주2: 군(大): 인구 7만 명 이상 군, 군(小): 인구 7만 명 미만 군.
주3: 자치구(大): 인구 30만 명 이상 자치구, 자치구(小): 인구 30만 명 미만 자치구.
자료: 행정안전부(2023.5). 『주민참여예산제도 운영 매뉴얼』.

핵심적인 주민참여예산기구의 설치가 활성화된 지역은 대체로 광역자치단체나 대도시 지역이며, 농촌지역은 미흡한 것으로 볼 수 있다.

주민참여예산위원의 수는 광역자치단체의 경우 30~200명, 시의 경우 15~100명, 군의 경우 10~60명, 자치구의 경우 20~160명으로 다양하다. 대도시일수록 위원 수가 많은 것으로 나타난다.

주민참여예산위원의 위촉 방식은 원칙적으로 자치단체가 자율적으로 결정하는 데 다양한 방식이 활용되고 있다. 현재 자치단체는 공모·추첨 방식, 공모·선정 방식, 추천 방식, 당연직 등을 활용하고 있다.

공모·추첨 방식은 특별한 자격요건을 갖추지 않은 일반 주민을 대상으로 공모한 후 무작위 추첨 방식으로 선정하는 방식이다. 예산학교 사전수료를 자격요건으로 하거나 성별·연령별·지역별 편중을 방지하기 위한 쿼터제 등의 장치를 두는 경우도 공모·추첨에 해당한다. 공모·선정 방식은 공모 후 자치단체가 일정 기준에 따라 심사하여 선정하는 방식이다. 추천 방식은 자치단체장, 지방의회, 시민단체, 지역회의 등의 추천에 의해 선정하는 방식이다. 당연직은 공무원 등 일정 직위에 있는 자가 자동으로 주민참여예산위원이 되는 경우다. 2021년 기준 주민참여예산위원회의 구성은 공모를 통한 방법이 61.4%로 가장 많다. 그 다음이 자치단체장·지방의원 및 시민단체 등의 추천이 30.2%로 나타나고 있다. 공모 방식의 비중은 특별·광역시와 큰 규모의 자치구에서 높게 나타나고 있다. 공모 방식의 비중이 높을수록 참여의 개방성이 높다고 볼 수 있다.

주민참여예산위원회는 중요한 역할을 수행한다. 주민참여예산위원회를 구성한 자치단체들은 주민참여예산제 운영조례에 기능을 명시하고 있다. 공통된 내용은 대체로 다음과 같다.

① 예산 과정에 대한 주민의견 수렴
② 주민의견 수렴을 위한 설명회, 공청회, 토론회 등의 개최
③ 예산 과정에 참여와 그에 따른 의견제출
④ 예산 과정과 관련하여 지자체장이 회의에 부치는 사항에 대한 심의
⑤ 분과위원회, 운영위원회의 의견에 대한 심의·의결
⑥ 그 밖에 위원회의 목적 달성을 위해 필요한 활동

## 4 주민 참여의 범위와 권한

### 1) 주민 참여 예산의 대상 범위

재정 민주주의 관점에서 볼 때 주민 참여 예산의 대상 범위는 일반회계와 특별회계를 포함한 모든 예산과 기금이다. 예산과 기금의 주인은 납세자인 주민이기 때문에 모든 예산과 기금이 주민 참여의 대상에 포함되는 것이다.

그런데 실제로 주민이 의사 결정에 영향을 미치는 예산 비중은 그리 크지 않다. 최종적으로 주민 의견이 예산으로 반영된 비율은 2008~2011년 동안 광주시 북구는 일반회계 기준 최고 1.89%, 울산 동구 0.60%, 대전시 대덕구 1.54%에 그친다(조주복, 2012). 이렇게 주민이 의사 결정에 영향을 미치는 예산 비중이 낮은 것은 실질적으로 법적·의무적 경비 등의 예산사업은 참여하기 어렵고, 특히 기초자치단체의 경우 재량으로 지출할 수 있는 가용재원이 매우 부족하기 때문이다.

그러나 주민 참여 예산의 대상 범위가 양적으로 극히 한정적이라고 해도 주민참여예산제도의 취지가 훼손되지 않는다. 앞에서 주민참여예산제도는 과정 측면에서 역

량 강화 토의 민주주의라는 참여 민주주의 제도임을 밝힌 바 있다. 납세자인 지역주민들이 직접적으로 예산 편성에 대한 권한을 행사한다는 점에서 의미를 갖는다. 실제로 예산 편성 과정에의 주민 참여를 통해 사업의 우선순위 조정, 새로운 아이디어 발굴, 낭비성 예산 방지, 정보 공개 등의 효과를 얻고 있다. 특히 주민 참여 예산은 주민 자신들의 생활환경 중 변화되고 개선되어야 할 것들을 제안한다는 점에서 주민 친화적 성격을 갖는다.



### 2) 주민 참여의 범위와 권한

주민참여예산제도를 시행하는 각 자치단체들의 주민 참여의 범위와 권한을 보면 다양하다. 예산 전반 또는 일부에 대한 결정 권한을 부여한 경우, 자체사업 예산 전반의 심의권을 부여한 경우, 주민 제안 사업에 대한 우신순위 결정 후 행정에 제안하는 경우, 중기지방재정계획 관련 사전 의견 수렴하거나 반영하는 경우, 주민의 의견 제안 및 수렴을 행정에 단순 전달하는 경우 등 다양한 모습을 보여준다.

재정 민주주의 관점에서 볼 때 주민 참여 방식은 참여의 폭(breadth)과 깊이(depth)가 클수록 바람직하다. 참여의 폭이란 얼마나 많은 주민들에게 참여의 기회가 주어지는가의 문제이고, 참여의 깊이는 참여 주민들이 참여 과정에서 어느 정도 기회를 얻는가의 개념이다. 앞으로 주민참여예산제도에서의 참여의 폭과 깊이를 확대해 나가야 할 것이다.

## 5 주민참여예산제도의 성과와 문제점

### 1) 주민참여예산제도의 성과

가장 먼저 시행한 브라질 포르투알레그리 시의 주민참여예산제도에 대한 긍정적 평가를 보면 다음과 같다.

첫째, 주민참여예산제도가 시정부와 시민사회의 파트너십을 구축함으로써 민주적 거버넌스를 강화했다고 평가한다(Koonings, 2004). 주민 참여를 통해 주민의 권리 의식을 신장시키고 토론을 통해 주민의 의견을 정책에 반영하는 도시 거버넌스의 모범을 보여주었다는 것이다. 특히 주민 참여의 폭이 지속적으로 확대된 점을 높이 평가한다. 도입 초기인 1990년에는 630명의 주민들이 지역 총회에 참여했으나, 점차 급격하게 늘어나 2000년에는 14,380명이 참여했고, 2012년에는 16,720명이 참여했다(경향신문, 2015.2.24).

둘째, 사회적 약자를 고려한 시민들이 주민참여예산제도에 참여함으로써 사회적 약자를 위한 정책의 우선순위가 높아졌음을 지적한다(Bäutigam, 2004). 지역 총회에 참석한 가구 중 저소득층 비율이 1998년 30.9%였으나 2005년 50%를 넘고 2009년 52.5%에 이른다.[1] 하나의 사례를 보면 시민단체의 도움으로 버스를 빌려 30여 명의 노숙인들이 총회에 나와 3명의 노숙인이 대의원으로 뽑혔는데 대의원 회의에서 노숙인을 위한 정책이 결정된 바 있다. 즉, 시 정부가 새로 짓는 임대아파트 입주권의 3%를 노숙인들에게 주기로 약속한 것이다. 시 외곽의 헤스팅가 마을에 임대아파트가 완공된 후 2012년부터 50여 명의 노숙인이 첫 입주를 시작했다. 시 정부는 노숙인들에게 입주 비용과 공과금을 '상징적인' 수준으로만 받기로 했다고 한다(경향신문, 2015.2.24).

셋째, 시정부와 시민사회의 파트너십에 기초한 주민참여예산제도가 부패한 시의회의 예산 심의를 무력화시켜 재정 운영의 효율성을 가져왔다고 평가한다.

넷째, 예산 결정의 형평성과 효율성이 확보되어 시민복지가 대폭 개선되는 효과를 보였다는 점이다. 이 제도가 도입된 후 10년 만에 식수 보급률은 80%에서 98%로 증가하고, 하수시설 이용자 비율은 46%에서 85%로 수직 상승했다. 저소득층 지역에 학교가 늘어나면서 공립학교 재학생 수는 두 배로 늘었다(경향신문, 2015.2.24). 또한 주택·도시개발 영역의 예산 배정이 10년 동안 3배 이상 배정되었으며, 5개 주제별 사업대상 영역(target areas)의 증가는 급격히 상승해 예산 결정 과정의 대응성이 높아진 것으로 평가한다(Baierle, 2002: 5-7).

우리나라 주민참여예산제도의 성과에 대해서도 여러 연구에서 밝혀지고 있다. 주민참여예산제도의 긍정적 성과는 일차적으로 민주적 거버넌스의 강화를 꼽을 수 있다. 광주시 북구의 경우 예산참여시민위원 및 지역위원과 공무원들을 대상으로 실시한 설문조사 결과를 보면 지역주민들의 알 권리 보장, 지방재정의 투명성 제고, 구정에 대한 이해의 폭 확대, 구정에 대한 신뢰도 제고, 예산 편성 시 주민들의 참여 기회 확대 등의 효과가 상대적으로 긍정적인 평가를 받고 있다. 또한 지방재정 운용에 대한 시민 참여 역량 강화, 예산 낭비 요인의 감소, 구청과 지역주민 간 협력적 파트너

1) 여기서 저소득층은 월 가구소득 930헤알(약 36만 원) 미만 가구를 말함.

십 구축 등의 효과도 다소 긍정적으로 평가되고 있다(곽채기, 2007). 주민참여예산이 5년 이상 진행된 지역주민들의 경우 지역의 재정 및 행정에 대한 이해가 높아졌으며, 지역문제에 대한 관심도 높아졌다는 게 공통된 조사 결과다. 초기 공무원들의 제도 운영에 대한 거부감이나 비협조적 태도도 상당히 완화된 것으로 평가한다.

두 번째 성과는 재정 운영의 투명성과 책임성 제고다. 특히 예산 편성 단계에서의 정보 공개를 높이 평가한다. 그동안 예산 편성 단계에서 사업부서의 사업계획 등에 대한 정보가 거의 외부에 공개되지 않았으나 주민참여예산제도를 통해 주민에게 사전 공개된 것이다. 이러한 투명성의 확대는 지방정부의 지역주민들에 대한 책임성을 강화하는 효과를 가져왔다.

### 2) 주민참여예산제도의 한계와 문제점

포르투알레그리 시 주민참여예산제도의 문제점에 대해서는 다음과 같은 내용들이 제시된다(Baierle, 2002; Baiocchi, 2001).

첫째, 참여 과정의 불평등 문제다. 참여 주민들의 분포를 보면 여성들의 참여 비율이 50%를 넘고, 초등학교 이하 수준의 저학력자 비중이 30~50%에 이르는 등 긍정적인 부분도 있다. 하지만 주민들의 참여 과정의 불평등 문제는 한계로 지적된다. 먼저 백인들의 참여 비율이 압도적으로 높다. 백인들의 참여는 총회(61.9%), 근린집단의 장(63.6%), 대의원회(59.9%), 예산평의원(52.3%) 모두 다수를 차지하고 있다. 여성들의 경우에도 총회(57.3%), 대의원회의(54.7%), 근린조직의 장(58.9%)은 50% 이상을 차지하고 있으나, 예산평의원은 27.3% 정도로 낮다. 교육 수준, 성별, 소득 수준 등의 불평등한 주민 참여가 토론 민주주의 진행 과정에 방해가 되고 또 다른 불균등을 낳고 있다는 지적이다. 또한 영역별 시민사회 발전의 정도가 불균등한 점이 불평등을 심화시킨다는 지적도 나온다.

둘째, 도시계획과 주민참여예산의 연계성 문제다. 도시 전체의 총체적 경제 이익과 개별 도시민의 기본적 욕구 사이의 조화 문제다. 예산은 경제적 합리성과 정치적 합리성이 동시에 강조되어야 하지만, 주민참여예산제도는 정치적 합리성과 절차상의 합의만 강조하기 때문이다.

셋째, 주민참여예산제도에 대한 기존의 집행부나 지방의회와 같은 권력층의 저항이 심하다는 점이다. 특히 주민참여예산제도와 노동자당(PT)과의 연계가 강하면 강할수록, 반대 정당이 집권할 경우에는 제도의 지속 가능성이 약화될 가능성이 있다는 지적을 하고 있다.

우리나라 주민참여예산제의 문제점에 대해서도 많은 지적이 나오고 있다.

첫째, 주민참여예산제도의 정착이 상당한 정도 이뤄지고 있으나 아직도 공무원들의 부정적 인식이 강하다. 곽채기(2007)에 의하면 광주시 북구의 경우 공무원들이 신속한 의사 결정 저해, 공무원의 업무 부담 증가, 예산 배분 과정에서의 집단 간 갈등과 편파적인 이해 관계, 지방재정의 효율적 운영 제약 등 부정적 인식이 강한 것으로 나타난다. 시간이 지나면서 공무원들의 인식 변화가 이뤄지고 있으나 많은 자치단체의 경우 공무원들의 부정적 인식은 여전한 것으로 보인다. 김겸훈・이은구(2009)도 주민참여예산제를 둘러싼 공무원, 주민참여위원 간의 인식차를 분석한 결과 주민참여위원들은 주민 참여 활성화, 예산 낭비의 억제 및 예방 효과 등 긍정적인 면을 강조한 반면, 공무원들은 인기 영합적 예산 편성과 예산 수요의 증가, 집행부의 권한 약화와 의사 결정의 곤란 및 참여의 형식화가 우려된다는 부정적인 인식을 내놓고 있다.

둘째, 주민참여예산위원회와 지방의회와의 갈등 문제다. 특히 지방의원들은 지방의회의 예산심의권 침해 가능성을 제기한다. 주민참여예산제도는 예산 편성 등의 예산 과정에서 지역주민의 참여 및 결정권을 보장한 반면, 지방의회의 예산 심의 단계를 제외하기 때문에 법적으로는 역할 관계에 문제는 없다. 그러나 실제 운영 과정에서 두 기관 간 갈등 문제는 종종 발생한다. 2013년 12월 서울특별시의회 상임위원회에서 주민참여예산을 499억 원에서 199억 원 삭감했다가 주민참여예산위원회가 반발하자 복구하는 등 시의회와 주민위 간에 갈등이 빚어진 바 있다. 이러한 갈등 문제는 어느 쪽이 더 지역주민의 이익을 대변하느냐의 기준에 의해 결정될 수 있을 것이다.

셋째, 주민참여예산제도 도입이 재정 지출 규모와 구성비에 부정적 영향을 미친다는 연구 결과도 있다. 이순향・김상헌(2011)은 주민참여예산제도 도입이 재정 지출 규모를 감소시키는 데 효과가 있는 것으로 나타났지만, 일반행정비, 사회개발비, 경제개발비의 세출예산 비중 변화에는 통계적으로 유의한 영향을 미치지 못하는 것으로 나타난다고 주장한다. 그 결과 주민참여예산제가 예산에 대한 통제 기능은 제고했으나 대응성의 향상에는 크게 기여하지 못했다고 결론을 맺고 있다. 정재호・김상헌(2014)은 주민참여예산제의 도입이 본래의 제도 도입의 취지와 달리 예산 편성에 참여한 주민들이 자신들에게 혜택이 있는 선심성 예산 항목에 우선순위를 반영하고, 지방자치단체의 장이 이들의 의견을 반영해 재정 운영의 효율성에 반하는 결과를 초래했다고 주장한다. 주민참여예산제는 기초지방자치단체의 세출예산상 주민 1인당 선심성 예산과 전시성 예산을 증가시키는 방향으로 작용했다는 것이다.

## 제3절 주민소송제도



### 1 주민소송제도의 의의

주민소송제도는 지방자치단체의 위법한 재무회계 행위에 대해 지역주민이 자신의 개인적 권리·이익의 침해와 관계없이 그 위법한 행위의 시정을 법원에 청구할 수 있는 제도를 말한다. 국가나 지방자치단체의 예산이 위법하게 사용된 경우에 이를 환수할 수 있는 소송 제기권을 납세자에게 부여하는 제도라는 의미에서 납세자 소송이라고도 부른다.

납세자 소송은 민중소송 및 공익소송의 일종이다. 미국의 연방부정청구법(False Claim Act)에 의한 키탬(Qui tam) 소송과 지방의 납세자 소송(taxpayer's suit), 영국의 시민소송(citizen's suit), 프랑스의 월권소송(recour pour exces de pouvoir), 독일의 단체소송(Verbandsklage), 일본의 주민소송제도 등이 납세자 소송제도다.

주민소송제도는 지방자치단체를 대신해 공공재정에 손해를 끼친 자를 상대로 직접 소송을 제기한다는 점에서 국민에 의한 재정 주권의 실현을 보장하는 재정 민주주의의 본질을 가장 잘 반영한 제도적 장치다. 우리나라는 2004년 지방자치법 개정을 통해 주민소송제도를 도입했으며, 2006년 1월부터 발효되었다.

지방자치법(제22조)에는 "공금의 지출에 관한 사항, 재산의 취득·관리·처분에 관한 사항, 해당 지방자치단체를 당사자로 하는 매매·임차·도급 계약이나 그 밖의 계약의 체결·이행에 관한 사항 또는 지방세·사용료·수수료·과태료 등 공금의 부과·징수를 게을리한 사항을 감사 청구한 주민은 그 감사 청구한 사항과 관련이 있는 위법한 행위나 업무를 게을리 한 사실에 대하여 해당 지방자치단체의 장을 상대방으로 하여 소송을 제기할 수 있다"고 규정하고 있다.

우리나라 주민소송제도의 특징은 주민감사청구 전치주의를 택한 점이다. 주민소송 대상에 대해 먼저 감사 청구를 한 다음 감사 청구 결과에 불복이 있는 경우에 감사 청구에 연서한 주민 중 누구라도 주민소송을 제기할 수 있다. 주민감사청구는 주민 연서가 필요하지만 주민소송은 1인도 가능하다. 그리고 미국의 납세자 소송과 달리 소송 제기자에 대한 보상금은 없다.

## 2 주민소송제도의 도입 경위

### 1) 최초 주민소송 유사 제도의 도입

1949년에 제정된 지방자치법에 주민소송제도와 유사한 제도가 도입된 바 있다. 조례 또는 장(長)의 명령이나 처분이 위법하다고 인정할 때는 일정 수 이상의 주민이 직접 감독관청이나 대법원에 출소할 수 있는 주민 출소제도를 채택한 것이다. 이 제도는 주민참여제도로서 비교적 충실한 제도라는 평가를 받았으나 소송 대상이 행정소송법 체계와 조화하기 곤란하고 소송 절차가 미비되어 있는 문제점이 있었다.

결국 주민출소 제도가 활용된 예가 없었다는 이유로 1988년에 폐지되고 말았다. 이 제도는 예산 집행을 직접 대상으로 한 납세자 소송제도는 아니지만 주민자치의 입장에서 주민의 소송 제기권을 인정했다는 점에서 의미를 갖는다.

### 2) 최초의 주민소송 제기

아직 주민소송 관련 법 체계가 마련되지 않은 상태에서 2000년에 최초의 주민소송이 제기되었다. 시민단체인 '함께하는 시민행동'에서 만든 '밑빠진 독상'의 첫 수여 대상인 하남시 환경박람회를 대상으로 주민소송이 제기되었다. 2000년 하남시를 대상으로 '환경박람회 적자분에 대한 부적정한 정부보조금 156억 원 환수'를 위한 납세자 소송을 266명의 시민이 제기한 것이다. 그러나 소송 제기자가 원고 적격이 아니라는 이유로 각하되었다. 비록 소송이 각하되긴 했지만 납세자 소송을 이슈화하는 데 성공했다.

### 3) 입법 과정

시민단체인 참여연대와 함께하는 시민행동이 2000년 12월 12일 국회에 '납세자소송법 입법청원'을 했다. 이들 시민단체들은 활발하게 주민소송을 제기한 일본 시민단체인 도쿄시민옴부즈만을 초청해 세미나를 갖는 등 정책의제화하는 노력을 기울였다.

2002년 주요 정당의 대선 공약에 납세자 소송제도 도입이 포함되었으며, 노무현 정부는 납세자 소송제도를 '국민소송제도'라고 부르며, 도입을 검토하겠다고 밝혔다. 드디어 2004년 지방자치법 개정을 통해 지방정부를 대상으로 한 주민소송제가 도입되었으며, 2006년 1월부터 발효되었다. 그러나 중앙정부를 대상으로 한 국민소송제도는 현재 논의만 진행될 뿐 도입되지 않고 있다.



## 3 주민소송제도의 내용

### 1) 주민소송의 소송 대상

주민소송의 소송 대상은 지방자치단체의 위법한 재무회계 행위다. 지방자치법(제22조)에는 주민소송을 제기할 수 있는 대상을 다음과 같이 명시하고 있다.

① 공금의 지출에 관한 사항
② 재산의 취득 · 관리 · 처분에 관한 사항
③ 해당 지방자치단체를 당사자로 하는 매매 · 임차 · 도급 계약이나 그 밖의 계약의 체결 · 이행에 관한 사항
④ 지방세 · 사용료 · 수수료 · 과태료 등 공금의 부과 · 징수를 게을리한 사항

소송 대상이 되는 사항과 관련이 있는 위법한 행위나 업무를 게을리 한 사실에 대해 해당 지방자치단체의 장을 상대방으로 하여 소송을 제기할 수 있다. 다만, 소송대상 해당 사항의 사무 처리에 관한 권한을 소속기관의 장에게 위임한 경우에는 그 소속기관의 장을 상대방으로 하여 소송을 제기할 수 있다.

### 2) 주민감사청구 전치주의

#### (1) 주민감사청구제도

주민이 지방자치단체의 위법한 재무회계 행위에 대해 주민소송을 제기하기 위해서는 먼저 감사 청구를 해야 한다. 이것을 주민감사청구 전치주의라고 부른다. 주민감사청구를 한 후 다음과 같은 경우에 주민소송을 제기할 수 있다.

① 주무부 장관이나 시 · 도지사가 감사 청구를 수리한 날부터 60일이 지나도 감사를 끝내지 않은 경우. 다만, 정당한 사유가 있어 감사 기간이 연장된 경우에는 연장 기간이 끝난 날까지 감사를 끝내지 않은 경우

② 감사 결과 또는 감사 결과에 따른 조치 요구에 불복하는 경우

③ 감사 결과에 따른 주무부 장관이나 시·도지사의 조치 요구를 지방자치단체의 장이 이행하지 않은 경우

④ 감사 결과에 따른 지방자치단체의 장의 이행 조치에 불복하는 경우

그런데 주민감사청구는 일정 수 이상의 주민이 연서해 상급기관에 주민감사청구를 제기한다. 연서해야 하는 주민 수는 19세 이상의 주민으로서 시·도는 500명, 50만 명 이상 대도시는 300명, 시·군·구는 200명을 넘지 않는 범위 내에서 자치단체 조례로 정한다.

주민감사청구는 상급기관에 하게 되어 있다. 시·도는 주무부 장관, 시·군·구는 시·도지사에게 감사 청구를 한다.

주민감사청구 대상은 지방자치단체와 그 장의 권한에 속하는 사무의 처리가 법령에 위반되거나 공익을 현저히 해친다고 인정되는 경우다. 다만, 수사나 재판에 관여하게 되는 사항, 개인의 사생활을 침해할 우려가 있는 사항, 다른 기관에서 감사했거나 감사 중인 사항, 동일한 사항에 대해 소송이 진행 중이거나 그 판결이 확정된 사항은 감사 청구 대상에서 제외한다.

주민감사청구 기한은 제한되어 있다. 당해 사무 처리가 있었던 날 또는 끝난 날부터 2년이 지나면 감사 청구를 제기할 수 없다. 주무부 장관이나 시·도지사는 감사 청구를 수리한 날부터 60일 이내에 감사청구된 사항에 대해 감사를 끝내야 하며, 감사 결과를 청구인의 대표자와 해당 지방자치단체의 장에게 서면으로 알리고 공표해야 한다. 다만, 그 기간에 감사를 끝내기가 어려운 정당한 사유가 있으면 그 기간을 연장할 수 있다.

그리고 주민이 감사를 청구한 사항이 다른 기관에서 이미 감사한 사항이거나 감사 중인 사항이면 그 기관에서 실시한 감사 결과 또는 감사 중인 사실과 감사가 끝난 후 그 결과를 알리겠다는 사실을 청구인의 대표자와 해당 기관에 지체없이 알려야 한다. 주무부 장관이나 시·도지사는 주민감사청구를 처리(각하 포함)할 때 청구인의 대표자에게 반드시 증거 제출 및 의견 진술의 기회를 주어야 한다.

주무부 장관이나 시·도지사는 감사 결과에 따라 기간을 정해 해당 지방자치단체의 장에게 필요한 조치를 요구할 수 있다. 이 경우 그 지방자치단체의 장은 이를 성실히 이행해야 하고 그 조치 결과를 지방의회와 주무부 장관 또는 시·도지사에게

보고해야 한다.

#### (2) 주민감사청구 전치주의의 문제점

소송의 남발과 행정의 안정성을 위해 주민감사청구 전치주의를 택하고 있지만 주민감사청구 전치주의가 주민소송제도를 제약하는 요소로 작용하고 있다. 문제점을 지적하면 다음과 같다.

첫째, 주민감사청구를 상급기관에 하게 함으로써 감사의 독립성과 공정성이 담보되지 않는다. 일본의 주민감사청구는 상급기관이 아닌 주민이 직접 참여하는 주민감사위원회에 청구함으로써 공정성이 보장되는 것과 비교된다.

둘째, 감사 청구 기한에 대해 당해 사무 처리가 있었던 날 또는 끝난 날부터 2년을 경과하면 감사 청구를 제기할 수 없도록 한 점도 문제다. 감사 청구 대상 사안들이 2년을 경과해 진상이 밝혀지는 경우가 너무 많기 때문이다.

셋째, 감사 청구의 계기가 내부 제보자에 의해 제기되는 경우가 많다는 점에서 1인이라도 감사 청구를 할 수 있고, 내부 제보자에 대한 비밀 보호가 이뤄져야 하는데 그렇지 못하다. 미국의 키탬 소송이 소송 제기자에 대한 철저한 비밀 보호 속에서 진행된다는 점을 유념할 필요가 있다.

### 3) 주민이 청구할 수 있는 소송

현행 주민소송제도에서 주민이 청구할 수 있는 소송에는 네 가지 유형이 있다.

① 1유형 소송: 중지청구 소송

이 유형은 해당 행위를 계속하면 회복하기 어려운 손해를 빌생시킬 우려가 있는 경우에 그 행위의 전부나 일부를 중지할 것을 요구하는 소송을 말한다. 다만, 중지청구 소송은 해당 행위를 중지할 경우 생명이나 신체에 중대한 위해(危害)가 생길 우려가 있거나 그 밖에 공공복리를 현저하게 저해할 우려가 있으면 제기할 수 없다.

② 2유형 소송: 처분 취소·무효 등 확인 소송

행정처분인 해당 행위의 취소 또는 변경을 요구하거나 그 행위의 효력 유무 또는 존재 여부의 확인을 요구하는 소송을 말한다.

③ 3유형 소송: 해태 사실 위법 확인 소송

게을리한 사실의 위법 확인을 요구하는 소송을 말한다.

④ 4유형 소송: 손해배상청구 등 이행 소송

해당 지방자치단체의 장 및 직원, 지방의회 의원, 해당 행위와 관련이 있는 상대방에게 손해배상청구 또는 부당이득 반환청구를 할 것을 요구하는 소송을 말한다. 지방자치단체의 직원이 변상책임을 져야 하는 경우에는 변상명령을 할 것을 요구하는 소송을 포함한다.

주민소송의 확정 판결에 따라 손해배상 또는 부당이득 반환 책임을 지게 되는 당사자에게는 판결이 확정된 날부터 60일 이내에 지방자치단체의 장은 손해배상금이나 부당이득반환금의 지급을 청구해야 한다. 다만, 손해배상금이나 부당이득 반환금을 지급해야 할 당사자가 지방자치단체의 장이면 지방의회 의장이 지급을 청구해야 한다. 지급청구를 받은 자가 기한까지 손해배상금이나 부당이득반환금을 지급하지 않으면 손해배상 · 부당이득반환의 청구를 목적으로 하는 소송을 제기해야 한다.

이들 소송은 해당 지방자치단체의 사무소 소재지를 관할하는 행정법원의 관할로 한다. 다만, 행정법원이 설치되지 않은 지역에서는 행정법원의 권한에 속하는 사건을 관할하는 지방법원 본원의 관할로 한다.

소송을 제기한 주민이 승소한 경우에는 당해 지방자치단체에 대해 변호사 보수 등의 소송 비용과 감사청구 절차의 진행 등을 위해 소요된 비용을 청구할 수 있는 실비보상 청구권이 부여되어 있다. 실비보상 청구가 이뤄지면 지방자치단체는 청구된 금액의 범위에서 그 소송을 진행하는 데에 객관적으로 사용된 것으로 인정되는 금액을 지급해야 한다.

## 4 주민소송 실태와 문제점

### 1) 주민소송 실태

주민소송제도가 도입된 2006년부터 2021년까지 총 55회의 주민소송이 제기되었다. 그 중 10건은 진행 중이며, 45건이 종결되었다. 종결된 사례를 보면 주민이 승소한 경우는 단 한 건(일부 승소)에 불과하다. 나머지는 모두 소를 취하하거나 각하 또는 주민패소로 결정났다. 주민소송제도의 실효성에 의문이 가는 부분이다.

그동안의 소송 내용을 보면 ① 불법 의정비 인상분 및 초과근무수당 환수 요구 15건(32.6%), ② 업무추진비 등 위법 지출 6건(13.0%), ③ 예산 낭비(공사 · 건축 등) 4건(8.7%), ④ 사업 집행의 절차상 위법성 17건(37.0%), ⑤ 손해배상청구 또는 부당이득반

환청구 소송 4건(8.7%)이다.[2)]

제도 도입 초기에는 불법 의정비 인상, 업무추진비 위법 지출 등에 대한 소송이 중심을 이루었다. 반면에 2015년 이후 후반부에는 행정처분에 대한 위법 확인, 무효 확인, 취소 청구에 대한 소송과 손해배상청구 또는 사업비 반환청구 소송 등이 중심을 이루고 있다. 소송의 성격이 바뀌고 있는 점은 주민소송제도의 발전 과정이라고 볼 수 있지만 소송 결과가 모두 주민패소로 결정난 점은 제도 보완의 필요성이 크다는 걸 보여준다.



표 17-3 주민소송 현황(45건: 2021.12.31 현재)

| 순번 | 실시지역 | 소송 제기일 | 소송 요지 | 소송 결과 |
|---|---|---|---|---|
| 1 | 경기 성남시 | 2006.5.25 | 확장된 탄천변도로 일부구간을 사용할 수 없게 되어 예산 낭비 | 종결: 주민패소 ('11.12.22) |
| 2 | 경기 광명시 | 2006.7.24 | 신설 음식물쓰레기 처리시설이 가동되지 않아 예산 낭비 | 종결: 소취하 ('08.10.31) |
| 3 | 충남 서천군 | 2006.8.31 | 군수 업무추진비 위법 지출 | 종결: 주민패소 ('08.2.2) |
| 4 | 서울 성북구 | 2006.9.13 | 구의회 업무추진비 위법 지출 | 종결: 주민패소 ('08.12.3) |
| 5 | 인천 부평구 | 2006.10.10 | 구청장 및 부평구의회 업무추진비 사용에 관한 예산 낭비 | 종결: 주민패소 ('08.1.15) |
| 6 | 인천 부평구 | 2006.12.11 | 구청장 및 부평구의회 업무추진비 사용에 관한 예산 낭비 | 종결: 주민패소 ('08.2.28) |
| 7 | 충남 청양군 | 2007.4.23 | 2005년도 군수 및 부군수 업무추진비 위법 지출 및 인공폭포 조성공사 불법 추진 예산 낭비 | 종결: 주민패소 ('09.3.16) |
| 8 | 강원 원주시 | 2007.8.1 | 물이용부담금 활용한 소공원조성 해태에 관한 작위위법 확인 소송 | 종결: 주민패소 ('09.2.16) |
| 9 | 경기 수원시 | 2007.9.6 | 수원시 공무원 초과근무수당 부당수령 반환 요구 | 종결: 주민패소 ('09.7.29) |
| 10 | 경기 의정부시 | 2008.1.8 | 상계 · 장암도시개발사업지구 보상금 과다 지급 예산 낭비 | 종결: 주민패소 ('12.8.22) |
| 11 | 서울 도봉구 | 2008.5.28 | 불법 의정비 인상분 환수 요구 | 종결: 주민패소 ('14.5.16) |
| 12 | 서울 금천구 | 2008.11.20 | 불법 의정비 인상분 환수 요구 | 종결: 주민패소 ('14.5.16) |
| 13 | 서울 양천구 | 2008.11.25 | 불법 의정비 인상분 환수 요구 | 종결: 주민패소 ('14.6.10) |
| 14 | 서울 성동구 | 2008.12.24 | 불법 의정비 인상분 환수 요구 | 종결: 주민패소 ('14.2.27) |

2) 한 사례에 두 개의 소송이 포함되어 전체 소송 건수는 46건이 됨.

| 15 | 서울 서대문구 | 2009.4.28 | 불법 의정비 인상분 환수 요구 | 종결: 주민패소<br>('13.4.24) |
|---|---|---|---|---|
| 16 | 전남 여수시 | 2009.7.14 | 여수 제2청사~(구)해양수산청 간 청사 교환 시 위법 · 부당한 재산 취득 · 처분 행위의 무효 소 제기 | 종결: 주민패소<br>('11.8.24) |
| 17 | 서울 구로구 | 2009.8.07 | 불법 의정비 인상분 환수 요구 | 종결: 각하<br>('10.2.19) |
| 18 | 서울 동대문구 | 2009.8.07 | 불법 의정비 인상분 환수 요구 | 종결: 각하<br>('10.1.27) |
| 19 | 서울 관악구 | 2009.10.20 | 예산을 부적절하게 집행한 전 구청장에게 손해배상 청구 요구 | 종결: 주민패소<br>('10.8.18) |
| 20 | 서울 동작구 | 2010.2.22 | 불법 의정비 인상분 환수 요구 | 종결: 주민패소<br>('14.6.10) |
| 21 | 서울 은평구 | 2010.2.22 | 불법 의정비 인상분 환수 요구 | 종결: 주민패소<br>('14.2.27) |
| 22 | 서울 강서구 | 2010.2.22 | 불법 의정비 인상분 환수 요구 | 종결: 주민패소<br>('14.11.29) |
| 23 | 서울 강북구 | 2010.2.22 | 불법 의정비 인상분 환수 요구 | 종결: 주민패소<br>('14.8.28) |
| 24 | 서울 성북구 | 2010.3.23 | 불법 의정비 인상분 환수 요구 | 종결: 주민패소<br>('14.2.27) |
| 25 | 서울 용산구 | 2010.5.20 | 불법 의정비 인상분 환수 요구 | 종결: 주민패소<br>('14.3.13) |
| 26 | 서울 강동구 | 2010.8.10 | 불법 의정비 인상분 환수 요구 | 종결: 주민패소<br>('14.5.16) |
| 27 | 서울 영등포구 | 2012.3.6 | 백화점 건물에 관한 사용승인처분 취소 및 시정조치에 관한 부작위위법확인 | 종결: 주민패소<br>('15.9.10) |
| 28 | 서울 서초 | 2012.8.29 | 도로점용허가에 관한 무효확인 등에 관한 소송 | 종결: 주민패소<br>('19.10.17) |
| 29 | 충북 음성군 | 2015.2.17 | 용산산업단지 해제 관련 손해배상(10억 원), 태생일반산업단지조성사업 중단, 생극산단 채무보증 약정 이행, 감사원 채무보증약정 변경요구조치 미이행 등을 청구 | 종결: 주민패소<br>('17.3.31) |
| 30 | 강원 고성군 | 2015.4.28 | 고성군 지방상수도 통합위탁운영과 관련하여 위법확인 소송 청구 | 종결: 주민패소<br>('18.5.15) |
| 31 | 경기 안성시 | 2015.8.10 | 하수시설 민간투자사업 협약내용 정보공개 거부처분 취소 청구 | 종결: 일부승소<br>('16.11.2) |
| 32 | 충북 음성군 | 2015.10.20 | 생극산업단지 및 태생산업단지 관련 손해배상 청구 | 종결: 주민패소<br>('16.12.3) |
| 33 | 전남 함평군 | 2015.12.24 | 레미콘공장 사업계획 연장허가에 관한 처분 취소 청구 | 종결: 주민패소<br>('17.6.2) |
| 34 | 울산 울주군 | 2016.1.6 | 영남알프스 케이블카 사업을 위한 공원계획(변경) 결정 무효 확인 | 종결: 각하<br>('16.11.18) |
| 35 | 대구 달성군 | 2016.5.2 | 공중보건의 '기타 수당', '기타 보수' 위법지출 확인 | 종결: 주민패소<br>('18.1.15) |
| 36 | 전남 함평군 | 2016.9.21 | 계사증축허가에 관한 취소 청구 | 종결: 주민패소<br>('18.3.2) |
| 37 | 경기 부천시 | 2017.2.28 | 부천 상동 영상단지 복합개발사업 사업시행자 선정처분 무효 확인 소송 | 종결: 주민패소<br>('18.6.2) |

| 38 | 전남 함평군 | 2017.5.30 | 계사증축허가에 관한 무효 확인 소송 | 종결: 주민패소 ('19.4.22) |
|---|---|---|---|---|
| 39 | 충북 음성군 | 2018.5.25 | 성본산업단지개발사업 추진을 위한 대출계약 무효 확인 | 종결: 소취하 ('18.10.18) |
| 40 | 대구광역시 | 2018.9.21 | (사)대구관광뷰로의 위탁사업비 반환 청구소송 제기를 요구 | 종결: 주민패소 ('19.1.16) |
| 41 | 경기 남양주시 | 2021.5.4 | ㅇㅇ신도시 광역교통개선 대책 검토된 9호선 연장 사업 노선 변경, 수석대교 위치 변경, 남양주시 제1청사 이전 취소, ㅇㅇㅇㅇ문화 관광단지 조성사업 추진 지연 위법 | 종결: 소취하 ('21.7.26) |
| 42 | 경북 청송군 | 2019.2.27 | 돈사 건축 불허가처분을 취소 | 종결: 주민패소 ('21.7.23) |
| 43 | 경북 청송군 | 2019.2.28 | 돈사 건축 불허가처분을 취소 | 종결: 주민패소 ('21.7.23) |
| 44 | 경북 청송군 | 2019.8.13 | 돈사 건축 불허가처분을 취소 | 종결: 주민패소 ('21.6.11) |
| 45 | 경북 청송군 | 2020.7.20 | 풍력 착공공고 무효 | 종결: 주민패소 ('21.3.31) |

주: 진행 중인 소송은 10건임.
자료: 행정안전부(2022). 『2021년 주민소송 현황』.



### 2) 주민소송제도의 문제점

우리나라 주민소송제도는 일본의 주민소송제도를 모델로 하여 도입되었다. 일본은 '주민소송의 황금 시대'를 맞이했다는 평가를 받으며, 주민이 행정을 감시하는 강력한 수단으로 활용되고 있다. 미국의 납세자 소송제도와 연방부정청구법(Federal False Claims Act)에 의한 키탬(Quitam) 소송도 재정 낭비를 막는 강력한 제도적 장치로 평가받고 있다. 실제로 납세자 소송제도를 도입한 미국과 일본의 경우 예산 낭비를 방지하는 실질적 효과뿐만 아니라 예방적 효과도 매우 큰 것으로 밝혀지고 있다.

그러나 우리나라는 2006년 제도 도입 이후 2021년까지 16년 간 소송 제기가 55건에 불과하고 종결된 소송 중 1건을 제외한 모든 주민소송이 주민 패소 판결을 받았다. 사실상 제도의 작동이 안 되고 있는 것이나 다름없다. 이런 현상이 발생하는 원인에 대해 다음 두 가지 문제를 검토하고자 한다.

#### (1) 재정 민주주의에 대한 사법부 인식의 문제

주민소송제는 주민참여예산제와 더불어 재정 민주주의를 실현하는 대표적인 제도적 장치다. 헌법에는 "대한민국의 주권은 국민에게 있고, 모든 권력은 국민으로부터 나온다"(제1조 제2항)는 국민주권주의를 규정하고 있다. 재정 민주주의 관점에서 보면 재정 주권은 납세자인 국민에게 있고, 모든 재정 권력은 납세자인 국민으로부터 나온다. 이러한 논리로 볼 때 헌법은 납세자 주권을 인정하고 있다고 보아야 한다. 납세자 주권(taxpayers sovereignty)이야말로 진정한 재정 민주주의다.

그런데 그동안 사법부의 판례를 보면 납세자 주권을 부정적으로 보고 있다. 사례를 살펴본다. 첫째, 하남시민들은 2000년 10월 하남시를 피고로 한 보조금 지급결정 무효 확인 소송을 수원지방법원에 제기했다. 당시 하남시가 개최했던 국제환경박람회의 보조금 지급결정이 위법하다는 이유였다.[3] 소 제기 논거는, 피고가 (재)환경진흥회의 적자 보전을 위하여 보조금을 교부한 것은 위법하다는 점, 박람회를 주관한 환경진흥회가 지는 채무는 재단법인의 채무일 뿐이고, 그 채무를 시민의 세금으로 보전해 줄 이유는 없다는 점, 박람회 사업의 모든 계약은 사전에 예산의 범위 내에서 이루어져야 함에도 불구하고 행사 종료 후에 계약된 내역이 수십억 원에 달할 정도로 회계의 적법성을 상실한 상태라는 점 등을 들고 있다. 소송 결과는 납세자는 위법한 예산 지출에 대해 '원고적격'이 없다는 이유로 각하되었다. 이를 계기로 입법 운동이 일어나 지방자치법 개정을 통해 2006년 주민소송제가 도입되었다. 이제는 주민 누구나 소송을 제기할 수 있는 주민소송의 '원고적격'이 인정되어 사실상 '헌법변천'이 이루어졌다.

둘째, 재정지출의 효율성 또는 타당성을 감시하는 권리로서의 납세자 기본권이 헌법상 인정되는지 여부의 판결이다. 국립사범대학 졸업자 중 교원 미임용자 임용 등에 관한 특별법 위헌 확인 소송에서의 판결(2006.3.30)이다. 최종 판결은 재정사용의 합법성과 타당성을 감시하는 납세자의 권리를 헌법에 의해 보장되는 기본권으로 볼 수 없다는 것이다. 그 논거는 다음과 같다. 헌법상 조세의 효율성과 타당한 사용에 대한 감시는 국회의 주요 책무이자 권한으로 규정되어 있어, 재정지출의 효율성 또는 타당성과 관련된 문제에 대한 국민의 관여는 선거를 통한 간접적이고 보충적인 것에 한정된다. 재정지출의 합리성과 타당성 판단은 재정 분야의 전문성을 필요로 하는 정책판단의 영역으로서 사법적으로 심사하는 데에 어려움이 있을 수 있다. 이런 논거를 말하는 판사의 재정 민주주의에 대한 인식을 의심할 수밖에 없다. "재정지출의 효율성 또는 타당성과 관련된 문제에 대한 국민의 관여는 선거를 통한 간접적이고 보충적인 것에 한정된다"는 논리는 국민주권주의에 바탕을 둔 납세자 주권을 사실상 부정하

3) 하남시 국제환경박람회는 '함께하는 시민행동'이 2000년 8월 제1회 '밑빠진 독상' 수상 대상으로 선정했던 사업이며, 위법성을 근거로 하남시민 및 변호사들과 함께 주민소송을 제기했다.

는 의미로 받아들여진다.

셋째, 소송이 제기된 구체적 사안에 대한 법원의 매우 소극적인 납세자 주권의식을 들 수 있다. 법원은 손해배상청구의 요건인 위법성과 지방자치단체장 등의 고의의 존재를 주민이 입증해야 하고, 과실의 경우 중과실이 존재해야 한다고 하며, 재무회계 행위가 단순히 위법하다는 것만으로는 부족하고 손해가 현실로 발생해야 한다고 판시하고 있다. 결국 거의 모든 사례에서 고의나 중과실의 존재, 손해의 발생, 재무회계 행위의 무효 요건을 입증하지 못해 주민이 패소한 것이다(조수진, 2013). 법원에서 이미 엄격한 일반 손해배상의 법리를 통해 운용하고 있다는 점도 주민 패소의 원인이 되고 있다.

주민소송의 원고인 주민들이 관련 정보에 접근하기 어렵고 피고의 손해배상책임을 입증하기 쉽지 않다는 점에서 이를 제도적으로 보완하는 장치를 마련해야 한다. 주민의 관련 정보에 대한 접근권을 확대해 정보 비대칭성을 해소하고, 현행 재무회계 정보의 공개 정도나 정보관리 체계도 개선해야 한다. 재판 과정에서 원고의 해당 사안에 대한 정보공개 신청에 따른 적절한 공개 방안도 마련할 필요가 있다. 그리고 손해배상청구 등 소송의 경우는 이미 끝난 과거의 행위의 위법성을 다투는 것이다. 그러므로 위법이 확인된 마당에 법원에 지나친 재량 기각을 허용해서는 안 된다(조수진, 2013).

넷째, 최근 대법원 판결과 파기환송심을 맡은 고등법원 판결에서 중요한 변화가 일어나고 있다. 법원에서의 재정 민주주의에 대한 인식의 변화라고 볼 수 있다. 용인 경전철 사업 주민소송에 대한 사례(박스 참조)를 살펴보기 바란다.

**용인 경전철 사업 주민소송에 대한 판결**

주민소송에 소극적이던 법원 판단이 전향적으로 바뀐 중요한 판결이 나왔다. 2024년 2월 14일 서울고법 행정10부는 '용인 경전철 손해배상 청구를 위한 주민소송단'이 낸 주민소송 파기환송심에서 사업을 추진했던 용인시장과 잘못된 수요 예측을 한 한국교통연구원의 과실을 인정해 용인시가 이들에게 214억 원을 청구하라는 판결을 내렸다. 지방자치단체의 민간투자사업 실패로 발생한 손해에 대해 공무원들의 배상책임을 인정한 법원의 첫 판단이다.

이 판결은 1·2심에서 주민소송 청구는 적법하지 않다며 받아들이지 않고, 당시 용인시 정책보좌관 박모씨의 일부 책임만을 인정해 10억 원대 손해배상 판결을 했던 것을 뒤집은 것이다. 대법원의 전향적 판단의 결과였다. 대법원은 2020년 '주민소송이 적법하지 않다'는 원심이 잘못되었다며 파기환송하면서 다시 재판이 열리게 된 것이다.

용인 경전철은 1997년부터 검토된 뒤 3명의 용인시장을 거쳐 2013년 4월 개통되었다. 그런데 교통연구원이 예측한 교통 수요는 하루 13만 9천 명이었으나 개통 이후 1일 평균 이용객은 9천 명에 불과했다. 예측치의 6.5%에 불과했다. 이후로도 경전철 운행에 따른 예상 수입과 실제 수입의 간극은 지속되었다. 더 큰 문제는 과다 수요 예측을 근거로 시행사와 최소운영수입을 보장해주기로 계약을 맺은 것이다. 용인시는 최소수입보장 약정에 따라 2013년부터 2022년까지 약 4,293억 원을 지급했고, 2043년까지 지급해야 할 금액도 1조 원 이상이다.

결국 용인 시민들은 2013년 10월 당시 시장과 경전철 사업에 관여한 전현직 공무원 등을 상대로 1조 232억 원의 손해배상을 청구하는 주민소송을 냈다. 이들은 사업 당시 최종 의사 결정 책임자였던 이모 전(前) 시장 등이 공사비를 과다하게 투입하고, 캐나다 회사인 봄바디어만을 우선협상대상자로 선정한 점을 들며 세금을 낭비했다고 주장했다.

파기환송심을 담당한 서울고법 재판부는 이 전 시장 등 사업 담당자들이 수요 예측에 필요한 기본 절차를 거치지 않는 등 중대한 과실을 범해 용인시에 피해를 줬다고 보았다. 재판부는 2013년부터 2022년까지 사업시행자에게 이미 지급한 4,293억 원을 용인시의 손해액으로 확정했다. 다만, 책임 비율은 5%로 판단해 손해배상금 액수를 214억 6천여만 원으로 산정했다.

이번 판결은 지자체의 민간투자사업을 주민소송 대상으로 인정하며 구체적인 손해액까지 산정한 점, 재정지출을 담당한 지자체장과 담당 공무원, 그리고 용역기관의 배상책임을 인정한 점에서 의미가 있다. 그러나 무엇보다도 사법부가 소극적 자세에서 적극적이고 전향적인 자세로 바뀌었다는 점이 의미가 크다. 앞으로도 사법부의 재정 민주주의에 대한 적극적 인식을 기대한다.

### (2) 주민감사청구 전치주의의 문제

주민소송은 지방자치단체의 위법한 재무회계 행위에 대해 그것을 알게 된 주민은 누구라도 소송을 제기할 수 있어야 한다. 그런데 주민감사청구 전치주의를 취함으로써 많은 주민의 연서를 받아야 하고, 내부 제보자의 비밀 보장이 되지 않는 등 주민소송 제기를 어렵게 만들고 있다. 제도 도입 당시 감사청구 전치주의를 주장한 사람들은 소송의 남발을 막고 행정의 안정성을 위해 필요하다는 논리를 폈다. 그러나 그동안 제도 운영을 보면 소송 남발 상황은 발생하지 않았다.

일본도 주민감사청구 전치주의를 채택하고 있는데 일본은 주민소송의 황금 시대를 맞고 있는 반면, 우리나라는 제도의 실효성이 거의 없는 상태로 운영되고 있다. 우선 주민감사청구제도가 우리나라와 일본은 다르다는 점을 지적할 수 있다. 우리나라는 감사청구를 상급기관에 함으로써 감사의 독립성과 공정성이 담보되지 않는다. 일본의 경우 주민이 직접 참여하는 주민감사위원회가 감사를 하기 때문에 독립적이고 객관적 감사가 이루어진다. 감사청구 기한이 일본에 비해 짧은 것도 문제다. 2022년부터 주민감사청구를 사무처리가 있었던 날이나 끝난 날부터 3년 이내에 제기할 수 있도록 제기 기간이 변경된 것은 그나마 다행이다. 그런데 감사청구 전치주의의 가장 큰 문제는 일인이 비밀로 주민소송을 제기할 수 없게 만든다는 것이다. 감사청구와 주민소송의 계기가 내부 제보자에 의해 제기되는 경우가 많다. 그런데 일정 수 이상의 주민 연서를 받아 감사청구를 하는 것은 1인 감사청구를 막을 뿐만 아니라 내부 제보자에 대한 비밀 보호가 이뤄지지 않는다. 내부 제보자의 비밀 보장 및 보호가 필요하다. 또 하나 중요한 것은 미국의 납세자 소송제도처럼 승소한 원고에 대한 보상금제도를 도입해 활성화할 필요가 있다.

06

PART

# 지방재정과 지역경제

# CHAPTER 18 지방공기업

## 제1절 지방 공공기관과 지방공기업

### 1 지방 공공부문과 지방 공공기관

공공부문(public sector)은 제도 단위를 기준으로 볼 때 일반정부와 공기업으로 구분한다. 일반정부에는 정부 단위와 비영리공공기관이 포함된다. 이러한 개념 분류는 지방정부에도 적용된다. 그런데 지방정부의 특수한 여건을 고려하여 지방 공공부문은 지역통합재정 통계로 운영되고 있다. 지역통합재정 통계가 지방 공공부문 재정통계를 지칭한 것이라고 볼 수 있다.

지역통합재정 통계에 포함되는 내용은 다음과 같다(지방재정법 제59조).

① 일반회계, 특별회계(교육비특별회계 포함) 및 기금

② 지방공기업의 재정 상황

③ 지방자치단체 출자·출연기관의 재정 상황

지역통합재정 통계의 구성 범위를 보면 지방정부의 통합재정(일반회계, 특별회계, 기금), 지방교육재정(교육비특별회계), 지방공기업 재정, 지방정부 출자·출연기관 재정이 포함된다.

여기서 지방공기업과 지방정부 출자·출연기관을 지방 공공기관이라고 부른다. 지방정부 출자기관은 주민의 복리 증진, 지역주민의 소득 증대, 지역경제의 발전, 지역개발 활성화를 위한 사업을 수행하기 위해 지자체가 자본금의 전액 또는 일부(10% 이상)를 출자하여 설립한 '주식회사'를 말한다. 출연기관은 지자체가 재산의 전액 또는 일부를 출연하여 설립한 '재단법인'을 지칭한다. 지방 출자·출연기관 운영 전반에 대해 종합적이고 체계적인 관리를 위해 2014년 일반법 성격의 '지방자치단체 출자·출연기관의 운영에 관한 법률'을 제정하여 시행하고 있다.

그런데 공공부문 재정을 일반정부와 공기업 부문 재정으로 구분하려면 지방공기업과 출자·출연기관의 기업적 성격을 엄밀하게 구분하여 재분류해야 하는데 현재 지역통합재정 통계 방식으로 분류하고 있다. 국제 기준에 의하면 비영리공공기관과 공기업의 구분 기준은 원가보상률 50% 기준이다. 원가보상률은 '매출액/생산원가'의 공식으로 계산한다. 원가보상률 50% 미만이면 비영리공공기관으로 일반정부 부문에 속하고, 이상이면 공기업에 속한다. 지방직영기업은 원가보상률 50% 이상이므로 지방공기업 재정으로 분류해야 하지만, 현재 특별회계(예: 상수도사업특별회계) 예산으로 일반정부 부문에 포함되어 있다. 출연법인은 원가보상률 50% 미만이기 때문에 비영리공공기관으로 분류되어 일반정부 부문에 포함되어야 하지만 별도 범주로 분류된다.

## 2 지방공기업의 의의와 대상사업

### 1) 지방공기업의 의의

지방공기업은 지방정부의 기업적 활동을 총칭한다. 공공부문을 일반정부와 공기업 부문으로 구분할 때 지방정부의 일반 행정 활동을 수행하는 일반정부 부문을 제외한 부문이 지방공기업과 지방정부 출자·출연기관이다. 지방공기업은 지방자치단체가 주민의 복리 증진을 목적으로 직접 또는 간접으로 경영하는 사업 중 지방공기업법의 적용을 받는 사업을 경영하는 기업을 말한다. 다시 말해 지방자치단체가 직접 설치·경영(지방직영기업)하거나, 법인을 설립해 경영(지방공단, 지방공사)하는 기업[1]이다.

일반적으로 공기업은 공공성과 기업성이라는 두 가지 요소를 포함한다. 공공성은 공공 소유와 공적 통제, 기업성은 자율성과 시장성의 개념적 특성을 말한다. 공공성과 기업성은 소유 및 지배 구조와 경영 구조에 반영된다. 이러한 지방공기업의 특징은 〈표 18-1〉과 같다.



표 18-1 지방공기업의 특징

| 구분 | 특징 |
|---|---|
| 설립 주체 | 지방자치단체 |
| 사업 영역 | 주민의 복리 증진을 위한 공익사업으로서 수익성이 있는 사업 |
| 경영 원칙 | 공익성과 수익성의 조화, 독립채산 원칙 |
| 예산회계 | 기업회계 기준에 의한 복식부기 예산관리 및 회계 운영 |
| 재원 조달 | 수익자 부담 원칙 |
| 관리 책임 | 지방직영기업: 관리자 지정, 지방공사: 사장, 지방공단: 이사장 |

지방공기업법(제3조)에는 지방공기업 경영의 기본 원칙을 천명하고 있다. ① 지방공기업은 항상 기업의 경제성과 공공복리를 증대하도록 운영해야 한다. ② 지방자치단체는 지방공기업을 설치 · 설립 또는 경영할 때에 민간경제를 위축시키거나, 공정하고 자유로운 경제 질서를 해치거나, 환경을 훼손시키지 않도록 노력해야 한다.

### 2) 지방공기업의 대상사업

지방공기업법(제2조)에는 지방공기업 대상사업으로 지방직영기업 · 지방공사 · 지방공단이 경영하는 사업 중 당연 적용사업과 임의 적용사업을 규정하고 있다. 당연 적용사업에는 ① 수도사업(마을 상수도사업 제외), ② 공업용 수도사업, ③ 궤도사업(도시철도사업 포함), ④ 자동차 운송사업, ⑤ 지방도로사업(유료 도로사업만 해당), ⑥ 하수도사업, ⑦ 주택사업, ⑧ 토지개발사업, ⑨ 주택(공공복리시설[2] 포함) · 토지 또는 공용 · 공공용건축물의 관리 등의 수탁, ⑩ 공공재개발사업 및 공공재건축사업이 해당한다.

1) 지방정부 지분 50%가 넘는 민관공동출자법인도 지방공사로 지방공기업에 속한다.
2) 여기서의 공공복리시설은 공원 · 녹지 · 주차장 · 어린이놀이터 · 노인정 · 관리시설 · 사회복지시설과 그 부대시설, 그리고 문화 · 체육 · 업무 시설 등 거주자의 생활복리를 위하여 필요한 시설을 말한다(지방공기업법 시행령 제2조 제2항).

임의 적용사업에는 경상경비의 50% 이상을 경상수입으로 충당할 수 있는 사업으로서 조례가 정하는 바에 의해 다음의 사업들이 포함된다. 즉, ① 민간인의 경영참여가 어려운 사업으로서 주민 복리 증진 기여, 지역경제 활성화나 지역개발 촉진에 기여할 수 있다고 인정되는 사업, ② 의무적용 대상사업 중 당연 적용사업 기준에 미달하는 사업, ③ 체육시설업, ④ 관광사업(여행업 및 카지노업 제외) 등이다.

## 제2절 지방공기업의 경영 형태

### 1 지방공기업의 경영 형태별 유형

지방공기업은 경영 형태별로 직접경영 형태와 간접경영 형태로 구분할 수 있다. 직접경영 형태에는 지방직영기업, 간접경영 형태에는 지방공단과 지방공사가 있다. 지방 출자 및 출연법인은 2014년 지방 출자·출연 기관법을 제정한 이후 지방공기업과는 다른 별도의 범주로 분류하고 있다.

지방직영기업은 지방자치단체가 직접 사업 수행을 위해 소속 행정기관 형태로 설립 및 경영하고 공기업특별회계를 설치해 일반회계와 구분해 독립적으로 회계를 운영하는 형태의 기업이다. 임직원은 자치단체 소속 공무원이다. 상수도사업, 하수도사업 등이 지방직영기업에 속한다.

지방공단과 지방공사는 지방자치단체가 50% 이상 출자한 독립 법인으로 자치단체와 별도 독립적으로 운영되며 종사자의 신분은 민간인이다. 지방공단은 지방자치단체의 대행 업무를 수행하며, 자본금 전액 지방자치단체가 출자한다. 시설관리공단, 환경공단 등이 여기에 속한다. 지방공사는 지방자치단체가 단독 또는 50% 이상 민관공동 출자한 기업으로서 지자체 주도 기업이다. 도시철도공사, 도시공사 등이 여기에 속한다.

지방자치단체가 50% 이상 100% 미만 출자한 지방공사와 지자체가 50% 미만 출자하는 민관공동 출자기업을 제3섹터라고 부른다. 우리나라의 제3섹터는 지방공사, 주식회사, 재단법인의 세 가지 형태로 설립 및 경영을 할 수 있다.[3)]

### 표 18-2 지방공기업의 경영 형태별 분류

<table>
<tr><th>경영 형태</th><th colspan="2">지방공기업의 유형</th><th>지방자치단체<br>출자 비율</th><th>비고</th><th>기관 수<br>(2023)</th></tr>
<tr><td>직접경영</td><td colspan="2">지방직영기업</td><td>100%</td><td>행정조직 형태</td><td>252개</td></tr>
<tr><td rowspan="3">간접경영</td><td colspan="2">지방공단</td><td>100%</td><td>민간출자 불허</td><td>74개</td></tr>
<tr><td rowspan="2">지방공사</td><td>전액출자형</td><td>100%</td><td></td><td rowspan="2">86개</td></tr>
<tr><td>제3섹터형</td><td>50% 이상</td><td>광의의 제3섹터</td></tr>
<tr><td colspan="5">총계</td><td>412개</td></tr>
</table>

주: 지방직영기업, 지방공단, 지방공사 기관 수는 2023년 12월 31일 기준임.

지방직영기업, 지방공단, 지방공사의 비교는 〈표 18-3〉과 같다.

### 표 18-3 지방공기업법에 의한 기관 간 비교

| 구분 | 지방직영기업 | 지방공단 | 지방공사 |
|---|---|---|---|
| 적용 법률 | 지방공기업법, 지방자치법, 지방재정법 | 지방공기업법 | 지방공기업법, 상법(일부 준용) |
| 사업 성격 | 필수 주민생활 서비스 | 공공성 | 공공성 > 수익성 |
| 설립 | 지자체 조직(특별회계) 조례로 설립 | 지자체 단독 (지자체 100%) 조례로 설립 | 지자체 단독 또는 민관공동출자 (지자체 50% 이상) 조례로 설립 |
| 대표자 | 관리자 (자치단체장 임명) | 이사장 (공모절차 거쳐 자치단체장 임명) | 사장 (공모절차 거쳐 자치단체장 임명) |
| 직원 | 공무원 | 민간인 | 민간인 |
| 예산회계 | 지자체 공기업특별회계 | 독립적 예산회계 | 독립적 예산회계 |
| 예산 의결 | 지방의회 의결 | 이사회 의결 | 이사회 의결 |
| 경영 비용 | 사용료 등 | 대행사업비 | 판매수입 대행수수료 |
| 손익금 처리 | 가능 | 불가 | 가능 |
| 자본 조달 | 타회계 전출금 | 지자체 증자 공단채 발행 | 지자체 증자 또는 민간증자 공사채 발행 |

3) 출자기관은 지방정부의 출자 비율과 상관없이 주식회사 형태로 만든 법인이다.

| 타법인 출자 | – | 타법인 출자 불가 | 직전 연도 자기자본금의 10% 한도 내에서 출자 가능 |
|---|---|---|---|
| 업무 관계 | 지자체 고유사무 | 특정 사무 대행 | 독립사업 경영 특정사무 대행 |
| 사업 범위 | 법(제2조) (당연적용사업 + 임의적용사업) | 법(제2조) (당연적용사업 + 임의적용사업) | 법(제2조) (당연적용사업 + 임의적용사업) |

지방공기업 자치단체별/유형별 현황을 보면 다음 〈표 18-4〉와 같다.

표 18-4 지방공기업 자치단체별/유형별 현황(2023년 12월 31일 기준)

| 자치단체 | 총계 | 광역 | | | | 기초 | | | |
|---|---|---|---|---|---|---|---|---|---|
| | | 소계 | 직영 | 공사 | 공단 | 소계 | 직영 | 공사 | 공단 |
| 서울 | 32 | 8 | 2 | 4 | 2 | 24 | | | 24 |
| 부산 | 9 | 7 | 2 | 3 | 2 | 2 | | | 2 |
| 대구 | 6 | 5 | 2 | 2 | 1 | 1 | | | 1 |
| 인천 | 16 | 8 | 3 | 3 | 2 | 8 | | | 8 |
| 광주 | 9 | 6 | 2 | 3 | 1 | 3 | | | 3 |
| 대전 | 6 | 6 | 2 | 3 | 1 | 0 | | | |
| 울산 | 8 | 4 | 2 | 1 | 1 | 4 | | | 4 |
| 세종 | 5 | 5 | 3 | 1 | 1 | 0 | | | |
| 경기 | 105 | 6 | 2 | 4 | | 99 | 68 | 25 | 6 |
| 강원 | 33 | 1 | 0 | 1 | 0 | 32 | 23 | 2 | 7 |
| 충북 | 21 | 1 | 0 | 1 | 0 | 20 | 17 | 1 | 2 |
| 충남 | 36 | 1 | 0 | 1 | 0 | 35 | 30 | 2 | 3 |
| 전북 | 21 | 1 | 0 | 1 | 0 | 20 | 17 | 1 | 2 |
| 전남 | 21 | 1 | 0 | 1 | 0 | 20 | 19 | 1 | 0 |
| 경북 | 39 | 2 | 0 | 2 | 0 | 37 | 28 | 3 | 6 |
| 경남 | 39 | 1 | 0 | 1 | 0 | 38 | 27 | 4 | 7 |
| 제주 | 6 | 6 | 3 | 3 | 0 | | | | |
| 합계 | 412 | 69 | 23 | 35 | 11 | 343 | 229 | 39 | 75 |

자료: 클린아이 지방공공기관 통합공시에서 재작성.

표 18-5 광주광역시 공기업 현황(2023.12.31)

| | | | |
|---|---|---|---|
| 광역(본청) | 지방직영기업 | 2 | 광주광역시상수도, 광주광역시하수도 |
| | 지방공사 | 3 | 광주교통공사, 광주광역시도시공사, 광주광역시 관광공사 |
| | 지방공단 | 1 | 광주환경공단 |
| 기초(자치구) | 지방공단 | 3 | 광주광산구시설관리공단, 광주서구시설관리공단, 광주북구시설관리공단, |

자료: 클린아이 지방공공기관 통합공시.



## 2 지방직영기업

### 1) 소유 및 지배 구조

지방직영기업은 행정조직 형태의 기업으로 조례에 의해 설립된다. 지방공기업 중에서 가장 오랜 역사를 가진 경영 형태로서 필수 주민생활 서비스를 제공한다. 지방공기업법의 적용을 받고 동법에 규정한 것을 제외한 것은 지방자치법 및 지방재정법과 기타 관계 법령의 적용을 받는다. 상·하수도, 공영개발 등이 지방직영기업으로 운영되고 있다.

지방직영기업의 조직구조는 사업본부, 사업단(소), 국·과 등의 형태를 띠며, 사업마다 관리자를 둔다. 관리자는 해당 지방자치단체의 공무원으로서 지방직영기업의 경영에 관해 지식과 경험이 풍부한 사람 중에서 지방자치단체의 장이 임명하며, 임기제로 할 수 있다. 임기제인 경우 임기는 2년이며, 경영 성과에 따라 연임할 수 있다. 다만, 경영 성과가 우수한 경우로서 본인이 원하는 경우에는 임기 중에도 전보 또는 승진할 수 있다. 지방자치단체의 장은 경영의 기본계획, 주민복리에 중대한 영향이 있다고 인정되는 사항 등에 대해 관리자를 지휘·감독한다. 지방직영기업 직원은 공무원이며, 필요한 경우 전문직렬을 둘 수 있다.

지방직영기업은 업무 상황을 공표할 의무가 있다. 관리자는 사업 연도마다 두 번 이상 업무 상황을 설명하는 서류를 지방자치단체의 장에게 제출하고, 지역주민에게 공시해야 한다. 행정안전부 장관은 각 지방직영기업이 공시하는 사항 중 주요 사항을 표준화하고 이를 통합해 공시할 수 있다.

### 2) 경영 방식

지방직영기업은 사업별로 특별회계(지방공기업특별회계)를 설치해 운영하며, 해당 기업의 경비는 해당 기업의 수입으로 충당해야 한다. 기업의 수입은 상수도 요금 등 사용료 수입이 많은 비중을 차지한다. 다만, 지방직영기업은 독립채산제를 원칙으로 하되, ① 경비의 성질상 지방직영기업의 수입으로 충당하는 것이 적당하지 않은 경비, ② 지방직영기업의 성질상 그 경영으로 생기는 수입만으로 충당하는 것이 객관적으로 곤란하다고 인정되는 경비에 대해서는 해당 지방자치단체의 일반회계나 다른 특별회계가 부담금이나 그 밖의 방법으로 부담한다.

지방직영기업의 특별회계예산은 사업 연도가 시작되기 전에 지방의회에 제출해 의결을 받아야 한다. 지방직영기업의 예산은 예산총칙과 해당 지방직영기업의 사업운영계획에 따라 작성한 사업예산과 자본예산, 그리고 사업예산 및 자본예산과 관련된 자금의 운영계획을 포함한다. 여기서 사업예산이란 해당 사업 연도의 수익·비용에 관한 수익적 수입과 지출에 관한 예정이며, 자본예산은 해당 사업 연도의 자산·부채·자본의 신규 증감액에 관한 자본적 수입과 지출에 관한 예정을 말한다. 지방자치단체의 장은 지방자치단체의 일반회계 및 다른 특별회계의 예산편성지침과 구분하여 지방직영기업의 예산편성 기본지침을 행정안전부 장관이 정하는 기준에 따라 매년 작성하여 전년도 7월 31일까지 지방직영기업에 알려야 한다.

지방직영기업의 회계거래는 발생주의 기준에 의거한 기업회계 원칙에 따른다. 자본거래와 손익거래를 명확히 구분해 대차대조표 계정인 자산, 부채 및 자본 계정과 손익계산서 계정인 수익 및 비용 계정을 설정해 회계 처리한다.

지방자치단체의 일반회계나 다른 특별회계는 지방직영기업의 특별회계에 필요한 출자(出資)를 할 수 있다. 출자를 받은 경우 이익 상황을 고려해 예산으로 전년도 이익금의 일부를 출자한 회계에 납부할 수 있다. 그리고 재해복구, 사회간접자본시설의 건설, 그 밖에 다른 지방직영기업에의 경비 지원과 재정 확충을 목적으로 하는 수익사업에의 사용이 필요한 경우에는 예산으로 전년도 이익금의 일부를 지방자치단체의 일반회계로 전출할 수 있다.

해당 사업 연도에 손실이 생긴 경우에는 전 사업 연도로부터 이월된 이익금이 있으면 그 이익금으로 결손금을 보전하고, 이익금으로도 보전하지 못한 결손금은 이익적립금으로 보전하며, 부족할 때에는 이를 다음 연도에 이월해야 한다. 다만, 자본잉여금이 있는 경우로서 해당 의회의 승인을 받은 때에는 자본잉여금으로 보전할 수 있다.

지방직영기업은 사업을 능률적으로 운영하기 위해 필요한 경우에는 회전기금을 설치할 수 있으며, 해당 지방직영기업의 특별회계의 예산에서 정하는 바에 따라 조성한다. 회전기금은 사업예산 및 자본예산에 의하지 않고 조례로 정하는 바에 따라 운용한다.



## 3 지방공단

### 1) 소유 및 지배 구조

지방공단은 지방자치단체의 특정 사업을 대행하기 위해 조례에 의해 설립한 법인이다. 지방공단은 설립하기 전에 광역자치단체장은 행정안전부 장관과, 기초자치단체장은 관할 광역자치단체장과 협의하고, 사전에 전문기관의 타당성 검토를 거쳐 설립한다. 지방공단은 지방공기업법의 적용을 받으며, 지방공단의 자본금은 그 전액을 지방자치단체가 현금 또는 현물로 출자한다. 시설관리공단, 환경공단 등이 지방공단이다. 지방공단의 업무는 지방자치단체장의 관리·감독을 받으며, 행정안전부 장관은 지방공단의 업무, 회계 및 재산에 관한 사항을 검사할 수 있으며, 공사에 필요한 보고를 명할 수 있다.

지방공단의 임원은 이사장을 포함한 이사 및 감사로 구성되며, 그 수는 정관으로 정한다. 이사는 상임이사와 비상임이사로 구분하며, 이사장을 포함한 상임이사의 정수는 이사 정수의 50% 미만이다. 이사장과 감사는 지방공기업의 경영에 관한 전문적인 식견과 능력이 있는 사람 중에서 임원추천위원회의 추천을 거쳐 지방자치단체의 장이 임면한다. 이사(당연직 이사 제외)는 임원추천위원회가 추천한 사람 중에서 상임이사는 이사장이 임면하고 비상임이사는 지방자치단체의 장이 임면한다. 지방공단의 이사장, 이사 및 감사의 임기는 3년이며, 1년 단위로 연임될 수 있다. 그리고 지방자치단체의 장은 이사장을 임명하는 경우 경영성과계약을 체결해야 한다. 경영성과계약에는 임기 중 이사장이 수행해야 할 경영 목표, 권한과 성과에 따른 보상 및 책임이 포함된다. 지방공단의 직원은 민간인 신분이며, 이사장이 임면한다.

지방공단의 경우에도 업무 상황을 공표할 의무가 있다. 이사장은 사업 연도마다 두 번 이상 업무 상황을 지방자치단체의 장에게 제출하고, 지역주민에게 공시해야 한다. 행정안전부 장관은 각 지방공단이 공시하는 사항을 통합 공시할 수 있다.

### 2) 경영 방식

지방공단은 독립적인 예산회계를 통해 운영된다. 지방공단의 예산은 이사회의 의결로 확정되며, 예산이 성립되면 지체없이 지방자치단체의 장에게 보고해야 한다. 예산이 확정된 후에 생긴 불가피한 사유로 예산을 변경하는 경우에도 또한 같다.

경영 비용은 지자체의 대행사업 비용 부담금으로 충당한다. 그리고 지방공단은 지방자치단체장의 승인을 받아 해당 사업의 수익자로 하여금 사업에 필요한 비용을 부담하게 할 수 있다. 지방공단에 업무를 위탁한 자와 지방공단으로부터 역무 제공을 받은 자는 그 위탁 업무에 소요된 비용 또는 역무 수수료를 부담해야 한다(지방공기업법 시행령 제67조). 또한 사업 운영을 위해 필요하다고 인정하는 경우 지방자치단체는 지방공단에 보조금을 교부하거나 장기 대부를 할 수 있다.

지방공단의 회계 거래는 발생주의 기준에 의거한 기업회계 기준에 따른다. 지방자치단체는 지방공단에 대해 증자를 할 수 있으나, 지방공단은 다른 법인에 출자할 수 없다. 지방공단은 지방자치단체장의 승인을 받아 공단채를 발행하거나 외국차관을 들여올 수 있다. 지방자치단체는 공단채의 상환을 보증할 수 있다.

## 4 지방공사

### 1) 소유 및 지배 구조

지방공사는 지방공기업 대상사업을 효율적으로 수행하기 위해 조례에 의해 설립한 법인이다. 지방공사는 설립하기 전에 광역자치단체장은 행정안전부 장관과, 기초자치단체장은 관할 광역자치단체장과 협의하고, 사전에 전문기관의 타당성 검토를 거쳐 설립한다. 도시철도공사, 도시공사 등이 지방공사 형태다.

지방공사의 자본금은 그 전액을 지방자치단체가 현금 또는 현물로 출자한다. 다만, 지방공사의 운영을 위해 필요한 경우에는 자본금의 2분의 1을 넘지 않는 범위에서 지방자치단체 외의 자(외국인 및 외국법인 포함)로 하여금 출자하게 할 수 있다.[4]

---

4) 지방공사가 해당 지방자치단체가 설립한 다른 공사로부터 출자를 받거나 해당 지방자치단체가 설

이 경우 민관공동 출자기업이 된다. 출자를 하기 위해 지방공사 사장은 출자의 필요성 및 타당성을 검토해 지방자치단체의 장에게 보고하고 의회의 의결을 받아야 한다. 지방공사의 자본금은 주식으로 분할해서 발행하며, 지방자치단체장은 지자체가 소유하는 주식에 대한 주주권을 행사한다.

그리고 지방공사는 공사의 사업과 관계되는 사업을 효율적으로 수행하기 위해 지방자치단체장의 승인을 받아 지방자치단체 외의 다른 법인에 출자할 수 있다. 이 경우에도 전문기관의 사전 검토를 거쳐야 하며, 직전 사업 연도 말 지방공사 자본금의 10% 이내에서 출자할 수 있다.

지방공사는 지방공기업법의 적용을 받으며, 일부 상법의 적용을 받는다. 지방공사의 업무는 지방자치단체장의 관리・감독을 받으며, 행정안전부 장관은 지방공사의 업무, 회계 및 재산에 관한 사항을 검사할 수 있으며, 공사에 필요한 보고를 명할 수 있다.

지방공사의 임원은 사장을 포함한 이사 및 감사로 구성되며, 그 수는 정관으로 정한다. 이사는 상임이사와 비상임이사로 구분하며, 사장을 포함한 상임이사의 정수는 이사 정수의 50% 미만이다. 사장과 감사는 지방공기업의 경영에 관한 전문적인 식견과 능력이 있는 사람 중에서 임원추천위원회의 추천을 거쳐 지방자치단체의 장이 임면한다. 다만, 인사청문회를 실시하는 경우에는 임원추천위원회의 추천 절차를 생략할 수 있다. 이사(당연직 이사 제외)는 임원추천위원회가 추천한 사람 중에서 상임이사는 사장이 임면하고 비상임이사는 지방자치단체의 장이 임면한다.

지방공사의 사장, 이사 및 감사의 임기는 3년이며, 1년 단위로 연임될 수 있다. 그리고 지방자치단체의 장은 사장을 임명하는 경우 경영성과계약을 체결해야 한다. 경영성과계약에는 임기 중 사장이 수행해야 할 경영 목표, 권한과 성과에 따른 보상 및 책임이 포함된다. 지방공사의 직원은 민간인 신분이며, 사장이 임면한다.

지방공사의 경우에도 업무 상황을 공표할 의무가 있다. 사장은 사업 연도마다 두 번 이상 업무 상황을 지방자치단체의 장에게 제출하고, 지역주민에게 공시해야 한다. 행정안전부 장관은 각 지방공사가 공시하는 사항을 통합 공시할 수 있다.

---

립한 다른 공사에 출자하는 경우에는 이를 해당 지방자치단체가 출자한 것으로 본다.

### 2) 경영 방식

지방공사는 독립법인으로서 독립적인 예산회계를 통해 운영된다. 지방공사의 예산은 이사회의 의결로 확정되며, 예산이 성립되면 지체없이 지방자치단체의 장에게 보고해야 한다. 예산이 확정된 후에 생긴 불가피한 사유로 예산을 변경하는 경우에도 또한 같다.

부채 규모가 3천억 원 이상이거나 부채 비율이 200% 이상이거나 부채가 자산보다 큰 지방공사는 매년 해당 연도를 포함한 5년 이상의 중장기재무관리계획을 수립하고, 이사회의 의결을 거쳐 확정한 후 9월 30일까지 지방자치단체장과 의회에 제출해야 한다.

그리고 일정 규모 이상의 신규 투자사업에 대해서는 전문기관의 타당성 검토를 거쳐 지방자치단체장에게 보고하고 지방의회의 의결을 받아야 한다.[5] 타당성 검토는 신규 투자사업의 적정성 여부, 사업별 수지분석, 재원 조달 방법, 지역경제에 미치는 영향 등에 대해 이뤄져야 한다. 그리고 2016년부터 신규 투자사업에 대해 그 사업 내용 및 사업의 결정 또는 집행과 관련된 참여자들의 실명을 관리 및 공개하도록 했다(지방공기업법 제65조의4).

경영 비용은 지방공사가 생산하는 재화와 용역의 판매수입과 일부 대행사업 비용 부담금으로 충당한다. 지방공사는 중앙정부 또는 지방자치단체의 사업을 대행할 수 있으며, 이 경우에 필요한 비용은 중앙정부 또는 지방자치단체가 부담한다. 또한 사업 운영을 위해 필요하다고 인정하는 경우에는 지방자치단체는 지방공사에 보조금을 교부하거나 장기대부를 할 수 있다.

지방공사의 회계 거래는 발생주의 기준에 의거한 기업회계 기준에 따르며, 사업 분야별로 구분해 회계 처리할 수 있다. 지방공사는 결산 결과 이익이 생긴 경우에는 그 이익금을 이월된 결손금 보전, 이익준비금 적립, 감채적립금 적립 등에 처리한다.

지방공사는 지방자치단체의 장의 승인을 받아 사채를 발행하거나 외국 차관을 할 수 있다. 지방자치단체는 사채의 상환을 보증할 수 있다. 그리고 지방공사는 국채 또는 지방채의 취득과 한국은행 또는 그 밖의 금융회사 등에의 예입 외에는 여유금을 운용하지 못한다.

---

5) 광역자치단체 지방공사는 총사업비 200억 원 이상, 기초자치단체 지방공사는 100억 원 이상의 신규 투자사업이 대상이다.

## 5 지방 출자·출연 기관

지방 출자·출연기관은 2014년 '지방자치단체 출자·출연기관의 운영에 관한 법률'을 제정하여 지방공기업과 별개로 운영되고 있다. 지방출자·출연법이 제정된 배경은 기관이 지속적으로 증가하고, 방만 경영, 부정 채용, 성과급 및 수당의 과다 지급 등의 문제점이 발생함에 따라 경영을 합리화하고 투명성을 높임으로써 지역주민에 대한 서비스 증진에 기여하기 위함이다.

지방정부 출자기관은 문화, 예술, 장학, 체육, 의료 등의 분야에서 주민의 복리 증진, 지역주민의 소득 증대, 지역경제의 발전, 지역개발 활성화를 위한 사업을 수행하기 위해 지자체가 자본금의 전액 또는 일부(10% 이상)를 출자하여 설립한 '주식회사'를 말한다. (주)킨텍스, (주)벡스코, (주)○○산업단지개발, (주)○○테크노밸리 등이 여기에 해당한다. 출자기관은 상법상의 주식회사 형태로 설립되기 때문에 지방공사와 구분된다. 지방 출연기관은 지자체가 재산의 전액 또는 일부를 출연하여 설립한 '재단법인'을 지칭한다. 지방의료원, 지방연구원, 신용보증재단, 복지재단, 문화재단, 장학재단 등이 출연기관이다. 출자기관과 출연기관은 지방자치단체 외의 자(외국인 및 외국법인 포함)와 공동으로 출자하거나 출연할 수 있다. 이 경우 민관공동출자법인으로서 제3섹터에 해당한다. 그리고 지방출자·출연법 규정이 없는 경우에는 상법 또는 민법 등이 적용된다.

지방자치단체의 장은 매년 12월 31일까지 지정, 지정 해제 또는 변경 지정의 대상이 되는 출자기관 또는 출연기관을 행정안전부 장관에게 통보해야 한다. 시장·군수·구청장은 행안부 장관에게 통보하는 경우 시·도지사를 거쳐서 통보한다. 통보받은 행안부 장관은 주무기관의 장 및 지방자치단체의 장과의 협의를 거쳐 출자·출연 기관의 지정, 지정 해제 또는 변경 지정에 대한 고시를 한다.

지방자치단체 출자·출연기관은 2023년 말 현재 출자기관 94개, 출연기관 743개로서 총 837개이다. 각 지자체별 출자·출연기관 현황은 〈표 18-6〉과 같다.

표 18-6 지방자치단체 출자·출연기관 현황(2023.12.31 기준)

| 시·도 | 계 | 출자기관 | 출연기관 |
|---|---|---|---|
| 총계 | 837 | 94 | 743 |
| 서울특별시 | 66 | 5 | 61 |

| | | | |
|---|---|---|---|
| 부산광역시 | 29 | 2 | 27 |
| 대구광역시 | 22 | 1 | 21 |
| 인천광역시 | 26 | 4 | 22 |
| 광주광역시 | 18 | 1 | 17 |
| 대전광역시 | 18 | 0 | 18 |
| 울산광역시 | 11 | 0 | 11 |
| 세종특별자치시 | 8 | 3 | 5 |
| 경기도 | 152 | 15 | 137 |
| 강원특별자치도 | 85 | 11 | 74 |
| 충청북도 | 40 | 7 | 33 |
| 충청남도 | 64 | 6 | 58 |
| 전북특별자치도 | 60 | 8 | 52 |
| 전라남도 | 84 | 10 | 74 |
| 경상북도 | 71 | 6 | 65 |
| 경상남도 | 69 | 14 | 55 |
| 제주특별자치도 | 14 | 1 | 13 |

자료: 행정안전부.

**표 18-7** 대구광역시의 출자 · 출연기관 현황(2023.12.31 기준)

| | | | |
|---|---|---|---|
| 본청 | **출자기관** | 1 | (주)엑스코 |
| | **출연기관** | 7 | 대구의료원, 대구정책연구원, 대구신용보증재단, 대구테크노파크, 대구디지털혁신진흥원, 대구문화예술진흥원, 대구광역시 행복진흥사회서비스원 |
| 자치구(군) | **출연기관** | 14 | (중구)대구중구도심재생문화재단, (동구)대구동구교육재단, 동구문화재단, (서구)서구인재육성재단, (북구)대구북구청소년육성재단, 행복북구문화재단, (수성구)수성문화재단, 수성미래교육재단, (달서구)달서인재육성장학재단, 달서문화재단, (달성군)달성교육재단, 달성복지재단, 달성문화재단, (군위군)군위문화관광재단 |

자료: 행정안전부.

## 제3절 지방공기업 경영 성과 및 부채



### 1 지방공기업의 경영 성과

지방공기업의 경영 성과는 당기순손익 결과를 보면 알 수 있다. 2022년 결산 자료를 보면 지방직영기업, 지방공사, 지방공단의 전체 경영 손익은 1조 9,767억 원의 손실을 기록하고 있다. 연도에 따라 변화가 있으나 2조 원 가까운 손실을 기록하는 것은 지방재정에 부담으로 작용하는 것을 보여준다.

경영 손실의 주요 원인은 하수도(△1조 5,383억 원) 및 도시철도(△1조 3,448억 원)의 손실에 기인한다. 건설 및 운영 적자를 기록하고 있는 도시철도 외에 하수도 사업의 적자 폭이 매우 크다. 하수도 사업의 경우 흑자를 기록한 기업은 4개에 불과하며, 나머지 100개 기업은 모두 적자다. 경영 실적 악화를 주도한 하수도 사업과 도시철도 공사의 경우 낮은 요금 현실화율이 적자의 큰 요인이 되고 있다. 요금 현실화율이란 서비스 제공에 투입되는 원가를 요금으로 회수하는 비율을 말한다. 특・광역시의 평균 하수도 요금 현실화율은 74.2%(2022년 기준)이며, 서울(53.1%)과 부산(66.4%)은 매우 낮은 수준이다. 지하철 요금도 1인당 운송원가 대비 평균 운임을 나타내는 운임 현실화율은 55%로 절반을 조금 넘는 수준이다.

공기업 유형별로 보면 지방직영기업은 흑자 대 적자 기업 수가 46 대 206으로 적자 기업이 압도적으로 많으며 1조 4,615억 원(2022년 기준)의 손실을 기록하고 있다. 공영개발은 흑자를 기록한 데 반해 하수도와 상수도 사업의 적자가 손실 발생의 주요 요인이 되고 있다.

지방공사는 흑자 대 적자 기업 수가 48 대 23으로 흑자 기업 수가 더 많지만 총 5,191억 원의 손실을 기록하고 있다. 도시철도는 모두 적자를 기록해 1조 3,448억 원의 손실을 보여준 반면, 도시개발은 8,623억 원(2022년 기준)의 이익이 발생했다. 도시개발공사의 경우 매년 흑자를 기록하고 있다.

지방공단은 전체 95개 기관 중에서 3개 기관만 흑자이고, 나머지 92개 기관은 수지균형(당기순이익 0)을 맞추고 있다. 지방자치단체의 대행 업무를 수행하고 그 경비를 지원받기 때문에 수지균형 상태로 운영된다.

표 18-8 지방공기업 유형별 경영 손익(당기순이익)

(단위: 백만 원)

| 구분 | | 2019 | 2020 | 2021 | 2022 |
|---|---|---|---|---|---|
| 합계 | | △1,319,332 | △2,133,931 | △968,047 | △1,976,730 |
| 직영기업 | 소계 | △1,010,873 | △1,305,950 | △379,414 | △1,461,545 |
| | 상수도 | △136,989 | △367,492 | △483,177 | △448,030 |
| | 하수도 | △1,123,308 | △1,485,988 | △1,396,184 | △1,538,318 |
| | 공영개발 | 248,096 | 547,530 | 1,499,947 | 524,803 |
| | 자동차운송 | 1,328 | 0 | 0 | 0 |
| 지방공사 · 공단 | 소계 | △308,459 | △827,981 | △588,633 | △515,185 |
| | 도시철도공사 | △1,075,592 | △1,823,512 | △1,609,168 | △1,344,772 |
| | 도시개발공사 | 745,123 | 916,892 | 948,942 | 862,345 |
| | 기타공사 | 21,161 | 77,935 | 88,185 | △36,691 |
| | 지방공단 | 849 | 704 | △16,592 | 3,933 |

자료: 클린아이 지방공공기관 통합공시에서 재작성.

## 2 지방공기업의 부채

지방공기업의 부채는 2022년 기준 61조 3,097억 원이며, 매년 증가하는 추세를 보여주지만 부채 비율은 35% 내외 수준이다. 지방직영기업 부채는 6조 5,916억 원으로 부채 비율이 5.7%인 반면에, 지방공사 · 공단은 54조 7,182억 원으로 부채 비율(101.3%)이 높은 수준이다. 지방직영기업 부채 수준은 건전한 수준이지만 하수도의 경우 5조 원이 넘는 부채로서 부채 비율이 10.4% 수준이란 점에서 개선의 필요성이 크다.

지방공사의 경우 대규모 개발사업을 수행하는 광역 도시개발공사의 부채가 큰 비중을 차지한다. 부채 금액 42조 226억 원, 부채 비율 164.1%로 매우 높다. 그러나 도시개발공사 부채는 현물상환하는 선수금, 임대보증금의 비중이 크며, 금융부채는 46.1%에 불과하다. 도시철도공사 부채 9조 583원은 부채 비율 42%로서 지속적으로 개선해야 할 과제다. 도시철도공사 부채는 금융부채가 4조 9,808억 원으로 55% 수준이다. 지하철 건설 후 지자체로부터 공사에 이관된 건설 부채, 무임승차 손실 및 낮은 요금 현실화율로 누적된 경영 손실로 발생한 부채 부담이 큰 상황이다.

지방공단은 지자체 시설을 위탁받아 운영하기 위해 설립된 기관으로 자체사업을 수행하지 않기 때문에 금융부채는 거의 없다. 지방공단의 주 업무인 대행사업 비용을 지자체가 부담하므로 차입할 필요성이 적은 것이다. 지방공단 부채의 대부분은 영업상 발생하는 미지급금 및 매수금과 같은 비금융부채다.

표 18-9 지방공기업 유형별 부채 규모(2022.12.31 기준)

(단위: 백만 원, %)

| 구분 | | 2018 | 2019 | 2020 | 2021 | 2022 |
|---|---|---|---|---|---|---|
| 합계 | 금액 | 52,471,533 | 52,488,600 | 54,607,198 | 56,499,208 | 61,309,721 |
| | (부채 비율) | 37.6 | 34.6 | 35.1 | 34.1 | 36.0 |
| 소계 | 직영기업 | 9,608,024 | 7,799,519 | 7,204,448 | 7,215,134 | 6,591,553 |
| | (부채 비율) | 10.6 | 7.7 | 6.8 | 6.4 | 5.7 |
| | 지방공사 · 공단 | 42,863,509 | 44,689,081 | 47,402,750 | 49,284,074 | 54,718,168 |
| | (부채 비율) | 86.9 | 89.6 | 94.9 | 93.3 | 101.3 |
| 직영기업 | 상수도 | 631,445 | 553,400 | 568,682 | 813,013 | 784,983 |
| | (부채 비율) | 1.9 | 1.6 | 1.6 | 2.1 | 2.0 |
| | 하수도 | 5,894,176 | 5,653,566 | 5,364,252 | 5,405,982 | 5,099,205 |
| | (부채 비율) | 13.4 | 12.1 | 11.2 | 11.4 | 10.4 |
| | 공영개발 | 3,081,448 | 1,591,145 | 1,269,955 | 994,256 | 705,378 |
| | (부채 비율) | 22.7 | 7.8 | 6.0 | 3.7 | 2.6 |
| | 자동차운송 | 955 | 1,408 | 1,559 | 1,883 | 1,987 |
| | (부채 비율) | 7.1 | 9.5 | 12.3 | 16.5 | 19.0 |
| 지방공사 · 공단 | 도시철도공사 | 6,765,548 | 6,324,209 | 8,267,441 | 8,867,283 | 9,058,318 |
| | (부채 비율) | 30.3 | 28.3 | 40.7 | 40.9 | 42.0 |
| | 도시개발공사 | 33,935,658 | 35,631,425 | 36,579,667 | 37,311,525 | 42,022,647 |
| | (부채 비율) | 154.4 | 159.4 | 154.9 | 151.1 | 164.1 |
| | 기타공사 | 1,852,373 | 2,359,177 | 2,218,369 | 2,724,383 | 3,225,093 |
| | (부채 비율) | 42.8 | 52.9 | 41.6 | 47.0 | 52.4 |
| | 지방공단 | 309,930 | 374,270 | 337,273 | 380,883 | 412,110 |
| | (부채 비율) | 45.3 | 54.3 | 49.3 | 55.2 | 59.2 |

자료: 클린아이 지방공공기관 통합공시에서 재작성.

## 3 지방공기업의 경영평가

### 1) 지방공기업 경영평가의 의의

지방공기업의 경영 성과를 제고하고 지방공기업 및 지자체의 재정 건전성 불안요인으로 작용하는 지방공기업 부채를 관리하기 위해 매년 지방공기업 경영평가를 실시한다. 지방공기업법(제78조)에는 "행정안전부 장관은 지방공기업의 경영 기본원칙을 고려하여 지방공기업에 대한 경영평가를 하고, 그 결과에 따라 필요한 조치를 해야 한다"고 규정하고 있다. 다만, 행안부 장관이 필요하다고 인정하는 경우에는 지방자치단체의 장으로 하여금 경영평가를 하게 할 수 있다. 행안부 장관은 경영평가와는 별도로 사장에 대하여 업무성과 평가를 할 수 있다. 이 경우 공익성이 고려되어야 한다.

경영평가의 주체는 행정안전부 장관과 광역자치단체장이다. 경영평가를 실시할 때 지방공기업평가원, 경영평가 전문기관, 회계법인, 시·도 설립 연구원의 기관 중에서 한 기관을 경영평가기관으로 지정해 실시할 수 있다.

경영평가에는 지방공기업의 경영 목표의 달성도, 업무의 능률성, 공익성, 고객 서비스 등에 관한 평가가 포함된다. 그리고 행정안전부 장관 또는 시·도지사(특별자치시장 및 특별자치도지사 제외)는 지방공기업의 효율적인 경영을 위해 필요한 지도, 조언 또는 권고를 할 수 있다.

### 2) 경영평가 대상 및 시기

경영평가 대상 공기업은 지방공사와 지방공단, 그리고 지방직영기업 중 상수도와 하수도 사업이다. 다음의 공기업들은 평가 대상에서 제외된다. 즉, ① 신설 공기업으로 경영실적이 없는 공기업, ② 상·하수도를 제외한 직영기업, ③ 경영진단 결과 청산명령을 받은 공기업 등이다.[6)]

평가 체계를 보면 행정안전부는 모든 지방공사·공단 및 광역 상·하수도를 평가(격년제 평가)하고, 도는 기초자치단체 상·하수도를 격년제로 평가한다.

2024년 경영평가 대상은 광역자치단체 55개, 기초자치단체 207개로 총 262개 공기업이다. 지방공사 73개, 지방공단 85개, 지방직영기업인 하수도 104개이다. 이 중에서 행정안전부가 평가하는 대상은 167개(공사 73개, 공단 85개, 광역 하수도 9개)이며, 도

6) 상·하수도는 부담 완화 차원에서 2018년부터 격년제 평가로 전환되었다. 공영개발은 규모, 인력 등 실효성 저하로 제외된다.

는 기초자치단체 하수도 95개이다.[7)]

지방공기업 경영평가는 매년 실시하며 공인회계사의 회계감사가 종료된 때부터 실시한다. 이 경우 공사·공단에 대한 경영평가는 회계감사 종료 후 4월 이내에 완료한다. 경영평가 내용은 지방공기업의 경영 목표 달성도, 업무의 능률성, 공익성, 고객서비스 등을 포함한다.



### 3) 경영평가 지표 체계 및 내용

경영평가 지표 체계를 보면 대분류 지표로서 ① 경영관리와 ② 경영성과의 2분류 체계로 구성되어 있다. 종전에는 지속가능경영(5개 지표), 경영성과(3개 지표), 사회적 가치(5개 지표)의 3분류 체계였는데 2024년부터 2개 대분류, 7개 중분류, 세부지표 체계로 변경되었다.

구체적인 지표와 배점은 〈표 18-10〉과 같다.

표 18-10 경영평가 지표 체계

| 대분류 지표 | 중분류 지표 | 세부 지표 |
|---|---|---|
| 경영관리 (50) | 리더십·전략 (12) | 경영층의 리더십(5) |
| | | 전략 및 혁신(7) ※혁신과제 점검 |
| | 경영시스템 (19) | 조직·인사관리(5) ※인사규정준수 감점조치 |
| | | 윤리경영(4) |
| | | 재무관리(10) ※부채관리 등 보완 |
| | 사회적 책임 (19) | 지역상생·협력(5) ※일자리 등 조정 |
| | | 안전 및 환경(10) ※환경지표 추가 |
| | | 소통 및 참여(4) |
| | 경영관리 합계 | |

7) 상·하수도 간 격년제 평가 방식에 의하면, 2025년에는 행안부는 공사 73개, 공단 85개, 광역 상수도 8개로서 166개를 평가하며, 도는 기초자치단체 상수도 113개를 평가한다. 하수도 평가는 2024년에 시행했기 때문에 제외한다.

| | | | |
|---|---|---|---|
| 경영성과<br>(50) | 주요 사업성과<br>(17점 내외) | 유형별 3~5개 지표<br>주요 사업 세부 지표<br>※맞춤형 지표 추가 |
| | 경영효율성과<br>(15점 내외) | 유형별 3~5개 지표<br>경영수지 관련 지표<br>※3점 확대 및 조정 |
| | 고객만족성과<br>(8) | 고객만족도(8) |
| | 권장정책성과<br>(10) | 권장정책 목표달성도(10)<br>※통합관리 및 조정 |
| | 경영성과 합계 | |

자료: 행정안전부·지방공기업평가원(2023.12).『2024년도 지방공기업 경영평가편람』.

평가 방식은 기관의 규모와 지역적 특성, 주요 사업의 유형별 특성이 적절히 반영될 수 있도록 기관별/유형별 맞춤형 평가모델이 개발되어 적용된다.8) 경영평가 유형 분류 기준을 보면 조직 형태에 따른 지방직영기업과 지방공사·공단, 행정계층에 따른 광역자치단체와 기초자치단체, 주요 사업 유형에 따른 상수도와 하수도(지방직영기업), 도시철도공사, 도시개발공사, 특정공사·공단, 관광공사, 시설관리공사·공단, 환경시설관리공사·공단(지방공사·공단)으로 분류하여 유형별로 평가한다.

그리고 정성지표와 정량지표가 적용된다. 정성지표 평가 방법은 5단계(우수, 양호, 보통, 미흡, 매우 미흡) 절대평가의 방법으로 평가하되, 평가대상 기관의 조직·인력 규모 등 경영 여건을 고려하여 평점을 부여한다. 세부평가 내용 각 항목에 가중치가 부여되어 있는 경우에는 세부평가 내용 각 항목에 대해서 개별적으로 절대평가의 방법을 적용하여 득점을 구한 후 항목별 득점을 합산하여 평가지표의 총득점을 계산한다. 정량지표 평가 방법은 과거 실적, 추세 등을 고려하여 기준 목표에 따른 달성도를 평가한다. 원칙적으로 ① 목표 대 실적, ② 목표 부여(A), ③ 목표 부여(B), ④ 목표 부여(편차), ⑤ 단계별 평가 방법 중 지표 성격에 가장 부합된다고 판단되는 하나의 방법을 선택하여 평가한다. 기관 간 평가의 형평성을 고려하여 평가군별로 동일한 지표에 대해서는 특별한 사유가 없는 한 동일한 평가 방법을 적용한다. 세부평가 내용 각 항목에 가중치가 부여되어 있는 경우에는 세부평가 내용 각 항목을 개별적으로 평가하여 득점을 구한 후 항목별 득점을 합산하여 평가지표의 총득점을 계산한다.

8) 2024년 평가 시 도시개발 및 광역 특정 22개 기관을 우선 적용하고 향후 대상 확대를 검토할 예정이다.

### 4) 경영평가 등급 부여

경영평가 결과는 평가유형별 평가점수에 따라 5단계의 평가 등급(가~마)을 부여한다. 가 · 나 등급 비율이 40%를 초과할 경우, 관대화 방지를 위해 가 · 나 등급 비율을 조정할 수 있다. 그리고 유형별 특별한 사유가 있는 경우, 지방공기업정책위원회 의결로 평가등급 조정이 가능하다. 적자 발생 시 상위등급에서 배제한다. 즉, 도시개발공사는 가 · 나 등급, 특정공사 · 공단은 가 등급에서 배제한다.

등급 결정은 지방공기업정책위원회 심의 결과를 반영하여 행정안전부 장관이 결정한다. 도 주관 평가에 대한 등급은 기초 상 · 하수도에 대해 평가점수에 따라 5단계 평가등급(가~마)을 도에서 부여하고, 특별한 문제가 없다고 판단되는 경우 행안부에서 평가등급을 추인 · 확정한다. 경영평가 미실시 기관은 마 등급으로 간주하고 평가급 지급에서 제외한다. 단, 경영합리화를 위해 통합된 지방공기업은 경영컨설팅을 통해 경영평가 등급이 부여된 경우 평가급 지급이 가능하다. 비리, 중대한 안전사고, 심각한 공공 서비스 공급 차질 · 중단 등으로 사회적 문제가 된 기관은 별도로 조치한다.

표 18-11 경영평가 결과 등급 부여 및 평가급 지급 기준

| 등급 | | 가 등급 | 나 등급 | 다 등급 | 라 등급 | 마 등급 |
|---|---|---|---|---|---|---|
| 점수 | | 90점 이상 | 85점 이상 | 80점 이상 | 75점 이상 | 75점 미만 |
| 분포 | | 10% | 30% | 40% | 15% | 5% |
| 평가급 | 기관장 | 301~400% | 201~300% | 100~200% | 0%* | 0%** |
| | 임원 | 251~350% | 181~250% | 100~180% | 0%* | 0%** |
| | 직원 | 180~200% | 131~150% | 80~100% | 30~50% | 0% |

주: * 익년도 연봉 동결, ** 익년도 연봉 10~5% 삭감.
자료: 행정안전부 · 지방공기업평가원(2023.12). 『2024년도 지방공기업 경영평가편람』.

### 5) 경영평가 결과 조치

#### (1) 평가급 차등 지급

경영평가가 끝난 후 1개월 이내에 경영평가보고서, 재무제표, 결산서 및 회계감사보고서, 사업운영계획 및 사업실적보고서, 감사보고서 등을 행정안전부 장관에게 제출한다. 경영평가 결과가 확정되면 경영평가와 개인별 근무실적에 따라 평가급을 차등 지급한다. 기관장은 0~400%, 임원은 0~350%, 직원은 0~200% 범위에서 차등 지

급된다. 지급률은 경영평가 결과에 따른 등급별 지급률을 기준으로 그 범위에서 지방자치단체장이 결정한다. 평가급 예산은 전년도 평가급 지급률을 적용하여 편성하되, 당해 연도 경영평가 결과 및 지급률에 따라 추경예산을 편성할 수 있다. 지급 시기는 경영평가 결과를 통보받은 날부터 3개월 이내이다. 구체적 평가급 지급률 기준은 〈표 18-11〉과 같다.

### (2) 경영진단 및 경영 개선 조치

행정안전부 장관은 경영평가 결과 특별한 대책이 필요하다고 인정되는 지방공기업에 대해서 경영진단을 실시하고, 그 결과를 공개한다. 경영진단을 위해 지방공기업 경영진단반을 구성해 운영할 수 있다.

경영진단 실시 대상은 ① 3개 사업 연도 이상 계속하여 당기 순손실이 발생한 지방공기업, ② 특별한 사유 없이 전년도에 비해 영업수입이 현저하게 감소한 지방공기업, ③ 경영 여건상 사업 규모의 축소, 법인의 청산 또는 민영화 등 경영 구조 개편이 필요하다고 인정되는 지방공기업, ④ 경영 목표 설정이 비합리적이거나 인력 및 조직관리가 비효율적이거나 재무 구조가 불건전한 지방공기업 등이다.

행정안전부 장관은 경영진단 결과 필요하다고 인정하는 경우 지방자치단체의 장, 공사 사장 또는 공단 이사장에게 해당 지방공기업의 임원의 해임, 조직의 개편 등 경영 개선을 위해 필요한 조치를 명할 수 있다. 구체적인 경영 개선 명령은 ① 당해 지방공기업의 임직원에 대한 감봉·해임 등의 인사 조치, ② 사업 규모의 축소·조직 개편 및 인력 조정, ③ 법인의 청산 및 민영화, ④ 기타 경영 개선을 위해 필요한 사항이다. 행안부 장관의 명을 받은 지방자치단체의 장, 공사의 사장 또는 공단의 이사장은 특별한 사유가 없으면 지체 없이 이에 따라야 한다.

### (3) 해산 요구

행정안전부 장관은 지방공사 또는 지방공단이 ① 부채 상환 능력이 현저히 낮은 경우, ② 사업 전망이 없어 회생이 어려운 경우, ③ 설립 목적의 달성이 불가능한 경우 지방공기업정책위원회의 심의를 거쳐 지방자치단체의 장이나 공사 사장 또는 공단 이사장에게 해산을 요구할 수 있다. 해산을 요구받은 경우 정당한 사유가 없으면 지체없이 이에 따라야 한다.

### (4) 경영평가 결과의 환류

행정안전부 장관은 경영평가, 경영진단 결과 및 경영 개선을 위한 조치, 해산 요구 등을 명기한 지방공기업보고서를 매년 경영진단 및 경영 개선 조치 실시 후 3개월 이내에 국회 소관 상임위원회에 제출해야 한다.

진단대상 기관은 진단 사실 및 경영개선이행 상황을 지방공기업 경영정보공개시스템(www.cleaneye.go.kr)을 통해 공시해야 한다. 경영진단 내용 및 경영개선 필요사항에 대한 전체 지방자치단체 및 지방공기업이 공유하고 대국민 정보공개를 강화하기 위함이다.

그리고 종합보고서의 정책분석 강화, 지표별 시계열분석 및 통계축적 등을 통해 국정과제 등 추진성과의 환류를 강화하여 정책 활용도를 제고한다. 또한 우수사례를 공유·확산하고 부진기관에 대한 피드백 컨설팅을 강화한다.

CHAPTER 19

# 민간투자제도

## 제1절 민간투자제도의 의의와 대상

### 1 민간투자제도의 의의

민간투자제도는 도로 · 항만 · 학교 등의 사회기반시설을 민간의 자금으로 건설하고 민간이 운영하는 제도를 말한다. 정부는 부족한 재정을 민간자본으로 보완해 늘어나는 사회기반시설에 대한 사회적 요구를 충족시키고 민간의 창의와 효율을 활용하기 위해 1994년 민간투자제도를 도입했다. 이 제도 도입의 목적은 사회기반시설에 대한 민간 투자를 촉진해 창의적이고 효율적인 사회기반시설의 확충 · 운영을 도모함으로써 국민경제의 발전에 이바지하기 위함이다. 도로, 철도, 교육, 복지, 문화 등 국민경제적으로 꼭 필요하지만 예산상의 문제로 정부가 시행하지 못하는 사업이 대상이다.

근거 법률은 '사회간접자본시설에 대한 민간투자법'이다. 1994년 도입 당시에는 '사회간접자본시설에 대한 민자유치촉진법'으로 제정되었다. 민자 관련 개별법들을 종합해 주로 수익형 민간투자사업(BTO)으로 추진되었다. 1999년에는 외환위기 상황에서 민간투자 활성화를 위해 '사회간접자본시설에 대한 민간투자법'으로 개정했다. 이때 인프라 펀드, 최소운영수입 보장제도(MRG) 등이 도입되었다.

2005년에는 '사회간접자본시설에 대한 민간투자법'의 제명을 '사회기반시설에 대한 민간투자법'으로 변경하고, '사회간접자본시설' 용어를 '사회기반시설'로 교체했다. 2005년에는 법 개정 시 문화시설, 교육시설, 복지시설, 군 주거시설 등의 생활기반시설에 대한 임대형 민간투자사업(BTL)으로 확대되었다.

2008년에는 임대형 민간투자사업(BTL)에 대한 국회 통제 강화, 부정당업자 제재 등을 내용으로 한 법 개정이 이뤄졌다. 임대형 민간투자사업은 장기간에 걸쳐 정부의 재정 부담을 발생시킴에도 불구하고 정부와 민간 사업자와의 계약만으로 확정되는 문제점이 있다. 이러한 문제점에 대처하기 위해 국회로부터 다음 연도에 실시할 BTL 사업에 대한 총한도액, 대상 시설별 한도액, 예비한도액을 심의·의결받도록 한 것이다.

## 2 민간투자사업의 대상

민간투자사업의 대상은 사회기반시설이다. 사회기반시설이란 각종 생산 활동의 기반이 되는 시설, 해당 시설의 효용을 증진시키거나 이용자의 편의를 도모하는 시설 및 국민 생활의 편익을 증진시키는 시설을 말한다. 사회기반시설에 대한 민간투자법(제2조)에 의하면, 사회기반시설은 ① 도로, 철도, 항만, 하수도, 하수·분뇨·폐기물 처리시설, 재이용시설 등 경제 활동의 기반이 되는 시설, ② 유치원, 학교, 도서관, 과학관, 복합문화시설, 공공보건의료시설 등 사회서비스의 제공을 위하여 필요한 시설, ③ 공공청사, 보훈시설, 방재시설, 병영시설 등 국가 또는 지방자치단체의 업무수행을 위하여 필요한 공용시설 또는 생활체육시설, 휴양시설 등 일반 공중의 이용을 위하여 제공하는 공공용 시설을 지칭한다. 다만, 민간부문에서 운영하는 경우 공공의 이익을 현저히 해칠 우려가 있는 시설로서 다음의 시설은 사회기반시설에서 제외한다. 즉, 군사기밀을 취급하는 시설, 군사작전에 필요한 시설, 외교정보통신망 등은 제외한다.

민간투자사업은 추진 방식에 따라 두 가지 유형이 있다. 하나는 주무관청 고시 사업이다. 주무관청 고시 사업은 주무관청(예: 시, 도)이 해당 연도 대상사업으로 지정해 민간투자시설사업 기본계획에 따라 사업 시행자가 시행하는 사회기반시설사업을 말한다. 여기서 사회기반시설사업이란 사회기반시설의 신설·증설·개량 또는 운영에 관한 사업을 말한다. 민간투자 대상사업으로 지정되기 위해서는 사회기반시설과 관련된 중기·장기계획 및 국가투자사업의 우선순위에 부합하고, 민간부문의 참여가 가능할 정도의 수익성이 있는 사업이어야 한다. 주무관청은 총사업비가 2천억 원 이상인 사업에 대해서는 그 사업에 대한 타당성 분석을 한 후 민간투자심의위원회의 심의를 거쳐 지정해 고시한다.

다른 하나는 민간부문이 제안하는 사업이다. 민간 제안 사업은 민간 사업자의 제안과 주무관청(예: 시, 도)의 제안서 채택에 의해 진행되는 민간투자사업을 말한다. 민간부문이 제안할 수 있는 사업은 주무관청 고시 대상사업에 포함되지 않은 사업이어야 한다. 제안사업 중 총사업비가 2천억 원 이상인 사업에 대해서는 수요 추정의 적정성, 재정사업으로 추진할 경우와 비교한 비용·편익분석 등을 내용으로 하는 적격성 조사를 해야 한다. 주무관청은 제안된 사업을 민간투자사업으로 추진하기로 결정한 경우에는 제안자 외의 제3자에 의한 제안이 가능하도록 해야 한다. 다만, 최초 제안자에 대해서는 우대할 수 있다.

## 제2절 민간투자사업의 유형

### 1 민간투자사업의 추진 방식

사회기반시설에 대한 민간투자법(제4조)에는 민간투자사업의 추진 방식에 대해 〈표 19-1〉과 같은 여섯 가지 방식을 규정하고 있다. 우리나라의 민간투자 추진 방식은 민간투자법에 제시한 여섯 가지 방식 중에서 주로 BTO(Build-Transfer-Operate)와 BTL(Build-Own-Transfer) 방식이 주종을 이루고 있다.

수익형 민간투자사업(BTO)은 수익성이 있는 도로, 터널, 경전철, 교량 등에 민간 사업자가 투자하고 이를 이용하는 사람이 지불하는 사용료로 투자비를 회수하는 방식이다. 임대형 민간투자사업(BTL)은 민간사업자가 미술관, 문화회관 등을 건설하고 정부가 이 시설물을 임대해 민간 사업자에게 임대료를 지급하는 방식으로 운용된다.

민간투자제도 도입 초기에는 주로 수익형 민간투자사업(BTO)으로 추진되었으나,

**표 19-1** 민간투자사업의 추진 방식

| 유형 | 법 규정 |
|---|---|
| ① BTO Build–Transfer–Operate | 사회기반시설의 준공과 동시에 해당 시설의 소유권이 국가 또는 지방자치단체에 귀속되며, 사업 시행자에게 일정 기간의 시설관리운영권을 인정하는 방식 |
| ② BTL Build–Transfer–Lease | 사회기반시설의 준공과 동시에 해당 시설의 소유권이 국가 또는 지방자치단체에 귀속되며, 사업 시행자에게 일정 기간의 시설관리운영권을 인정하되, 그 시설을 국가 또는 지방자치단체 등이 협약에서 정한 기간 동안 임차해 사용·수익하는 방식 |
| ③ BOT Build–Own–Transfer | 사회기반시설의 준공 후 일정 기간 동안 사업 시행자에게 해당 시설의 소유권이 인정되며, 그 기간이 만료되면 시설소유권이 국가 또는 지방자치단체에 귀속되는 방식 |
| ④ BOO Build–Own–Operate | 사회기반시설의 준공과 동시에 사업 시행자에게 해당 시설의 소유권이 인정되는 방식 |
| ⑤ 민간부문이 사업을 제안하는 경우에 해당 사업의 추진을 위해 ①~④ 외의 방식을 제시해 주무관청이 타당하다고 인정해 채택한 방식 | |
| ⑥ 그 밖에 주무관청이 민간투자시설사업 기본계획에 제시한 방식 | |

2005년 민간투자법 개정에 의해 임대형 민간투자사업(BTL)으로 확대되었다.

## 2 수익형 민간투자사업

### 1) 수익형 민간투자사업의 개념

수익형 민간투자사업(BTO)은 민간 사업자(특수목적법인, Special Purpose Company: SPC)가 사회기반시설을 건설(build)하고 건설된 시설물의 소유권을 정부에 넘겨준 뒤(transfer) 일정 기간 동안 해당 시설을 운영(operate)해 투입된 자금을 회수하는 방식이다.[1] 사회기반시설의 준공과 동시에 해당 시설의 소유권이 국가 또는 지방자치단체에 귀속(기부채납)되며, 사업 시행자에게 일정 기간의 시설관리운영권을 인정하는 민간투자사업이다.

사회기반시설 확충에 대한 중앙정부 및 지방자치단체의 재원 부담을 경감하고 민

1) 특수목적회사(Special Purpose Company)인 사업시행법인은 재무적 투자자, 건설사, 시설유지관리사가 출자해 설립한 법인이며, 실체가 없어 건설 단계에서는 시공사, 운영 단계에서는 시설유지관리사가 사업 시행자의 역할을 수행한다.

간에 의한 창의적이고 효율적인 시설 운영을 도모하고자 1994년 민자유치촉진법이 제정되어 도입되었다. 1999년 '사회간접자본시설에 대한 민간투자법'으로 전면 개정되면서 민간 투자 활성화를 도모하고 외국 자본의 투자도 유도했다. 2005년 법 명칭이 '사회기반시설에 대한 민간투자법'으로 변경되었다.

BTO 방식은 주로 도로·철도·항만 등 교통시설 등 운영에 따른 충분한 사용료 수익으로 투자금 회수가 예상되는 시설을 대상으로 시행된다. 정부의 민간투자사업계획에 의한 정부 고시 방식은 물론 민간 제안 방식으로도 시행 가능하다.

BTO 방식을 수행하는 사업자 입장에서는 투자금 회수를 위한 수요자 예측이 중요하며 투자에 대한 위험 부담이 크다는 특징이 있다. 따라서 사용자로부터 사용료 부과가 어렵거나, 사용료 부과만으로는 투자비 회수가 어려운 교육·문화·복지시설 등을 대상으로 하는 민간투자사업은 BTO 방식으로 추진하기 어렵다. 이 경우 주로 정부가 적정 수익률을 보장해 주는 BTL 방식에 의해 시행된다.

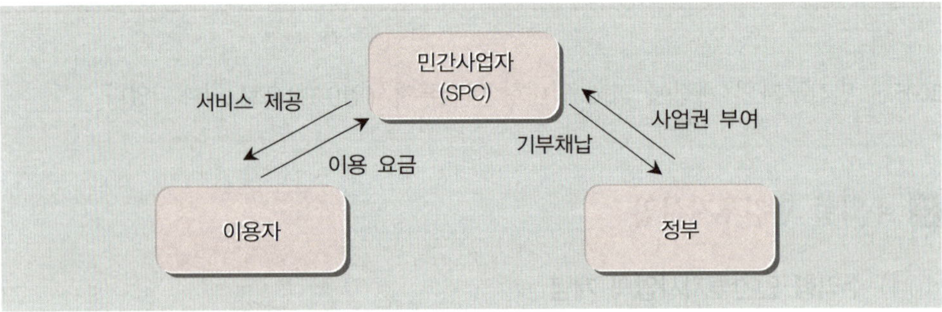


그림 19-1 수익형 민간투자사업(BTO) 추진 체계

### 2) 수익형 민간투자사업 추진 방식과 재정 부담

수익형 민간투자제도는 도로·항만·철도 등의 사회기반시설을 민간의 자금으로 건설하고 민간이 운영하는 제도로 부족한 정부재정을 보완해 사회기반시설을 조기에 제공하기 위해 도입된 제도다. 그러나 민간자본을 끌어 들이기 위해 수익률을 보장하는 방식에서 정부의 재정 부담이 지나치게 과다하다는 비판을 받았다.

그동안 정부재정에 부담을 준 계약 방식이 최소운영수입보장(Minimum Revenue Guarantee: MRG)이다. 최소운영수입보장(MRG)은 민간자본으로 지은 철도, 도로 등 SOC

가 운영에 들어갔을 때 실제 수입과 상관없이 미리 정해진 예상 수입에 따른 부족분을 중앙정부나 지방자치단체가 재정을 들여 메워주는 제도다. 외환위기 이후 1999년 SOC 사업을 민간자본으로 추진하기 위해 도입되었지만 재정 부담이 지나치게 크다는 이유로 2009년에 폐지되었다.

인천공항철도와 고속도로는 대표적인 최소운영수입보장(MRG) 낭비 사례로 꼽힌다. 인천공항철도의 경우 실적이 개통 당시 수요 예측의 8.1%에 불과해 6년 동안 사업자한테 1조 904억 원의 재정 부담을 했다. 민자사업으로 시작한 인천공항철도는 결국 최소운영수입보장 부담을 못 이겨 정부가 다시 사들였으며, 지금은 한국철도공사가 운영한다.

정부는 민간투자사업에 대한 정부재정 부담을 줄이기 위해 기존 수입 보장 방식(MRG)을 비용 보전 방식(CC)으로 변경하고, 민자 사업자 수익률을 낮추는 방법 등으로 '사업 재구조화'를 단행했다.

민간투자사업 계약에 대한 사업 재구조화를 통해 정부의 재정 부담을 대폭 경감하는 효과를 거뒀다. 대표적인 사례는 부산과 거제를 잇는 거가대교 사업이다. 거가대교 민간 운영권자를 바꾸면서 향후 40년간의 재정 부담을 당초 5조 5,000억 원가량에서 1,000억 원으로 크게 낮춘 것으로 추정하고 있다. 민간 운영권자의 수지를 맞춰주는 방법을 최소수입운영보장(MRG)에서 표준비용 보전 방식으로 변경하고, 운영권자에게 보장된 경상수익률을 12.5%에서 4%대로 낮췄기 때문이다. 새로운 실시 협약을 통해 MRG를 폐지하고 민간 사업자로부터 요금결정권을 가져온 서울시 지하철 9호선도 사업 재구조화 성과를 보여주는 사례다. 실시 협약을 변경한 대구시 범안로 사업도 성과를 보여준 것으로 평가한다.

## 3 임대형 민간투자사업

### 1) 임대형 민간투자사업의 개념

임대형 민간투자사업(BTL)은 민간 사업자(SPC)가 자금을 투자해 공공시설을 건설(build)한 후 소유권을 정부로 이전(transfer)하는 대신 관리운영권을 획득하고, 정부는 약정 기간 동안 해당 시설을 임차(lease)해 사용하고, 그 대가로 임대료를 민간에게 지급하는 방식의 사업이다.

BTL 사업을 수행하는 민간 사업자는 해당 시설 준공 후 운영 개시 시점부터 약정 기간 동안 정부로부터 정부지급금을 받는다. 정부지급금은 시설 임대료와 운영비로 구성된다. 시설 임대료는 민간이 투입한 시설투자비에 대한 대가로 사업 위험도와 자금 조달 비용 등이 감안된 수익률을 반영해 산정된다. 운영비는 민간이 유지·보수 등 시설 운영을 담당하면서 지출한 비용에 대한 보전분으로 시설 이용 가능성과 성과 평가 결과에 따라 차등 지급하도록 되어 있다. 중앙정부 또는 지자체가 서비스를 제공하고 이용자는 필요한 경우 사용료를 지불한다. 그러나 이용자의 사용료는 민간 사업자 시설투자비 회수와는 상관없다.

임대형 민간투자사업은 추진 방식 면에서 민간 제안 사업은 추진할 수 없고 정부 고시 사업만 추진 가능하다. 따라서 주무관청의 사업계획 수립에 따라 사업이 추진된다.

임대형 민간투자사업의 대상사업은 정부가 국민에게 기초적 서비스 제공을 위해 의무적으로 건설·운영해야 하는 국·공립시설이 우선 대상이다. 또한 일반시민에 대해 시설 이용료 부과가 어렵거나, 시설 이용료 수입으로는 민간투자비 회수가 어려운 시설이 대상이다. 사업편익이 크고, 시설의 조기 확충이 시급하나 재정여건상 투자가 더디게 이뤄지고 있는 시설 및 민간의 창의와 효율을 활용함으로써 사업 편익 증진과 비용 절감이 기대되는 시설이 우선 대상이다. 오래된 초·중등학교 교사, 기숙사, 박물관, 미술관 등이 그러한 예에 속한다.

그런데 임대형 민간투자사업(BTL)은 복합화 방식으로 개발되는 것이 장려된다. 예컨대, 초등학교를 증개축하면서 체육관, 정보센터, 아동보육, 노인요양시설, 주차장 등

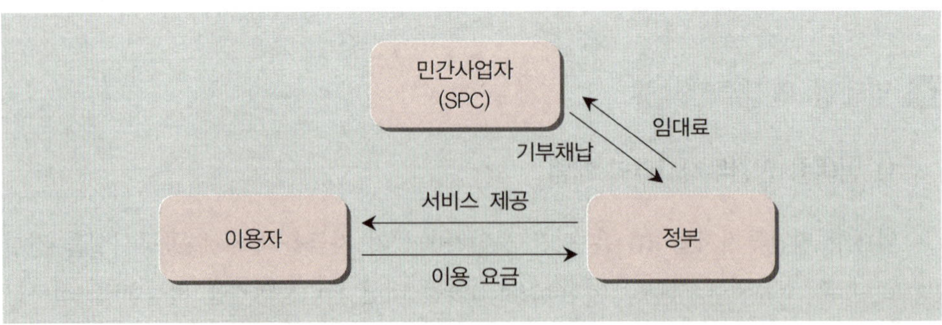


그림 19-2 임대형 민간투자사업(BTL) 추진 체계

을 함께 입주하는 방식으로 개발하는 방식이다. 복합화 방식은 개별 시설별 별도 건설 방식과 비교할 때 건설 비용 절감, 유지관리 비용 절감 등 운영 효율 제고, 토지이용률 및 시설활용도 제고, 주민들의 이용 편의 제고 등의 효과가 있다. 또한 다양한 부대사업을 적극 권장한다.

지금까지 설명한 수익형 민간투자사업(BTO)과 임대형 민간투자사업(BTL)을 비교하면 〈표 19-2〉와 같다.



표 19-2 BTO와 BTL 방식의 비교

| 추진 방식 | 수익형 민간투자사업(BTO) | 임대형 민간투자사업(BTL) |
|---|---|---|
| ① 대상 시설 성격 | • 최종 수용자에게 사용료 부과로 투자비 회수가 가능한 시설 | • 최종 수요자에게 사용료 부가로 투자비 회수가 어려운 시설 |
| ② 투자비 회수 | • 최종 사용자의 사용료 | • 정부의 시설임대료 |
| ③ 사업 리스크 | • 민간이 수요 위험 부담 | • 민간의 수요 위험 배제 |
| ④ 사례 | • 도로, 철도, 항만 등 | • 초・중등학교 교사, 기숙사, 박물관 등 |

### 2) 임대형 민간투자사업의 추진 절차

임대형 민간투자사업(BTL)의 추진 절차는 ① 기획 단계, ② 유치 단계, ③ 공사 단계, ④ 운영 단계의 4단계로 나눌 수 있다.

기획 단계는 주무부처나 주무관청에서 민간투자사업계획을 수립하고 기획하는 단계다. 지자체 등 주무관청에서 주부부처로 사업계획을 제출하면, 주무부처는 사업부처별 투자계획 및 사업계획을 수립해 기획재정부에 제출한다. 기획재정부는 주무부처별 투자계획을 종합 조정해 다음 해에 시행할 BTL 사업의 총한도액안을 수립해 국무회의 심의를 거쳐 국회에 제출한다. 예산안과 함께 제출된 BTL 사업 한도액안은 국회 의결을 거쳐 확정된다. 그리고 해당 주무관청에서는 시설사업 기본계획을 수립해 대상사업 지정 및 시설사업 기본계획 고시를 준비한다.

유치 단계에서는 주무관청에서 시설사업 기본계획을 고시하면 민간 사업자는 사업에 참여할 건설사, 설계사, 재무적 투자자, 운영사 등의 프로젝트회사(SPC)를 구성한 후에 사업계획서를 작성해 주무관청에 제출한다. 주무관청은 SPC에 대한 심사를 한 후 사업계획서를 평가해 협상 대상자를 지정하고, 협상 대상자와 사업비, 사업 규모, 운영 범위 등의 사업 조건에 관한 협상을 거친 후 실시 협약을 체결한다.

공사 단계는 실시협약 체결 이후 실시설계 승인 및 인허가 사항을 추진하고 사업 시행자가 본격적으로 시설 공사에 착공해 공사한다. 공사가 끝난 후 주무관청으로부터 준공 확인을 받는다.

운영 단계는 사업 시행자가 시설의 본격적인 운영을 하는 단계다. 운영을 하는 동안 주무관청은 운영 상황을 모니터링하며, 사업 시행자가 체결된 실시 협약에 따른 서비스의 요구 수준을 충족하면서 운영하는지 점검한다. 그리고 그 성과에 따라 정부 지급금을 차등적으로 지급한다. 협약에서 정한 기간이 종료되면 협약은 종료된다.

### 3) BTL 사업의 민간 참여 체계

정부가 민간 사업자를 선정하면 민간 사업자는 특정 시설을 건설·운영하는 것을 목적으로 하는 프로젝트 회사인 특수목적회사(Special Purpose Company: SPC)를 설립한다. 특수목적회사(SPC)는 건설사, 재무 투자자인 금융기관, 유지보수를 맡는 운영전문 회사 등이 출자해 설립한다.

특수목적회사(SPC)는 자기 책임 하에 ① 설계(design), ② 자금 조달(financing), ③

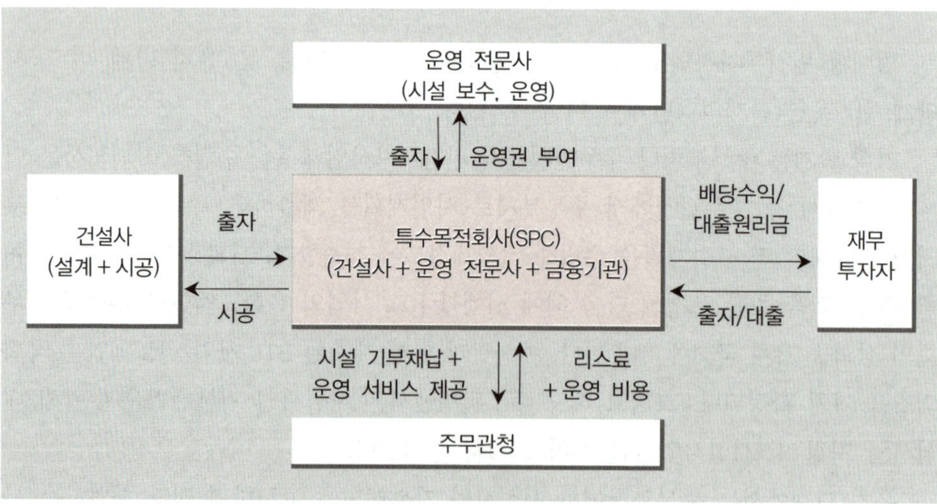


그림 19-3 BTL 사업의 민간 참여 체계

건설(build), ④ 운영(유지 보수)(operation) 기능을 담당한다. 건설사는 설계와 시공, 재무 투자자는 출자 및 대출, 운영전문회사는 시설 보수와 운영을 담당한다. 그리고 정부는 약정 기간 동안 시설을 임차해 사용하면서 특수목적회사에 임대료를 지급해서 시설투자비와 운영비를 보전해 준다. 특수목적회사의 역할 분담 체계는 앞의 [그림 19-3]과 같다.

지방자치단체의 민자사업 재정부담액은 상당한 규모를 차지한다. 2022년 기준 BTL 임대료 및 운영비 8,325억 4,100만 원, BTO 재정지원금 8,558억 500만 원으로 총 1조 6,883억 4,700만 원에 이른다. 각 지자체별 민자사업 재정부담액 합계액은 〈표 19-3〉과 같다.

**표 19-3 시 · 도별 민자사업 재정부담액(2022년 기준)**

(단위: 백만 원)

| 지자체명 | 민자사업 재정부담 총계 | BTL 임대료 및 운영비 | BTO 재정지원금 |
|---|---|---|---|
| 서울 | 102,591 | 6,874 | 95,717 |
| 부산 | 135,467 | 55,750 | 79,717 |
| 대구 | 30,826 | 3,348 | 27,478 |
| 인천 | 99,104 | 32,370 | 66,734 |
| 광주 | 50,299 | 22,249 | 28,050 |
| 대전 | 23,075 | 23,075 | 0 |
| 울산 | 96,700 | 25,320 | 71,380 |
| 세종 | 0 | 0 | 0 |
| 경기 | 276,984 | 75,096 | 201,888 |
| 강원 | 59,274 | 32,013 | 27,261 |
| 충북 | 74,547 | 56,886 | 17,661 |
| 충남 | 103,532 | 84,887 | 18,645 |
| 전북 | 128,177 | 59,876 | 68,301 |
| 전남 | 73,494 | 55,884 | 17,610 |
| 경북 | 185,246 | 130,239 | 55,006 |
| 경남 | 198,745 | 118,388 | 80,357 |
| 제주 | 50,286 | 50,286 | 0 |
| 합계 | 1,688,347 | 832,541 | 855,805 |

자료: 지방재정 365(지방재정통합공개시스템).

# 참고문헌


### [국내 문헌]

곽채기(2003). 주민참여예산제도와 지역 NGO의 역할. 2003년 한국거버넌스학회 창립기념학술대회 발표 논문.

______(2007). 광주광역시 북구의 주민참여예산 제도화 과정과 운영 성과. 『한국지방재정논집』, 12(3): 175-211.

구균철(2012). 『정부 간 재정관계 분석을 위한 기초통계에 관한 연구』. 한국지방세연구원 정책과제. 2012-25호.

______(2013). 중앙-지방정부 간 재정 관계의 평가. 한국지방재정학회 춘계학술대회 발표논문집.

국회예산정책처(2012). 『지방재정 현안과 대책』. 국회예산정책처 예산정책보고서, 제16호.

______(2014). 『2015년도 임대형 민간투자사업(BTL) 한도액안 평가』. 2014.10.

______(2023). 『2023 대한민국 지방재정』.

김겸훈 · 이은구(2009). 주민참여예산제도에 관한 인식 차이. 『한국콘텐츠학회논문지』, 9(2): 289-300.

김기찬 · 송창석 · 임일(2015). 『플랫폼의 눈으로 세상을 보라』. 서울: 성안북스.

김대영 · 이영희 · 하능식 · 김성주(2011). 『지방세제의 선진화: 자율성과 책임성 제고』. 서울: 박영사.

김동건(2012). 『현대 재정학: 공공경제의 이론과 정책』(제6판). 서울: 박영사.

김유찬 · 이유향(2009). 『주요국의 조세제도: 독일편』. 한국조세연구원.

김재진(2013). 지방재정 건전화를 위한 지방세외수입 증대 방안. 『재정포럼』. 2013.5.

김정완(2013). 기초노령연금 차등보조율제도의 지역 간 형평성 제고 방안. 2013년 한국지방재정학회 춘계학술대회.

김정훈 · 김현아(2008). 『참여정부 재정분권 평가와 정책과제』. 한국조세연구원.

김태일 · 좋은예산센터(2014). 『재정은 어떻게 내 삶을 바꾸는가』. 서울: 코난북스.

김태호(2014). 과세자주권 강화는 법체계 정비부터. 한국지방세연구원 KILF Report, 제1호.
김혁 외(2004). 『알기 쉬운 정부회계』. 서울: 신영사.
김현아(2012). 『중앙・지방 간 복지재정 부담에 관한 연구』. 한국조세연구원.
김홍환(2022). 『「고향사랑기부금법」 제정에 따른 지방자치단체 대응 방안』. 한국지방세연구원 정책과제 22-02.
류영아(2022a). 『지방소멸대응기금의 도입 및 향후과제』. 국회입법조사처.
______(2022b). 고향사랑 기부금에 관한 법률 제정의 주요 내용 및 의의. 『이슈와 논점』, 제1928호. 국회입법조사처.
손종필(2014). 서울시 주민참여예산제의 현황과 특성. 좋은예산센터・풀뿌리자치연구소 이음. '주민참여예산 마라톤 자랑 간담회' 자료집.
손희준(2013). 사회복지보조금의 중앙・지방 간 분담체계에 관한 연구. 『한국지방자치학회보』, 25(3).
손희준・강인재・장노순・최근열(2014). 『지방재정론』(개정4판). 서울: 대영문화사.
송상훈・이용환・이현우・정재진・류민정(2011). 『국세와 지방세의 조정방안 연구』. 경기개발연구원 정책연구. 2011-57.
신무섭・유금록 외(2009). 『현대 지방재정의 주요 이론』. 서울: 대영문화사.
심지헌(2014). 『지방자치단체 국고보조사업 평가』. 국회예산정책처, 사업평가 2014-8.
안문석(1995). 『정보체계론』. 서울: 법문사.
양영철(2010). 지방재정 건전성 제고를 위한 지역상생발전기금의 역할과 향후 발전 방안. 『지방재정과 지방세』, 통권 제31호.
오관영(2009). 『예산을 알면 지역이 보인다: 우리 동네 곳간을 지키는 예산감시운동』. 서울: 이매진.
오재일(2014). 『지방자치론』. 서울: 도서출판 오래.
유태현(2009). 지방 자주재원 확충의 발전 방안. 『지방재정과 지방세』, 통권 제24호. 한국지방재정공제회.
______(2014). 지방세법 개편의 연혁과 지방세제의 발전 방향. 한국지방재정학회 학술대회 발표논문집.
______(2018). 국세-지방세 간 구조개선의 불가피성과 추진방향. 『2018년 지방세발전포럼 지방세 세미나 발표논문집』. 한국지방세연구원 등, 2018.10.30.
윤영진(1998). 지방재정 진단모형의 이론적 동향. 『지방재정학보』, 3(1): 1-16. 한국지방재정학회.
______(2012a). 재정 건전성 지표로서의 국가채무 개념의 쟁점과 대안모형. 『한국행정논집』, 24(2). 한국정부학회.
______(2012b). 『복지국가 재정전략』. 서울: 대영문화사.
______(2021). 『새재무행정학』(제7판). 고양: 대영문화사.
윤영진・김재훈・정창수(2014). 『서울시 재정 확충 및 자치구와의 상생 발전을 위한 재정관리 방안』. 한국지방재정학회 용역보고서.
이상훈(2013). 『지방소비세 확대 방안: 복지공약 이행 소요재원 마련』. 한국지방세연구원.
______(2021a). 지방소비세제 개편에 따른 재정효과 분석. 『KILF Report』, Vol.109, 2021.3. 한국지방세연구원.

______(2021b). 지방소비세 재설계 방안 모색: 지방자치단체간 재정형평화를 중심으로. 정책과제 2021-23. 한국지방세연구원.
이순항 · 김상헌(2011). 주민참여예산제도 도입의 효과에 관한 연구: 지출 규모와 구성비 변화를 중심으로. 『한국행정논집』, 23(1): 319-341.
이시원 · 민병익(2002). 지방자치단체 온라인 주민참여 실명제 도입의 영향분석. 『행정학보』, 36(2).
이영조 · 김대원(2002). 『지방재정 이론과 제도』(제3판). 서울: 대명출판사.
이영희(2012). 재정책임성 제고를 위한 국세와 지방세의 세원배분 재조명. 『한국정책학회보』, 21(3).
이영희 · 김대영(2009). 『재정분권과 지방소비 · 소득세』. 서울: 박영사.
이영희 · 주만수 · 최병호 · 홍서빈(2012). 『국세와 지방세의 합리적 세원 조정 방안』. 한국지방세연구원 연구보고서.
이재원(2013). 자치구 복지재정 부담과 정책과제. 새 정부의 지방재정 운용 방향에 대한 시군구의 과제와 대응. 한국지방재정학회, 지방재정 정책세미나 발표 자료.
______(2015). 국고보조금 운용의 효율화를 위한 정책과제. 지방재정세제 유관 학회 공동세미나 발표 논문집.
______(2019). 『지방재정론』. 서울: 윤성사.
이재은(2002). 분권화를 위한 지방세제 개혁. 『한국지방재정논집』, 79(1). 한국지방재정학회.
______(2008). 지방소득세의 이론적 배경, 도입 방향, 추진과제. 2008년도 춘계 지방세 세미나. 한국지방재정학회 발표 논문.
이정만(2009). 진노 나오히코의 재정분권론. 신무섭 · 유금록 외. 『현대 지방재정의 주요 이론』. 서울: 대영문화사.
이호(2014a). 서울시 참여예산 시행 2년, 평가와 개선 방안. 좋은예산센터 · 풀뿌리자치연구소 이음. '주민참여예산 마라톤 자랑 간담회' 자료집.
______(2014b). 주민참여예산 전국 현황과 대구광역시 활성화 방안 제안. 대구참여연대 · 대구사회연구소, '대구시 참여예산제, 어떻게 할 것인가?' 토론회 자료집.
이효(2013). 『지방재정 운영의 투명성 강화 방안』. 한국지방행정연구원 연구보고서.
임소영(2012). 국고보조금 차등보조제 도입 전후의 지자체 간 재정불균형 개선 연구. 2012 지방재정학회 학술대회.
전상경(2009a). 오츠의 재정연방주의에 관한 소고. 신무섭 · 유금록 외. 『현대 지방재정의 주요 이론』. 서울: 대영문화사.
______(2009b). 티보의 지방공공재이론. 신무섭 · 유금록 외. 『현대 지방재정의 주요 이론』. 서울: 대영문화사.
______(2011). 『현대지방재정론』(제3판). 서울: 박영사.
정재호 · 김상헌(2014). 주민참여예산제도의 도입이 지방자치단체의 재정건전성에 미치는 영향에 관한 연구: 선심성 및 전시성 예산을 중심으로. 『한국지방재정논집』, 19(3): 175-201.
조기현(2015). 자치구 조정교부금제도의 당면 현안과 정책대응. 2015 한국지방재정학회 춘계학술대회 발표논문집.
조수진(2013). 바람직한 국민소송법 도입안 제안. 예산 낭비 방지를 위한 국민소송제 국회입법 공청회.

조임곤(2013). 자치구 조정교부금 개선 방안. 한국지방재정학회 지방재정 정책세미나.
조주복(2012). 주민참여예산제도의 역할 재정립. 『한국지방자치학회보』, 24(4).
주만수(2009). 지방정부의 과제자주권 및 지방세제의 가격 기능 강화. 『재정학연구』, 1(4).
______(2019). 독일의 정부 간 재정관계 개혁과 우리나라 재정분권에 대한 시사점. 『지방행정연구』.
주성수(2004). 『시민참여와 정부정책』. 서울: 한양대학교출판부.
최병호(2008). 지방재정 관련 주요 이슈 분석과 제도개편에 관한 함의. 지방자치제도 발전을 위한 바람직한 지방재정 모델 토론회 발표 논문. 2008.12.
최병호 · 정종필(2007). 재정분권과 지방재정의 과제: 지방세 중심의 구조와 지방정부의 적정 규모. 2007 지방재정세미나 발표 논문.
한재명 · 장백산(2023). 『지방자치단체 재정분석기능 개선방안』. 한국지방세연구원.
행정안전부(2022). 『2021년 주민소송 현황』.
______(2023a). 『2023년도 지방교부세 산정 해설』.
______(2023b). 『지방재정분석 검증 매뉴얼』. 2023.5.
______(2023c). 『주민참여예산제도 운영 매뉴얼』. 2023.5.
행정안전부 · 지방공기업평가원(2023). 『2024년도 지방공기업 경영평가편람』. 2023.12.
행정안전부 · 한국지방세연구원(2023). 『FY 2022 지방자치단체 재정분석 종합보고서』.
허웅(2010). 『중앙정부 재무보고서 보고실체 범위와 재정 범위에 대한 분석』. 안진회계법인 보고서.

## [국외 문헌]

Bahl, Roy(1995a). Worldwide Trends in Fiscal Decentralization. paper prepared for the IULA World Congress 1995 in the Hague, the Netherlands.
______(1995b). The Decentralization of Government. 한국재정학회 · 한국지방행정연구원. 『한국재정 50년의 회고와 전망』.
______(2000). Intergovernmental Transfers in Developing and Transition Countries: Principles and Practice. *The World Bank Municipal Finance*, 21097.
Bahl, R. & Martinez-Vazquez, J(2005). Sequencing Fiscal Decentralization. World Bank Conference, 25 April 2005, Room MC13-121. World Bank: Washington D.C.
Baierle, Sergio(2002). *Transformation and Empowerment through the Participatory Budget.* International Workshop on Participatory Planning, Bandung, Indonesia. 20-27 January 2002.
Baiocchi, G.(2001). Participation, Activism, and Politics: The Porto Alegre Experiment and Deliberative Democratic Theory. *Politics & Society*, 29(1): 43-72.
Barber, B.(1984). *Strong Democracy: Participatory Politics for a New Age*. Berkeley: University of California Press.
Bird, R. M.(2008). Tax Assignment Revisited. Working Paper, University of Toronto.
Boadway, Robin W. & Wildasin, David E.(1984). *Public Sector Economics*, 2nd ed. Little, Brown

and Company.

Buchanan, Jamens M. & Flowers, Marilyn R.(1987). *The Public Finance*, 6th ed. Irwin.

Easterlin, Richard A.(1974). Does Economic Growth Improve the Human Lot? In Paul A. David & Melvin W. Reder, eds., *Nations and Households in Economic Growth: Essays in Honor of Moses Abramovitz*. New York: Academic Press, Inc.

Follett, M. P.(1998). *The New State*. Pennsylvania State University Press.

Giammarioli, N., Nickel, C., Rother, P., & Vidal, J. P.(2007). *Assessing Fiscal Soundness: Theory and Practice*. ECB Occasional Paper, No.56. March.

Groves, Sanford M.(1980). *Evaluating Financial Condition, Handbook No.1*. Washington, D.C.: ICMA.

Hagiu, Andrei(2007). Merchant or Two-sided Platform? *Review of Network Economics*, 6(2): 115-133.

Hyman, David N.(1983). *Public Finance: A Contemporary Application of Theory to Policy*. The Dryden Press.

Kim, Junghun, Lotz, Jorgen, & Blöchliger, Hansjörg eds.(2013). *Measuring Fiscal Decentralisation: Concepts and Policies*. OECD Fiscal Federalism Studies.

King, D. N.(1984). *Fiscal Tiers: The Economics of Multi-Level Government*. London: George Allen & Unwin.

Liu, Louis Chih-Hung(2011). The Typology of Fiscal Decentralisation System: A Cluster Analysis Approach. *Public Administration and Development*, 31.

Lojsch, Dagmar Hartwig, Rodriguez Vives, Marta, & Slavik, Michal(2011). *The Size and Composition of Government Debt in the Euro Area*. European Central Bank Occasional Paper Series No.132.

Ma, Jun(1997). *Intergovernmental Fiscal Transfers in Nine Countries: Lessons for Developing Countries*. The World Bank Policy Research Working Paper 1822.

Musgrave, R. A.(1959). *The Theory of Public Finance*. New York: McGraw-Hill.

______(1983). Who Should Tax, Where and What? In C. McLure ed., *Tax Assignment in Federal Countries*. Center for Research on Federal Financial Relations, Australian National Univ.

Musgrave, Richard A. & Musgrave, Peggy B.(1989). *Public Finance in Theory and Practice*, 5th ed. McGraw-Hill Book Company.

Oates, W. E.(1972). *Fiscal Federalism*. New York: Harcourt Brace Jovanovich.

______(2008). On the Evolution of Fiscal Federalism: Theory and Institutions. *National Tax Journal*, 61(2).

OECD(2002). *Fiscal Design Surveys across Levels of Government*. OECD: Paris.

______(2006). *Fiscal Autonomy of Sub-Central Governments, Economics Department Working Papers*. OECD Network on Fiscal Relations Across Levels of Government, Paris.

______(2018). Tax Autonomy of State and Local Government. OECD Fiscal Decentralisation

Database, *Fiscal Federalism Network.*

Rhodes, R. A. W.(1983). *Control and Power in Central-Local Government Relations.* Aldershot: Gower.

Weingast, B. R.(2006). Second Generation Fiscal Federalism: Implications for Decentralized Democratic Governance and Economic Development. Working Paper, Hoover Institution, June.

World Bank(2004). *Qualitative Indicators.* Available on the following website: www1.worldbank.org/publicsector/decentralization/qualitativeindicators.htm

Wright, D. S.(1988). *Understanding Intergovernmental Relations.* California: Brooks & Cole Publishing Company.

天川晃(1983). 廣域行政と地方分權. ジュリスト增刊總合特輯, No.29. 行政の轉換期. 東京: 有斐閣.

神野直彦(2002).『財政學』. 東京: 有斐閣.

堀場勇夫(1999).『地方分權の經濟分析』.

村松崎夫(1988).『地方自治』. 東京: 東京大學出版會.

# 찾아보기

ㅇ



ㅈ

## ㅌ



## ㅍ



## ㅎ

## 저자 소개


### 윤영진

[약력]

- 서울대학교 경제학과(경제학사)
- 서울대학교 행정대학원(행정학 석사)
- 서울대학교 대학원(행정학 박사)
- 미국 American University 풀브라이트 객원교수
- 한국지방재정학회 회장
- 한국사회서비스학회 회장
- 대구광역시 재정계획심의위원회 위원
- 대통령자문 정책기획위원회 위원
- 디지털예산회계기획단 자문위원장
- 기획예산처 재정정책자문위원회 위원
- 기획재정부 공공기관운영위원회 위원
- 법정부 재정분권 TF 단장
- 함께하는 시민행동 공동대표
- 좋은예산센터 이사장
- 계명대학교 명예교수

[주요 저서]

- 『새재무행정학』(제7판)(대영문화사, 2021)
- 『새행정학3.0』(공저, 대영문화사, 2022)
- 『복지국가 재정전략』(대영문화사, 2012)

이메일 주소: ibudget@naver.com

개정판
# 새 지방재정론

펴낸날 제1판 제1쇄 2016년 5월 20일
제2판 제1쇄 2024년 7월 25일
지은이 윤영진
펴낸이 임춘환
펴낸곳 도서출판 대영문화사
주소 (본사) 사무실: 경기도 고양시 일산서구 주화로 70
우신프라자 307호 (우 10387)
(본사) 물류센터: 경기도 고양시 일산서구 덕산로
107번길 68-50 (우 10205)
등록 1975년 12월 26일 제3-16호
전화 (031) 913-3062, (031) 914-3884~5
팩스 (031) 913-3839
홈페이지 http://www.dymbook.co.kr


ISBN 978-89-7644-951-1
값 28,000원